KB213198

이런 사원이 좋습니다

— 사원선발 면접지침 —

지은이 정도명

1936년 전북 남원 출생
40여 년간 구도수련 중

1987년 8월 3일 『주간 중앙』「성씨와 인간관계」 학술발표
　　　　8월 30일 『주간 중앙』 12대 대통령후보 관상평
　　　　7월~1988년 3월 『스포츠동아』「컴퓨터 운세자료 해설」 연재
　　　　11~12월 『월간 스포츠용품』「운세 및 관상평」 연재
　　　　11월 5일 KBS2 텔레비전 《가정저널》〈점과 인상학〉 출연
　　　　12월 30일 KBS1 텔레비전 〈무진년 용의 해 운세〉 해설
1988년 3~11월 『주간 스포츠 골프』「운세해설」 연재
　　　　10월 18일 한국정보건강신문사 주최 〈제1회 민속비방 공개세미나〉 초빙강연
1989년 『월간 가정과 청소년』「한국 운세 및 60갑자 운세」 해설
　　　　『월간 한국 건강정보신문』「12지 운세」 해설
　　　　10월 『월간 세계여성』 창간호「60갑자 운세」 해설
1990년 『월간 화보』 1월호「사회질서 경오년 운세」 해설
1999년 6월~2001년 8월 『월가 에세이』 운세 해설
2007년 10월 7일 tvn 수상학 해설자 출연

저서 : 『쉽게 푼 주역』, 『한눈에 보는 손금』, 『이런 사원이 좋습니다』,
　　　『오늘의 운세』, 『꿈풀이 대백과』, 『21세기 신토정비결』,
　　　『21세기 신성명학대전』, 『로또대박 공략법』

현재 : 정도명 철학원 원장
　　　대표전화 544-7229

이런 사원이 좋습니다

1판 1쇄 인쇄일 2009년 4월 26일 | 1판 1쇄 발행일 2009년 5월 6일

발행처 삼한출판사 | 발행인 김충호 | 지은이 정도명
신고년월일 1975년 10월 18일 | 신고번호 제305-1975-000001호

411-776 경기도 고양시 일산서구 일산동 1654번지 산들마을 304동 2001호
대표전화 (031) 921-0441 | 팩시밀리 (031) 925-2647

값 19,000원
ISBN 978-89-7460-128-7　　03180

신비한 동양철학 · 90

이런 사원이 좋습니다

─ 사원선발 면접지침 ─

정도명 지음

삼한

▌서문

 사회가 다양해지면서 인력관리의 전문화가 매우 필요한 시대가 되었다. 현대의 기업들은 생산이나 판매, 그리고 기획이나 영업, 또는 마케팅과 전기 고압가스, 열관리 등에 이르기까지 일 년이면 수백 수천을 헤아리는 인력을 채용하고 있다. 따라서 인력수급 계획이 기업주들의 애로사항이 되었다.

 어떤 사람을 채용해야 기업을 운영하는데 차질이 생기지 않을까? 어떤 사람이 가장 성실하며 건실할까? 이런 문제에 부딪히면 인간을 꿰뚫어 볼 수 있는 안목이 없어 매우 답답하다고 한다. 열 길 물 속은 알아도 한 치 사람의 마음은 헤아릴 수 없다는 옛말이 실감난다는 것이 면접관들의 말이다. 그래서 면접시험에 인상학이나 관상학의 전문가를 초빙하는 회사가 상당히 많다.

 필자는 그동안 수많은 기업의 사원선발 면접시험에 참여해 보았는데 한결같이 기업주들이 면접지침에 관한 책이 하나쯤 있으면 좋겠다는 것이었다. 그리하여 필자가 경험한 사례들을 참작하여 이 책을 내게 되었으니 좋은 사원을 선발하는데 많은 도움이 될 것이라고 믿는다.

지은이 정도명

▌추천사

사원선발과 그 회사의 흥망과는 절대적인 함수관계가 있다. 그래서 사원을 뽑을 때 필기시험 이상으로 면접시험을 중요하게 다루는 것이다. 신입사원이나 경력사원, 또는 일개 고용원까지 어떤 형태든 반드시 면접과정을 거친 다음에 채용여부를 결정하기 때문에 크든 작든 기업을 운영하려면 몸소 겪어야만 한다.

그리고 그때마다 답답하다는 생각이 들어 서점에 가서 도움이 될 만한 책을 찾아보지만 수험생을 대상으로 한 것만 있어 실망한다고 한다. 그러나 이제 금반 도인이자 역학자이신 정도명 선생께서 20여 개 성상을 두고 인간학을 연구하신 구도수련의 경험과 혜명으로 이 책을 발간하게 되어 50만 기업 제위분들께 면접지침의 길잡이가 되어 줄 것이라 믿는다.

이 책은 사람의 마음과 심성을 꿰뚫어 볼 수 있는 심상판별법, 동서고금을 통하여 인간을 판단하는 바로미터인 인상판별법, 정도명 선생이 직접 창안하고 적중률이 80% 이상인 성씨판별법 등을 일목요연하게 집필하셨다. 그리고 수많은 기업체의 면접에 참여하셨던 사례들을 생생하게 그려놓아 누구나 한 번만 탐독한다면 사람을 볼 줄 아는 신통술사가 될 수 있을 것이다. 그러므로 기업운영의 스승이 될 것으로 믿고 필독을 권한다.

한국추명학회 김계월

제1장. 심상으로 판단하는 방법 — 11

1. **심상판별의 포인트** ———————————————————— 14
2. **심상판별의 요령** ———————————————————— 16
   1. 천(天) · 지(地) 체크포인트 ———————————— 18
   2. 청(淸) · 탁(濁) 체크포인트 ———————————— 18
   3. 명(明) · 암(暗) 체크포인트 ———————————— 19
   4. 사(死) · 활(活) 체크포인트 ———————————— 19
   5. 지(智) · 우(愚) 체크포인트 ———————————— 20
   6. 원(圓) · 각(角) 체크포인트 ———————————— 21
   7. 정(正) · 곡(曲) 체크포인트 ———————————— 22
   8. 주(主) · 종(從) 체크포인트 ———————————— 22
   9. 선(善) · 악(惡) 체크포인트 ———————————— 23
   10. 동(動) · 정(靜) 체크포인트 ——————————— 24
   11. 빈(貧) · 부(富) 체크포인트 ——————————— 24

제2장. 인상으로 판단하는 방법 — 27

1. **얼굴형으로 판단하는 방법** ———————————————— 30
   1. 유자형(由字形) —————————————————— 30
   2. 신자형(申字形) —————————————————— 31
   3. 동자형(同字形) —————————————————— 32
   4. 왕자형(王字形) —————————————————— 34
   5. 갑자형(甲字形) —————————————————— 35
   6. 용자형(用字形) —————————————————— 36

    7. 목자형(目字形) ——————————— 37
    8. 풍자형(風字形) ——————————— 38
    9. 전자형(田字形) ——————————— 39
    10. 원자형(圓字形) —————————— 40

2. 옆 얼굴로 판단하는 방법 ——————— 41
    1. 극단소치형 ————————————— 42
    2. 안전지상형 ————————————— 42
    3. 저돌매진형 ————————————— 43

3. 눈썹으로 판단하는 방법 ——————— 43

4. 눈으로 판단하는 방법 ————————— 48

5. 코로 판단하는 방법 —————————— 56

6. 입으로 판단하는 방법 ————————— 63

7. 혀로 판단하는 방법 —————————— 67

8. 치아로 판단하는 방법 ————————— 68

9. 귀로 판단하는 방법 —————————— 70

10. 손으로 판단하는 방법 ———————— 75
    1. 원시형 ——————————————— 75
    2. 실리추구형 ————————————— 76
    3. 독창적 활동형 ———————————— 77
    4. 사색형 ——————————————— 77
    5. 행동적 쾌락형 ———————————— 78
    6. 공상형 ——————————————— 78
    7. 고독독단형 ————————————— 79

제3장. 성씨로 판단하는 방법 — 81

1. 오행(五行)의 기본지식 ——————————————— 81
  1. 오행(五行) ——————————————————— 81
  2. 천간(天干)과 지지(地支) ——————————— 82
  3. 상생(相生)과 상극(相剋) ——————————— 83
  4. 합(合)과 충(冲) ——————————————— 85
  5. 오행(五行) 운용의 묘리 ——————————— 88
2. 성씨별 오행(五行) 만들기 ——————————— 92
  1. 수리오행(數理五行) 만드는 방법 ——————— 92
  2. 음향오행(音響五行) 만드는 방법 ——————— 92
  3. 성씨에 사용하는 한자와 획수 ——————— 93
  4. 성씨별 기호 만드는 방법 ——————————— 97

제4장. 면접장의 실제 예 — 101

1. 사진과 실제 인상과의 관계 ——————————— 108
2. 주소지와 근무조건의 확인 ——————————— 112
3. 학력과 경력 그리고 자격증의 관계 ——————— 112
4. 특기사항과 상벌의 관계 ——————————— 114
5. 병역관계 ——————————————————— 115
6. 취미와 여가선용 ——————————————— 116
7. 가훈과 좌우명, 포부와 희망사항 ——————— 116
8. 신체적인 결격사항 ——————————————— 117

9. 학생운동에 참여해 보았는가? ———————— 118
10. 어떤 각오로 일할 것인가? ———————— 120
11. 우리 회사를 지원한 이유는 무엇인가? ———— 121
12. 친구관계는 어떠한가? ———————————— 122
13. 직장의 불만은 어떻게 해결할 것인가? ———— 123
14. 추천한 사람과는 어떤 관계인가? ————— 123
15. 경력사원을 뽑을 때는 ———————————— 124
16. 지금 무슨 공부를 하고 있나? ———————— 124
17. 몇 개 국어를 할 수 있나? ————————— 125
18. 가족사항은 어떠한가? ———————————— 125
19. 사업하던 사람이 취업을 희망한 경우 ———— 126
20. 직종별로 본 선발지침 ———————————— 127
　　1. 지게차 운전기사 ———————————— 127
　　2. 영양사 ———————————————————— 128
　　3. 마케팅 전문요원 ———————————— 130
　　4. 감사직 ———————————————————— 132
　　5. 영업직 ———————————————————— 134
　　6. 고압가스 관리기사 ———————————— 135
　　7. 경리직과 여비서 ———————————— 136

■ 한국 성씨 대조표 ———————————————— 139
■ 외국 성씨 대조표 ———————————————— 141
■ 해 설 ———————————————————————— 249

제1장. 심상으로 판단하는 방법

사람에게는 마음이라는 것이 있다. 그러나 어떻게 생겼으며 육신 어디쯤 들어 있는지 모르는 비시비형(非視非形)의 존재다. 이토록 야릇한 마음.

"당신에게도 마음이 있습니까?"

"글쎄요, 마음이 없는 사람도 있을까요?"

"네. 그렇다면 한 번 꺼내 보이시겠습니까?"

"아니, 어떻게 마음을 꺼내 보인다고 그런 말씀을 하십니까?"

"그거야 저도 잘 알지요. 그러나 마음이 있다고 하시기에 엉터리 같은 말을 한 번 해봤습니다."

"제 생각에는 마음이란 생각 같은데요."

"생각은 어디까지나 생각이지 마음이라고 할 수 없지요."

"글쎄요. 말씀을 들어보니 그런 것 같기도 합니다. 그렇다면 마음은 무엇이고 생각은 무엇입니까? 또 정신은 무엇이고, 영혼은 무엇입니까?"

"그런 것들은 형이상학의 분야에 해당하므로 매우 어렵습니다. 그러나 꼭 있을 것 같은데 눈으로 확인할 수 없다는 것입니다. 앞에 앉아 있는 사람에게도 꺼내 보일 수 없거든요. 하하하하."

"그러면 모두 도깨비 같은 것들인가요?"

"차라리 도깨비라면 형체라도 있으니 왼발씨름이라도 해서 쓰러뜨릴 수 있으니 낫지요. 그러나 그럴 수도 없으니 참 얄궂지요."

"그런 것도 같습니다."

"그래서 그런 것들을 실증하려는 것이 심리학보다 한 차원 더 높다고 할 수 있는 심령과학 아닙니까? 그러나 아직까지는 선생이나 나 같은 사람이 그런 것이 마음이고 생각이며 정신이구나 할만한 답을 제시하지 못하는 실정이지요. 그러나 마음이라는 놈은 반드시 있습니다. 그리고 그 놈은 얄궂게도 제멋대로인지라 문제지요. 심령과학을 연구했다는 사람들은 우주생성의 기본법칙과 같아 시간·공간·질량을 모두 초월한다는 말들만 하는 형편입니다. 그런데 누구나 마음만 먹으면 달나라든 별나라를 다녀오는데 단 1초도 걸리지 않는다는 말씀입니다. 그리고 지금 선생과 저 단둘이 앉아 있는 이 자리에서 선생의 부모 형제가 살고 계시는 고향을 한 번 다녀와 보세요. 마음으로 말입니다. "

"…"

"아니, 벌써 다녀오셨나요? 선생의 고향은 적어도 천 리가 넘는 부산으로 아는데요? 하하하…. 그런데도 사람들은 마음이 육신 어딘가 깊숙이 있다고 착각하거든요. 왜냐하면 마음은 눈으로 볼 수 있는 세계만 오락가락하는 것이 아니라 눈을 감고 아무것도 보이지 않는 상태에서도 어디든 자유자재로 왔다갔다 할 수 있고, 청각 하나만으로도 희노애락애오욕에 얽매이기도 하지 않습니까?"

 그러나 오늘날에는 이런 마음의 정체를 과학적으로 규명하겠다며 거짓말 탐지기라는 기계를 만들었으나 자기 마음 하나 알지 못하는 자들이 만든 것을 믿어야 하는지는 의문이다. 그런데도 거짓말 탐지기는 범죄수사에 동원되고 있다. 어떻게 지시침이 움직이는 각도의 변화로 범인인지를 알 수 있는지 이해되지 않는다.

 그래서 필자는 심상판별법(心相判別法)이라는 매우 고차원적이며 합리적인 학문을 접하게 되었다. 심상판별이란 말 그대로 마음의 상으로 그 사람을 판단하는 것이다. 심상판별법에는 예로부터 전해오는 도가(道家)의 이심전심이라는 말이 있듯이 자심심통법(自心心通法)과 타심심통법(他心心通法)이 있다. 자심심통법(自心心通法)은 자신의 마음을 보는 방법이고, 타심심통법(他心心通法)은 타인의 마음을 보는 방법이다.

 그러나 이 같은 경지에 오른 사람들은 대개 매우 높은 도력을 지닌 도사이거나 심령학자들이다. 이들은 '자아공심득견심(自我空心得見心)'이라 하여 마음을 비우면 자신은 물론 타인의 마음을 꿰뚫어보는 명경정심(明鏡淨心)이 가능해진다고 하나 누구나 이런 사람이 될 수는 없다. 왜냐하면 그런 경지까지 가려면 많은 수련과 고행이 뒤따라야만 하기 때문이다.

그러나 이 책에서 소개하는 심상판별법은 이러한 어려운 수련을 하지 않고도 약간의 노력만 한다면 마음을 읽을 수 있는 기술을 터득하여 자신의 마음은 물론 다른 사람의 마음도 쉽게 알아보고 생활에 적용할 수 있을 것이라고 믿는다.

1. 심상판별의 포인트

심상은 대략 20여 가지의 상대성원리로 판별할 수 있다. 인간의 마음은 워낙 변화무쌍하기 때문에 흑백논리로 판단할 수 없으나 본 학문은 반드시 그렇게 복잡하지만은 않다고 본다.

심령학이나 심통술에서는 사람이 죽으면 귀신이 된다고 가정하며 정신이 육신을 지배한다고 본다. 그리고 마음이 육신과 정신 사이를 오가는 중재자 역할을 한다고 본다. 또 그 마음의 분자는 기(氣)로 나타나고, 그 기(氣)의 움직임을 심기(心氣)라고 한다. 이것은 오감으로 느끼는 것이다.

그러나 대부분이 그것을 감지하는 능력이 없기 때문에 상대방의 마음을 알지 못하는 것이다. 그러므로 이 논리는 오늘날의 무선기기를 운용하는 전파와 같고, 인간의 객체는 아주 정교한 하나의 트랜시버와 같아 자기의 마음 분자를 발산하는 송신장치와 남의 마음 분자를 수신하는 수신장치까지 갖추고 있다는 것이다.

사람은 타고난 천성이 저마다 다르기 때문에 마음의 파장 또한 다르다. 악인의 파장은 나는 나쁜 사람이요, 선인의 파장은 나는 착한 사람이요, 도둑의 파장은 나는 도둑이라고 말을 건네는 것처럼 마음의 파장끼리 서로 주고 받는 과정에서 상대방의 심상을 파악하는 것이다. 파장이 서로 다른 것은 인간이 타고난 육신의 조직구조가 오장과 육부로 나뉘고, 저마다 다른 조직의 작용에 강약이 있어 이들 기관의 강약의 주파수가 파장으로 이어져 심기로 전달된다고 보는 견해가 지배적이다.

　그래서 오장과 육부의 작용은 어느 것 하나 중요하지 않은 것이 없으나 심기의 발산을 감당하는 기관은 오직 신장과 심장뿐이다. 왜냐하면 신장은 신체의 70% 이상의 수분을 관장하는 기관이고, 심장은 36.5도라는 체온을 담당하기 때문이다. 그러니 인체의 리듬을 가장 원활하게 해주는 신장과 심장은 내연기관과 같다.

　특히 심장은 인체에 전원을 공급해주는 배터리와 같은 작용을 하는 폐라는 내연기관의 공간상에서 산소를 흡입시켜 압축되고 나면 스스로의 전기적 에너지에 의해 폭발을 일으킨다. 여기서 간장의 속성을 나무로 보면 나뭇가지를 움직이게 하여 에너지 창고라고 할 수 있는 위장의 내용물들이 저마다 다른 장기 속으로 흘러들어가게 해준다.

　이 때 폐에서 나오는 숨길은 배기가스 같은 것이고, 소변이나 대변 같은 배설물을 관장하는 장기능은 신장이나 대장이 담당한다. 신장과 대장은 마치 자동차 엔진의 열화를 방지하려고 부착한 라

디에이터 같은 기관이다. 따라서 육신의 활력을 주도하는 것은 신장과 심장이라고 할 수 있다. 그렇다면 이 두 장기의 활동상태에 따라 부수적으로 발산되는 것이 기(氣)라고 보면 어떨까 한다.

그러니까 신장의 기능이 너무 왕성하여 지나치게 많은 물을 공급한다면 배터리의 열공급이 떨어져 차가운 기가 체외로 발산되므로 이것을 감지한 상대방은 차가운 느낌을 받을 것이고, 물 공급이 많이 부족하면 뜨거운 느낌을 받을 것이다. 이 같은 기는 하나의 파장으로 이어져 나오는데 이것을 감지하는 기술이 심상판별법이다. 심상판별법은 심장이 인체 내의 전원공급기관이고, 우주의 원리로는 태양 같은 것이므로 기의 발산지라는 학설에서 나왔다고 본다.

2 심상판별의 요령

우선 뒤에 나오는 심상을 판별하는 여러 가지 방법을 숙지한다. 그리고 상대방의 심상을 판별하기에 앞서 자신의 마음을 완전히 비워 공심상태를 만들어야 한다.

① 편안한 상태에서 두 눈을 지그시 감고 호흡을 가다듬는다.
② 조용히 심상판별도를 응시한다. 22가지의 체크포인트가 하나씩 마음 속으로 들어오게 한다.
③ 조용히 상대방의 얼굴부터 시작하여 앉은 자세, 손과 발의 움직임을 주의 깊게 응시한다.

심상판별도

④ 제일 먼저 심상판별도의 천기(天氣)와 지기(地氣) 포인트를 본다. 천기(天氣)로 판단되면 천기(天氣)에, 지기(地氣)로 판단되면 지기(地氣)에 체크한다. 만일 천기(天氣)도 아니고 지기(地氣)도 아닌 것 같아 애매하면 두 군데 모두 체크한다.

⑤ 다음은 청탁(淸濁), 명암(明暗), 사활(死活), 지우(智愚), 원각(圓角), 정곡(正曲), 주종(主從), 선악(善惡), 동정(動靜), 빈부(貧富) 순으로 체크한다.

⑥ 이제 하나의 심상도가 만들어졌을 것이다. 이것을 종합하여 상

대방의 심상을 판단하면 된다. 만일 이 방법이 익숙하지 않으면 심상판별도를 여러 장 만들어 응시자 숫자만큼 면접관들에게 나누어 주었다가 모아서 종합하여 판단하면 된다.

1. 천(天)·지(地) 체크포인트

천지(天地) 포인트는 심기가 하늘의 기를 많이 지녔는지, 땅의 기를 많이 지녔는지를 보는 것이다. 즉 천기(天氣)를 많이 지니고 태어났느냐, 지기(地氣)를 많이 지니고 태어났느냐를 측정하는 것이다. 천기수품자는 대개 깡마르고 얼굴색이 해맑은 것이 특징이고, 지기수품자는 대개 살집이 있고 얼굴색이 탁한 것이 특징이다. 만일 천기수품자로 느껴졌더라도 어딘지 모르게 탁한 기가 감지되면 다시 판별해야 한다.

천기수품자는 두뇌활동 분야가 잘 맞고, 지기수품자는 육체활동 분야가 잘 맞는다. 다시 말해 감사직이나 기획관리 등의 분야는 천기수품자가 더 잘하고, 기계를 만지는 일이나 생산직 분야는 지기수품자가 더 잘한다. 그리고 천기(天氣)와 지기(地氣)를 모두 지닌 사람은 영업·섭외·창고관리 등이 적격이다.

2. 청(淸)·탁(濁) 체크포인트

청탁(淸濁) 포인트는 심기가 맑은지 탁한지를 보는 것이다. 천기수품자인지 지기수품자인지를 정확하게 잡았으면 쉽게 판단할 수 있다. 대개 천기수품자이면 청기(淸氣)이고 지기수품자이면 탁기(濁氣)이기 때문이다. 아주 맑은 기가 느껴지면 청기(淸氣)이고, 매우 탁한 기가 느껴지면 탁기(濁氣)다. 그러나 맑다고 하여 무조건 청기(淸氣)으로 판단하면 안 된다. 청기(淸氣)인 것 같으나 어딘가 모르게 날카로움이 느껴지면 각기(角氣)나 악기(惡氣)로 봐야 하고, 탁기(濁氣)인 것 같으나 어딘지 모르게 맑은 느낌이 들면 다시 살펴야 한다.

3. 명(明) · 암(暗) 체크포인트

명암(明暗) 포인트는 심기가 밝은지 어두운지를 보는 것이다. 이것 역시 천기(天氣)와 지기(地氣), 청기(淸氣)와 탁기(濁氣)인지를 정확하게 잡았으면 판별하기 쉽다. 즉 천기(天氣)와 청기(淸氣)를 지녔는데 맑은 기가 느껴지면 명기(明氣)로 보고, 지기(地氣)와 탁기(濁氣)를 지녔는데 어딘지 모르게 답답하며 어두우면 암기(暗氣)로 본다. 그러나 때로는 상대방이 일시적인 문제가 있어 어두울 수도 있으니 잘 살펴야 한다.

4. 사(死) · 활(活) 체크포인트

사활(死活) 포인트는 심기가 죽었는지 살았는지를 보는 것이다.

심기일전(心機一轉), 발심행동(發心行動)이라는 말이 있듯이 마음은 매우 중요하다. 만일 마음이 죽어 있다면 학력이나 자격, 능력에 상관없이 사기(死氣)로 보아야 한다. 그러나 일시적인 문제로 의욕을 잃었을 수도 있고, 인격수련과도 관계가 있어 희로애락의 감정표현이 지나치게 예민한 경우도 있으니 잘 살펴야 한다. 만일 법관이 되겠다는 일념 하나로 여러 번 고시에 응시했으나 번번히 낙방한 사람이 있다고 가정해보자. 좌절감에 마음이 불에 탄 잿더미처럼 죽어 있을 것이다. 이런 사람이 취직이라도 하려고 면접장에 나타났다면 활기(活氣)를 느끼기는 어려울 것이다.

5. 지(智)·우(愚) 체크포인트

지우(智愚) 포인트는 심기가 지적인 사람인지 우매한 사람인지를 보는 것이다. 이 포인트 역시 천기(天氣)와 지기(地氣), 청기(淸氣)와 탁기(濁氣)의 판별기준에 맞추기 때문에 쉽게 판단할 수 있다. 만일 지기(智氣)로 판단하고 정치문제를 하나 질문했는데 우둔한 답을 한다면 우기(愚氣) 포인트로 바꿀 것이다. 이런 경우는 흔하지 않으나 면접관이 자신도 모르게 심상판단의 기준을 상식에 맞추기 때문이다. 예를 들어 응시자에게서 아주 지적인 느낌을 받아 지기(智氣)에 O을 체크할 심산으로 다음과 같이 질문하였다.

"아이큐가 얼마입니까?"

"학교 다닐 때 검사로는 135로 나왔습니다."

"그럼 학교성적은 어땠나요?"

"C학점 정도를 받았습니다."

"아이큐가 135라면 A는 받았어야 되지 않을까요?"

"노력한다고 했는데 A는 받지 못했습니다."

 심상판별을 잘못했다고 생각하면서 얼굴을 자세히 보니 이마가 매우 조잡해 보였다. 천기(天氣)를 지니고 태어났으나 탁기(濁氣) 인 지기(地氣)가 충천한 사람으로 판단하고 +지기(地氣) 포인트로 잡았다. 천기수품자는 대개 이마가 곱고 잘 생겼으며 안광이 해맑아 보인다.

6. 원(圓) · 각(角) 체크포인트

 원각(圓角) 포인트는 심기가 원만한지 날카로운지를 보는 것으로 그리 어렵지 않다. 대개 원기(圓氣)는 원만하고 험한 느낌이 들지 않으며 비계형인 경우가 많고, 각기(角氣)는 날카롭고 까다로우며 깡기가 느껴지는 경우가 많다. 이 원각(圓角) 포인트에서는 합격 불합격보다는 어느 부서에 기용할 것인가를 판단하는 것이 좋다. 만일 원기(圓氣)로 판단되면 영업 · 섭외 · 홍보 등의 직책을 맡기면 좋고, 각기(角氣)로 판단되면 감사 · 사고처리 등의 직책을 맡기면 좋으므로 이 포인트에서 탈락을 결정할 필요는 없다.

7. 정(正)·곡(曲) 체크포인트

정곡(正曲) 포인트는 심기가 바른지 그렇지 않은지를 보는 것으로 역시 어렵지 않다. 대개 정기(正氣)는 천기(天氣)를 많이 지녔으나 지기(地氣)도 느껴지고, 원각(圓角)도 비슷하게 나타나 모가 난 것 같아도 공격적이지 않게 느껴진다. 그리고 곡기(曲氣)는 대개 용모는 우락부락하고 눈빛이 번득이며 몸가짐이 산만한 경우가 많다. 이런 사람들은 면접장을 들어설 때부터 두려워하는 것 같은 느낌을 주며, 고개를 똑바로 들지 못하는 경우가 많은데 관상학에서는 범죄형이라고 한다. 따라서 정곡(正曲) 포인트에서 당락이 결정된다고 볼 수 있다. 그러나 심기가 허약하거나 수줍음을 많이 타는 사람일 수도 있으니 잘 살펴야 한다. 이런 사람은 생산직이나 노역장 등에 배치하면 자기 역할을 충분히 해낸다.

8. 주(主)·종(從) 체크포인트

주종(主從) 포인트는 주인의 자질이 있는 사람인지 종업원의 자질이 있는 사람인지를 보는 것이다. 우리 사회는 각양각색의 사람들이 어울려 살아가는데 주인의식이 뚜렷한 사람이 있는가 하면 아무리 주인이 되고 싶어도 될 수 없는 사람이 있다. 심기가 허약하거나 유약하게 느껴지면 종업원 자질을 지닌 사람인 경우가 많고, 강인한 심기가 느껴지면 주인 자질을 지닌 사람인 경우가 많다.

그러나 주종(主從)을 분별할 수 없을 정도로 변화가 많은 사람들도 있다. 어떤 사람이 어느 날 일확천금을 얻어 이렇다할 기업체를 만들어 회전의자에 앉아 사장님 소리를 듣더니 얼마 지나지 않아 다른 회사의 종업원이 되어 있었다. 이럴 때 운명론자들은 팔자소관이라고 하지만 능력의 한계 때문이다. 주인의식과 종업원의식의 이중성을 지닌 사람으로 주인이나 종업원 자질만 있는 사람보다 훨씬 더 기복있는 삶을 살 수밖에 없다. 만일 이런 사람을 영업이나 기획부서의 간부직으로 기용한다면 큰 문제가 생길 것이다.

그런데 어쩐 일인지 이런 사람에게 마음이 끌리는 경우가 많다. 왜냐하면 어딘지 모르게 여유만만함과 원만함이 느껴지기 때문이다. 그러나 이런 사람은 대리점이나 판매장이라면 몰라도 그 외 부서에는 기용하지 않는 것이 좋다. 그렇다고 일을 잘못하거나 근무 태도가 나쁘다는 것은 아니다. 오히려 종업원 자질밖에 없는 사람보다 우수한 면이 많다. 그러나 오래 붙어 있지 않기 때문에 기업 운영에 차질이 생길 수 있다. 그러므로 이 주종(主從) 포인트에서 당락을 결정하지 말고 그 사람의 자질과 능력이 필요한 곳이 어딘가를 생각하는 것이 좋다.

9. 선(善)·악(惡) 체크포인트

선악(善惡) 포인트는 심기가 선한지 악한지를 보는 것이다. 호인형 치고 나쁜 사람은 많지 않으나 선악(善惡) 포인트는 어디까지나 심상판별이라는 차원에서 이루어지는 것이니 인상만을 보고 판단하면 안 된다. 처음에는 인상이 좋았으나 대할수록 그렇지 않은 사람이 있고, 처음에는 인상이 나빴으나 대할수록 좋은 사람인 경우도 많으니 잘 살펴야 한다. 그렇다면 이런 경우는 왜 생길까? 이유는 간단하다. 환경에서 비롯된 것이다. 따라서 천성이 선한 사람은 일시적으로 악기(惡氣)가 느껴지더라도 환경이 바뀌면 다시 선기(善氣)를 찾을 수도 있다. 그래서 인간은 환경의 지배를 받는다고 하는 것이다.

10. 동(動) · 정(靜) 체크포인트

동정(動靜) 포인트는 심기에 변화가 많은지 차분한지를 보는 것이다. 상대방을 보면서 마음이 자꾸 동요되는 것 같으면 동기(動氣)이고, 차분한 느낌이 들면 정기(靜氣)다. 동기(動氣)를 지닌 사람은 마음이 시시각각으로 변하기 때문에 설득하기도 쉽지만 배신하기도 쉽다. 심상판별 전문가라면 얼굴만 보고도 금방 알 수 있지만 그렇지 않은 사람은 판단하기가 쉽지 않을 것이다. 그러나 면접관이 자신의 마음을 비우고 진지하게 살피면 감지할 수 있다.

11. 빈(貧) · 부(富) 체크포인트

빈부(貧富) 포인트는 마음의 여유가 있는지 없는지를 보는 것이다. 마음의 여유가 있는 사람은 성격도 포근하여 다른 사람들과 좋은 관계를 이루며 업무의 능률을 올리지만, 그렇지 않은 사람은 이해심과 배려심이 부족하여 다른 사람들과 화합하기 힘들기 때문에 직장생활을 하는데 곤란한 문제가 많이 생긴다.

  지금까지 각 포인트별로 판단하는 방법을 설명하였다. 처음에는 까다로운 것 같아도 한두 번씩만 정심정좌한 가운데 탐독하면 한 달 안에는 숙달하여 활용할 수 있을 것이라고 생각한다.

제2장. 인상으로 판단하는 방법

　인상학(人像學)은 심상학(心相學)과는 달리 표리(表裏)의 관계에 해당하는 학문이다. 사실 심상학과 인상학은 하나의 학문이나 심상을 판단하는 것은 상당히 고차적인 수련을 거쳐야 가능하고, 인상을 판단하는 것은 얼굴을 보이는 대로 판단하는 것이므로 조금 쉽다고 할 수 있다. 그런데도 고대 중국인들은 심상, 즉 관상이라 하여 심상을 통찰할 수 있어야만 관상을 완전하게 볼 수 있다고 하여 간단한 인상학이라도 매우 어렵게 생각하였다.

　그러나 여기서는 관상학이나 인상학 전부를 기술하지는 않았다. 이 책은 어디까지나 사원을 선발하는 면접지침서이므로 채용여부를 판단할 수 있을 정도로만 기술하였다. 그러다보니 어떤 것이 인상학적으로 좋다가 아니라, 이런 인상은 이렇기 때문에 좋다거나 안 된다거나 식의 추단형식이 되었다. 이것이 면접관들이 쉽게 터득하여 필요한 사람을 뽑을 수 있기 때문이다.

공자나 맹자와 같은 성현들을 비롯하여 수많은 연구가들을 배출하기도 한 관상학. 수천 년이라는 긴 세월 동안 발전하면서 전해져 온 관상학이나 인상학은 자연과학이자 천문학이며 경험철학이다. 포자향은 숙량의 아들인 공자의 상을 보고 '일준월각(日準月角) 하목해구(河目海口) 용형배구(龍形背龜) 미유십이채(眉有十二彩) 유사십구표(有四十九表) 후일필(後日必) 대귀지격(大貴之格)'이라 하였다. 후일 공자는 그의 말대로 유학의 시조가 되어 지금까지 추앙을 받는 성현이 되었다.

그리고 허소는 후한의 동탁시대에 경사라는 미관말직에 있던 조조를 보고 '난세지영웅지상(難世之英雄之相)'이라 하였다. 조조는 이 말을 듣고 '타고난 내 운명이 그렇다면 나의 운명을 바꾸어야 겠다'고 결심했다고 한다.

그 후 조조는 허소의 예언대로 춘추전국시대의 주역이 되었다. 이런 예는 고대사에서 얼마든지 찾을 수 있다. 이렇게 중요한 것이 인상학이며 활용할 수 있는 분야는 매우 많다. 그러나 전문적인 운명론자나 관상가가 될 필요가 없는 사람들은 인재를 선발할 정도나 생활에 활용할 정도의 인상학만 알아도 많은 도움이 될 것이다.

얼굴부위도

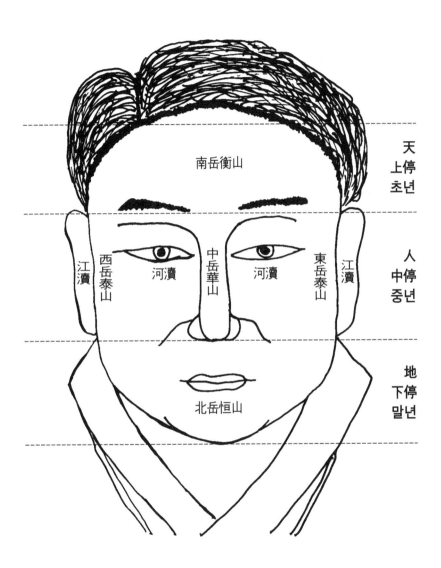

天
上停
초년

人
中停
중년

地
下停
말년

南岳衡山

西岳泰山　中岳華山　東岳泰山

江瀆　河瀆　河瀆　江瀆

北岳恒山

1. 얼굴형으로 판단하는 방법

1. 유자형(由字形)

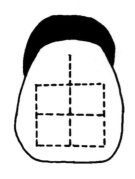

유자형(由字形)은 그림과 같이 한자의 말미암을유(由) 자를 연상하게 하는 얼굴형이다. 특징은 이마는 아주 좁고, 눈 아래부터 턱으로 내려갈수록 점점 넓어져 턱이 아주 풍만해 보이기 때문에 턱뼈가 있는지 없는지 분별하기 어렵다.

이런 사람은 초년에는 빈곤하나 말년에는 부유하다. 대개 부모복이 없어 가난한 집에서 태어나고, 부모를 일찍 잃고 다른 집에서 자라며 학업도 제대로 하지 못하는 경우가 많다. 그러나 30대를 지나면서 운이 열리기 시작하여 말년까지 좌절을 모르고 상승한다.

그리고 정치나 학계보다 사업이나 실업 방면에서 대성할 수 있다. 초년에 겪은 어려움 때문에 난관에 부딪혀도 잘 참으며 극복하는 특질이 있다. 따라서 고도의 감각이나 학식이 필요한 분야보다는 현장이나 육체노동이 필요한 부서가 적격이다.

심성은 매우 원만하며 직장의 불만을 잘 표현하지 않고, 경영자가 되겠다는 포부를 갖고 있기 때문에 웬만한 일은 잘 견디면서 책임을 다하는 형이다.

■ 유자형(由字形)에게 잘 맞는 직업
① 토목·건축·생산직·자재조달 등 육체노동이 필요한 분야가

가장 좋다.

② 시설관리 · 마감손질 · 포장 · 자재운반 · 상하역장 등도 좋다.

■ 유자형(由字形)의 심상

지(地) : 천기(天氣)보다 지기(地氣)를 더 많이 지녔다.

청탁(淸濁) : 맑은 것 같으면서도 탁하다.

우(愚) : 예리하지 않다.

원(圓) : 부드럽고 유연하며 모난 부분이 별로 없다.

정(正) : 편벽되지 않고 바르다.

주(主) : 주인의식이 강하다.

선(善) : 매우 착하다.

정(靜) : 차분하며 고요하다.

부(富) : 마음이 매우 여유롭다.

2. 신자형(申字形)

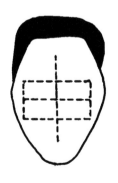

신자형(申字形)은 그림과 같이 한자의 납신(由) 자를 연상하게 하는 얼굴형이다. 특징은 얼굴의 중앙 부위가 발달하고 광대뼈가 튀어나왔으며 이마와 턱이 매우 좁아 보인다.

이런 사람은 부모궁이 좋지 않아 어릴 때부터 고생을 많이 하나 의지가 강하며 백절불굴하는 기개가 투철하여 웬만한 일에는 좌절하지 않는다. 그러나 워낙 기초가 없어 왕왕 깡패기질이 나타나기도 하고, 하극상을 예사롭게 여기기 때문에 상사나 하속을 가리지 않고 행패를 부리기도 한다. 박정희 전 대통령이 이 유형에 속한다.

■ 신자형(申字形)에게 잘 맞는 직업

① 군인·경찰·권력 기관 등이 가장 좋다.

② 기계기술직·운동선수·건설현장·토목 계통 등도 좋다.

■ 신자형(申字形)의 심상

천(天) : 천기(天氣)를 많이 지녔다.

명암(明暗) : 밝으면서도 어두운 면이 있다.

활(活) : 활활 불타는 듯하다.

각(角) : 매우 예리하다.

곡(曲) : 매우 편벽하다.

주(主) : 주인의식이 지나치게 강하다.

악(惡) : 자기 일변도다.

동(動) : 예리하며 심하게 동요한다.

빈(貧) : 마음의 여유가 없어 매우 팍팍하게 느껴진다.

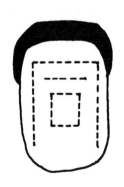

3. 동자형(同字形)

동자형(同字形)은 한자의 한가지동(同) 자를 연상하게 하는 얼굴형이다. 특징은 이마부터 턱 끝까지 약간 직사각형을 이루고, 찌그러지거나 튀어나온 부분이 없이 바르다.

 이런 사람은 부모덕이 많아 어릴 때부터 말년까지 별 어려움이 없고, 유산도 물려받을 수 있다. 심성은 온화하며 후덕하고, 절대로 남에게 손해를 끼치지 않아 직장 상사나 동료들에게 존경을 받는다. 성실하며 노력하는 형이다.

■ 동자형(同字形)에게 잘 맞는 직업
① 정치 · 사업 · 교육자 · 공무원 등이 가장 좋다.
② 일반사업체도 좋다.

■ 동자형(同字形)의 심상
천지(天地) : 천기(天氣)와 지기(地氣)를 모두 지녔다.

명암(明暗) : 매우 밝으나 약간 어두운 면도 있다.

원(圓) : 매우 원만하다.

정(正) : 바른 심상으로 흔들림이 없는 편이다.

선(善) : 악한 면은 전혀 찾아볼 수 없다.

동정(動靜) : 매우 안정되어 있지만 약간 동요하는 면이 있다.

부(富) : 여유가 있다.

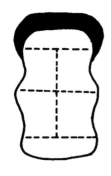

4. 왕자형(王字形)

왕자형(王字形)은 그림과 같이 한자의 임금왕 (王) 자를 연상하게 하는 얼굴형이다. 특징은 얼굴 전체에 살이 없고 뼈가 매우 많은 것 같은 느낌이 든다. 이마는 약간 둥글면서 앞으로 튀어나온 듯하고, 아래턱과 광대뼈는 신자형(申字形)과는 대조적으로 평평하고, 광대뼈의 위와 아래 부분이 쑥 들어간 느낌이 든다.

이런 사람은 자수성가할 상으로 여유있는 가정에서 태어나지만 부모의 유업을 지키기 어렵다. 상류층이나 부유층과 친교를 맺는 편이지만 워낙 완고하여 부자가 되기는 어렵다.

■ 왕자형(王字形)에게 잘 맞는 직업

① 육상·해상·항공 등의 운수업이 가장 좋다.

② 제철·철재·철공 계통도 좋다.

※ 성격상 남의 밑에서 일하기는 어려우나 높은 직책은 무방하다.

■ 왕자형(王字形)의 심상

천지(天地) : 천기(天氣)와 지기(地氣)를 모두 지녔다.

청탁(淸濁) : 맑은 기와 탁한 기를 모두 지녔다.

활(活) : 활기가 넘친다.

각(角) : 지나치게 모가 났다.

곡(曲) : 편벽하며 정직하지 않다.

주(主) : 주인의식이 매우 강하다.

악(惡) : 자신감에 찬 행위자에 가까운 느낌이다.

동(動) : 마음의 동요가 많다.

빈(貧) : 매우 팍팍하다.

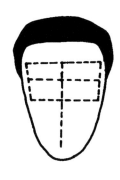

5. 갑자형(甲字形)

갑자형(甲字形)은 그림과 같이 한자의 갑옷 갑(甲) 자를 연상하게 하는 얼굴형이다. 특징은 얼굴이 역삼각형으로 이마가 넓어 시원해 보이지만 아래 부분으로 내려갈수록 점점 좁아져 턱이 매우 좁아보인다.

이런 사람은 부모덕으로 남부럽지 않게 생활하면서 교육도 많이 받아 학력이 높은 편이다. 물질에 대한 욕심이 없어 부자 소리는 듣기 어렵지만 지능 지수가 매우 높아 두뇌를 활용하는 분야로 진출하면 좋다.

■ 갑자형(甲字形)에게 잘 맞는 직업

① 학자 · 철학가 · 종교가 · 문학가 · 발명가 등이 가장 좋다.

② 공무원 · 일반사무직 · 계획직 등도 좋다.

■ 갑자형(甲字形)의 심상

천(天) : 천기(天氣)를 많이 받았다.

청(淸) : 티끌하나 없을 정도로 매우 맑다.

명(明) : 매우 밝다.

지(智) : 매우 예리한 지성이 느껴진다.

정(正) : 불의와 타협하지 않는다.

원각(圓角) : 원만한 것 같으면서도 예리하다.

주종(主從) : 주인과 종업원 의식이 모두 느껴진다.

정(靜) : 사색에 젖은 것처럼 조용하다.

빈(貧) : 마음의 여유가 없다.

6. 용자형(用字形)

　용자형(用字形)은 그림과 같이 한자의 쓸 용(用) 자를 연상하게 하는 얼굴형이다. 특징은 동자형(同字形)과 매우 비슷하나 동자형(同字形)보다 굴곡이 많고 울퉁불퉁하다.

　성격도 동자형(同字形)과 비슷하나 매우 강직하며 매사 끊고 맺음이 분명하여 마음의 고통이 많은 편이다. 부유하면 단명하고 가난하면 장수하는 경우가 많다.

■ 용자형(用字形)에게 잘 맞는 직업

① 투기사업·토목건축·생산업·판매 등이 가장 좋다.

② 외교·판촉·유흥업·도소매업 등도 좋다.

※ 생산직에 잘 적응하나 이직과 전직이 많은 편이다.

■ 용자형(用字形)의 심상

천지(天地) : 천기(天氣)와 지기(地氣)를 모두 지녔다.

명암(明暗) : 많이 동요하면서도 정적인 면이 있다.

사활(死活) : 활기(活氣)와 사기(死氣)를 함께 지녔다.

원각(圓角) : 원만하면서도 딱딱한 면이 있다.

지우(智愚) : 매우 지적이면서도 어리석은 면이 있다.

주종(主從) : 주인과 종업원의 자질을 모두 지녔다.

빈부(貧富) : 마음의 여유가 있으면서도 빡빡한 면이 있다.

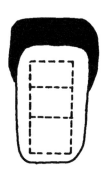

7. 목자형(目字形)

목자형(目字形)은 그림과 같이 한자의 눈목 (目) 자처럼 직사각형을 연상하게 하는 얼굴 형이다. 특징은 매우 가냘프면서 이마에서 턱 끝까지 넓이가 거의 같아 보인다.

이런 사람은 처음에는 좋은 사람 같지만 신경질적인 면이 많고, 덕성과 아량이 부족하여 남들과 잘 어울리지 못한다.

■ 목자형(目字形)에게 잘 맞는 직업

① 사무 · 회계 · 문서정리 · 편집기획 · 교육자 등이 가장 좋다.

② 교화 · 일반사무직 · 공무원 등도 좋다.

■ 목자형(目字形)의 심상

천(天) : 천기(天氣)를 많이 지녔다.

청(淸) : 심상이 매우 맑다.

원각(圓角) : 원만한 것 같으면서도 모난 데가 있다.

종(從) : 종업원 의식이 많다.

선(善) : 매우 착하다.

정(靜) : 별로 동요하지 않는다.

빈(貧) : 매우 빡빡하게 느껴진다.

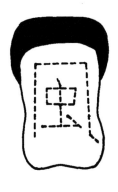

8. 풍자형(風字形)

풍자형(風字形)은 그림과 같이 한자의 바람 풍(風) 자를 연상하게 하는 얼굴형이다. 특징은 이마가 넓고 양쪽 턱이 퍼져 있으며 광대뼈가 약간 들어간 듯하다.

이런 사람은 방랑벽이 심하여 주거의 변동이 많고, 사교술이 좋아 다른 사람과 잘 어울리나 리더십이 없어 대성하지는 못한다.

■ 풍자형(風字形)에게 잘 맞는 직업

① 육운·해운·항공 등의 수송업이 가장 좋다.

② 외교·판매촉진·세일즈맨 등도 좋다.

③ 산업현장에서는 원자재 수송이나 하역작업 등도 잘 맞는다.

■ 풍자형(風字形)의 심상

천지(天地) : 천기(天氣)와 지기(地氣)를 모두 지녔다.

청(淸) : 대체적으로 맑은 편이다.

명암(明暗) : 밝았다 어두웠다 한다.

원각(圓角) : 여유가 있는 것 같으면서도 까다롭다.

정곡(正曲) : 매우 바르면서도 어지러운 면이 있다.

주(主) : 주인의식이 강하다.

선악(善惡) : 선한 마음과 악한 마음이 교차된다.

동(動) : 마음이 거의 안정되지 않는 사람이다.

빈(貧) : 마음의 여유가 없다.

9. 전자형(田字形)

전자형(田字形)은 그림과 같이 한자의 밭 전(田) 자를 연상하게 하는 얼굴형이다. 특징은 네모꼴로 균형이 매우 잘 잡혀 보인다.

이런 사람은 복이 매우 많고 성격이 차분하며 체력도 좋다. 모험을 싫어하고 어디든지 잘 적응하며 성실과 노력을 신념으로 안다.

■ 전자형(田字形)에게 잘 맞는 직업

① 공무원·일반사무원·자영업·재정관리 등이 가장 좋다.

② 일반회사의 사무직이나 실무 분야도 좋다.

■ 전자형(田字形)의 심상

천지(天地) : 천기(天氣)와 지기(地氣)를 모두 지녔다.

청탁(淸濁) : 약간 탁하다.

명암(明暗) : 밝으면서도 어두운 면이 있다.

사활(死活) : 활기(活氣)와 사기(死氣)를 모두 지녔다.

원(圓) : 매우 원만하다.

정(正) : 매우 바르다.

주종(主從) : 주인과 종업원의 자질을 모두 지녔다.

선(善) : 매우 착하다.

부(富) : 마음이 여유롭다.

10. 원자형(圓字形)

원자형(圓字形)은 그림과 같이 한자의 둥글원(圓) 자를 연상하게 하는 얼굴형이다. 특징은 보름달처럼 둥글고 이목구비까지 모두 둥글다.

이런 사람은 마음이 부드러워 호인형이라고 하나 마음이 약하여 간혹 옳지 않은 일에 빠지는 경우가 있다. 어디서든 환영받는 편이며 욕을 먹는 자리는 맞지 않는다.

■ 원자형(圓字形)에게 잘 맞는 직업

① 판매·섭외·외교 등이 가장 좋다.

② 판촉·자영업·생산현장·노무노동직 등도 좋다.

■ 원자형(圓字形)의 심상

지(地) : 지기(地氣)를 많이 지녔다.

명암(明暗) : 밝은 편이나 어두운 면도 있다.

사활(死活) : 두 가지 기운을 모두 지녔다.

원(圓) : 마음의 여유가 있고 원만하다.

정(正) : 비교적 바른 편이다.

주종(主從) : 주인과 종업원 자질이 모두 있고, 시류를 따른다.

정(靜) : 마음의 동요가 별로 없고 잘 정돈된 편이다.

2. 옆 얼굴로 판단하는 방법

사람의 얼굴은 각양각색이다. 한눈에 반할 만큼 잘 생긴 얼굴이 있는가 하면 추하기 이를데 없는 얼굴이 있고, 잘 생겼으나 관심이 가지 않는 얼굴이 있는가 하면 못 생겼어도 끌리는 얼굴이 있다. 그러나 아무리 잘 생겼어도 옆모습이 좋지 않은 얼굴이 있고, 못생겼어도 옆모습이 매우 좋은 얼굴이 있다. 이처럼 옆얼굴도 매우 중요하므로 인상학을 연구하는 사람들은 인상을 파악할 때는 가장 먼저 옆얼굴을 보아야 한다고 한다. 3가지로 구분하여 소개한다.

1. 극단소치형

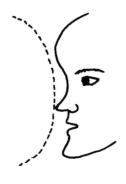

극단소치형은 옆얼굴이 초승달을 연상하게 하는 형이다. 특징은 이마는 앞으로 튀어나왔고 코가 있는 중앙부위는 안으로 굽어 들어갔으며 턱은 앞으로 나와 마치 주걱처럼 보인다. 그림처럼 옆얼굴에 원을 그려보면 코끝이 달락말락하다.

이런 사람은 결단력이나 진취력이 매우 약하여 평생 주인노릇은 하지 못한다. 그러나 상사의 말에 절대복종하면서 문제를 일으키지 않고 자신에게 주어진 일을 열심히 한다.

2. 안전지상형

안전지상형은 옆얼굴이 이마는 약간 둥글면서 앞으로 튀어나온 듯하고, 코끝이 높아 보이는 형이다. 옆얼굴에 직선을 그어보면 이마와 턱은 높이가 비슷하고 코는 밖으로 나오는 것이 특징이다.

이런 사람은 성실근면형으로 어디든 잘 적응하나 불만이 있으면 가차없이 나가기 때문에 능력에 맞게 잘 대우해 주어야 한다.

3. 저돌매진형

저돌매진형은 프랑스 전 대통령인 드골을 연상하면 된다. 대머리에 코는 우뚝하게 높고 독수리 부리처럼 끝이 안으로 휜 것 같다. 입은 작고 턱은 매우 짧으며 목으로 흘러내린 것이 특징이다.

이런 사람은 생김새만큼이나 성격도 독특하다. 하고 싶은 일은 누구에게도 양보하지 않고, 처음에는 맹호와 같으나 지구력이 약한 편이다. 명예사장 같은 자리라면 몰라도 기용할 곳이 별로 없다.

3. 눈썹으로 판단하는 방법

눈썹은 이마에서 흘러내리는 땀방울이 눈으로 들어가지 않게 막는 역할 밖에는 하지 않는 것 같다. 그러나 눈썹의 모양에 따라 얼굴이 달라지기도 하고, 형제와 교우 관계를 보며, 성격과 어진 사람인지 어리석은 사람인지를 판단할 수 있다. 그래서 인상학자들은 반드시 눈과 함께 눈썹의 모양을 살핀다.

그러나 앞에서도 설명했듯이 이 책은 면접지침을 위한 것이기 때문에 아주 좋거나 나쁜 경우들을 간략하게 설명하였다. 『마의상서(麻衣相書)』「논미편(論眉篇)」에서는 눈썹은 인륜지자기서(人倫之自己書)라 하여 짙으면서 약간 솟아오른 듯하고 모양이 수려해야 좋다고 하면서 다음과 같이 언급하였다.

① 눈썹이 가늘면서 맑고 길게 뻗은 사람은 머리가 좋다.

② 눈썹이 거친데 색깔도 짙은 사람은 역모에 가담하기 쉽다.

③ 눈썹의 길이가 짧으면서 잘린 듯한 사람은 마음이 흉폭하다.

④ 눈썹이 눈을 가릴 정도로 긴 사람은 부귀하다.

⑤ 눈썹이 눈을 덮지 못할 정도로 짧은 사람은 가난하다.

⑥ 눈썹이 위로 치켜올라간 사람은 성품이 강직하다.

⑦ 눈썹이 곤두 서 있는 듯한 사람은 성격이 호탕하다.

⑧ 눈썹 끝이 아래로 쳐진 것처럼 내려간 사람은 마음이 부드럽고, 이마쪽으로 너무 붙어 머리칼과 닿을 듯한 사람은 가난하며 형제나 친구와 인연이 없고 가난하다.

⑨ 눈썹이 거꾸로 난 사람은 처자식을 버리고 방탕하게 살아간다.

⑩ 눈썹 가운데 흰털이 난 사람은 장수한다.

⑪ 눈썹 바로 위에 세로 줄이 여러 개 있으면 부자가 된다.

⑫ 눈썹 한가운데 사마귀가 있는 사람은 총명하며 어질다.

⑬ 눈썹에 가로줄이 많은 사람은 가난하다.

⑭ 눈썹 길이가 눈 끝을 지날 정도로 길게 뻗은 사람은 충직하다.

1. 눈썹의 여러 가지 형태

 1) 눈썹이 한일(一) 자처럼 생겼으면 부귀는 누리나 부부가 해로하기는 어렵다.

2) 눈썹이 누워 있는 누에처럼 생겼으면
4~5형제가 있어도 화목하지 못하다.

3) 눈썹이 초승달처럼 곱게 생겼으면
형제는 6~7명이며 화목하고 귀하게 된다.

4) 눈썹이 호랑이 눈썹처럼 생겼으면
형제는 3~4명이며 복이 많아 잘 산다. 만일 부자
가 되지 않으면 만년에 귀하게 된다.

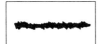

5) 눈썹이 빗자루처럼 가늘게 생겼으면
부는 누리나 6~7형제가 남남처럼 헤어져 산다.

6) 눈썹의 길이는 긴데 폭이 아주 좁으면
형제는 8~9명이다. 여기다 눈썹이 빼어나게 잘
생겼으면 재물은 들어오나 모아지지 않고, 처자
궁은 좋으나 조업은 깨트린다.

7) 눈썹이 아주 맑고 빼어나면
형제는 3~4명이다. 여기다 천창(天倉)이 매우 길
면서 발지(髮底)까지 뻗어들어 간 것 같으면 벼
슬길이 일찍 열리고, 형제들과 이름을 날린다.

8) 눈썹이 듬성듬성 났는데 노랑색을 띠면
형제간에 인연이 없고, 재물의 출납이 심하여 기
복이 많다.

9) 눈썹 한가운데를 칼로 그어놓은 것 같으면
형제는 1~2명이나 부모를 가르고 재산을 탕진한다.

10) 눈썹이 귀신처럼 생겼으면
형제는 3~4명이다. 여기다 거칠고 엉성하여 눈을
덮을 듯하면 어질지 않고 신의도 없다.

11) 눈썹 끝이 흐트러졌으면
형제는 1~2명이며 돈을 벌기도 없애기도 잘 한다.

12) 눈썹이 노랗고 성기면
부모 유산을 탕진하고 타향을 떠돌다 객사한다.

13) 눈썹이 용의 눈썹처럼 생겼으면
형제는 1~2명이며 영달할 상이다.

14) 눈썹이 버들잎처럼 생겼으면
형제는 3~4명이나 정이 없다. 노력한 만큼 성공한다.

15) 눈썹이 칼처럼 생겼으면
형제는 4~5명이며 부귀와 권세를 누린다.

16) 눈썹이 사자 눈썹처럼 생겼으면
사자상의 배필을 만나고, 말년에나 발복한다.

17) 눈썹이 빗자루처럼 생겼으면
형제가 7~8명이나 우애가 없고 말년에 고생한다.

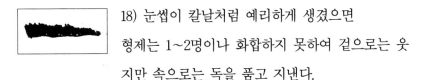

18) 눈썹이 칼날처럼 예리하게 생겼으면

형제는 1~2명이나 화합하지 못하여 겉으로는 웃지만 속으로는 독을 품고 지낸다.

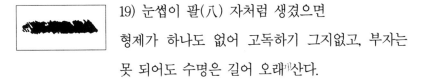

19) 눈썹이 팔(八) 자처럼 생겼으면

형제가 하나도 없어 고독하기 그지없고, 부자는 못 되어도 수명은 길어 오래산다.

20) 눈썹이 나한상의 눈썹처럼 생겼으면

형제는 3명이며 자식이 늦어 말년까지 고생한다.

21) 눈썹이 안쪽은 가지런하나 끝이 듬성듬성하면

형제는 3~4명이며 어려서부터 부자로 살다가 말년에는 이름을 크게 날린다.

22) 눈썹이 아주 가늘게 뻗어나갔으면

형제는 5~6명이며 매우 화목하며 부귀를 누린다.

23) 눈썹이 아주 짧고 빽빽하면

형제는 1~2명이며 청빈한 가운데 귀를 누린다.

24) 눈썹이 소라처럼 생겼으면

형제는 1~2명이며 보통사람은 고생을 많이 하나 무관은 이름을 날린다.

4. 눈으로 판단하는 방법

하늘에 해와 달이 있듯이 사람의 얼굴에도 해와 달이 있다. 남자는 왼쪽 눈이 해에 해당하고, 오른쪽 눈은 달에 해당한다. 여자는 이와 반대로 왼쪽 눈은 달에 해당하고, 오른쪽 눈은 해에 해당한다. 해가 밝고 달이 맑아야 만물을 잘 볼 수 있는 것처럼 사람의 눈도 마찬가지로 매우 중요하다.

① 눈이 깊고 눈빛이 은은하며 부드러운 사람은 매우 길하다.
② 벌의 눈처럼 눈동자가 튀어나온 사람은 수명이 짧다.
③ 눈동자가 튀어나온 사람은 도적의 마음이 있는데 남자는 남의 여자를 탐한다.
④ 눈의 길이가 아주 짧거나 깊은 사람은 어리석다.
⑤ 위 눈꺼풀이 치켜올라간 사람은 성미가 급하다.
⑥ 눈이 큰 사람은 검은동자가 눈 안에 가득 차 흰자위가 드러나 보이지 않아야 좋다.
⑦ 눈이 수려한 사람은 군왕을 섬길 상이다.
⑧ 눈이 튀어나왔는데 양 옆이나 위아래까지 흰자위가 드러나 보이는 사람은 전사하거나 사고로 급사하기 쉽다.
⑨ 눈이 뱀의 눈처럼 삼각형인 사람은 마음이 간악하다.
⑩ 붉은줄이 흰자위를 가로질러 눈동자로 들어간 사람은 관청문제를 일으키거나 불의의 사고로 급변급사를 당할 상이다.

⑪ 눈이 붉은데 눈동자가 샛노란 사람은 단명할 상이다.

⑫ 눈이 양의 눈처럼 생긴 사람은 형벌을 받는다.

⑬ 눈이 벌의 눈처럼 생긴 사람은 악사하거나 고독하다.

⑭ 눈동자에서 뱀의 눈처럼 독기를 뿜는 사람은 형벌을 받는다.

⑮ 여자가 흰자위가 너무 많으면 남편을 죽게 하거나 어리석다.

⑯ 눈이 꿩의 눈동자에 쥐의 눈처럼 생긴 사람은 도적의 상이다.

⑰ 눈빛이 번갯불처럼 선광이 나는 사람은 매우 귀하다.

⑱ 눈의 길이가 한 치가 넘는 사람은 반드시 군왕을 보필한다.

⑲ 용의 눈동자에 봉황의 눈처럼 생긴 사람은 반드시 부자가 된다.

⑳ 눈이 불에 타는 듯한 사람은 만인의 받들음을 받는다.

㉑ 양의 눈처럼 생긴 사람은 골육을 해하거나 친구관계가 나쁘다.

㉒ 뱀의 눈동자에 양의 눈처럼 생긴 사람과는 절대로 친하지 말라.

㉓ 눈동자가 잔나비 눈처럼 흰 사람은 교통사고나 낙상사고를 당
하기 쉽다.

㉔ 물고기의 눈처럼 생겼으면서 희멀건 사람은 사형당하거나 전사
한다.

1. 눈의 여러 가지 형태

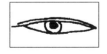
1) 도화눈
남들에게 호감을 많이 주지만 바람기가 많아 색
정문제로 평생을 망친다.

2) 눈이 술에 취한 것 같으면

노랑색을 띠면 여자는 바람둥이고, 남자는 도적
이며 중이 되어도 남의 여자를 넘본다.

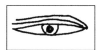

3) 눈이 학의 눈처럼 생겼으면

흰자위와 검은자위가 분명하면 의지가 견고하며
부귀를 누린다.

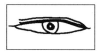

4) 눈이 양의 눈처럼 생겼으면

눈빛이 매우 흐리면 조상의 유업을 지키지 못하
여 중년에서 말년까지 고생이 많고 마음이 매우
폭악하다.

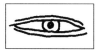

5) 눈이 물고기 눈처럼 생겼으면

눈동자가 튀어나오고 흐리면 수명이 짧고 성격이
횡폭하다.

6) 눈이 말의 눈처럼 생겼으면

물기까지 베어 있으면 평생 뛰어다녀도 부자가
되지 못하고 고생한다.

7) 눈이 사슴의 눈처럼 생겼으면

성격이 매우 조급하며 의리가 없다.

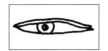

8) 눈이 곰의 눈처럼 생겼으면

마음이 흉폭하기 그지없고 어리석다. 한자리에

오래 머물지 못하여 고생을 사서 한다.

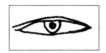

9) 눈이 집비둘기의 눈처럼 생겼으면

노란 눈동자가 아주 적고 동그란데 머리를 들고

앉아 있는 것 같으면 남녀 모두 바람둥이다.

10) 눈이 란새의 눈처럼 생겼으면

여기다 코끝이 둥글면서 크면 대귀할 상이다.

11) 눈이 늑대의 눈처럼 생겼으면

마음이 곱지 못하며 정신착란 증세가 있다.

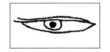

12) 눈이 물소의 눈처럼 생겼으면

눈이 둥글며 크고, 양쪽 눈썹이 짙으며 귓속에 털

이 나 있고 몸집이 큰 사람은 부귀를 누린다.

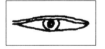

13) 눈이 백로나 소리개의 눈처럼 생겼으면

거부가 되려 애쓰나 가난뱅이 신세를 면하지 못

한다.

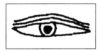

14) 눈이 원숭이의 눈처럼 생겼으면

꾀와 의리는 많으나 의심과 질투심이 많다.

15) 눈이 제비의 눈처럼 생겼으면

입이 작고 입술은 붉으며 머리는 동그랗고 눈이 길면서 흑백이 분명하면 기교가 있고 의식은 부족하지 않으나 고생한다.

16) 눈이 기러기의 눈처럼 생겼으면

눈이 붉거나 노랗고, 얼굴은 붉으며 걸을 때는 머리를 흔들고, 몸집이 아주 작은 사람은 잘 산다.

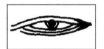

17) 눈이 성성이의 눈처럼 생겼으면

부자로 살아가나 행동이 거만하며 가식이 많고, 항상 머리를 숙이고 다니며 바쁘다. 성성이의 눈은 눈동자가 검으면서 위로 치켜올라간 쌍거풀 눈을 말한다.

18) 눈이 거북이의 눈처럼 생겼으면

부귀를 누리며 오래 산다. 거북이의 눈은 눈동자가 둥글면서 밝고 눈빛이 아름다우며 눈꺼풀 위쪽에 잔주름이 여러 개 있는 것이 특징이다.

19) 눈이 코끼리의 눈처럼 생겼으면

마음이 어질며 온화하고, 부귀를 누리며 오래 산다. 코끼리의 눈은 위아래로 눈꺼풀이 있고 가는 것이 특징이다.

20) 눈이 비둘기의 눈처럼 생겼으면

평생을 신의와 성실로 살아가기 때문에 어릴 때부터 영달의 문이 열려 부귀를 누리며 잘 산다. 비둘기의 눈은 위아래로 쌍꺼풀이 있고 아름다운 것이 특징이다.

21) 눈이 원앙의 눈처럼 생겼으면

홍안이면서 윤기까지 있으면 부부간에 금실이 좋고 부귀를 누리나 색정이 염려된다. 원앙의 눈은 수려하게 잘 생긴 것이 특징이다.

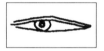

22) 눈이 우는 봉황의 눈처럼 생겼으면

쌍거풀이 있고 눈빛이 아주 맑아 신기가 보이면 중년이 지나야 부귀를 누리며 현달한다.

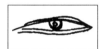

23) 눈이 졸고 있는 봉황의 눈처럼 생겼으면

부귀를 누린다. 졸고 있는 봉황의 눈이란 앞만 바라보면서 담담하게 앉아 있는 것 같아도 아주 수려하면서 너그럽고 온화한 것이 특징이다.

24) 눈이 서기를 뿜는 봉황의 눈처럼 생겼으면

위아래에 모두 쌍거풀이 있고 짝눈이 아니면서 수려한 사람은 마음이 부드러워 선비의 이름을 남긴다.

25) 눈이 사자의 눈처럼 생겼으면

비리를 멀리 하고 어진정사를 펴면서 오래 산다. 사자의 눈은 위엄이 있으면서 눈썹이 거칠지 않고 장엄한 것이 특징이다.

26) 눈이 벌의 눈처럼 생겼으면

말년에 자식이 상한다. 벌의 눈은 크고 눈동자는 황금색을 띠며 커졌다 작아졌다 하면서 위엄이 느껴지는 눈을 말한다.

27) 눈이 학의 눈처럼 생겼으면

위 쌍꺼풀이 가늘면서 길게 뻗고 흑백이 분명하며 똑바로 바라보면 이름을 날리면서 영화를 누린다.

28) 눈이 거위의 눈처럼 생겼으면

쌍꺼풀이 여러 개이고 천창(天倉)이 빼어나게 잘 생겼으면 사리판단이 분명하며 선견지명이 있다. 여기다 검은자위가 많고 흰자위가 적으면 인성이 착하며 무궁한 복을 누린다.

29) 눈이 짝짝이면

두 눈이 잘 어울리는 것 같으나 한쪽 눈이 작으면서 흘겨보는 것 같으면 언행이 일치하지 않고 간사하여 부자가 되어도 돼지 같은 사람이다.

30) 눈이 돼지의 눈처럼 생겼으면

부자가 되어도 형벌을 받거나 시체를 해부할 일
이 생긴다. 돼지의 눈은 흰자위가 흐리고 눈동자
는 튀어나왔으며 쌍거풀이 있는 것이 특징이다.

31) 눈이 뱀의 눈처럼 생겼으면

사람을 기쁘게 대하는 것 같아도 속으로는 독기
를 품고 있고, 만일 눈동자가 붉고 둥글면서 붉은
띠가 둘러져 있으면 간악하기 이를데 없어 늑대
나 호랑이 보다 더 무서운 사람이다.

32) 눈이 용의 눈처럼 생겼으면

검은자위와 흰자위가 분명하면 정신력이 강하다.
여기다 가늘고 길면 신기가 많고 부귀가 크다.

33) 눈이 봉황의 눈처럼 생겼으면

위아래로 쌍거풀이 있고 가늘고 길며 영롱한 빛
을 띠면 정신이 맑아 매우 귀하게 된다.

34) 눈이 소의 눈처럼 생겼으면

눈과 눈동자가 아주 크면서 둥글고, 먼 곳을 보는
지 가까운 곳을 보는지 알 수 없으면 재물이 풍
성하며 오래 산다.

35) 눈이 공작새의 눈처럼 생겼으면

위 쌍거풀이 여러 개 겹쳐 있고, 흰색보다 푸른색 기운이 많은 사람은 성품이 결백하면서도 따뜻하여 가정이 화목하고 사방에 이름을 떨친다.

36) 눈이 두꺼비의 눈처럼 생겼으면

눈동자가 둥글면서 튀어나왔으면 조심성이 매우 많으며 마음과 행동이 잘 정돈되어 영웅의 기개가 돋보이고 큰 부자가 된다.

37) 눈이 게의 눈처럼 생겼으면

우둔하며 타향으로 돌아다니기를 좋아한다. 의식은 궁핍하지 않으나 자식은 두기 어렵다. 게의 눈은 유난히 튀어나온 것이 특징이다.

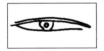

38) 눈이 고양이의 눈처럼 생겼으면

온화한 면이 있지만 재주에 비하여 부자가 되지는 못한다.

5. 코로 판단하는 방법

코는 오악(五岳) 중에서는 중앙이며 얼굴을 대표하는 심변관이라고 할만큼 매우 중요하다. 그리고 폐의 신성한 기운이 출입하는 곳

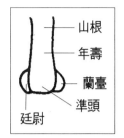

이므로 폐의 허실을 보는 곳이기도 하다. 그래서 폐가 실하면 코가 막히고 폐가 허하면 코가 열린다. 코의 모양이 어떠해야 하는지를 살펴본다.

① 코끝이 둥글어 콧구멍이 드러나 보이지 않으면서 코끝을 감싸는 듯한 사람은 부귀를 누린다.

② 콧마루의 중앙과 윗부분이 두툼하게 솟아오른 사람은 반드시 귀하거나 부자가 되거나 오래 산다.

③ 코에 검은 점이 있거나 칼날을 세워놓은 것 같은 사람은 가난하지는 않으나 수명이 짧고, 성격이 날카로우며 고집이 세다.

④ 코가 개의 쓸개를 매달아 놓은 것 같으면서 아래로 곧게 뻗어 내려간 사람은 부귀를 누린다.

⑤ 코끝에 살집이 많은 사람은 마음이 곱다.

⑥ 콧잔등에 가로줄이 여러 개 있는 사람은 교통사고나 낙상사고로 급사한다.

⑦ 콧날 위에 세로줄이 있는 사람은 양자를 둔다.

⑧ 코가 끝에서 인당까지 예쁘게 뻗어올라간 사람은 어여쁜 아내를 맞이한다.

⑨ 콧날이 두툼하여 대롱을 붙여놓은 것 같으면 의식이 풍족하다.

⑩ 콧구멍이 드러나 보이면서 하늘을 향한 사람은 수명이 짧을 뿐 아니라 가난하다.

⑪ 콧날이 2~3층으로 구부러진 사람은 골육까지도 별리별침할 상으로 대인관계에 문제가 많다.

⑫ 코끝이 빨간 사람은 동분서주하나 안정처를 마련하지 못한다.

1. 코의 여러 가지 형태

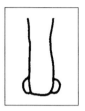

1) 코가 용의 코처럼 생겼으면

콧날이 두툼하게 잘 생기고 산근(山根)부터 똑바로 뻗어내려간 모양을 말한다. 조금도 구부러진 데가 없고 산근(山根)이 높으면 매우 귀하게 된다.

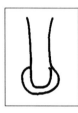

2) 코가 호랑이의 코처럼 생겼으면

콧날이 둥근데 콧구멍이 드러나 보이지 않고 콧망울이 아주 특이하게 생긴 코를 말한다. 비뚤어지지 않고 바르면 큰 부자가 된다.

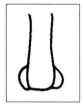

3) 코가 고양이의 코처럼 생겼으면

콧날이 두툼하며 콧망울이 뚜렷하고, 산근(山根)이 죽지 않고 똑바로 내려온 코를 말한다. 부와 명예를 모두 누린다.

4) 코가 사자의 코처럼 생겼으면

산근(山根)과 연수(年壽)가 조금 낮은 듯하면서 코끝이 두툼하여 콧망울까지 탐스럽게 잘 생긴 사람은 큰 부자가 될 상이다.

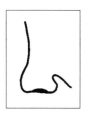

5) 코가 소의 쓸개처럼 생겼으면

소의 쓸개를 매달아 놓은 것처럼 양쪽 콧망울이 탐스러운 모양을 말한다. 부구영화를 누리며 잘 산다.

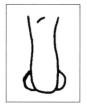

6) 코가 엎드린 물소처럼 생겼으면

산근(山根)이 꺼지지 않고 이마 아래까지 잘 뻗었고 인당(印堂)까지 두둑해 보일 정도로 살집이 많은 코를 말한다. 신기가 맑고 삼정승에 오를 상이다.

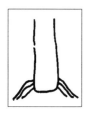

7) 코가 마늘처럼 생겼으면

산근(山根)이나 콧등 할 것 없이 코가 시작부터 끝부분까지 똑같아 보여 콧망울이 없는 것 같이 생긴 코를 말한다. 마음이 너그럽고 형제간에 우애가 좋으며 말년에 집안이 풍성해질 상이다.

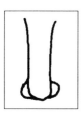

8) 코가 주머니처럼 생겼으면

코가 주머니를 매달아 놓은 것 같고 콧망울이 작으며 윗입술까지 도루룩하게 생긴 코를 말한다. 초년부터 발복하여 잘 살고 벼슬길도 활짝 열린다.

9) 코가 잔나비의 코처럼 생겼으면

산근(山根)부터 연수(年壽)까지 굵직하고, 콧망울이 분명하면서 코끝이 불그레하며, 콧구멍이 드러나 보이지 않는 코를 말한다. 부자가 되나 간사한 면이 있다.

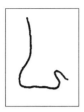

10) 매부리코

콧날이 매섭고 코끝이 뾰족하며 콧망울이 하나도 없어 집게로 집어놓은 것 같은 모양을 말한다. 남을 해하는 마음이 있다.

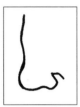

11) 코가 개의 코처럼 생겼으면

코끝이 튀어올라온 것 같고 양 콧망울이 비어 있는 것 같은 모양을 말한다. 의리는 있으나 좀도둑의 상이다.

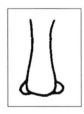

12) 코가 향어의 코처럼 생겼으면

코끝이 높고 물고기의 등뼈처럼 튀어올라왔으며 산근(山根)부터 끝쪽으로 가늘게 드리워진 모양을 말한다. 골육이 무친한데 여기다 눈동자까지 튀어나왔으면 평생 가난할 상이다.

13) 코가 소의 코처럼 생겼으면

코 밑부분이 움푹 패인 것처럼 깊고, 콧망울이 분명한 모양을 말한다. 코끝이 튀어오르지 않았으면 벼슬길에 올라 아주 잘 살 상이다.

14) 코가 대롱처럼 생겼으면

콧망울이 거의 없는 것 같고 기울지 않은 모양을 말한다. 부귀가 한결 같다. 만일 산근(山根)이 꺼졌어도 코끝만 풍부하면 중년부터 부귀를 누린다.

15) 콧날이 움푹 꺼졌으면

산근(山根)이 죽고 연수(年壽)가 낮으면서 얼굴과 높이가 거위 같은 모양을 말한다. 수명은 짧지 않으나 가난할 상이다.

16) 고봉비

코끝에 살이 없어 윗입술이 드러나 보이는 것 같고, 콧날 중간이 붕어의 바람주머니처럼 생긴 모양을 말한다. 돈을 잘 벌어도 부자가 되지 못한다.

17) 콧날이 드러나 보이면

산근(山根)이 아주 좁은데 콧날까지 드러나 보이면 정신이 건전하지 못하고 가난을 면하기 어려운 상이다.

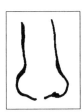

18) 들창코

코가 매우 높으나 콧구멍이 하늘을 향한 듯한 모양을 말한다. 고생이 많으며 고향을 등지고 타향살이를 할 상이다. 여자는 화류계나 사교계에 적합하다.

19) 삼층코

3번은 꺼지고 3번은 튀어올라와 3층을 이룬 모양을 말하는데 삼만삼곡코라고도 한다. 자식을 두지 못하거나 홀아비나 과부가 될 상이고, 마음도 매우 험악하며 괴팍하다.

20) 코가 노루의 코처럼 생겼으면

코가 아주 작으며 코의 끝부분까지 거의 없어 보이는 모양을 말한다. 여기다 윗입술의 윗부분이 훤히 드러나 보이면 기복이 많아 고생할 상이다.

21) 코가 성성이의 코처럼 생겼으면

콧날이 높고 눈썹 바로 밑까지 치켜올라간 모양을 말한다. 만일 얼굴이 넓으면서 입술에 윤기가 있으면 부귀영화를 누리며 잘 살 상이다.

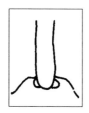

22) 코가 사슴의 코처럼 생겼으면

콧날이 두툼하게 뻗어내려 갔고, 코끝까지 두툼하여 탐스러운 모양을 말한다. 인자함은 물론 부귀를 모두 누리며 의리를 저버리지 않을 상이다.

23) 코가 원숭이의 코처럼 생겼으면

콧구멍이 작은 코를 말한다. 여기다 입까지 좁으면 하는 일마다 방정스러워 남들에게 존경받기 어렵고, 변덕이 심하여 미친사람 같다는 소리를 듣는다.

57쪽의 코 부위도를 참작하면 산근(山根), 연수(年壽) 준두(準頭), 난대(蘭臺), 정위(廷尉)가 어디인지를 알 것이다.

6. 입으로 판단하는 방법

입은 마음의 소리를 밖으로 내보내는 문이며 음식을 먹는 곳이다. 따라서 잘못 사용하면 해를 부르지만 잘 사용하면 덕을 쌓을 수 있는 기관으로 매우 중요하다.

입은 방정하며 넓게 생긴 것이 좋고, 입술은 두꺼우면서 찌그러지지 않아야 좋다. 입술은 입을 둘러싸는 성곽이고 혀는 입의 칼이니 성곽은 튼튼할수록 좋고 칼은 예리할수록 좋다. 그리고 입술은 앵두처럼 붉어야 하고, 말소리는 맑고 아름다워야 좋다.

① 입이 비뚤어지지 않고 바르고 입술이 두터운 사람은 귀를 누리며 오래 산다.
② 입의 가장자리가 활처럼 생긴 사람은 관록을 먹는다.
③ 입이 양 옆으로 활짝 뻗었는데 입술까지 두터운 사람은 복이 많고 부자로 산다.
④ 입술이 얇거나 삐죽 튀어나와 마치 뒤집힌 것 같거나 비뚤어진 사람은 가난하며 천박할 상이다.
⑤ 말을 하지 않을 때도 입을 실룩거리고 말(馬)의 입처럼 생긴 사람은 굶어죽을 상이다.
⑥ 입술이 검거나 자색을 띠는 사람은 하는 일마다 막힐 상이다.
⑦ 말을 하려고 입을 벌릴 때 하얀 이가 드러나 보이는 사람은 밥은 굶지 않을 상이다.

⑧ 입술에 검은 사마귀가 있는 사람은 술과 밥이 넉넉할 상이다.

⑨ 입술이 인주처럼 붉은 사람은 춥고 배고픈 일이 거의 없다.

⑩ 입이 불을 부는 듯한 모양인 사람은 복이 없을 상이다.

⑪ 입이 자신의 주먹이 들어갈 정도로 큰 사람은 출입장상(出入
   將相)에 오를 상이다.

⑫ 혼잣말을 중얼대는 사람은 도적이거나 생쥐 같은 짓을 한다.

⑬ 입술이 검은 사람은 도적의 상이다.

⑭ 입은 작은데 혀가 큰 사람은 가난하거나 일찍 죽고, 입이 작으
   면서 짧은 사람은 가난할 상이다.

⑮ 입술이 비뚤어진 사람은 반드시 남을 훼방하거나 거짓말을 잘
   한다.

1. 입의 여러 가지 형태

1) 사자구(四字口)

윤곽이 뚜렷하면서 입 양끝이 올라가지도 쳐지지
도 않은 모양을 말한다. 매우 총명하며 재주가 많
아 부귀를 누린다.

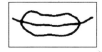

2) 방구(方口)

입을 다물면 치아가 전혀 보이지 않는 모양을 말
한다. 입술이 진홍색으로 붉어 주사를 칠한 것 같
으면 틀림없이 부귀할 상이다.

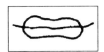

3) 앙월구(仰月口)

달을 바라보는 것 같은 입을 말한다. 치아는 희고 입술이 붉으면 최고의 상으로 부귀를 누린다.

4) 만궁구(彎弓口)

마치 활처럼 생긴 모양으로 위아래 입술이 아주 두툼하여 매우 탐스러워 보인다. 부귀를 누린다.

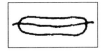

5) 전패구(顚沛口)

입 윤곽이 마치 배가 뒤집힌 것 같은 모양을 말한다. 평생 타향으로 떠돌며 고생을 많이 한다.

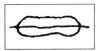

6) 입이 소의 입처럼 생겼으면

소의 입처럼 생긴 모양을 말하며 위아래 입술이 모두 두툼하다. 부귀를 누린다.

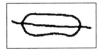

7) 입이 용의 입처럼 생겼으면

위아래 입술이 아주 두툼하며 용의 입처럼 생긴 모양을 말한다. 부보다는 귀가 더 많다.

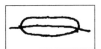

8) 입이 호랑이의 입처럼 생겼으면

호랑이 입처럼 생긴 모양으로 입을 다물었을 때는 작아 보이지만 벌리면 자기 주먹이 들어갈 정도로 큰 입을 말한다. 부보다는 귀가 더 많다.

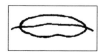
9) 입이 양의 입처럼 생겼으면

불을 부는 것 같은 모양으로 입술이 얇으며 밥을 먹을 때는 개처럼 보인다. 흉악하며 가난하다.

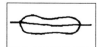
10) 입이 돼지의 입처럼 생겼으면

윗입술은 아주 거칠고 아랫입술은 아주 얇으면서 삐주룩하다. 마음이 험악하여 자신의 명도 다 못 살고 길거리에서 죽는다.

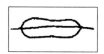
11) 입이 불을 부는 것 같으면

불을 부는 것 같으면서 다물 줄 모르는 모양을 말한다. 평생 가난하게 살다 죽는다.

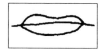
12) 입술에 주름이 여러 개 있으면

입술에 주름이 여러 개 있는 모양을 말한다. 수명이 짧고, 초년에는 잘 사나 말년에 고생이 많다.

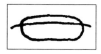
13) 입이 앵두처럼 생겼으면

앵두처럼 예쁘게 생긴 모양으로 치아는 유자씨 같고 웃으면 정감이 넘쳐 보인다. 머리가 좋으며 부귀를 누리며 잘 산다.

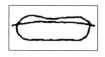
14) 입이 잔나비의 입처럼 생겼으면

입이 매우 길며 크고, 입술은 대나무를 쪼개놓은 것 같이 얇은 모양을 말한다. 평생 잘 산다.

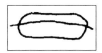 15) 입이 메기의 입처럼 생겼으면

입이 매우 넓으면서 쭉 찢어진 모양을 말한다. 평생 부자로는 살아보지 못하고 고생을 많이 한다.

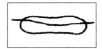 16) 입이 붕어의 입처럼 생겼으면

평생 가난하게 산다.

7. 혀로 판단하는 방법

사람은 혀를 보면 도량을 알 수 있다고 하였다. 색은 주사와 같이 붉어야 방울이나 목탁을 두들기는 것 같은 묵직한 소리가 나온다. 그리고 혀는 단정하면서 예리하고 길며 커야 좋다.

① 혀가 좁고 길면 사기꾼이나 도적의 상이다.
② 혀가 잘린 것처럼 짧으면 하는 일마다 결과가 없을 상이다.
③ 혀가 크지만 얇으면 매우 경솔할 상이다.
④ 혀가 작고 끝이 뾰족하면 욕심이 많을 상이다.
⑤ 혀가 코끝에 닿으면 왕후의 서열에 들어갈 상이다.
⑥ 혀가 손바닥처럼 단단하면 재상에 오를 상이다.
⑦ 혀의 색이 붉으면 귀하게 될 상이다.
⑧ 혀의 색이 희면 가난할 상이다.
⑨ 혀가 비단결처럼 부드러우면 귀하게 될 상이다.
⑩ 혓바닥에 세로줄이 있으면 감찰관이 될 상이다.

⑪ 혓바닥에 가로줄이 있으면 수위장이 될 상이다.

⑫ 혓바닥에 검은점이 있으면 하는 말마다 거짓이다.

⑬ 혓바닥에 비단 같은 무늬가 있으면 조정을 출입할 상이다.

⑭ 말하기 전에 혀를 먼저 내밀면 말은 번드르하나 종잡을 수 없는 사람이다.

⑮ 말을 하면서 입술을 핥으면 색이 발동한 것이다.

⑯ 혀가 큰데 입이 작으면 말을 제대로 할 수 없는 사람이다.

8. 치아로 판단하는 방법

백골의 정이 화하여 입 안의 침이 되었고, 만물을 움직여 새기게 하여 오장과 육부로 보내주는 담당자가 치아다.

① 치아는 희어야 좋다.

② 치아가 빽빽하게 잘 났으면 장수할 상이다.

③ 치아가 비뚤비뚤한데다 뻐드렁니이면 교활할 상이다.

④ 치아가 듬성듬성하게 나 있으면 가난할 상이다.

⑤ 치아가 앞으로 튀어나왔으면 폭발물에 의하여 사망할 상이다.

⑥ 치아가 짧거나 홈이 있으면 어리석을 상이다.

⑦ 치아가 마른 나뭇가지 같으면 일찍 죽을 상이다.

⑧ 말할 때 치아가 보이지 않으면 부자가 될 상이다.

⑨ 치아가 건장하고 고르면 장수할 상이다.

⑩ 치아가 38개이면 왕이나 왕후가 될 상이다.

⑪ 치아가 36개이면 장관이나 차관이 될 상이다.

⑫ 치아가 32개이면 중복을 받을 상이다.

⑬ 치아가 30개이면 평범할 상이다.

⑭ 치아가 28개이면 매우 가난할 상이다.

⑮ 치아가 옥처럼 희면 유명인이 될 상이다.

⑯ 치아가 황금처럼 누러면 만사가 불통이다.

⑰ 치아가 납이나 은색을 띠면 가난한 직에 머문다.

⑱ 치아가 유자알처럼 예쁘면 복록을 누릴 상이다.

⑲ 치아가 칼끝처럼 예리하면 장수할 상이다.

⑳ 치아가 찹쌀처럼 가늘고 빽빽하면 무병장수할 상이다.

㉑ 치아가 감람나무의 열매처럼 생겼으면 수명이 짧다.

㉒ 치아가 예리하면 성격이 거칠며 육식을 좋아한다.

㉓ 치아가 위는 가늘고 아래는 넓으면 채식을 좋아하며 성격이 원만하다.

㉔ 치아가 용의 이빨처럼 생겼으면 어진 자손을 두고 잘 산다.

㉕ 치아가 소의 이빨처럼 생겼으면 영달할 상이다.

㉖ 치아가 쥐의 이빨처럼 생겼으면 가난하며 수명이 짧다.

㉗ 송곳니가 개의 이빨처럼 날카로우면 마음이 독한 사람이다.

㉘ 치아가 검고 성기면 평생 재액을 면하지 못할 상이다.

㉙ 치아의 길이가 한 치가 넘으면 귀를 논하지 말라.

㉚ 치아가 희고 입술이 붉으면 어릴 때 문장으로 이름을 날린다.

9. 귀로 판단하는 방법

귀는 뇌와 마음을 연결하는 사령관이며 신장의 재상이다. 그래서 신기가 왕성하면 소리가 맑게 들리고, 기운이 없으면 흐리거나 둔탁하게 들린다. 귀를 볼 때는 색상을 먼저 살핀 다음 모양을 본다.

① 귀는 두터우면서 단단해야 좋다.
② 귀가 길고 길게 뻗어 올라갔으면 장수할 상이다.
③ 귀가 윤곽이 분명하면 의미를 새길 줄 아는 사람이다.
④ 귓밥이 탐스럽고 입쪽으로 휘어들어 갔으면 부자로 장수한다.
⑤ 귓불에 살집이 많아 덜렁거릴 정도면 부자가 될 상이다.
⑥ 귓속에 털이 있으면 장수할 상이다.
⑦ 귀에 검은 사마귀가 있으면 귀하게 될 자손을 둔다.
⑧ 귀문이 넓으면 아는 것이 많고 꿈이 크다.
⑨ 귀가 붉으면서 윤기가 흐르면 관록을 얻을 상이다.
⑩ 귀가 백옥처럼 희면 이름을 날릴 상이다.
⑪ 귀가 검붉은색을 띠면 가난할 상이다.
⑫ 귀가 얇으면서 앞쪽을 향해 있으면 논밭을 모두 팔아먹는다.
⑬ 귀가 짝짝이면 거처할 곳이 없으며 하는 일에 막힘이 많다.
⑭ 양쪽 귀가 모두 어깨까지 내려오면 매우 귀할 상이다.
⑮ 귀가 얼굴보다 더 희면 천하에 이름을 떨칠 상이다.
⑯ 귀가 의자처럼 생겼으면 자수성가할 상이다.

⑰ 귀가 검게 그으른 듯하면 조상의 업을 깨고 가산을 파한다.

⑱ 귀가 종이처럼 얇으면 요사를 면하기 어려울 상이다.

⑲ 귓불의 색이 복숭아꽃 같으면 마음이 구슬처럼 아름답다.

⑳ 귀가 토끼의 귀처럼 생겼으면 가난하며 요사를 면하기 어렵다.

㉑ 귀가 뒤집히고 귓불이 전혀 없으면 조상의 업을 깨트릴 상이다.

㉒ 귀문이 넓으면 총명하며 활달할 상이다.

㉓ 귀에 뼈가 있으면 수명이 짧을 상이다.

㉔ 귀 밑에 둥근 뼈가 있으면 편안하며 여유롭게 살아갈 상이다.

㉕ 귀가 눈보다 높이 올라가 있으면 가난을 모른다.

㉖ 귀가 칼의 고리처럼 생겼으면 5품 관직을 얻을 상이다.

㉗ 귀문이 길면 부귀가 오래 갈 상이다.

㉘ 귀에 평소에 없던 검은 사마귀가 생기면 화를 부를 징조다.

1. 귀의 여러 가지 형태

1) 금이(金耳)

눈썹보다 한 치쯤 높고 귓바퀴가 뾰족한 모양이다. 얼굴색보다 희면서 길게 내려가면 부귀를 누린다.

2) 목이(木耳)

귓바퀴가 들쑥날쑥하게 생긴 모양을 말한다. 육친과 정이 없고 부자가 되지 못할 상이다.

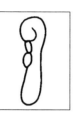

3) 수이(水耳)

귓바퀴가 아주 예쁘게 둥글고 귓밥이 덜렁거릴 정도로 늘어진 모양을 말한다. 부귀를 누린다.

4) 화이(火耳)

귓바퀴는 둥글지만 속이 드러나 보이면서 뒤로 재껴진 모양을 말한다. 늦도록 평안을 찾지 못하고 바쁠 상이다.

5) 토이(土耳)

귓바퀴가 둥글면서 두툼하고 탐스러운 모양으로 윤기가 있고 만져보면 단단하다. 부귀를 누린다.

6) 귀가 의자처럼 생겼으면

귀가 아주 좁고 귓바퀴는 툭 튀어나왔으며 귓밥은 얼굴을 뚫고 들어간 것 같은 모양을 말한다. 중년부터 자수성가하여 부귀를 누릴 상이다.

7) 귀가 호랑이의 귀처럼 생겼으면

귓바퀴는 넓고 귓불은 매우 붉으며 안쪽에서 보면 잘 보이지 않는 모양을 말한다. 간악하며 험악할 상이다.

8) 귀가 화살의 깃처럼 생겼으면

귀의 살집이 한 치쯤 되는 곳에서 잘린 것 같고, 속 귀가 너무 커 귓구멍이 잘 보이지 않는 모양을 말한다. 조상의 업을 탕진하고 떠돌아 다닐 상이다.

9) 귀가 돼지의 귀처럼 생겼으면

귀의 윤곽이 모가 난 것 같고 귓밥이 아주 좁은 모양을 말한다. 부자가 되었다가도 금방 탕진하기 때문에 말년까지 고생이 많다.

10) 귓밥이 뒤집혔으면

모양은 제법 잘 생겼으나 귓밥이 뒤집힌 모양을 말한다. 어려서부터 고생이 많을 상이다.

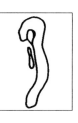

11) 귓밥이 뒤집힌 것 같으면

귓밥이 늘어져 어깨까지 내려온 것 같고 눈썹이 지나치게 올라가 있고 윤기가 나면 천하에 제일가는 부귀를 누린다.

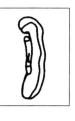

12) 귀가 머리에 딱 붙었으면

귀가 아주 탐스럽게 생겼는데 머리에 딱 붙은 것 같으면 복이 매우 많고 처복까지 좋다.

13) 귀가 꽃이 핀 것처럼 생겼으면

귀가 마치 활짝 핀 진달래 꽃송이처럼 벌어진 모양을 말한다. 부모에게 억만금을 물려받아도 다 탕진하고 고생할 상이다.

14) 귀가 부채처럼 생겼으면

귀가 앞으로 오므라든 모양을 말한다. 초년에는 잘 살다가 중년부터 탕진하고 고생할 상이다.

15) 귀가 쥐의 귀처럼 생겼으면

생쥐 귀라고도 하며 귀가 마치 날아갈 것처럼 위로 치켜올라간 모양을 말한다. 매우 가난할 상이다.

16) 귀가 당나귀의 귀처럼 생겼으면

모양은 제법 그럴싸하나 당나귀의 귀처럼 쫑긋한 모양을 말한다. 복이 없어 타관객지로 떠돌며 낭인의 신세를 면하지 못할 상이다.

  지금까지 살펴본 것처럼 이목구비의 형상은 각양각색이므로 인상을 판단하는 일은 참으로 어렵다. 그러나 정확하게 관찰하겠다는 마음과 약간의 노력만 한다면 사원을 뽑는 일에 활용할 정도의 안목은 가질 수 있을 것이라고 생각한다.

10. 손으로 판단하는 방법

사람에게 손은 기본적인 활동을 하는데 매우 중요한 기관이다. 그러나 여기서는 면접에 필요한 모양 7가지만 언급하면서 손과 직업이 어떤 관계인지를 살펴보기로 한다.

1. 원시형

원시형은 신체에 비하여 손이 크며 살집이 많고, 손가락이 매우 짧으면서 굵은 모양을 말한다. 탄력은 별로 없는 편이라 만져보면 매우 딱딱한 느낌이 들고, 손톱은 짧으면서 약간 사각형이고, 손톱 안쪽의 하얀 반월형이 분명하며 건강해 보이고, 손금은 거의 없어 3대선 정도만 있다. 이런 사람은 건강하며 집착이 매우 강하고 끈

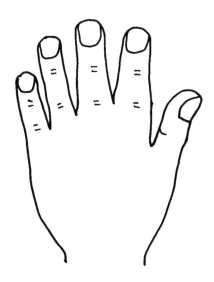

기가 있어 자신의 일을 매우 열심히하는 형이다. 그리고 정신적인 일보다는 육체적인 일에 더 잘 맞으므로 두뇌를 활용하는 분야보다 생산직 같은 곳에 배치하면 좋다.

2. 실리추구형

원시형과 비슷하므로 혼동하지 않도록 주의해야 한다. 원시형처럼 손가락이 짧으나 작지는 않고, 약간 길면서 손가락이 동그스름하며 예쁘다. 손톱은 직사각형에 가까운데 엷은 핑크색을 띠고, 새끼손가락이 하얗다. 손의 살결 또한 원시형보다 약간 부드러우며 따사로운 느낌이 든다. 이런 사람은 고집 때문에 융통성이 없고, 이익이 있어야만 열성을 보인다. 그러나 대가만큼의 역할은 한다.

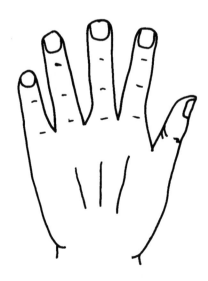

3. 독창적 활동형

 손이 아주 단단하고 손끝은 마치 절구공처럼 동그라며 손톱은 사각형을 연상하게 하고 핑크빛으로 물든 것 같은 느낌을 준다. 이런 사람은 성격이 매우 급한 편이라 잘 싸우며 직장을 그만두기도 한다. 기획이나 관리직에는 잘 어울리나 생산직에는 적합하지 않다.

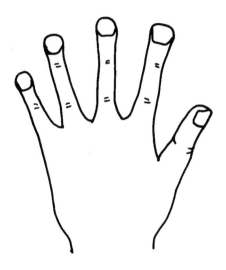

4. 사색형

 손바닥과 손가락이 길고 손톱도 매우 길며 약간 암갈색을 띤다. 손가락 첫 마디가 아주 굵어 손을 펴보면 손가락 사이가 벌어진다. 이런 사람은 사고적인 데가 있어 감사직·기획관리·특수한 기술 분야는 적격이나 육체적인 노동을 요하는 분야는 맞지 않는다.

5. 행동적 쾌락형

도톰하게 살집이 있어 보이고, 살결이 비단결처럼 부드러우며, 손가락 굵기는 손끝으로 갈수록 점점 가늘어지면서 쭉 뻗어 아주 예쁘다. 손톱도 약긴 길면서 윤기가 흐른다. 이런 사람은 예술적인 기질이 탁월하기 때문에 예술방면이 가장 잘 맞고, 광고나 판촉 등도 좋다. 그러나 생산직이나 사무직에는 적합하지 않다.

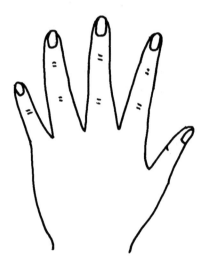

6. 공상형

행동적 쾌락형과 비슷하나 손이 아주 나약해 보이고 색상도 매우 창백하며 살결은 마치 은어처럼 야들야들하다. 이런 사람은 이지적이며 사색적이라 연구실이나 설계·기획 직종에 잘 어울린다.

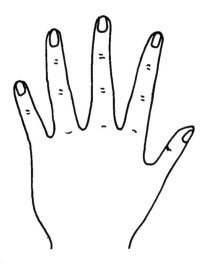

7. 고독 독단형

　손에 살집이 전혀 없고 촉감이 딱딱하다. 손가락 마디가 아주 굵어 손가락을 붙이고 불을 비춰보면 손가락 사이에서 불빛이 새어나올 정도다. 이런 사람은 괴팍하며 고집이 강하기 때문에 직장생활에는 잘 어울리지 않으나 현장감독이나 노무관리 등에는 좋다.

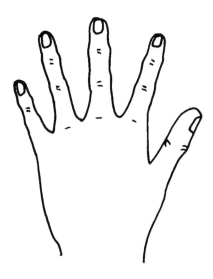

제3장. 성씨로 판단하는 방법

1. 오행(五行)의 기본지식

1. 오행(五行)

오행(五行)은 고대 우리 선조들이 고안하였다. 당시 밤하늘에서 눈으로 볼 수 있었던 목성·화성·토성·수성의 5개 혹성이 우주 만물의 동정과 변화에 큰 영향을 주는 것을 발견하고, 우주의 모든 것은 5개의 혹성이 작용하여 유발되는 자연현상의 영향 아래에 있다는 것에서 비롯되었다. 이로써 우주만물은 자연현상에 작용하는 기운인 목화토금수(木火土金水)의 5원소로 성립되었다는 체계가 세워졌고 오행(五行)설이 나오게 되었다.

이를테면 우주만물의 생성 변화와 인간의 생활은 우주 사이를 운행하면서 작용하는 이 5가지 기운으로 이루어지고, 이것이 오행(五行)의 근본원리다. 다시 말해 오행(五行)이란 우주만물에 총괄적으로 작용하는 5가지 기운인 목화토금수(木火土金水)를 말한다.

2. 천간(天干)과 지지(地支)

천간(天干)과 지지(地支)는 오행(五行)을 다시 음양(陰陽)으로 나눈 것이다. 고대인들은 우주는 하늘과 땅으로 이루어졌고, 또 낮과 밤처럼 시간도 대립하는 2개의 것으로 성립되었다고 보고, 이것을 음양(陰陽)의 이치로 체계화한 것이다. 오행(五行)을 음양(陰陽)으로 나눌 때 천간(天干)은 10가지이므로 십간(十干)이라고도 하고, 지지(地支)는 12가지이므로 십이지지(十二地支)라고도 한다.

십간(十干)의 음양(陰陽)과 오행(五行)

十干	甲	乙	丙	丁	戊	己	庚	申	壬	癸
陰陽	陽	陰	陽	陰	陽	陰	陽	陰	陽	陰
五行	木	木	火	火	土	土	金	金	水	水

십이지(十二支)의 음양(陰陽)과 오행(五行)

十二支	子	丑	寅	卯	辰	巳	午	未	申	酉	戌	亥
陰陽	陽	陰	陽	陰	陽	陰	陽	陰	陽	陰	陽	陰
五行	水	土	木	木	土	火	火	土	金	金	土	水

우주만물은 음양(陰陽)으로 성격을 달리하는 십간(十干)과 십이지지(十二地支)가 맞물려 돌아가면서 상호작용하여 무궁한 조화와 변화를 한다. 이것들을 짝을 맞추어 나가다 보면 다시 원래의 순서대로 돌아오는데 이것이 육십갑자(六十甲子)의 원리다. 또한 이것

은 서로 합(合)이 되기도 하고, 극(剋)이 되기도 하며, 충(沖)이 되기도 한다.

십간(十干)과 십이지(十二支)의 성격

十干	甲乙寅卯	丙丁巳午	戊己辰戌丑未	庚辛申酉	壬癸亥子
五行	木	火	土	金	水
계절	春	夏	四季	秋	冬
색	靑	赤	黃	白	黑
성질	仁	禮	信	肅殺	智
상극관계	金	水	木	火	土

3. 상생(相生)과 상극(相剋)

상생(相生)이란 오행(五行)인 목화토금수(木火土金水)가 서로 돕는 관계를 말하고, 상극(相剋)이란 서로 극(剋)하는 관계를 말한다.

오행(五行)의 상생(相生) 관계

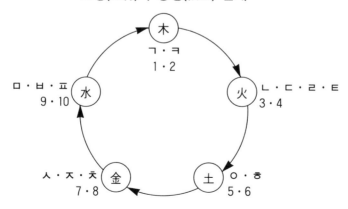

오행(五行)의 상생(相生) 관계는 앞의 그림처럼 화살표 방향으로 서로 돕는다. 예를 들면 목(木)과 화(火)는 서로 돕는 관계다. 나무는 불을 생(生)한다 하여 목생화(木生火)라고 한다. 목생화(木生火)·화생토(火生土)·토생금(土生金)·금생수(金生水)·수생목(水生木)도 같은 원리로 이해하면 된다.

오행(五行)의 상극(相剋) 관계

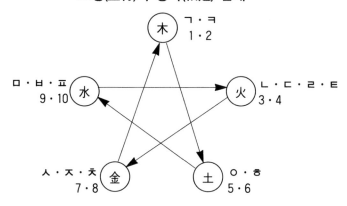

오행(五行)의 상극(相剋) 관계는 앞의 그림처럼 화살표 방향으로 서로 극(剋)한다. 예를 들면 토(土)와 수(水)의 관계에서 토(土)는 수(水)를 극한다. 즉 흙은 물을 흐리게 하고 흐름을 막는다 하여 토극수(土剋水)라고 한다. 목극토(木剋土)·수극화(水剋火)·화극금(火剋金)·금극목(金剋木)도 같은 원리로 이해하면 된다.

4. 합(合)과 충(沖)

1) 천간합(天干合)

천간(天干)의 오행(五行) 10개가 서로 좋아하여 합(合)이 되는 것을 말한다. 합(合)은 일반적으로 좋은 것으로 보지만 무조건 좋은 것이 아니라 필요한 경우에 한하여 좋은 것이다.

① 갑기(甲己)는 합(合)이다. 갑목(甲木)과 기토(己土)가 합(合)을 하면 토(土)로 변한다.

② 을경(乙庚)은 합(合)이다. 을목(乙木)과 경금(庚金)이 합(合)을 하면 금(金)으로 변한다.

③ 병신(丙辛)은 합(合)이다. 병화(丙火)와 신금(辛金)이 합(合)을 하면 수(水)로 변한다.

④ 정임(丁壬)은 합(合)이다. 정화(丁火)와 임수(壬水)가 합(合)을 하면 목木)으로 변한다.

이와 같은 오행(五行)의 변화작용이 있기 때문에 합(合)을 무조건 좋은 것으로 생각하면 안 된다.

2) 지지합(地支合)

지지(地支)의 오행(五行) 12개가 서로 좋아하여 합(合)이 되는 것을 말하며, 육합(六合)과 삼합(三合)이 있다.

■ 육합(六合)

① 자축(子丑)은 합(合)이다. 자수(子水)와 축토(丑土)가 합(合)을 하면 토(土)로 변한다.

② 인해(寅亥)는 합(合)이다. 인목(寅木)과 해수(亥水)가 합(合)을 하면 목(木)으로 변한다.

③ 묘술(卯戌)은 합(合)이다. 묘목(卯木)과 술토(戌土)가 합(合)을 하면 화(火)로 변한다.

④ 진유(辰酉)는 합(合)이다. 진토(辰土)와 유금(酉金)이 합(合)을 하면 금(金)으로 변한다.

⑤ 사신(巳申)은 합(合)이다. 사화(巳火)와 신금(申金)이 합(合)을 하면 수(水)로 변한다.

⑥ 오미(午未)는 합(合)이다. 그러나 이 오행(五行)만은 합(合)만 되고 변하지 않는다.

■ 삼합(三合)

지지(地支)의 오행(五行)이 3개씩 모여 하나의 오행(五行)으로 변하는 것을 삼합(三合)이라 한다.

① 신자진(申子辰)이 삼합(三合)하면 수국(水局)이 된다.

② 해묘미(亥卯未)가 삼합(三合)하면 목국(木局)이 된다.

③ 사유축(巳酉丑)이 삼합(三合)하면 금국(金局)이 된다.

④ 인오술(寅午戌)이 삼합(三合)하면 화국(火局)이 된다.

이상에서 보여준 오행(五行)의 합(合)은 성질이 변하는 것을 나타낸다. 이것은 우리가 어떤 사람을 만나느냐, 어떤 사람과 결혼하느냐에 따라 본래 타고난 운명에 변수가 생기는 것과 같은 이치로 이해하면 된다.

3) 상충(相沖)

상충(相沖)은 오행(五行)이 만나 서로 깨트리는 것을 말한다. 그러나 상충(相沖)이라고 무조건 나쁜 것은 아니다. 좋은 것을 충(沖)하면 나빠지지만 나쁜 것을 충(沖)하면 좋아지는 경우도 있다.

■ 천간충(天干沖)

① 경갑(庚甲)이 충(沖)하면 갑목(甲木)이 깨지나 다른 오행(五行)으로 변하지는 않는다.

② 을신(乙辛)이 충(沖)하면 을목(乙木)이 깨진다.

③ 병임(丙壬)이 충(沖)하면 병화(丙火)가 깨진다.

④ 계정(癸丁)이 충(沖)하면 정화(丁火)가 깨진다.

⑤ 갑무(甲戊)가 충(沖)하면 무토(戊土)가 깨진다.

⑥ 을기(乙己)가 충(沖)하면 기토(己土)가 깨진다.

⑦ 기계(己癸)가 충(沖)하면 계수(癸水)가 깨진다.

⑧ 임무(壬戊)가 충(沖)하면 임수(壬水)가 깨진다.

⑨ 정신(丁辛)이 충(沖)하면 신금(辛金)이 깨진다.

⑩ 병경(丙庚)이 충(沖)하면 경금(庚金)이 깨진다.

이상의 작용을 오행충전(五行沖戰)이라 하는데 나쁜 쪽으로 더 많이 작용한다. 그래서 원서에는 오행충전(五行沖戰)은 말릴 길이 없다고 하였다.

■ 지지충(地支沖)

지지충(地支沖)에는 자오충(子午沖)·축미충(丑未沖)·인신충(寅申沖)·묘유충(卯酉沖)·진술충(辰戌沖)·사해충(巳亥沖)이 있다. 12방위에 배열된 위치에서 7번째 자리에 자리잡기 때문에 칠충(七沖)이라고도 하는데 길작용보다는 흉작용을 더 많이 한다.

5. 오행(五行) 운용의 묘리

1) 제1법

나를 극(剋)하는 상대가 동업자일 경우 둘 사이에 부하 또는 거래 관계의 대립이 생겼는데, 나와 상대 사이에 객관자 1명이 있으면 무마되고 조화가 이루어진다.

상극(相剋)의 예

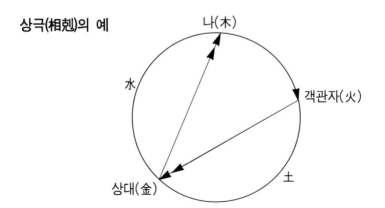

상대는 나를 극(剋)하지만 내가 생(生)하는 객관자가 상대를 극(剋)하여 견제된다. 이 법을 극대법화법(剋對剋和法)이라고 한다.

2) 제2법

나를 극(剋)하는 상대가 있는데 상대가 생(生)하는 오행(五行)이 객관자로 개입하면 상대는 나를 극(剋)하기 전에 객관자를 생(生)하고 객관자는 또 나를 생(生)하기 때문에 아무 꺼리낌이 없고 오히려 상극(相剋)이 더 좋아질 수도 있다. 이 법을 극(剋)을 화(化)하는 탐생망극(貪生忘剋)이라 한다.

상생(相生)의 예

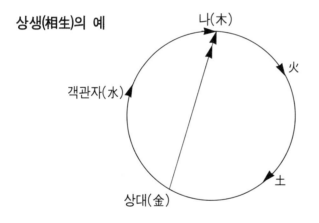

이 책의 성씨와 인간관계의 근본원리는 이같은 오행(五行)에 근거를 두고 있다. 필자는 40여년 간 수많은 사람들의 성씨별 특징과 인간관계를 연구 분석한 끝에 성씨별 인간관계가 오행(五行)의 원리와 같은 맥락에서 이루어진다는 것을 간파하였다. 오행(五行)의 묘리가 성씨에도 작용한다는 사실은 참으로 놀라운 일이다.

83쪽의 오행(五行)의 상생(相生)과 84쪽의 오행(五行)의 상극(相剋) 관계 그림에 오행(五行)과 함께 표시된 한글 자음 이름과 숫자는 성씨의 첫 음과 한자 획수다. 이에 해당하는 성씨별 인간관계는 곧 오행(五行)의 상호관계·상호작용과 일치한다.

영어 성씨 획수 표준표

A(3획)	B(2획)	C(1획)	D(2획)	E(3획)	F(3획)
G(3획)	H(3획)	I(1획)	J(2획)	K(3획)	L(1획)
M(3획)	N(2획)	O(1획)	P(2획)	Q(2획)	R(3획)
S(1획)	T(2획)	U(1획)	V(1획)	W(2획)	X(2획)
Y(2획)	Z(2획)	-	-	-	-

영어 성씨 음향오행(音響)五行) 기준표

五行	木	火	土	金	水
한글	가·카	라·다·타	아·하	사·자·차	마·바·파
음향	K·Q	D·T·W	A·E·H· I·O·U· L·M·N· R·X·Y· S·F	C·G·J·Z	B·P·V

일본어나 중국어인 경우 한자의 우리나라식 발음으로 찾는 것이 아니라 그 나라의 발음을 기준으로 첫 음을 찾는다. 영어의 R이나 N 같은 경우 화음변화의 법칙에 의하여 토(土)가 화(火)로 바뀔 때도 있다.

3) 외국인 성씨 오행(五行) 찾기

일어 성씨

五行	內	姓	外	五行
木	ㄱ	木村(キムラ)	11획	木
木	ㄱ	神野(カミセ)	21획	木
火	ㄷ	豊川(トヨカワ)	2획	木
金	ㅅ	白川(シロカワ)	8획	金

영어 성씨

五行	內	姓	外	五行
木	ㄱ	KATER	14획	火
土	ㅎ	FUZE	9획	水
金	ㅈ	JAKY	9획	水
土	ㅎ	HOPEMAN	19획	水

이상의 예를 보면 저마다 내외(內外)의 오행(五行)이 2개씩 나왔다. 다음의 상생상극표(相生相剋俵)에 의해서 나를 생(生)하면 ↑ 로 표시하고, 나를 극(剋)하면 ↓로 표시한다. 그리고 오행(五行)이 같으면 ‖로 표시하는데 내에서 오행(五行) 1개와 외에서 오행(五行) 1개를 1조로 해서 기호를 만들면 2개의 기호가 합쳐져 1개의 번호를 갖는다. 외국 성씨는 음오행(音五行)만으로도 70% 이상 적중한다.

2 성씨별 오행 만들기

1. 수리오행(數理五行) 만드는 방법

획수	1·2획	3·4획	5·6획	7·8획	9·10획
五行	木	火	土	金	水

　성씨와 전체 획수에서 10과 20단위는 빼고 나머지 획수로 오행(五行)을 찾는다. 예를 들어 김(金)씨는 8획이므로 그냥 8획을 쓰고, 한(韓)씨는 17획이므로 10획을 빼면 7획이 된다.

2. 음향오행(音響五行) 만드는 방법

첫음	가·카	나·다·타·라	아·하	사·자·차	마·바·파
五行	木	火	土	金	水

　예를 들어 이씨의 화음은 본래 화(火)이기 때문에 화(火)로 본다. 그리고 영어는 발음을 위주로 한다. 김씨는 가·카에 해당하는 오행(五行)이고, 박씨는 마·바·파에 해당하는 오행(五行)이다.

五行	內	姓	外	五行
木	ㄱ	金	8획	金

五行	內	姓	外	五行
金	ㅅ	崔	11획	木

五行	內	姓	外	五行
土	ㅇ	安	6획	土

五行	內	姓	外	五行
土	ㄹ	李	7획	金

앞과 같이 성씨는 내외(內外) 2개의 오행이 나오며 상대방의 오행도 같은 방법으로 만든다. 다음 나의 성씨는 주(主)라 하여 위에 쓰고, 타인은 객(客)이라 하여 바로 아래에 한 줄로 써놓고 오행을 나열해 본다. 예를 들어보자.

五行	內	姓	外	五行	五行	內	姓	外	五行
木 (乙) (卯)	ㄱ	(主) 金	8획	金(陰) (辛) (酉)	火 (丙) (午)	ㄹ	(主) 李	7획	金(陽) (庚) (申)
金 (庚) (申)	ㅊ	(객) 崔	11획	木(陽) (申) (寅)	水 (癸) (亥)	ㅁ	(객) 朴	6획	土(陰) (己) (未) (丑)

3. 성씨에 사용하는 한자와 획수

■ 획수 계산하는 방법

성명에 사용하는 한자는 표준옥편을 기준으로 하여 원래 획수대로 계산한다.

① 지(芝)는 초두(艸) 변으로 6획이니 10획으로 계산한다.
② 육(陸)은 방(阝)이 왼쪽에 있으면 언덕부(阜) 변이므로 15획으로 계산한다.

③ 정(鄭)은 방(阝)이 오른쪽에 있으면 고을읍(邑) 변이므로 7획이니 19획으로 계산한다.

④ 청(淸)의 수(氵)는 물수(水) 변이니 4획으로 계산한다.

⑤ 성(性)의 심(忄)은 마음심(心) 변이니 4획으로 계산한다.

⑥ 맹(猛)의 견(犭)은 개견(犬) 변이니 4획으로 계산한다.

⑦ 육(育)의 월(月)은 고기육(肉) 변이니 6획으로 계산한다.

⑧ 연(蓮)의 착(辶)은 달아날주(走) 변이니 7획으로 계산한다.

⑨ 진(珍)의 왕(王)은 구슬옥(玉) 변이니 5획으로 계산한다.

⑩ 상(祥) 자의 시(礻)는 보일시(示) 변이니 5획으로 계산한다.

⑪ 유(裕) 자의 의(衤)는 옷의(衣) 변이니 6획으로 계산한다.

⑫ 글월문(文) 변이 들어가는 경(敬)은 15획으로 계산한다.

⑬ 통(樋)은 15획으로 계산한다.

⑭ 닭유(酉) 변이 들어가는 유(酒)는 10획으로 계산한다.

⑮ 병부절(卩) 변이 들어가는 각(却)은 7획으로 계산한다.

⑯ 그물망(糸) 변이 들어가는 나(羅)는 20획으로 계산한다.

⑰ 새조(鳥) 변이 들어가는 홍(鴻)은 17획으로 계산한다.

⑱ 달월(月) 변이 들어가는 기(期)는 12획으로 계산한다.

■ 성씨에 사용하는 한자와 획수

1획 : 을(乙)

2획 : 복(卜) 정(丁) 내(乃)

3획 : 천(千) 우(于) 궁(弓) 대(大) 범(凡)

4획 : 왕(王) 문(文) 모(毛) 방(方) 변(卞) 원(元) 윤(尹) 공(孔)

정(井) 부(夫) 공(公) 편(片) 천(天) 윤(允) 태(太) 근(斤) 수(水) 개(介)

5획 : 구(丘) 백(白) 사(史) 석(石) 신(申) 옥(玉) 전(田) 피(皮) 현(玄) 포(包) 영(永) 감(甘) 평(平) 좌(左) 점(占) 을지(乙支) 사(司) 홍(弘)

6획 : 길(吉) 박(朴) 모(牟) 안(安) 이(伊) 임(任) 인(印) 전(全) 주(朱) 곡(曲) 미(米) 후(后) 서(西) 백(百) 수(守)

7획 : 송(宋) 이(李) 여(呂) 성(成) 신(辛) 오(吳) 차(車) 지(池) 연(延) 여(余) 강(江) 하(何) 군(君) 두(杜) 여(汝) 변(卞) 판(判)

8획 : 김(金) 임(林) 주(周) 맹(孟) 명(明) 봉(奉) 석(昔) 심(沈) 표(表) 구(具) 문(門) 기(奇) 경(京) 탁(卓) 종(宗) 방(房) 상(尙) 야(夜) 승(承) 채(采) 경(庚) 승(昇) 창(昌) 내(奈) 장(長) 고(固)

9획 : 강(姜) 남(南) 류(柳) 유(兪) 척(拓) 함(咸) 우(禹) 선(宣) 위(韋) 준(俊) 단(段) 하(河) 요(姚) 시(施) 추(秋) 성(星) 편(扁) 시(柴)

10획 : 고(高) 서(徐) 손(孫) 홍(洪) 계(桂) 마(馬) 예(芮) 원(袁) 은(殷) 진(秦) 하(夏) 조(曹) 진(晉) 옹(邕) 진(眞) 강(剛) 경(耿) 공(貢)

11획 : 반(班) 강(康) 양(梁) 장(張) 조(曹) 최(崔) 허(許) 장(章) 장(將) 어(魚) 설(卨) 빈(彬) 호(胡) 범(范) 국(國) 마(麻) 형(邢) 방(邦) 호(扈) 견(堅) 매(梅) 낭(浪)

12획 : 민(閔) 황(黃) 순(舜) 요(堯) 경(景) 구(邱) 소(邵) 순(荀)
       정(程) 지(智) 순(順) 삼(森) 운(雲) 풍(馮) 이(異) 팽(彭)
       유(庾) 소실(小室) 대실(大室) 동방(東方) 증(曾)

13획 : 양(楊) 경(敬) 금(琴) 염(廉) 우(虞) 장(莊) 초(楚) 목(睦)
       옹(雍) 돈(頓) 로(路) 뇌(雷) 아(阿) 가(賈) 설(楔) 사공(司
       空) 영고(令孤)

14획 : 조(趙) 신(愼) 배(裵) 국(菊) 연(連) 온(溫) 서문(西門) 석
       (碩) 기(箕) 봉(鳳) 단(端) 자(慈) 견(甄) 연(鳶) 제(齊) 공
       손(公孫) 석말(石抹) 빈(賓)

15획 : 묵(墨) 엽(葉) 한(漢) 만(滿) 곽(郭) 경(慶) 갈(葛) 노(魯)
       동(董) 유(劉) 만(萬) 구(歐) 탄(彈) 사마(司馬) 중실(仲室)

16획 : 도(都) 노(盧) 육(陸) 반(潘) 전(錢) 음(陰) 담(潭) 진(陳)
       용(龍) 연(燕) 황보(皇甫) 도(陶) 제(諸) 뢰(賴) 도(道)

17획 : 한(韓) 채(蔡) 연(蓮) 종(鍾) 양(陽) 추(鄒) 사(謝) 손(遜)
       국(鞠) 장(蔣)

18획 : 위(魏) 번(蕃) 간(簡) 안(顔)

19획 : 정(鄭) 방(龐) 설(薛) 남궁(南宮) 강(疆) 관(關) 고이(古爾)
       재회(再會)

20획 : 하후(夏候) 라(羅) 엄(嚴) 석(釋) 선우(鮮于)

22획 : 권(權) 소(蘇) 변(邊)

24획 : 부여(扶餘)

25획 : 독고(獨孤)

31획 : 제갈(諸葛)

4. 성씨별 기호 만드는 방법

그러면 이번에는 기호를 만들어 보자. 다음의 표에서 보는 것처럼 ↓는 상생(相生)을 나타내고, ↑는 상극(相剋)을 나타내며, ‖는 비화자를 나타내는데 이 경우 ↑↓(23)번이 만들어진다. 즉 내(內)를 보면 최씨는 김씨를 극하고, 외(外)는 김(金)씨가 최(崔)씨를 극하여 내외(內外)가 상극(相剋)이다. 연습해보자.

五行	內	姓	外	五行
木	ㄱ	(主)金	8획	金
↑ 金剋木				金剋木 ↓
金	ㅅ	(客)崔	11획	木

五行	內	姓	外	五行
木	ㄱ	(主)한국인 金	8획	金
	기호 10번			↓
木	ㄱ	(客)일본인 木村	11획	木

內는 比和이고 外는 金씨가 木村씨를 극하여 기호 10번이 나왔다.

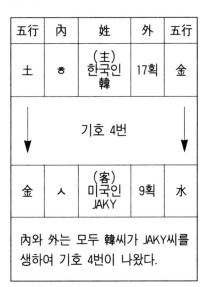

五行	內	姓	外	五行
土	ㅎ	(主)한국인 韓	17획	金
↓	기호 4번			↓
金	ㅅ	(客)미국인 JAKY	9획	水

內와 外는 모두 韓씨가 JAKY씨를 생하여 기호 4번이 나왔다.

오행(五行) 상생상극(相生相剋) 성씨표

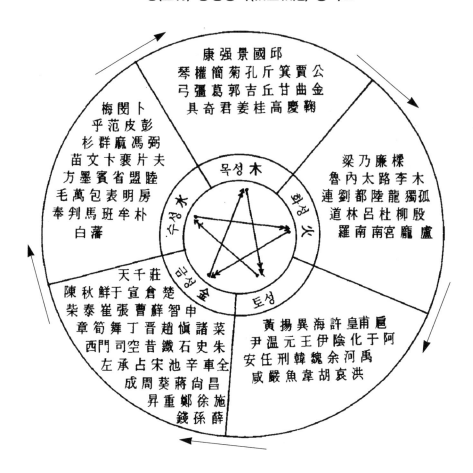

시계방향으로 돌아가는 화살표는 상생(相生)을 나타내고, 별 표시의 화살표 방향은 상극(相剋)을 나타낸다.

기호와 번호표

번호	1	2	3	4	5	6	7	8	9	10
기호	↑↑	↑	│↑	↓↓	│↓	↓│	↑│	↓│	↓↓	│↓
번호	11	12	13	14	15	16	17	18	19	20
기호	↑↑	↑	↑│	↓↓	↓│	↑│	↑│	↓↑	↑↑	↓↓
번호	21	22	23	24	25					
기호	↓↑	↓↑	↓↓	↓↑	↓↑					

 200여 가지의 성씨별 인간관계를 기호로 표시하면 모두 25가지에 포함되므로 25가지로 나눌 수 있다. 이 번호로 타인과의 관계를 알아볼 수 있다. 우선 나의 성씨와 다른 사람의 성씨를 알아보고, 〈139쪽의 한국 성씨 대조표〉에서 그 번호를 찾아 〈249쪽의 해설〉의 해설을 보면 된다. 기호만으로도 인간관계를 알 수 있다. ↑이나 ↓ 이 내쪽으로 오면 내가 좋고, ↑이나 ↓이 상대편으로 가면 상대가 좋다. 그리고 화살표 방향이 없는 ∥은 서로 동등한 관계인 비화 (比化)를 나타낸다.

 그리고 ↑와 ↓의 기호가 내게로 오면 내가 불리하고 상대 쪽으로 가면 상대가 가장 나쁜 것이다. 2개의 기호로 표시되는 내외(內外) 오행(五行) 중에서 내쪽 오행(첫 음으로 만든 오행)은 내면적인 것 즉 마음을 나타내고, 외쪽 오행(획수로 만든 오행)은 외면적인 것

즉 행동을 나타낸다. 그래서 번호 7번(↑↓)과 24번(↓↑)의 경우
는 하나는 내가 생(生)하고, 하나는 상대가 나를 생(生)해주는 것
으로 매우 좋다.

제4장. 면접장의 실제 예

    기업인들이 겪는 어려움 중 하나가 인력관리일 것이다. 어떤 사람이 들어와 어떻게 일을 하느냐에 따라 회사의 성패가 판가름 날 수 있기 때문이다. 그렇다면 기업이란 무엇인가? 회사를 한 사람이 세웠다면 개인회사이고, 두 명이 세웠다면 합자회사이고, 세 명 이상이 세웠다면 유한회사나 합명회사이고, 일곱 명 이상의 주주가 세웠다면 주식회사다. 그러나 회사를 운영하려면 사업체의 규모를 떠나 사업주와 종업원이라는 고용관계가 필요하다.

    여기서부터 주종관계가 성립될 수밖에 없기 때문에 어떤 사람을 써야 하는가 하는 문제가 생긴다. 규모가 작은 곳에서는 알선이나 소개 등으로 사람을 뽑지만 대기업체 같은 곳에서는 한꺼번에 수백 수천 명을 뽑아야 하기 때문에 공개채용을 한다. 이 때 대개 1차 시험은 서류심사로 하고, 2차 시험은 면접을 본다. 응시자의 인성이나 인격이나 자질, 그리고 적성 등은 면접과정에서 걸러내므로 면접관들이 사람을 분별할 줄 아는 능력이 있어야 한다.

일은 학력이나 자격증이 하는 것이 아니라 사람이 하는 것이기 때문에 같은 대학을 나왔고 같은 자격증을 소지했다면 잘 비교해서 선발해야 한다. 누가 더 인격적으로 성숙한지, 사고방식은 어떤지, 가정환경은 어떤지, 어떤 가정교육을 받았는지, 사회를 보는 눈은 어떤지, 지구력·인내력·협동심·책임감·생활철학·교양 등을 모두 점검하면서 그 사람의 인성을 파악해야 한다. 그래야 좋은 사람을 놓치거나 회사에 해가 될 사람을 뽑지 않을 것이다.

예를 들어 사법고시를 2차까지 합격한 예비법관 자질을 충분히 갖추었다는 사람들, 그리고 행정고시를 합격했다는 그야말로 엘리트라 할 수 있는 사람들, 이 나라의 산업발전에 일익을 담당할 기술고시 합격생들. 모두 피가 마를 정도의 각고 끝에 그만한 자질을 인정받았더라도 인간됨됨이를 테스트하는 마지막 관문이 남아 있다. 그러나 아직도 면접도 시험이냐고 하면서 여유만만하다가 낙방했다는 이야기를 들어본 적이 있다. 참으로 아깝다는 생각이 든 사람을 예로 들어본다.

필자가 잘 아는 법관지망생이 있다. 그는 25세 때부터 고시를 보기 시작해 5번이나 1차에 합격하였고, 2번이나 2차까지 합격했지만 3차인 면접에서 번번히 떨어졌다. 그러다보니 어느덧 30세가 넘었고 약국을 하며 뒷바라지를 해온 아내에게 할 말이 없었다. 그를 우연히 소백산 기슭에서 만나 한적한 산사의 객방으로 자리를 옮겨 나눈 이야기는 다음과 같다.

"선생님이 네 번째 시험을 말리실 때 그만두었어야 하는데…. 기어이 하겠다고 3차 시험장까지 들어갔습니다."

"아무튼 대단하십니다. 그토록 강한 저력을 가졌으니 말입니다."

"하하하…. 그때 제 기분은 하늘이라도 날 것 같았습니다."

"암, 그러셨겠지요."

"그런데 또 떨어졌으니 관운이 지지리도 없는 모양입니다."

"아닙니다. 그래도 끝내 해내지 않았습니까?"

"글쎄요, 그렇긴 합니다만…. 막상 되고나니 허무하더군요."

"그럴 수도 있지요. 너무 시간이 많이 걸렸으니까요."

"저도 그렇지만 아내가 겪은 고초가 너무 큰 것 같아서요."

"그래서 부부는 한 몸이라고 하지 않습니까?"

"그렇긴 합니다만 제 나이가 벌써 서른이 넘었으니 법관으로 출세하기는 어렵지요. 그래서 변호사 개업이나 해볼까 하면서 이 곳을 다시 들른 것이 우연찮게 선생님을 만나게 되었습니다."

"아무튼 반갑습니다. 소원을 이루셨다니요."

"선생님, 제 얘기 한 번 들어보시지 않겠습니까?"

"네. 말씀해 보시지요."

"그러니까 재작년 가을이군요. 그때 저는 2차시험까지는 이미 합격해 놨으니 3차쯤이야 하고 속으로는 웃으면서 3차시험장으로 들어갔습니다. 뚜벅뚜벅 걸어 들어가는데 면접관 5~6명이 쭉 앉아 저를 매섭게 쏘아보더군요. 순간 저도 모르게 긴장이 되었습니다. 한 면접관이 3차까지 오시느라 수고 많았다면서 제 얼굴을 가만히 살펴보았습니다. 그러더니 당신이 쓰고 있는 안경은 누구 것이냐고 묻길래 제 것이라고 대답했습니다. 그러면 민법상으로는 무슨 법에 속하느냐고 다시 묻더군요. 그래서 물건법에 속한다고 대답했습니다. 그랬더니 물건법은 무슨 법이냐고 묻길래 너무 당황한 나머지 사유재산권이라고 대답했습니다. 참으로 어처구니 없는 답이었지요. 물건법은 일종의 재산관리의 소유한계를 밝혀주는 법이거든요. 그런데 그만 사유재산권이라고 말했으니…"

"그래서 실패하셨군요."

이런 경험을 해 본 사람이 아니면 그까짓 면접시험 정도야 하고 생각할 것이다. 그러나 경영자 입장에서 보면 1차나 2차까지 모두 합격했다고 과연 입사시켜도 될 것인가라는 마지막 결단은 결코 쉬운 일이 아닐 것이다. 그것은 그 사람이 아무리 학력이나 자격을 잘 갖추었다 할지라도 인격이나 적성 등이 자기 역할을 충분히 해 낼 수 있는가 하는 문제가 남기 때문이다. 그래서 기업측에서는 면접과정에서 첫째는 그 사람의 인품을 보고, 둘째는 가족사항이나 가정환경을 보고, 정신건강 상태 등 인성을 본다.

그러나 이상과 같은 요건들을 보려면 상당히 고차적인 대화술과 판단술이 필요하다. 그렇기 때문에 우리나라 어느 재벌의 총재는 관상학을 공부하여 참고한다는 말이 있다. 그만큼 사람이 사람을 판단한다는 것이 어려운 일이기 때문이다. 수많은 입사희망자 중에서 누가 가장 근면 성실하며 원만한 인간관계를 이룰 수 있는지가 중요하기 때문이다. 그래서 이와 같은 어려움을 조금이라도 덜어보려고 필자 같은 인간학 전문가에게 의뢰하기도 하는 것이다. 필자는 크고 작은 기업에서 의뢰를 받아 면접에 참여해 본 경험이 여러 번 있다.

필자는 나름대로 사람을 판단하는 방법을 6단계로 만들어 적용하고 있다. 첫째는 인상을 참조하는 것이고, 둘째는 심상을 판단하는 것이고, 셋째는 행동심리를 참작하는 것이고, 넷째는 성격을 보는 것이고, 다섯째는 필자가 가장 많이 연구한 성씨와 인간관계로 주종관계의 인연을 따져보는 것이고, 여섯째는 심령학적으로 본 감활법이다. 이상과 같은 방법으로 살펴보고 종합적으로 판단하면 웬만해서는 실수하지 않는다.

그리고 기업을 경영하는 분들의 안목은 규모를 떠나 참으로 예리하여 필자의 견해와 거의 일치하는 경우가 많아 놀란 적이 한두 번이 아니다. 하기야 수많은 사람을 관리해 오면서 그런 안목이 생겼을 것이다. 그러나 그들은 전문가가 아니기 때문에 최종적으로는 필자의 의견을 십분 참작하여 결정하는 경우가 대부분이었다. 그러면서 그들은 한결같이 선생님 같은 분들을 초빙하지 않고도 사람을 판단할 수 있는 책이 있었으면 좋겠다고 하였다. 그러던 중 적절한 면접지침서를 써보지 않겠느냐는 제의를 받아 이 책을 내게 되었다. 그러면 이제 본문으로 들어가 보기로 하겠다.

　대개 주 면접관인 회장이 응시자의 순서에 따라 응시서류를 탁자에 올려놓고 면접을 실시한다. 다른 4명의 면접관은 복사본 한 부씩을 놓고 실물과 대조하면서 출신지·현주소·학력·상벌 유무 등을 참고한다. 가장 먼저 회장이 질문하고, 그 다음은 4명의 면접관들 가운데서 보충질문을 하면서 응시자의 일거일동을 관찰한다. 한 응시자에게 소요되는 시간은 4~5분 정도다. 회장은 대개 먼 길오느라 수고 많았다며 다음과 같은 순서로 질문한다.

"어느 학교를 나왔습니까?"
"군대는 갔다 왔나요?"
"자랑할 만한 특기가 있습니까?"
"취미는 무엇입니까?"
"가훈은 있습니까?"
"가족관계를 말씀해 주시지요?"
"좌우명이 있습니까?"
"포부나 희망사항이 있으면 말씀해 보세요."
"우리 회사는 어떻게 지원하게 되었습니까?"
"신체적인 문제는 없습니까?"
"건강관리는 어떻게 합니까?"
"휴일은 어떻게 보내나요?"

"우리 회사에 들어오면 어떤 각오로 일할 생각입니까?"

"학교 다닐 때 동아리 활동을 해보았습니까?"

"친구관계를 말씀해 보시지요?"

"하루 3교대 근무라도 괜찮습니까?"

"회사에 다니면서 불만이 있으면 어떻게 해결할 생각입니까?"

"당신을 추천해준 ○○○사장님과는 어떤 관계입니까?"

"그 학교나 그 과를 전공한 이유를 말씀해 보시지요?"

"우리 회사는 기숙사가 없는데 괜찮습니까?"

"우리 회사의 월급이나 보너스 기준을 알고 있습니까?"

"왜 그렇게 여러 회사를 옮겨다녔습니까?

"현재 다니는 회사에 양해를 구하셨는지요? 그렇다면 그 회사의 사장님이나 회장님의 추천서를 받아올 수 있습니까?"

"임금협상은 어떤 식으로 합니까?"

"근로복지 문제는 어떻게 하는 것이 좋다고 생각합니까?"

"외국어 능력은 어느 정도인가요?"

"지금 어떤 공부를 하고 있는지요?"

응시자 입장에서 보면 참으로 진땀을 뺄 일이나 가장 적합한 사람을 뽑아야 하는 기업주 입장에서 보면 이것으로 응시자의 인품을 간파한다는 것은 어렵다. 그래서 더 많은 것을 물어보고 싶지만 면접시험이 인간을 시험하는 장은 아니기에 기업주 측에서도 최소한의 예의를 지켜면서 인품이나 인적사항 그리고 정신건강 상태 등을 중점적으로 체크한다. 그렇다면 이상과 같은 평가기준이 어떻게 행해지는지 하나씩 예를 들어가면서 설명하기로 한다.

1. 사진과 실제 인상과의 관계

사진이라는 것은 기계의 힘을 빌린 것이라 그런지 몰라도 실물과 판이하게 다른 경우가 왕왕 있다. 사진은 얼굴형이나 이목구비의 형태가 사진보다 더 선명하게 나타나 실물에서는 발견할 수 없는 것들이 드러나는 경우가 많다. 그리고 사진 자체에서 풍기는 이미지가 있기 때문에 면접관들이 서류심사를 할 때 상당히 많이 참고한다. 그래서 이력서에 첨부할 사진은 매우 중요하며 실물과 가장 가까운 것을 쓰는 것이 좋다. 그러나 만약 실물과 많이 다른 사진을 사용했다면 어떻게 되겠는가? 몇 가지 예를 들어본다.

면접관 앞에 앉은 응시자가 마치 영화배우나 탤런트처럼 표정변화가 자유자재한 사람이라고 하자. 그래서 어디까지가 진면목이고 어디까지가 가짜인지 구별할 수 없다고 하면 그 사람의 장점과 단점을 파악하지 못한 면접관이 어떤 평가를 내릴지는 각자 생각해볼 일이다. 이럴 경우 사진의 얼굴은 단 1초나 2초의 순간에 포착된 영상이더라도 참으로 진귀한 판단자료가 될 것이다. 그래서 사진으로 본 얼굴은 어떤 면으로 보면 상당히 정확한 자료가 된다.
사진과 실물의 대조 포인트란? 면접관이 실물에서 우울한 느낌을 받았다면 그 사람에게 뭔가 심각한 문제가 있을지도 모른다는 판단기준을 세워놓은 다음 문제가 무엇인지 알아볼 필요가 있을 것이다. 그래서 면접관이 물었다.

"성격에는 어떤 단점이 있다고 생각합니까?"
"좀 내성적인 데가 있습니다."
"그럼 하고 싶은 말이 있어도 참는 성격입니까?"
"네. 그런 편입니다."
"제가 보기에는 하고 싶은 말을 참는 표정이 아니라 남에게 말못할 사연이 있어 보이는데요?"
"네. 그렇습니다. 그런데 그런 것까지 말씀드려야 합니까?"

이 정도면 개인적인 고민이거나 사회에 불만 같은 것이 있구나 하고 생각하면 그만이다. 그런데 합격시켜야 하느냐 말아야 하느냐가 문제다. 50 : 50의 판정기준에서 실격쪽으로 3점이 가해지면 -53점이 된다. 이렇게 공개할 수 없는 비밀을 가졌다면 업무능력에 차질이 있을 사람으로 체크하고, 간단하게나마 이유를 설명했다면 성실하게 일할 수 사람으로 체크해도 무방하다.
만일 사진의 인상이나 실물의 인상이 모두 강직하게 보인다면 즐기는 운동이 있느냐고 물어보면 정확하다. 태권도·권투·합기도 등을 좋아한다면 별 문제가 없는 사람으로 볼 수 있다. 그러나 즐기는 운동이 전혀 없는데 그렇게 느껴졌다면 남에게 지고는 못사는 깡을 지닌 사람이라 상사를 능멸할 수도 있는 사람이니 군인이나 경찰 같은 직업이나 경비업무 등에는 적합하다. 이런 사람은 제아무리 유능하며 건강하더라도 일반회사의 사무직이나 생산부서 같은 곳에는 적합하지 않고 더구나 영업직은 안 된다.

또 사진으로는 아주 깡말라 보였는데 실제로는 그렇지 않은 경우가 있다. 그렇다면 오래 전에 찍은 사진이거나 어떤 질병을 앓은 후 찍은 사진이거나 일시적으로 혈액순환이 나빠진 경우 등을 짐작할 수 있다.

건강은 근로조건의 제일이며 단체활동에 차질을 가져올 수 있으므로 반드시 체크해야 한다. 그러나 정밀한 신체검사를 받아도 건강리듬이 매우 불규칙하다면 아무리 유능한 의사라도 100% 알아낼 수 없다. 그리고 또 요즘처럼 환경공해가 심한 상태에서 건강관리란 상당히 미스테리한 경우가 많다. 그러므로 이런 현상을 발견한 응시자에게는 반드시 건강상태를 정확하게 물어 체크할 필요가 있으나 응시자가 자신의 건강상태를 정확하게 말하기는 어려울 것이다. 그래서 면접관은 음성질환을 앓고 있을지도 모르는 응시자의 건강상태를 어느 정도 판단할 수 있는 안목이 필요하다.

또 사진에서는 그다지 비만하지 않았는데 실물을 보면 상상을 초월할 정도로 심한 경우가 있다. 현대의학에서는 키에서 100을 빼고 남은 숫자가 적당한 체중이라고 한다. 그 다음에는 +-10%라는 오차 허용의 기준이 있는데 이것을 초과하면 비만으로 보고, 미달이면 마른 것으로 본다고 하니 어려운 문제는 없을 것이다.

그러나 비만하다고 모두 문제가 있는 것은 아니기 때문에 매우 뚱뚱하다면 좋아하는 운동이 무엇이냐고 물어보는 것이 낫다. 만일 레슬링이나 씨름 같은 운동은 비만과 어느 정도 상관이 있기 때문에 별개의 문제이나 그런 것도 아닌데 뚱뚱하다면 굳이 전문가의 의견을 들어볼 필요도 없다. 이런 사람들은 2가지 결점이 있다. 첫째는 겉으로는 든든해 보이지만 심장이 약하여 활동성이 약하고, 둘째는 소임을 완수해 나가는데 미흡한 점이 들어나기 쉽다.

이런 사람들은 실수는 별로 하지 않는 편이나 사고를 냈다 하면 크게 낼 유형에 속한다. 그리고 평소에 행동 자체가 워낙 완만하여 정밀한 두뇌활동을 필요로 하는 분야는 적합하지 않다. 따라서 일반사무직이나 생산직 같은 분야는 적합하지 않고, 토목이나 건설업과 같은 체력이 필요한 분야나 인력을 관리하는 현장감독 같은 것이 가장 잘 맞는다.

또 사진으로는 매우 순진해 보였으나 실물을 보니 경망스러워 보이는 사람들이 더러 있다. 예를 들면 면접장으로 들어오면서 두리번거리거나 까닭없이 웃음을 흘리거나 의자에 앉아 안절부절하는 사람들이다. 면접장에서의 심사는 길어야 4~5분에 지나지 않는데 이렇게 행동한다면 자기의 업무조차 감당하지 못하여 안절부절하다가 어느날 갑자기 다른 일자리를 구해 보겠다며 철새처럼 떠날 사람이다. 이런 사람들의 이력서를 보면 경력이 매우 다양하며 자격증도 여러 분야의 것을 갖고 있는 경우가 많다.

2. 주소지와 근무조건의 확인

주소지는 그 사람이 사는 곳을 말한다. 기업주 입장에서는 입사할 사람의 주소지에 신경을 쓰지 않을 수 없기 때문에 어디 사느냐고 묻기 마련이다. 만일 회사는 지방에 있는데 서울이나 수도권에 산다면 출퇴근은 물론 회사에서 지불하는 급료로 생활이 가능한가를 추정해 보기 위해서다. 그래서 반드시 물어보는 주소지. 그러나 대부분의 응시자들은 거리는 상관없다고 한다. 취직의 문이 좁기는 좁은 모양이다. 그래도 회사와 주소지가 가까운 곳에 있는 사람들이 더 이로운 것은 사실이다. 엘리트 사원을 한 번 채용하면 적어도 몇 년 아니 평생이라도 자기 회사에 남기를 원하기 때문이다. 그래서 주소지의 체크는 반드시 하고 넘어가야 한다.

3. 학력과 경력 그리고 자격증의 관계

요즘 우리나라 각계각층에서 요구하는 학력은 공사장이나 토목공사 현장 같은 곳이 아니라면 고등학교 이상을 희망한다. 고도의 두뇌나 지식이나 상식을 필요로 하지 않은 단순노동이나 생산공원 같은 분야에서는 중학교 졸업 정도이면 된다는 곳도 있기는 하다. 그러나 취업의 문이 넓으면서도 좁은 것이 우리 현실이다. 그래서 그런지 생산직원을 뽑는데도 중학교까지만 졸업했다는 사람은 별로 눈에 띄지 않는다.

결국 산업화시대의 역군들은 무식하면 안 된다는 말도 된다. 현대 산업이란 주먹구구식이 아니고 이전처럼 수가공이나 노동력으로만 해결할 수 없는 체제가 이루어졌기 때문에 학력과 인력은 대등한 시대인 것 같다. 그리고 약간의 기술이라도 요하는 산업현장의 종사자들은 정부에서 인증하는 기술자격증을 가지고 있는데도 고졸자보다는 대졸자가 유리하고, 중졸자보다는 고졸자가 유리한 것이 현실이다. 실업계 고등학교를 졸업한 사람의 1급 기능사 자격증이나 대학을 졸업한 사람이 가진 1급 기능사 자격증은 같은 것이지만 봉급산정 기준은 분명히 다르다. 그러니까 같은 자격증을 지녔더라도 고학력자에게는 우대기준이 적용된다는 말이다.

그래서 부모들이 수단과 방법을 가리지 않고 대학을 보내려고 아우성치는 것이다. 그 결과 지금은 대학졸업자가 남아돌아 생산직이라도 들어가겠다는 사람이 날로 늘어가고 있다. 그러나 YH사건이나 현대자동차·대우자동차·대우조선 등의 노조사건을 잘 알고 있는 기업인들은 노동운동을 염려하지 않을 수 없다. 그래서 산업현장의 생산라인 같은 곳에 고학력자들을 채용해야만 하는가 하는 문제는 그야말로 망설이고 또 망설일 수밖에 없다. 그러나 시범 케이스로 고학력자를 몇 명 채용해 본 결과 결코 그런 것만은 아니라는 확신을 얻고 고학력자들을 꺼리지 않게 되었다고 한다. 그래서 요즘 인력수급 실태에 의하면 산업현장의 최말단직에 근무하는 고급인력들이 상당히 많다.

그러나 이 같은 사람들을 채용할 때 기업측에서는 그야말로 까다로운 면접과정을 거친다. 그렇기 때문에 면접이 더욱더 어렵고 까다로울 수밖에 없고, 기업주 입장에서 보면 그런 사람에게는 그에 상응하는 대우를 해줘야만 한다는 원칙 같은 것을 세워놓고 있어 저학력자들 보다는 좀더 많은 호혜원칙을 지켜 나가려 하고 있다. 그래서 면접과정에서 그 사람이 요구하는 봉급상담을 반드시 해야 하고, 혹시 선동형이나 불평불만형인지 하극상 기질이 있는지 등을 철저하게 선별할 줄 알아야 한다.

4. 특기사항과 상벌의 관계

특기사항은 부서를 배치하는데 중요한 참작사항 중 하나다. 자격사항은 이력서에 이미 적혀 있지만 이 같은 내용이 한두 가지이면 모르나 다양한 자격증을 많이 소지하고 있는 것도 문제다.

만일 어느 응시자가 열관리기사 1급 자리에 이력서를 냈다고 하자. 그가 맨 먼저 딴 것은 자동차정비기사 2급이고, 그 다음은 차량관리기사 2급이며, 그 다음은 전기기사 1급과 2급이고, 맨 마지막은 열관리기사 1급이다. 이처럼 여러 가지 면허증을 소지한 사람이 어찌하여 봉급수준이 좋지 않은 열관리기사를 지망하는지가 문제다. 사실 열관리기사의 직무는 1일 3교대에다 주간보다 야간근무가 더 많은 편이다. 자동차정비기사 2급 자격증 하나만 갖고도 열관리기사 1급보다 훨씬 좋은 대우를 받을 수 있는데 어찌하여 이 직종을 택했을까 하는 의심을 해볼만 하다. 이럴 때 기업측에서는 다양한 자격증을 가진 사람보다 단 한 가지 기능이라도 완벽하게 지닌 사람이 더 낫다는 것을 염두해야 한다.

그리고 한 가지 더 염두할 것은 응시자의 재학시절 성적이나 생활기록부의 내용을 살펴보아야 하고, 개근상 여부와 자동차 면허증을 소지한 사람이 더 유리하다. 철새처럼 옮겨다니는 인재보다 학업성적은 별로였어도 은근한 개근파를 원한다. 이 사실 하나만 보아도 기업들이 얼마나 성실하고 근면한 사람을 목마르게 찾고 있는지를 실감할 수 있다.

5. 병역 관계

병역, 즉 국방의 의무는 교육과 납세의 의무와 함께 국민의 3대의무 중 하나다. 그래서 국가기관은 물론 일반기업체의 입사시험에서 반드시 체크한다. 병역은 현역병으로 만기제대한 경우만 있는 것이 아니다. 방위를 다녀온 사람도 있고 면제를 받은 사람도 있다. 그러나 똑같은 조건을 가진 사람이라면 방위출신이나 면제자보다 현역을 치른 사람이 더 환영받는 것이 사실이다. 이것은 병역을 치른 사람이라면 국민의 의무를 다한다는 정신과 신체적인 결함이 없다고 보기 때문이다.

만일 현역을 다녀오지 않은 사람이라면 면접관은 이유를 물어볼 것이다. 예를 들어 면접관이 군대를 다녀오지 않은 것에 대하여 어떻게 생각하냐고 물었다고 하자. 한 사람은 부끄럽게 생각한다고 대답하였고, 한 사람은 다행이었다며 개인의 발전에 3년이라는 기간은 많은 도움이 되었다고 대답하였다. 면접관은 앞사람에게는 O표를 뒷사람에게는 ×표를 하였다. 이것은 정신건강 문제를 체크한 것이다.

6. 취미와 여가선용

응시자들에게 취미와 여가선용 방법을 묻는 것은 그 사람의 정서 상태를 확인하는 것이다. 그래서 취미가 무엇이냐는 질문에 없다고 대답한다면 정서생활이 전혀 없는 사람으로 볼 수 있다. 만일 음악 감상·영화감상·그림그리기·글쓰기·책읽기 등이라고 한다면 지적이거나 정적인 사람으로 볼 수 있고, 등산·수영·축구·야구 등이라고 한다면 활동적이며 진취적인 사람으로 볼 수 있고, 권투·레슬링·태권도·십팔기라고 한다면 격렬한 사람으로 볼 수 있다. 그러니까 같은 운동이라도 여러 사람이 함께 하는 것은 협동심이 필요하기 때문에 긍정적으로 보나, 일대 일의 승부기 같은 것은 협동심이 결여된 것이 아닌가 하는 의심을 하게 된다.

7. 가훈과 좌우명, 포부와 희망사항

가훈이 면접시험과 무슨 관계가 있냐고 하는 사람이 있을 것이다.

그리고 실제로 가훈이 없는 가정이 많아 응시자들을 어리둥절하게 만드는 경우가 많다. 그러나 학교에는 교훈이 있고, 한 나라에는 국시가 있듯이 가정에도 가훈 하나쯤은 있어야 하지 않겠느냐는 의도에서 종종 체크하기도 한다.

필자가 면접시험장에서 경험한 바에 의하면 가훈이 있는 가정과 그렇지 않은 가정은 50：50이었다. 그리고 대부분이 성실·근면·정직을 제일로 삼고 있었다. 가훈을 적어 걸어두고 사는 집은 아침저녁으로 따로 가정교육을 시키지 않아도 그것을 바탕으로 좌우명이 만들어질 것이고, 포부와 희망도 생길 것이다. 설사 그렇지 않더라도 없는 집과는 많이 다를 것이다. 가훈이나 좌우명 또는 포부나 희망사항은 그 사람이 어떤 가정교육을 받으며 자랐고, 앞으로는 어떤 비전을 지닌 사람인지를 알아보는 것이다.

8. 신체적인 결격사항

건강은 천금과도 바꿀 수 없는 재산이며, 건강을 잃으면 모든 것을 잃는다는 말도 있듯이 신체건강은 정신건강 못지 않게 중요하다. 신체가 건강하지 않으면 의욕이나 활동력도 떨어질 수밖에 없기 때문이다. 따라서 반드시 체크해야 하는 중요한 문제라 입사원서를 낼 때 건강진단서도 첨부하게 되어 있다. 그러나 건강진단서에는 나타나지 않는 사항이 면접에서 드러나는 경우가 왕왕 있다. 예를 하나 소개해 본다.

한 20대 후반 응시자가 허리는 구부정하고 걸음걸이는 느릿느릿하게 면접장으로 들어와 면접용 의자에 앉는데 칠팔십 노인 같은 인상을 주었다. 머리는 15도 정도 앞으로 숙이고, 등은 의자 등판 중간쯤에 기대고, 두 팔은 축 늘어트리고, 목소리에는 힘이 전혀 없었다. 그래서 얼굴을 자세히 보니 눈빛은 흐리고 흰자위에는 핏발까지 서려 생기라고는 찾아볼 수가 없었다.

면접관이 건강에는 문제가 없냐고 물었더니, 매일 새벽 4시에 일어나 집에서 운영하는 구멍가게 문을 열고 청소를 하지만 아직까지 몸살 한 번 앓아본 적 없다고 대답하였다. 건강진단서에도 이상은 없었으나 면접관들은 이 사람은 이미 매우 지쳐 있는 상태이고 앞으로도 아내가 운영하는 가게이니 계속 돌볼 수밖에 없다고 판단하여 ×포인트를 주었다. 기업주 측에서는 자기 회사에 입사하면 직장을 최우선으로 생각하면서 자기 직분을 충실히 해낼 수 있는 사람을 원한다.

9. 학생운동에 참여해 보았는가?

민주주의를 이루고자 지난 몇 십년 동안 벌였던 데모들. 그 한가운데 대학생들이 있었다. 결국 민주주의라는 거대한 결실을 얻어냈지만 기업측에서 보면 민주주의가 노동현장으로 연결되었다는 인식이 있어 데모기피증 같은 것이 있다. 그래서 어느 학교 어느 과를 졸업했는지를 살펴보고 이런 질문을 하는 것은 당연한 일인지도 모른다.

면접관이 "○○학교 ○○과를 나왔다고 했는데 현재의 정치상황을 어떻게 봅니까? 또는 "산업현장에서 일어나는 노동문제를 어떻게 생각합니까?"라고 질문하여 사회관이나 정치관 등을 확인한다.

필자가 목격한 사례를 하나 소개하면 올해 28세인 응시자는 K대학 정치학과를 나왔다. 그는 대학 2학년 때 군대를 다녀와 복학한 후 졸업하였다. 눈빛이 매우 강하고 이마는 약간 네모난듯 하며 살짝 튀어나온 얼굴이었는데 하극상의 기질이 보였다. 회장이 질문하였다.

"명문대 정치학과를 나왔군요. 데모에는 몇 번이나 참석해 보았습니까?"

"몇 번 해보았습니다만 따라다녀 본 정도입니다."

"그럼, 주도하지는 않았군요."

"네.

"그럼, 요즘 야당과 여당이 통합한 것을 어떻게 생각하나요?"

"국민의 의사를 저버린 것이라고 생각합니다."

"잘 알았습니다. 그럼 노동조합이 있는 것이 좋다고 생각합니까? 없는 것이 좋다고 생각합니까?"

"네. 아무래도 없는 것 보다는 있는 것이 낫다고 생각합니다."

이상의 말 몇 마디가 ×점으로 체크되었다면 이것은 기업주의 입장과 응시자의 견해가 다르게 나타난 경우라 하겠다. 단 3가지 질문 중에서 첫번째인 데모. 이것이야 숨길래야 숨길 수 없는 일이기 때문에 어쩔 수 없는 것이었다고 하자. 두번째 정치건에 대한 질문도 이 사람이 말했듯이 국민들의 의사를 저버린 것이라는 대답에서 ?가 붙은 것을 염두할 필요는 있으나 심각하지는 않다. 그러나 노동조합에 관한 세번째 질문이 문제였다. 그 회사에서는 노동조합이 없는데도 노사합의가 잘 이루어지기 때문에 ✕포인트가 주어졌다. 적을 모르면 백전백패한다더니….

10. 어떤 각오로 일할 것인가?

참으로 쉬우면서도 어려운 질문이다. 간단한 해답 하나가 있다면 "최선을 다하겠습니다"다. 그러나 대부분의 응시자들은 너무 똑똑하여 빗나가는 대답을 하는 경우가 많다. 그 사례 중 하나가 "입사만 시켜준다면 누구보다 열심히 일할 것은 물론 열심히 배워서 이런 회사를 차려 사장 소리 한 번 들어보고 싶습니다"라고 했다고 하자. 어떤 면에서는 멋진 대답이었을지 모르나 기업주 입장에서는 그다지 달가운 대답은 아닐 것이다. 이는 필시 이 회사에 기술이나 배우려고 들어오려고 하는 것으로 여겨져 ✕포인트가 주어졌다.

11. 우리 회사를 지원한 이유는 무엇인가?

이것은 지극히 상식적인 질문이나 기업주 입장에서는 자신의 회사가 어느 정도 지명도가 있는지, 어떤 이미지로 알려졌는지를 알아보고 싶어서 하는 질문이다. 그런데 이 질문에서 재미있는 답변이 가장 많이 나온다. "좋은 회사이고 앞으로도 전망이 좋은 공개기업체이기 때문에 지원했습니다.""다른 회사에서는 선배들의 그늘에 가려 빛을 볼 수 없기 때문에 지망하였습니다." 이런 대답이 가장 많이 나왔다.

"우리 회사의 어떤 점이 좋다고 들었습니까?"
"현재 몸담고 있는 회사에서는 연간 보너스가 400%밖에 안되는데 여기는 500%라고 들었습니다. "
"아, 그래요. 우리 회사에는 근무평가제가 있는데 들어보았나요?"
"그런 얘기는 들어보지 못했는데요."
"그래요? 그러니까 우리 회사에서는 잔꾀를 부릴 수 없는데 그래도 괜찮습니까?"

이 같은 질문이 던져졌을 때 됨됨이가 확실한 사람은 "꾀를 부릴 겨를이 어디 있겠습니까? 열심히 해야지요"라고 대답을 하는데 어떤 사람들은 자신도 모르게 그만 우쭐한 마음에서인지 "요령껏 하면 되지 않겠습니까?"라고 대답한다. 다된 밥에 재뿌린다는 속담이 있듯이 보나마나 ×포인트다. 현대사회가 어떤 사회인가. 자기에게 주어진 소임을 다하겠다고 해도 될까말까한데 그런 대답을 하다니. 그래서 결국 ×포인트가 가해지고 말았다.

12. 친구관계는 어떠한가?

친구관계의 질문은 대개 2가지다. 하나는 얼마나 원만한가와 하나는 이 회사에 다니는 친구가 몇 명인가다. 응시자의 입장에서 보면 가벼운 질문일지 모르나 면접관 입장에서는 응시자의 인간성과 사회활동 상태를 짐작해 볼 수 있는 질문이다. 한 명도 없다고 대답해도 문제이고 아주 많다고 대답해도 문제다.

사람의 활동무대는 규모가 어떻든간에 반드시 있고, 또 어느 정도 한계가 있기 마련이다. 살면서 동네친구, 학교친구 등이 생기기 마련인데 한 명도 없다면 아주 내성적이거나 괴팍하거나 비관적인 것으로 볼 수 있어 문제라고 생각하기 쉽다. 그러나 이런 사람이 친구가 많다는 사람보다는 좋은 점수를 받을 수도 있다. 요즘처럼 노사분쟁이 많아지는 추세에서 친구가 많다는 사람들은 잘 뭉칠 수 있는 성향이 다분하기 때문이다.

그리고 또 요즘 지방에 있는 산업현장을 둘러보면 같은 학교나 같은 과를 나온 동문들이 많다. 적어도 4~5명은 되고, 많으면 100~200명은 된다고 한다. 그러나 학교와 사회는 완전히 다른 세계이기 때문에 동문이나 친구라도 경쟁관계가 되기도 하지만 공동의 문제로 인식하고 합심해야 할 때는 그 세력이 매우 커질 수 있기 때문이다.

13. 직장의 불만은 어떻게 해결할 것인가?

이것은 응시자의 의식구조를 타진해 보기 위한 질문이다. 응시자들은 대개 이런 질문을 어려워하고 확실한 대답을 못하지만 지혜로운 사람들은 제법 똑똑한 대안을 제시하기도 한다. "글쎄요. 그같은 문제들은 사전에 배려가 있을 것으로 아는데요." 참으로 무서우리만치 똑똑한 답변이다. 그러니까 당신네들이 기업인이라면 그런 것 정도야 미리 막아야 하지 않겠느냐는 말이기도 하기 때문이다. 그리고 또 회사에서 제시해 주는 조건이라면 무조건 따르겠다는 의미도 되므로 O포인트는 아니더라도 삼각형 정도는 받을 것이다. 그러나 "노동조합을 통하여 해결해 보겠습니다"라고 대답했다면 여지없이 ×포인트를 줄 것이다.

14. 추천한 사람과 어떤 관계인가?

추천의 형태는 대개 2가지다. 하나는 그 회사의 간부나 특정 주주의 추천이고, 또 하나는 그 회사가 위치한 경찰관서의 간부나 세무관리, 그리고 부시장이나 주요 행정기관장들의 추천이다. 이런 사람들의 추천서까지 들고와 이력서를 접수했다면 재고해 보지 않을 수 없을 것이다. 그러나 기업주 입장에서는 응시자가 결격사항이 없는 경우에만 고려대상이 된다. 그러므로 어느 특정인의 추천이라고 해서 특전이 부여된다는 원칙은 절대 없다. 그것은 기업이 공정 심사 기준을 무시해 버릴 수 없기 때문이다.

15. 경력사원을 뽑을 때는

앞에서 설명했듯이 근무경력이 너무 많고 다양해도 문제다. 이런 사람들은 대개 사회성이 부족하거나 인내심이 없는 사람일 가능성이 많기 때문이다. 그리고 어느 부서를 막론하고 조금만 조건이 좋으면 직장이나 직업을 바꿀 수 있는 사람들이기 때문이다. 그래서 면접관들은 왜 그렇게 직장을 옮겨다녔는지를 상세하게 묻는다. 그러므로 충분한 이유가 없으면 여지없이 ×포인트를 받을 것이다.

16. 지금 무슨 공부를 하고 있나?

현대사회는 빠른 속도로 변하며 발전하는 시대이기 때문에 배워도 배워도 끝이 없다. 그래서 그런지는 몰라도 입사시킬 가능성이 많은 응시자에게 반드시 물어보는 질문 중 하나다. 그러니까 배움이란 끝없이 이어지는 인문의 세계가 있는가 하면 기술의 세계도 있다. 그리고 기술분야도 인문분야와 마찬가지로 기술향상이나 발전을 위해 얼마든지 더 배우고 연구해야 하기 때문에 사원으로 채용될지도 모를 응시자에게는 한번쯤은 물어보는 포인트가 된다. 그러나 이와 같은 질문에 아무 공부도 하지 않는다는 사람은 한 명도 없던 것으로 보아 우리나라 젊은이들의 성실성이 돋보였다.

17. 몇 개 국어를 할 수 있나?

이런 질문은 날로 발전하는 국제사회에 맞게 도약해 보고 싶어하는 기술인력을 확보해 보려는 기업인들의 희망에서 나온다. 그러나 요즘 젊은 엘리트 인사들은 영어나 다른 외국어 중 최소한 1~2개 정도는 해독하거나 구사할 수 있다. 그래서 외국에서 발간하는 TM이나 TO와 같은 기술서적이나 라이프나 타임지 같은 구술시험이 현장에서 나타나고 있다. 그래서 기업주 측에서 상당히 흐뭇해 하는 것을 목격한 바 있다. 기업인들의 속셈으로는 비슷한 능력을 갖춘 사람이라면 외국어 실력이 월등한 사람이 낫다는 평가를 내린다. 그래서 아는 것이 힘이요 남보다 잘 살 수 있는 길이라는 사실을 실감하게 한다.

18. 가족사항은 어떠한가?

가족사항에 관한 질문은 결혼을 했는지, 부모는 무슨 일을 하는지, 형제는 몇인지 등으로 시작한다. 3남이나 4남쯤 되는 31세 응시자가 있었다. 아버지가 암에 걸렸는데 간병할 사람이 없어 25~26세부터 간병만 하다 취직하겠다고 원서를 낸 사람이다. 가족사항을 자세히 물어보았더니 형들은 이미 결혼했으나 본인은 결혼하지 않고 무려 6년도 넘게 아버지 간병을 했다는 것이다. 회장은 효자라며 칭찬을 아끼지 않았지만 나이가 너무 많아 ×포인트를 주었다.

19. 사업하던 사람이 취업을 희망한 경우

열관리기사 1급 자격증을 소지한 33세 남자 응시자가 있었다. 이 사람은 3년 동안 어느 회사에 다니다가 5년 정도 자기 사업을 하였다고 한다. 그래서 회장이 물었다.

"어떤 사업을 해보셨습니까?"
"고향에서 보일러 제작과 판매를 했습니다."
"그런데 왜 그만두고 월급쟁이를 하려고 합니까?"
"사업소양이 없는지 잘 안되더군요."
"보일러는 가을에서 겨울까지가 성수기 아닙니까?"
"그렇긴 합니다만 신축공사가 있으면 그렇지만도 않습니다."
"신축공사장이 별로 없어 가을과 겨울에만 일을 했겠네요?"
"네. 그렇습니다."
"그렇다면 봄과 여름에 물건을 만들어 두면 되지 않습니까?"
"그러려면 자본이 엄청나게 많아야 합니다. 그리고 요즘은 메이커 시대라 작은 회사에서 만든 제품은 알아주지 않더군요."

"그래서 그만두신 겁니까? 그럼 빚을 지지는 않았습니까?"

"네. 다행히 빚을 지지는 않았습니다."

"그렇다면 언젠가는 또 해보고 싶은 마음이 있겠네요?"

"전혀 없습니다."

"하하하…. 사업은 아주 질리신 모양이군요."

"네. 그런 셈입니다."

면접관 전원은 이 사람은 입사시켜도 자본금만 마련된다면 언제든 떠날 것으로 판단하고 ×포인트를 주었다.

20. 직종별로 본 선발지침

1. 지게차 운전기사

요즘 산업현장이나 공장에서는 화물 물동량이 많아져서인지 웬만하면 콤베이어 시스템과 엘리베이터가 있다. 그러나 이런 것들은 옥외시설이 아니기 때문에 자재를 쌓아둔 창고에서 작업장 안으로 대형화물을 운반할 때는 속칭 지게차라는 운반기구를 이용한다. 이것은 트레일러와 같은 적재함에 물건을 올리거나 내릴 때 필요하므로 웬만한 공장에서는 1~2대 정도는 있다.

필자가 면접에 참여했던 M사에서도 2~3톤 정도의 중량급 지게차가 2대 있었다. 기사가 한 명을 더 뽑기로 하였다. J지구에 있는

제2공장에서 1차 합격을 하고 서울에 있는 본사로 올라온 사람이 3
명이나 되었다. 그런데 다른 직종처럼 한 사람씩 면접을 보는 것이
아니라 3명을 한꺼번에 나란히 앉혀놓고 면접을 보는 방법이었다.

한 사람은 34세인데 체구와 용모가 큰 기업체에서 중역자리 하나
쯤 하는 사람 같기도 하고, 성난 호랑이 한 마리가 버티고 앉아 있
는 것 같은 느낌이 들었다. 또 한 사람은 31세인데 약간 좁은 얼굴
이 바짝 말랐고 이마는 약간 넓어 보였다. 체력이 매우 건강해 보
였다. 그리고 또 한 사람은 48세인데 나이보다 늙어보였고 눈에는
생기가 없고 몸에는 힘이 빠져 보였다. 지게차 운전경력이 20년이
나 된다고 하였다. 이들은 모두 실직자는 아니었다. 더 좋은 조건으
로 옮겨보려는 사람들이었다.

면접관들은 48세 남자는 나이가 너무 많은 것도 그렇지만 눈에 생
기가 없어 ×포인트를 주었고, 34세 남자는 부리기가 힘들 것 같다
는 이유로 ×포인트를 주었다. 따라서 가장 어린 사람이 동작도 민
첩해 보이고 상사의 지시에 잘 응할 것 같다는 결론을 내렸다.

2. 영양사

영양사는 숙식을 제공하는 산업현장에서는 의무적으로 채용하게
되어 있다. 그러나 기업인들에게는 그리 달갑지 않은 제도라고 한
다. 공장이나 근로현장에서 급식을 마련하는 사람들은 사실 일용잡
역부로 일하는 아주머니들이고, 영양사가 하는 일은 식단을 짜주는

것 외에는 별로 할일이 없다는 것이다. 그렇다고 영양사가 식당 안까지 들어가 밥을 짓거나 요리를 하거나 설거지를 할 수도 없는 일이다. 영양사 자격은 전문대 영양학과 정도를 졸업하여 국가가 주는 자격증을 따야 한다. 그러나 기업측에서는 이 사람들을 쓰기 싫어도 써야되기 때문에 면접과정에서 아주 재미있는 질문공세가 펼쳐지기도 한다.

한 회사에서 영양사를 뽑는데 4명이 지원하였다. 역시 4명을 한꺼번에 나란히 앉혀놓고 한 사람씩 질문하였다. 회장이 물었다.

"여러분들은 영양사니까 주방에 들어가 종사원들과 함께 일하는 겁니까? 아닙니까?"

서로 눈치만 보면서 대답하는 사람이 한 명도 없었다.

"학교에서 영양사는 주방에 들어가 일하는 것이 아니라고 가르친 다면서요? 그런데 다른 회사에서는 식단을 짜주고 나머지 시간은 사무실 일을 거들어 준다는 것 같은데…"

지원자들의 얼굴을 살펴보았으나 그래도 아무도 말하지 않았다. 그러나 인력관리에 통달한 면접관들은 누구를 뽑아야겠다는 것쯤은 얼굴 표정만 갖고도 가려낼 수 있다. 응시자들이 모두 면접장을 나가고 난 다음에 회장이 필자에게 물었다.

"어떻습니까? 누가 가장 적합하다고 보셨습니까?"

"N양은 남자보다 더 과감할 것 같은 기질이 보이더군요."

"그래서 문제가 있다는 거군요."

"네. 그리고 L양은 눈매가 아주 날카로울 뿐 아니라 눈빛에 살기가 있어 보였습니다."

"네. 그럼 B양은 어떻습니까?"

"B양은 얼굴도 예쁘고 가장 온순해 보였습니다."

"하하하…. 그럼 K양은요?"

"네. K양은 어쩐지 개성이 없어 보였습니다. 더 이상 조언을 드릴 만한 사람이 없는 것 같습니다."

이 조언으로 면접관들은 전원일치로 B양을 입사시키기로 결정하였다.

3. 마케팅 전문요원

마케팅 요원은 영업이나 판매기획 같은 것을 연구하는 사람들이다. 그래서 이 부서에서 일하기를 희망하는 사람들은 대학에서 경영학이나 상업경제학을 전공한 사람들이 많다. 그리고 이 같은 부서에서 일할 수 있는 사람은 기획을 입안하여 동일계열의 판매전략이나 신상품 개발계획, 그리고 시장조사나 지금까지 해온 그 회사의 판매계획이나 생산계획과 같은 것의 타당성 여부 등을 조사연구할 수 있는 예리한 판단력과 사고력을 지닌 고급두뇌이어야 한다. 그러므로 이 분야의 사람을 선발할 때는 인품과 능력을 테스트해 보기도 하고 대화를 통하여 식견 등을 타진해 보기도 한다.

이 때 주로 질문하는 것은 마케팅 실무경험의 유무이고, 그 다음은 경력과 다른 회사의 마케팅 요원 운용실태 같은 것들에 중점을 둔다. 그러나 그런 정도의 질문 몇 마디를 던져보아도 그 사람의 인성을 모두 평가하기는 부족하다. 그래서 사람들을 보다 정확하게 판단하기 위하여 인상학 전문가나 심상판별 능력자 같은 사람들을 초빙하여 그 사람이 평가해준 기준에다 역점을 두고 면접관들 의견을 종합하여 적격인지 부적인지를 판정한다.

유능한 마케팅 요원이란 가능하면 회사에 있는 생산부나 영업부, 신제품 개발부 등의 여러 분야에서 골고루 근무해 본 경험이 있는 사람으로 그 회사의 운영방침이나 생산관리까지 모두 평가할 수 있는 사람일수록 좋다. 그러므로 그와 같은 능력을 골고루 갖춘 사람이 한 명이라도 있다면 과장이나 실장과 같은 자리를 맡길 수도 있다. 그렇기 때문에 일반부원들은 별도의 절차에 의해 뽑을 수밖에 없는 것이다. 필자가 참여하였던 기억을 되살려 소개한다.

K씨는 28세이며 J대학 경영학과를 졸업하였다. 첫인상은 참으로 이지적이었으며 자태나 용모 어느 것 하나 허술해 보이지 않았다. 그리고 까다로운 면접관들의 질문에도 또박또박 대답하였다.

청정지명(淸正智明)을 고루 갖추고 있었고, 얼굴형은 목자형(目字形)에 전자형(田字形)이 섞인 형이었다. 눈은 가는 일(一)자형에 눈동자가 가득 들어차 있었고, 새하얀 흰자위는 눈동자를 양 옆으로만 약간씩만 눈에 띄었고, 눈동자는 밝게 빛났다. 적당하게 잘 뻗은 윗눈썹은 거칠거나 엉성해 보이지 않으면서 매우 시원한 느낌이었다. 시원하게 잘 생긴 이마에 윤기가 흐르는 새까만 머리칼, 그리고 두 귀는 약간 둥그스름한데 영귀가 분명하게 보였고, 코는 곧게 뻗어내려가 콧망울이 보기 좋게 자리잡았다. 법령 또한 또렷하였고, 입술은 약간 도톰하면서 아래위 입술 두께가 거의 같았으며 턱의 윤곽도 분명하였다. 그리고 찰색 또한 창백해 보이는 듯한 청수지상과 의연한 자태 때문에 어느 것 하나 흠잡을 곳이 없었다. 면접관들은 전원일치로 ○점을 주었다. 이와 같은 사례만 보아도 인상과 심상판별이 얼마나 중요한 것인가를 알 수 있을 것이다.

4. 감사직

감사직은 국가는 물론 사기업체나 사단법인체와 같은 곳까지 반드시 있어야만 하는 직책이며, 사명감과 책임의식이 뚜렷하지 않으면 감당할 수 없는 직책이다. 이들은 판단력이 칼끝보다 예리하며 정확해야 언제 어떤 부서에서 생길지 모르는 비리나 부정 등을 감시감독할 수 있기 때문이다. 이들을 선발하는 기준으로는 전공이나 학업성적도 중요하나 면접이라는 까다로운 관문을 통과해야만 한다. 여기에 J사에서 행하였던 감사직 면접을 소개해 본다.

H사에서 5년 동안 근무한 경력이 있는 C씨는 32세이며 K대학 법

정대학원을 나왔다. 신장은 175cm 정도였고, 얼굴은 마치 검찰청의 반공전문 검사 같은 느낌이었고, 아주 유능한 수사관 같아 보였다.

심상판별 기준은 1정 2각 3주 4명 5강. 1의 정(正)은 아주 바른 심상이 곧게 전달되었다는 말이고, 2의 각(角)은 적당주의 같은 것은 아예 통하지 않을 정도로 예리하게 전달되었으니 완벽한 직관력을 갖고 있었다는 말이다. 그리고 3번의 주(主)란 주인의식이 강하다는 뜻도 되겠으나 주관이 아주 뚜렷해 보인다는 뜻으로 해석하면 되고, 4의 명(明)은 마음이나 정신이 아주 밝은 데가 있다는 말이다. 그리고 5의 강(强)은 강한 심상이 전달되었다는 말이다. 강(强)은 이 사람의 직업에서 가장 강조되어야 할 부분이다. 이유는 정각주명(正角主明)이 아무리 뛰어나도 강(强)의 기가 전달되지 않으면 우유부단할 수밖에 없다. 그러므로 사원들을 감시감독하면서 발생되는 비리척결의 결단력이 없이 고충을 겪게 된다.

이 사람의 인상은 눈매가 매섭게 반짝거렸고, 코는 날카롭게 생겼는데 콧날이 우뚝하고 콧망울은 거의 없어 보였고, 윗눈썹은 아주 짙으면서 비수라도 하나 붙여놓은 것 같았고, 눈꼬리는 끝부분이 윗쪽으로 약간 치켜올라가 상당히 매섭게 느껴졌으며, 입은 꼭 다물고 있는 형이지만 힘이 많이 들어가 보였고, 귀는 상당히 얇아 아주 예리하게 보여 전체적인 인상이 날카롭다 못해 무서워보이기까지 하였다. C씨는 면접관 전원에게 ○점을 받았다.

5. 영업직

영업직은 회사의 최일선에서 제품을 판매하거나 판로 등을 섭외하는 직책을 말한다. 그래서 영업사원을 선발할 때는 특히 외모 등 여러 가지를 많이 보게 된다. 영업사원은 인상 · 매너 · 성격 · 체력 · 활동력 · 화술 · 결단력이 좋아야 한다. 그러나 이런 요소를 두루 갖춘 사람을 찾기는 참으로 어렵다. 기업측에서는 웬만하면 입사시키겠다는 생각을 하지만 면접관들은 어쩐지 확신이 서지 않아 삼각형 정도의 체크를 해놓는다. 그래서 전문가가 필요한 것이다. 그렇다면 전문가가 보는 영업사원의 자질은 무엇인지 살펴보자.

심상판별은 첫째, 용모에서 부드러운 기가 느껴져야 한다. 둘째, 활기인지 사기인지를 감지해야 하는데 원(圓)에 체크한 사람이라도 눈에 생기가 없으면 사기로 보고, 악의나 살기가 없어 보이면 생기로 체크한다. 셋째, 청기인지 탁기인지를 판단한다. 이것은 정곡(正曲)과 비슷한 것 같으나 좀 다른 차원이기 때문에 청기 하나만 나타나 있어도 정(正)으로 볼 필요가 없다. 이상의 요건들만 제대로 갖추었다면 영업사원의 자질이 있는 사람으로 본다.

관상학적인 측면으로는 판별법이 따로 있는 것이 아니다. 심상이 곧 관상이라 했으니 위와 같은 심상을 지닌 사람이라면 틀림없이 단정하며 원만해 보이는 인상일 것이다. 비록 이목구비가 수려하지 않더라도 성실하며 정직한 데가 있기 때문에 타인에게 호감을 받는 그런 사람일 것이다. 그리고 위와 같은 유형의 사람이라면 목소리가 아주 부드러울 것이고, 대인관계에서 상대방에게 혐오감을 주거나 무시당하는 일은 없을 것이다. 사람의 심성은 묘한 데가 있어 비슷한 물건이 비슷한 가격이라면 호감이 가는 사람에게 사고 싶어한다. 그러므로 영업사원의 선발은 호인의 기개가 보이면서 맺고 끊는 것이 분명한 사람만 고르면 그만이다.

6. 고압가스 관리기사

고압가스 관리는 안전이 최우선이다. 엄청난 시설물과 원자재, 그리고 종업원들의 생명과 직접 연결되어 있기 때문이다. 그러므로 고압가스 관리기사는 성격이 섬세하면서도 꼼꼼하고 차분해야 하며, 책임감이 있는 안전제일주의자를 뽑아야 한다. 그러면 이와 같은 사람은 어떤 특징이 있을까?

얼굴은 네모형에 가깝고, 표정은 약간 굳어 있으며, 입부터 귀 아래쪽에 있는 턱뼈가 약간 늘어난 것 같고, 눈빛은 강한 편이며, 보통 사람보다 손가락이 약간 길면서 끝이 뾰족하지 않고 직사각형이며, 얼굴색은 약간 검은 편이다. 이처럼 생긴 사람은 책임감이 강한 편이어서 가장 적합하지만 약간의 고집이나 독선이 있다. 그러나 그런대로 성실을 기대해 볼 수 있는 사람이다.

7. 경리직과 여비서

　경리직이나 여비서는 회사의 재정이나 금전출입을 전담하므로 상경계열의 학교를 나와 상공회의소와 같은 공인기관에서 실시하는 자격시험의 공인된 자격증을 소지하여야 한다. 사무상의 착오가 줄어든다 하나 인성이 자못 건실하지 못한 사원을 채용했을 때는 사외로는 절대로 알려지지 않아야 할 사안들이 누설되거나 예상하지 못한 경리사고 같은 것이 생길 수도 있다.

　그러므로 경영주 입장에서는 이 사람들을 철저하게 감시하고 확인하는 절차가 있어야 한다. 회계와 지출은 절대원칙에 의한 것만 있는 것은 아니다. 이런 경우를 배제할 수 없는 것이 기업주의 입장이다. 때문에 기업주 측에서는 회계책임자만은 가급적 가까운 사람들을 기용하려 한다.

　그러나 그럴 형편이 되지 않을 때는 공개채용을 할 수밖에 없다. 이 때 자격이나 학력도 중요하지만 어느 정도의 교양과 덕성을 갖추고 있어야 상사에게는 존경을 받고 고객에게는 좋은 이미지를 심어줄 수 있다. 대기업체 같은 곳에서는 그런 경우가 별로 없으나 규모가 작은 중소기업체는 경리직원이 사장의 비서직까지 겸하는 경우가 많기 때문이다.

　그러니까 좀더 쉬운 말로 기술해 보면 첫째는 업무능력이 뛰어나야 하고, 둘째는 용모도 단정해야 하며, 셋째는 행실이 얌전하며 경솔하지 않아야 한다. 그리고 경리직이 남자보다 여자가 훨씬 더 많은 것을 보면 여자가 남자보다 더 섬세하고 치밀한 점이 있다는 것을 새삼 느낀다. 때문에 남자보다는 여성이 더 적격인 것 같다. 그래서 기업체를 찾아가 보면 경리담당의 창구에는 여직원이 대종을 이루고 있다. 어쩌면 그리도 똑똑하며 깔끔하고 인사성이 밝은 사람들을 뽑아 놓았는지 감탄하게 되는 경우가 많다. 사례를 하나 소개해 본다.

K전자회사에서는 경리사원 3명을 채용할 예정이었는데 무려 20명이나 지원하였다. 이 중에서 우선 6명을 가려낸 다음 1차시험 합격 통지서를 보내 한 명씩 불러 면접을 보기로 하였다. 사장은 모두에게 똑같이 취미가 무엇이냐고 질문하였다.

맨 먼저 면접장으로 들어온 L양은 품행이 단정해 보이며 갸름한 얼굴에 콧날은 날카로웠고 눈에서는 빛이 났다. 그러나 머리는 헝크러진 배추다발을 연상하게 하였고, 의상은 그야말로 시네마스코르였으며 목소리는 허스키에 가까운데다 톤까지 높아 쇳소리가 났다. L양은 태권도가 취미라고 하였다.

두번째로 들어온 B양은 부잣집 맏며느리처럼 아주 후덕하게 생겨 나이보다 훨씬 더 의젓해 보였는데 취미는 독서이고 텔레비전은 사극을 즐겨 본다고 하였다.

세번째로 들어온 O양은 아주 깜찍하며 얌전해 보였고, 새까만 눈동자까지 굴려가면서 다소곳이 인사를 했는데 음악감상이 취미라고 하였다. 어떤 음악을 좋아하냐고 물었더니 클래식이나 가곡을 좋아한다고 하였다.

네번째로 들어온 K양은 상업학교를 갓 졸업한 어린 사람이었다. 갸름한 계란형의 얼굴에 콧망울이 예쁘게 생겼고, 살집이 많지 않은 입술은 꼭 다물고 있었으며, 호수처럼 맑은 눈매에 머리는 긴 커트를 하였다. 취미는 그림 그리기와 시 낭송이라고 하였다.

다섯번째 들어온 응시자는 이마가 좁은 데다가 툭 튀어나왔고 뒤통수까지 짱구였다. 얼굴의 중앙 부위는 광대뼈만 보였고 턱은 삐쪽 말랐으나 눈은 빛나고 있었다. 취미는 야구나 축구나 권투 같은 것을 구경하는 것이라고 하였다.

마지막 여섯번째 들어온 응시자는 마치 보름달을 연상하게 하는 얼굴형에 온통 여드름 투성이였고, 옷은 외투도 아니고 블라우스도 아닌 것을 입어 얼굴이 파묻힐 정도였다. 취미는 산이든 들이든 마구 쏘다니는 것이라고 하였다.

결국 B양·O양·K양이 채용되었다. 이상과 같은 경우에서 보듯이 사람을 보는 전문가가 아닌 K사장은 취미 하나만을 갖고도 합격여부를 결정하였다. 물론 용모나 행색 등을 참작했겠지만 말이다. 사람보는 안목을 보고 필자가 한마디 해주었다.

"사업하더니 이젠 관상쟁이가 다 돼버렸구만."

이 말에 두 사람은 한참 껄껄 웃었다.

한국 성씨 대조표

가(賈) — 142	권(權) — 154	동(董) — 167
간(簡) — 142	근(斤) — 155	두(杜) — 167
갈(葛) — 143	금(琴) — 155	량(樑) — 196
감(甘) — 143	기(奇) — 156	려(呂) — 197
강(姜) — 144	기(箕) — 156	련(連) — 199
강(强) — 144	길(吉) — 157	렴(廉) — 199
강(康) — 145	김(金) — 157	룡(龍) — 202
강(彊) — 145	나(羅) — 158	류(柳) — 206
견(堅) — 146	나(那) — 158	류(劉) — 206
경(景) — 146	남(南) — 159	륙(陸) — 207
경(慶) — 147	남궁(南宮) — 159	리(李) — 209
계(桂) — 147	낭(浪) — 160	마(馬) — 168
고(高) — 148	내(乃) — 160	마(麻) — 168
곡(曲) — 148	내(內) — 161	만(萬) — 169
공(孔) — 149	노(盧) — 161	매(梅) — 169
공(公) — 149	노(魯) — 162	맹(盟) — 170
곽(郭) — 150	노(路) — 162	명(明) — 170
구(具) — 150	농(籠) — 163	모(毛) — 171
구(丘) — 151	단(段) — 163	모(牟) — 171
구(邱) — 151	당(唐) — 164	목(睦) — 172
국(菊) — 152	대(大) — 164	묘(苗) — 172
국(鞠) — 152	도(都) — 165	묵(墨) — 173
국(國) — 153	도(陶) — 165	문(文) — 173
군(君) — 153	도(道) — 166	민(閔) — 174
궁(弓) — 154	독고(獨孤) — 166	박(朴) — 174

반(潘) — 175
반(班) — 175
방(方) — 176
방(房) — 176
배(裴) — 177
백(百) — 177
범(范) — 178
변(卞) — 178
변(邊) — 179
복(卜) — 179
봉(奉) — 180
부(夫) — 180
빈(彬) — 181
빈(賓) — 181
사(史) — 182
사공(司空) — 182
상(尙) — 183
서(徐) — 183
서문(西門) — 184
석(石) — 184
석(昔) — 185
선(宣) — 185
선우(鮮于) — 186
설(薛) — 186
성(成) — 187
소(蘇) — 187
손(孫) — 188

송(宋) — 188
순(舜) — 189
순(筍) — 189
승(承) — 190
승(昇) — 190
시(柴) — 191
시(施) — 191
신(申) — 192
신(辛) — 192
신(愼) — 193
심(沈) — 193
아(阿) — 194
안(安) — 194
양(梁) — 195
양(楊) — 195
양(樑) — 196
어(魚) — 196
엄(嚴) — 197
여(呂) — 197
여(余) — 198
연(延) — 198
연(連) — 199
염(廉) — 199
엽(葉) — 200
영(永) — 200
오(吳) — 201
온(溫) — 201

왕(王) — 202
용(龍) — 202
우(禹) — 203
우(于) — 203
원(元) — 204
원(袁) — 204
위(魏) — 205
위(韋) — 205
유(柳) — 206
유(劉) — 206
유(兪) — 207
육(陸) — 207
윤(尹) — 208
은(殷) — 208
음(陰) — 209
이(李) — 209
이(伊) — 210
이(異) — 210
인(印) — 211
임(任) — 211
임(林) — 212
장(張) — 212
장(蔣) — 213
장(莊) — 213
장(章) — 214
전(全) — 214
전(田) — 215

전(錢) — 215 　 차(車) — 225 　 풍(馮) — 234
점(占) — 216 　 창(昌) — 225 　 피(皮) — 235
정(鄭) — 216 　 창(倉) — 226 　 필(弼) — 235
정(丁) — 217 　 채(蔡) — 226 　 하(河) — 236
정(程) — 217 　 채(柴) — 227 　 하(夏) — 236
제(諸) — 218 　 채(采) — 227 　 한(韓) — 237
제갈(諸葛) — 218 　 천(千) — 228 　 한(漢) — 237
조(趙) — 219 　 천(天) — 228 　 함(咸) — 238
조(曹) — 219 　 초(楚) — 229 　 해(海) — 238
종(鍾) — 220 　 최(崔) — 229 　 허(許) — 239
좌(左) — 220 　 추(秋) — 230 　 현(玄) — 239
주(朱) — 221 　 탁(卓) — 230 　 형(刑) — 240
주(周) — 221 　 태(太) — 231 　 호(扈) — 240
지(池) — 222 　 판(判) — 231 　 호(胡) — 241
지(智) — 222 　 팽(彭) — 232 　 황(黃) — 241
진(陳) — 223 　 편(片) — 232 　 홍(洪) — 242
진(晋) — 223 　 평(平) — 233 　 화(化) — 242
진(秦) — 224 　 포(包) — 233 　 황보(皇甫) — 243
진(眞) — 224 　 표(表) — 234 　 흥(興) — 243

외국 성씨 대조표

강(姜)씨와 외국 성씨 — 244 　 임(林)씨와 외국 성씨 — 246
김(金)씨와 외국 성씨 — 244 　 장(張)씨와 외국 성씨 — 247
박(朴)씨와 외국 성씨 — 245 　 정(鄭)씨와 외국 성씨 — 247
윤(尹)씨와 외국 성씨 — 245 　 조(趙)씨와 외국 성씨 — 248
이(李)씨와 외국 성씨 — 246 　 최(崔)씨와 외국 성씨 — 248

가(賈)

번호	성씨	번호	성씨	번호	성씨	번호	성씨	번호	성씨	번호	성씨	번호	성씨	번호	성씨	번호	성씨	번호	성씨	번호	성씨	번호	성씨
10	金	22	段	18	泰	23	池	1	弼	19	眞	20	余	17	朱	15	伊	16	化	4	龍	2	方
9	林	23	昌	8	賈	15	玄	11	崔	4	陶	11	程	16	元	5	曲	16	于	2	夫	1	邊
25	柳	8	弓	11	智	4	都	20	吳	7	平	2	睦	2	卞	12	趙	2	毛	15	刑	23	周
11	曹	4	連	21	扈	20	延	14	高	4	道	15	陰	11	蘇	21	黃	15	葉	3	景	7	潘
23	成	3	邱	12	西門	4	陸	23	沈	21	異	5	葛	18	明	24	梁	1	馮	17	錢	25	南宮
1	閔	1	梅	19	柴	10	鞠	10	具	1	海	23	尙	12	諸	22	河	16	阿	8	公	6	內
16	楊	9	李	3	國	15	興	17	陳	17	占	22	胡	22	殷	25	羅	2	包	1	班	15	皇甫
9	呂	20	韓	6	樑	6	太	3	康	19	鄭	25	唐	19	晉	17	蔡	16	尹	1	邦	12	榮
5	吉	22	洪	6	大	5	甘	12	愼	19	徐	23	昇	14	桂	6	魯	23	宋	2	墨	11	諸葛
16	王	21	許	8	菊	17	左	18	表	2	文	3	堅	16	溫	19	薛	2	裵	8	箕	2	賓
23	蔣	5	郭	7	萬	23	承	15	印	4	劉	24	浪	1	范	10	奇	22	兪	12	莊	5	彊
5	丘	23	辛	10	君	22	韋	22	魚	22	禹	19	倉	10	簡	9	卓	15	任	18	判	12	天
23	昔	8	孔	7	朴	11	荀	5	慶	22	嚴	11	舜	6	路	2	片	12	千	11	張	25	龐
9	杜	19	秋	17	申	4	獨孤	1	卜	22	咸	14	姜	3	强	17	史	6	廉	15	安	1	麻
12	司空	13	馬	17	全	15	永	4	董	17	石	3	權	23	鍾	7	皮	19	宣	7	白	22	袁
2	彭	8	琴	25	南	1	苗	19	鮮于	20	魏	19	孫	8	斤	11	章	18	房	11	丁	6	乃
1	彬	7	牟	23	車	23	采	19	施	1	盟	4	盧	15	漢	22	夏	19	泰	17	田	12	楚

간(簡)

번호	성씨	번호	성씨	번호	성씨	번호	성씨	번호	성씨	번호	성씨	번호	성씨	번호	성씨	번호	성씨	번호	성씨	번호	성씨	번호	성씨
8	金	4	段	2	泰	12	池	18	弼	17	眞	16	余	11	朱	21	伊	22	化	24	龍	13	方
6	林	12	昌	14	賈	21	玄	23	崔	24	陶	23	程	22	元	31	曲	22	于	13	夫	18	邊
4	柳	14	弓	23	智	24	都	16	吳	1	平	13	睦	13	卞	9	趙	13	毛	21	刑	12	周
23	曹	25	連	20	扈	16	延	5	高	24	道	21	陰	23	蘇	20	黃	21	葉	10	景	1	潘
12	成	10	邱	19	西門	24	陸	12	沈	20	異	3	葛	2	明	9	梁	18	馮	11	錢	4	南宮
18	閔	18	梅	17	柴	8	鞠	8	具	20	海	12	尙	19	諸	15	河	22	阿	14	公	25	內
22	楊	6	李	10	國	21	興	11	陳	11	占	15	胡	15	殷	4	羅	13	包	7	班	21	皇甫
6	呂	16	韓	21	樑	25	太	10	康	9	鄭	4	唐	17	晉	12	蔡	22	尹	18	邦	19	榮
3	吉	15	洪	25	大	3	甘	19	愼	17	徐	12	昇	5	桂	25	魯	12	宋	13	墨	23	諸葛
22	王	20	許	14	菊	11	左	2	表	13	文	10	堅	22	溫	12	薛	13	裵	14	箕	13	賓
12	蔣	3	郭	1	萬	12	承	21	印	24	劉	18	浪	8	范	15	奇	19	兪	3	莊	3	彊
3	丘	12	辛	8	君	15	韋	15	魚	15	禹	8	倉	6	簡	21	卓	2	任	1	判	19	天
12	昔	14	孔	1	朴	23	荀	2	慶	20	嚴	23	舜	9	路	13	片	19	千	23	張	4	龐
6	杜	17	秋	11	申	24	獨孤	18	卜	15	咸	3	姜	10	强	11	史	25	廉	21	安	18	麻
19	司空	7	馬	11	全	21	永	24	董	11	石	10	權	12	鍾	1	皮	17	宣	1	白	15	袁
13	彭	14	琴	4	南	18	苗	17	鮮于	16	魏	17	孫	14	斤	23	章	2	房	23	丁	9	乃
18	彬	1	牟	2	車	12	采	17	施	13	盟	24	盧	21	漢	15	夏	17	泰	11	田	23	楚

갈(葛)

번호	성씨	번호	성씨	번호	성씨	번호	성씨	번호	성씨	번호	성씨	번호	성씨	번호	성씨	번호	성씨	번호	성씨	번호	성씨	번호	성씨
5	金	19	段	7	泰	17	池	13	弼	23	眞	15	余	12	朱	16	伊	21	化	6	龍	1	方
4	林	17	昌	3	賈	16	玄	19	崔	6	陶	19	程	21	元	8	曲	21	于	1	夫	13	邊
9	柳	3	弓	19	智	6	都	15	吳	2	平	1	睦	1	卞	11	趙	1	毛	16	刑	17	周
19	曹	24	連	22	扈	15	延	10	高	6	道	16	陰	19	蘇	22	黃	16	葉	14	景	2	潘
17	成	14	邱	11	西門	6	陸	17	沈	22	異	8	葛	7	明	25	梁	13	馮	12	錢	9	南宮
13	閔	13	梅	23	柴	5	鞠	5	具	22	海	17	尙	12	諸	20	河	22	阿	3	公	24	內
21	楊	4	李	14	國	16	興	12	陳	12	占	20	胡	20	殷	9	羅	1	包	18	班	16	甫
4	呂	15	韓	24	樑	24	太	14	康	23	鄭	9	唐	23	晉	17	蔡	21	尹	13	邦	11	榮
8	吉	20	洪	24	大	8	甘	11	愼	23	徐	17	昇	10	桂	24	魯	17	宋	1	墨	19	諸葛
21	王	22	許	3	菊	12	左	7	表	1	文	14	堅	21	溫	17	薛	1	襄	3	箕	1	賓
17	蔣	8	郭	2	萬	17	承	16	印	6	劉	25	浪	13	范	5	奇	20	兪	11	莊	8	彊
8	丘	17	辛	5	君	20	韋	20	魚	20	禹	23	倉	5	簡	4	卓	17	任	7	判	11	天
17	昔	3	孔	2	朴	19	荀	8	慶	20	嚴	19	舜	24	路	1	片	11	千	19	張	9	龐
4	杜	23	秋	12	申	6	獨孤	13	卜	20	咸	10	姜	14	強	11	史	24	廉	16	安	13	麻
11	司空	18	馬	12	全	16	永	6	董	12	石	14	權	17	鍾	2	皮	23	宣	2	白	20	袁
1	彭	3	琴	9	南	13	苗	23	鮮于	15	魏	23	孫	3	斤	19	章	7	房	23	丁	25	乃
13	彬	2	牟	17	車	17	采	23	施	1	盟	6	盧	16	漢	20	夏	23	泰	22	田	11	楚

감(甘)

번호	성씨	번호	성씨	번호	성씨	번호	성씨	번호	성씨	번호	성씨	번호	성씨	번호	성씨	번호	성씨	번호	성씨	번호	성씨	번호	성씨
5	金	19	段	7	泰	17	池	13	弼	23	眞	23	余	12	朱	16	伊	21	化	6	龍	1	方
4	林	17	昌	3	賈	16	玄	19	崔	6	陶	6	程	21	元	8	曲	21	于	1	夫	13	邊
9	柳	3	弓	19	智	6	都	15	吳	2	平	2	睦	1	卞	11	趙	1	毛	16	刑	17	周
19	曹	24	連	22	扈	15	延	10	高	6	道	6	陰	19	蘇	22	黃	16	葉	14	景	2	潘
17	成	14	邱	11	西門	6	陸	17	沈	22	異	22	葛	7	明	25	梁	13	馮	12	錢	9	南宮
13	閔	13	梅	23	柴	5	鞠	5	具	22	海	22	尙	12	諸	20	河	22	阿	3	公	24	內
21	楊	4	李	14	國	16	興	12	陳	12	占	12	胡	20	殷	9	羅	1	包	18	班	16	甫
4	呂	15	韓	24	樑	24	太	14	康	23	鄭	23	唐	23	晉	17	蔡	21	尹	13	邦	11	榮
8	吉	20	洪	24	大	8	甘	11	愼	23	徐	23	昇	10	桂	24	魯	17	宋	1	墨	19	諸葛
21	王	22	許	3	菊	12	左	7	表	1	文	1	堅	21	溫	17	薛	1	襄	3	箕	1	賓
17	蔣	8	郭	2	萬	17	承	16	印	6	劉	6	浪	13	范	5	奇	20	兪	11	莊	8	彊
8	丘	17	辛	5	君	20	韋	20	魚	20	禹	23	倉	5	簡	4	卓	17	任	7	判	11	天
17	昔	3	孔	2	朴	19	荀	8	慶	20	嚴	20	舜	24	路	1	片	11	千	19	張	9	龐
4	杜	23	秋	12	申	6	獨孤	13	卜	20	咸	20	姜	14	強	11	史	24	廉	16	安	13	麻
11	司空	18	馬	12	全	16	永	6	董	12	石	12	權	17	鍾	2	皮	23	宣	2	白	20	袁
1	彭	3	琴	9	南	13	苗	23	鮮于	15	魏	15	孫	3	斤	19	章	7	房	23	丁	25	乃
13	彬	2	牟	17	車	17	采	23	施	1	盟	1	盧	16	漢	20	夏	23	泰	12	田	11	楚

강(姜)

번호	성씨	번호	성씨	번호	성씨	번호	성씨	번호	성씨	번호	성씨	번호	성씨	번호	성씨	번호	성씨	번호	성씨	번호	성씨	번호	성씨
3	金	4	段	1	泰	11	池	7	弼	12	眞	21	余	19	朱	22	伊	20	化	25	龍	18	方
24	林	11	昌	10	賈	22	玄	17	崔	25	陶	17	程	20	元	14	曲	20	于	18	夫	7	邊
6	柳	10	弓	17	智	25	都	21	吳	13	平	18	睦	18	卞	23	趙	18	毛	22	刑	11	周
17	曺	9	連	15	扈	21	延	8	高	25	道	22	陰	17	蘇	15	黃	22	葉	5	景	13	潘
11	成	5	邱	23	西門	25	陸	11	沈	15	異	14	葛	1	明	4	梁	7	馮	19	錢	6	南宮
7	閔	7	梅	12	柴	3	鞠	1	具	15	海	11	尙	19	諸	16	河	20	阿	10	公	9	內
20	楊	24	李	5	國	22	興	19	陳	19	占	16	胡	16	殷	6	羅	13	包	2	班	22	皇甫
24	呂	21	韓	9	樑	9	太	5	康	12	鄭	6	唐	12	晉	11	蔡	20	尹	7	邦	23	榮
14	吉	16	洪	9	大	14	甘	23	愼	12	徐	11	昇	8	桂	9	魯	11	宋	18	墨	23	諸葛
20	王	15	許	10	菊	19	左	1	表	18	文	5	堅	20	溫	11	薛	18	襄	10	箕	18	賓
11	蔣	14	郭	13	萬	11	承	22	印	25	劉	4	浪	7	范	3	奇	16	兪	23	莊	14	彊
14	丘	11	辛	14	君	16	韋	16	魚	16	禹	12	倉	3	簡	24	卓	22	任	1	判	23	天
11	昔	10	孔	13	朴	17	筍	14	慶	16	嚴	17	舜	9	路	18	片	23	千	17	張	6	龐
24	杜	12	秋	19	申	25	獨孤	7	卜	16	咸	8	姜	5	强	19	史	9	廉	22	安	7	麻
23	司空	2	馬	19	全	22	永	25	董	19	石	5	權	11	鍾	13	皮	12	宣	13	白	16	袁
18	彭	10	琴	6	南	7	苗	12	鮮于	21	魏	12	孫	10	斤	17	章	1	房	17	丁	4	乃
7	彬	13	牟	11	車	11	采	12	施	18	盟	25	盧	22	漢	16	夏	12	泰	19	田	23	楚

강(强)

번호	성씨	번호	성씨	번호	성씨	번호	성씨	번호	성씨	번호	성씨	번호	성씨	번호	성씨	번호	성씨	번호	성씨	번호	성씨	번호	성씨
14	金	24	段	13	泰	19	池	2	弼	11	眞	22	余	23	朱	20	伊	15	化	9	龍	7	方
25	林	19	昌	5	賈	20	玄	12	崔	9	陶	11	程	15	元	10	曲	15	于	7	夫	2	邊
24	柳	5	弓	12	智	9	都	22	吳	18	平	7	睦	7	卞	17	趙	7	毛	20	刑	19	周
12	曺	4	連	16	扈	22	延	3	高	9	道	20	陰	12	蘇	16	黃	20	葉	8	景	18	潘
19	成	8	邱	17	西門	9	陸	19	沈	16	異	10	葛	13	明	6	梁	2	馮	23	錢	24	南宮
2	閔	2	梅	11	柴	14	鞠	14	具	21	海	19	尙	23	諸	21	河	15	阿	5	公	4	內
15	楊	25	李	8	國	20	興	23	陳	23	占	21	胡	21	殷	24	羅	7	包	2	班	20	皇甫
25	呂	22	韓	4	樑	4	太	8	康	11	鄭	24	唐	11	晉	19	蔡	15	尹	2	邦	17	榮
10	吉	21	洪	4	大	10	甘	17	愼	19	徐	19	昇	3	桂	4	魯	19	宋	7	墨	12	諸葛
15	王	16	許	5	菊	23	左	13	表	7	文	8	堅	15	溫	19	薛	7	襄	5	箕	7	賓
19	蔣	10	郭	18	萬	19	承	20	印	9	劉	6	浪	2	范	14	奇	21	兪	17	莊	10	彊
10	丘	19	辛	10	君	21	韋	21	魚	21	禹	11	倉	14	簡	20	卓	13	任	17	判	17	天
19	昔	5	孔	18	朴	12	筍	10	慶	16	嚴	12	舜	4	路	7	片	17	千	12	張	24	龐
25	杜	11	秋	23	申	9	獨孤	2	卜	21	咸	3	姜	8	强	23	史	4	廉	20	安	2	麻
17	司空	1	馬	23	全	20	永	9	董	23	石	8	權	19	鍾	18	皮	11	宣	18	白	21	袁
7	彭	5	琴	24	南	2	苗	11	鮮于	22	魏	11	孫	5	斤	12	章	13	房	12	丁	6	乃
2	彬	18	牟	19	車	19	采	11	施	7	盟	9	盧	20	漢	21	夏	11	泰	23	田	17	楚

강(康)

번호	성씨	번호	성씨	번호	성씨	번호	성씨	번호	성씨	번호	성씨	번호	성씨	번호	성씨	번호	성씨	번호	성씨	번호	성씨	번호	성씨
14	金	24	段	13	泰	19	池	2	弼	11	眞	22	余	23	朱	20	伊	15	化	9	龍	7	方
25	林	19	昌	5	賈	20	玄	12	崔	9	陶	11	程	15	元	10	曲	15	于	7	夫	2	邊
24	柳	5	弓	12	智	9	都	22	吳	18	平	7	睦	7	卞	17	趙	7	毛	20	刑	19	周
12	曹	4	連	16	扈	22	延	3	高	9	道	20	陰	12	蘇	16	黃	20	葉	8	景	18	潘
19	成	8	邱	17	西門	9	陸	19	沈	16	異	10	葛	13	明	6	梁	2	馮	23	錢	24	南宮
2	閔	2	梅	11	柴	14	鞠	14	具	21	海	19	尙	23	諸	21	河	15	阿	5	公	4	內
15	楊	25	李	8	國	20	興	23	陳	23	占	21	胡	21	殷	24	羅	7	包	2	班	20	皇甫
25	呂	22	韓	4	樑	4	太	8	康	11	鄭	24	唐	11	晉	19	蔡	15	尹	2	邦	17	榮
10	吉	21	洪	4	大	10	甘	17	愼	11	徐	19	昇	3	桂	4	魯	19	宋	7	墨	12	諸葛
15	王	16	許	5	菊	23	左	13	表	7	文	8	堅	15	溫	19	薛	7	襄	5	箕	7	賓
19	蔣	10	郭	18	萬	19	承	20	印	9	劉	6	浪	2	范	14	奇	21	兪	17	莊	10	彊
10	丘	19	辛	10	君	21	韋	21	魚	21	禹	11	倉	14	簡	25	卓	20	任	13	判	17	天
19	昔	5	孔	18	朴	12	荀	10	慶	16	嚴	12	舜	4	路	7	片	17	千	12	張	24	龐
25	杜	11	秋	23	申	9	獨孤	2	卜	21	咸	3	姜	8	強	23	史	4	廉	20	安	2	麻
17	司空	1	馬	23	全	20	永	9	董	23	石	8	權	19	鍾	18	皮	11	宣	18	白	21	袁
7	彭	5	琴	24	南	2	苗	11	鮮于	22	魏	11	孫	5	斤	12	章	13	房	12	丁	6	乃
2	彬	18	牟	19	車	19	采	11	施	7	盟	9	盧	20	漢	21	夏	11	泰	23	田	17	楚

강(彊)

번호	성씨	번호	성씨	번호	성씨	번호	성씨	번호	성씨	번호	성씨	번호	성씨	번호	성씨	번호	성씨	번호	성씨	번호	성씨	번호	성씨
5	金	19	段	7	泰	17	池	13	弼	23	眞	15	余	12	朱	16	伊	21	化	6	龍	1	方
4	林	17	昌	3	賈	16	玄	19	崔	6	陶	19	程	21	元	8	曲	21	于	1	夫	13	邊
9	柳	3	弓	19	智	6	都	15	吳	2	平	1	睦	1	卞	11	趙	1	毛	16	刑	17	周
19	曹	24	連	22	扈	15	延	10	高	6	道	16	陰	19	蘇	22	黃	16	葉	14	景	2	潘
17	成	14	邱	11	西門	6	陸	17	沈	22	異	8	葛	7	明	25	梁	13	馮	12	錢	9	南宮
13	閔	13	梅	23	柴	5	鞠	5	具	22	海	17	尙	12	諸	20	河	22	阿	3	公	24	內
21	楊	4	李	14	國	16	興	12	陳	12	占	20	胡	20	殷	9	羅	1	包	18	班	16	皇甫
4	呂	15	韓	24	樑	24	太	14	康	23	鄭	9	唐	23	晉	17	蔡	21	尹	13	邦	11	榮
8	吉	20	洪	24	大	8	甘	11	愼	23	徐	17	昇	10	桂	24	魯	17	宋	1	墨	19	諸葛
21	王	22	許	3	菊	12	左	7	表	1	文	14	堅	21	溫	17	薛	1	襄	3	箕	1	賓
17	蔣	8	郭	2	萬	17	承	16	印	6	劉	25	浪	13	范	5	奇	20	兪	11	莊	8	彊
8	丘	17	辛	5	君	20	韋	20	魚	20	禹	23	倉	5	簡	4	卓	17	任	7	判	11	天
17	昔	3	孔	2	朴	19	荀	8	慶	20	嚴	19	舜	24	路	1	片	11	千	19	張	9	龐
4	杜	23	秋	12	申	6	獨孤	13	卜	20	咸	10	姜	14	強	11	史	24	廉	16	安	13	麻
11	司空	18	馬	12	全	16	永	6	董	12	石	14	權	17	鍾	2	皮	23	宣	2	白	20	袁
1	彭	3	琴	9	南	13	苗	23	鮮于	15	魏	23	孫	3	斤	19	章	7	房	23	丁	25	乃
13	彬	2	牟	17	車	17	采	23	施	1	盟	6	盧	16	漢	20	夏	23	泰	12	田	11	楚

견(堅)

번호	성씨	번호	성씨	번호	성씨	번호	성씨	번호	성씨	번호	성씨	번호	성씨	번호	성씨	번호	성씨	번호	성씨	번호	성씨	번호	성씨
14	金	24	段	13	泰	19	池	2	弼	11	眞	22	余	23	朱	20	伊	15	化	9	龍	7	方
25	林	19	昌	5	賈	20	玄	12	崔	9	陶	11	程	15	元	10	曲	15	于	7	夫	2	邊
24	柳	5	弓	12	智	9	都	22	吳	18	平	7	睦	7	卞	17	趙	7	毛	20	刑	19	周
12	曹	4	連	16	扈	22	延	3	高	9	道	20	陰	12	蘇	16	黃	20	葉	8	景	18	潘
19	成	8	邱	17	西門	9	陸	19	沈	16	異	10	葛	13	明	6	梁	2	馮	23	錢	24	南宮
2	閔	2	梅	11	柴	14	鞠	14	具	21	海	19	尙	23	諸	21	河	15	阿	5	公	4	內
15	楊	25	李	8	國	24	興	23	陳	23	占	21	胡	21	殷	24	羅	7	包	2	班	20	皇甫
25	呂	22	韓	4	樑	4	太	8	康	11	鄭	24	唐	11	晉	19	蔡	15	尹	2	邦	17	榮
10	吉	21	洪	4	大	10	甘	17	愼	11	徐	19	昇	3	桂	4	魯	19	宋	7	墨	12	諸葛
15	王	16	許	5	菊	23	左	13	表	7	文	8	堅	15	溫	9	薛	7	襄	5	箕	7	賓
19	蔣	10	郭	18	萬	19	承	20	印	9	劉	6	浪	2	范	14	奇	21	兪	17	莊	10	彊
10	丘	19	辛	10	君	21	韋	21	魚	21	禹	11	倉	14	簡	25	卓	20	任	13	判	17	天
19	昔	5	孔	18	朴	12	荀	10	慶	16	嚴	12	舜	4	路	7	片	17	千	12	張	24	龐
25	杜	11	秋	23	申	9	獨孤	2	卜	21	咸	3	姜	8	强	23	史	4	廉	20	安	2	麻
17	司空	1	馬	23	全	20	永	9	董	23	石	8	權	19	鍾	18	皮	11	宣	18	白	21	袁
7	彭	5	琴	24	南	2	苗	11	鮮于	22	魏	11	孫	5	斤	12	章	13	房	12	丁	6	乃
2	彬	18	牟	19	車	19	采	11	施	7	盟	9	盧	20	漢	21	夏	11	泰	23	田	17	楚

경(景)

번호	성씨	번호	성씨	번호	성씨	번호	성씨	번호	성씨	번호	성씨	번호	성씨	번호	성씨	번호	성씨	번호	성씨	번호	성씨	번호	성씨
14	金	24	段	13	泰	19	池	2	弼	11	眞	22	余	23	朱	20	伊	15	化	9	龍	7	方
25	林	19	昌	5	賈	20	玄	12	崔	9	陶	11	程	15	元	10	曲	15	于	7	夫	2	邊
24	柳	5	弓	12	智	9	都	22	吳	18	平	7	睦	7	卞	17	趙	7	毛	20	刑	19	周
12	曹	4	連	16	扈	22	延	3	高	9	道	20	陰	12	蘇	16	黃	20	葉	8	景	18	潘
19	成	8	邱	17	西門	9	陸	19	沈	16	異	10	葛	13	明	6	梁	2	馮	23	錢	24	南宮
2	閔	2	梅	11	柴	14	鞠	21	具	19	海	23	尙	21	諸	15	河	5	阿	4	公		內
15	楊	25	李	8	國	20	興	23	陳	23	占	21	胡	21	殷	24	羅	7	包	2	班	20	皇甫
25	呂	22	韓	4	樑	4	太	8	康	11	鄭	24	唐	11	晉	19	蔡	15	尹	2	邦	17	榮
10	吉	21	洪	4	大	10	甘	17	愼	11	徐	19	昇	3	桂	4	魯	19	宋	7	墨	12	諸葛
15	王	16	許	5	菊	23	左	13	表	7	文	8	堅	15	溫	19	薛	7	襄	5	箕	7	賓
19	蔣	10	郭	18	萬	19	承	20	印	9	劉	6	浪	2	范	14	奇	21	兪	17	莊	10	彊
10	丘	19	辛	10	君	21	韋	21	魚	21	禹	11	倉	14	簡	25	卓	20	任	13	判	17	天
19	昔	5	孔	18	朴	12	荀	10	慶	16	嚴	12	舜	4	路	7	片	17	千	12	張	24	龐
25	杜	11	秋	23	申	9	獨孤	2	卜	21	咸	3	姜	8	强	23	史	4	廉	20	安	2	麻
17	司空	1	馬	23	全	20	永	9	董	23	石	8	權	19	鍾	18	皮	11	宣	18	白	21	袁
7	彭	5	琴	24	南	2	苗	11	鮮于	22	魏	11	孫	5	斤	12	章	13	房	12	丁	6	乃
2	彬	18	牟	19	車	19	采	11	施	7	盟	9	盧	20	漢	21	夏	11	泰	23	田	17	楚

경(慶)

번호	성씨	번호	성씨	번호	성씨	번호	성씨	번호	성씨	번호	성씨	번호	성씨	번호	성씨	번호	성씨	번호	성씨	번호	성씨	번호	성씨
5	金	19	段	7	泰	17	池	13	弼	23	眞	15	余	12	朱	16	伊	21	化	6	龍	1	方
4	林	17	昌	3	賈	16	玄	19	崔	6	陶	19	程	21	元	8	曲	21	于	1	夫	13	邊
9	柳	3	弓	19	智	6	都	15	吳	2	平	1	睦	1	卞	11	趙	1	毛	16	刑	17	周
19	曺	24	連	22	扈	15	延	10	高	6	道	16	陰	19	蘇	22	黃	16	葉	14	景	2	潘
17	成	14	邱	11	西門	6	陸	17	沈	22	異	8	葛	7	明	25	梁	13	馮	12	錢	9	南宮
13	閔	13	梅	23	柴	5	鞠	5	具	22	海	17	尙	12	諸	20	河	22	阿	3	公	24	內
21	楊	4	李	14	國	16	興	12	陳	12	占	20	胡	20	殷	9	羅	1	包	18	班	16	皇甫
4	呂	15	韓	24	樑	24	太	14	康	23	鄭	9	唐	23	晉	17	蔡	21	尹	13	邦	11	榮
8	吉	20	洪	24	大	8	甘	11	愼	23	徐	17	昇	10	桂	24	魯	17	宋	1	墨	19	諸葛
21	王	22	許	3	菊	12	左	7	表	1	文	14	堅	21	溫	17	薛	1	襄	3	箕	1	賓
17	蔣	8	郭	2	萬	17	承	16	印	6	劉	25	浪	13	范	5	奇	20	俞	11	莊	8	彊
8	丘	17	辛	5	君	20	章	20	魚	20	禹	23	倉	5	簡	4	卓	17	任	7	判	11	天
17	昔	3	孔	2	朴	19	荀	8	慶	20	嚴	19	舜	24	路	1	片	11	千	19	張	9	龐
4	杜	23	秋	12	申	6	獨孤	13	卜	20	咸	10	姜	14	强	11	史	24	廉	16	安	13	麻
11	司空	18	馬	12	全	16	永	6	董	12	石	14	權	17	鍾	2	皮	23	宣	2	白	20	袁
1	彭	3	琴	9	南	13	苗	23	鮮于	15	魏	23	孫	3	斤	19	章	7	房	23	丁	25	乃
13	彬	2	牟	17	車	17	采	23	施	1	盟	6	盧	16	漢	20	夏	23	泰	12	田	11	楚

계(桂)

번호	성씨	번호	성씨	번호	성씨	번호	성씨	번호	성씨	번호	성씨	번호	성씨	번호	성씨	번호	성씨	번호	성씨	번호	성씨	번호	성씨
3	金	4	段	1	泰	11	池	7	弼	12	眞	21	余	19	朱	22	伊	20	化	25	龍	18	方
24	林	11	昌	10	賈	22	玄	17	崔	25	陶	17	程	20	元	14	曲	20	于	18	夫	7	邊
6	柳	10	弓	17	智	25	都	21	吳	13	平	18	睦	18	卞	23	趙	18	毛	22	刑	11	周
17	曺	9	連	15	扈	21	延	8	高	25	道	22	陰	17	蘇	15	黃	22	葉	5	景	13	潘
11	成	5	邱	23	西門	25	陸	11	沈	15	異	14	葛	1	明	4	梁	7	馮	19	錢	6	南宮
7	閔	7	梅	12	柴	3	鞠	3	具	15	海	11	尙	19	諸	16	河	20	阿	10	公	9	內
20	楊	24	李	5	國	22	興	19	陳	19	占	16	胡	16	殷	6	羅	13	包	2	班	22	皇甫
24	呂	21	韓	9	樑	9	太	5	康	12	鄭	6	唐	12	晉	11	蔡	20	尹	7	邦	23	榮
14	吉	16	洪	9	大	14	甘	23	愼	19	徐	11	昇	8	桂	9	魯	11	宋	18	墨	23	諸葛
20	王	15	許	10	菊	19	左	1	表	18	文	5	堅	20	溫	11	薛	18	襄	10	箕	18	賓
11	蔣	14	郭	13	萬	11	承	22	印	25	劉	4	浪	7	范	3	奇	16	俞	23	莊	14	彊
14	丘	11	辛	14	君	16	章	16	魚	16	禹	12	倉	3	簡	24	卓	22	任	1	判	23	天
11	昔	10	孔	13	朴	17	荀	14	慶	16	嚴	17	舜	9	路	18	片	23	千	17	張	6	龐
24	杜	12	秋	19	申	25	獨孤	7	卜	16	咸	8	姜	5	强	19	史	9	廉	22	安	7	麻
23	司空	2	馬	19	全	22	永	25	董	19	石	5	權	11	鍾	13	皮	12	宣	13	白	16	袁
18	彭	10	琴	6	南	7	苗	12	鮮于	21	魏	12	孫	10	斤	17	章	1	房	17	丁	4	乃
7	彬	13	牟	11	車	11	采	12	施	18	盟	25	盧	22	漢	16	夏	12	泰	19	田	23	楚

고(高)

번호	성씨	번호	성씨	번호	성씨	번호	성씨	번호	성씨	번호	성씨	번호	성씨	번호	성씨	번호	성씨	번호	성씨	번호	성씨	번호	성씨
3	金	4	段	1	泰	11	池	7	弼	12	眞	21	余	19	朱	22	伊	20	化	25	龍	18	方
24	林	11	昌	10	賈	22	玄	17	崔	25	陶	17	程	20	元	14	曲	20	于	18	夫	7	邊
6	柳	10	弓	17	智	25	都	21	吳	13	平	18	睦	18	卞	23	趙	18	毛	22	刑	11	周
17	曺	9	連	15	扈	21	延	8	高	25	道	22	陰	17	蘇	15	黃	22	葉	5	景	13	潘
11	成	5	邱	23	西門	25	陸	11	沈	15	異	14	葛	1	明	4	梁	7	馮	19	錢	6	南宮
7	閔	7	梅	12	柴	3	鞠	3	具	15	海	19	尙	19	諸	16	河	2	阿	10	公	9	內
20	楊	24	李	5	國	22	興	19	陳	19	占	16	胡	16	殷	6	羅	13	包	2	班	22	皇甫
24	呂	21	韓	9	樑	9	太	5	康	12	鄭	6	唐	12	晉	11	蔡	20	尹	7	邦	23	榮
14	吉	16	洪	9	大	14	甘	23	愼	12	徐	11	昇	8	桂	9	魯	11	宋	18	墨	23	諸葛
20	王	15	許	10	菊	19	左	1	表	18	文	5	堅	20	溫	11	薛	18	襄	10	箕	18	賓
11	蔣	14	郭	13	萬	11	承	22	印	25	劉	4	浪	7	范	3	奇	16	兪	23	莊	14	彊
14	丘	11	辛	14	君	16	韋	16	魚	16	禹	12	倉	3	簡	24	卓	22	任	1	判	23	天
11	昔	10	孔	13	朴	17	筍	14	慶	16	嚴	17	舜	9	路	18	片	23	千	17	張	6	龐
24	杜	12	秋	19	申	25	獨孤	7	卜	16	咸	8	姜	5	强	19	史	9	廉	22	安	7	麻
23	司空	2	馬	19	全	22	永	25	董	19	石	5	權	11	鍾	13	皮	12	宣	4	白	16	袁
18	彭	10	琴	6	南	7	苗	12	鮮于	21	魏	12	孫	10	斤	17	章	1	房	17	丁	4	乃
7	彬	13	牟	11	車	11	采	12	施	18	盟	25	盧	22	漢	16	夏	12	泰	19	田	23	楚

곡(曲)

번호	성씨	번호	성씨	번호	성씨	번호	성씨	번호	성씨	번호	성씨	번호	성씨	번호	성씨	번호	성씨	번호	성씨	번호	성씨	번호	성씨
5	金	19	段	7	泰	17	池	13	弼	23	眞	15	余	12	朱	16	伊	21	化	6	龍	1	方
4	林	17	昌	3	賈	16	玄	19	崔	6	陶	19	程	21	元	8	曲	21	于	1	夫	13	邊
9	柳	3	弓	19	智	6	都	15	吳	2	平	1	睦	1	卞	11	趙	1	毛	16	刑	17	周
19	曺	24	連	22	扈	15	延	10	高	6	道	16	陰	19	蘇	22	黃	16	葉	14	景	2	潘
17	成	14	邱	11	西門	6	陸	17	沈	22	異	8	葛	7	明	25	梁	13	馮	12	錢	9	南宮
13	閔	13	梅	23	柴	5	鞠	5	具	22	海	17	尙	12	諸	20	河	22	阿	3	公	24	內
21	楊	4	李	14	國	16	興	12	陳	12	占	20	胡	20	殷	9	羅	1	包	18	班	16	皇甫
4	呂	15	韓	24	樑	24	太	14	康	23	鄭	9	唐	23	晉	17	蔡	21	尹	13	邦	11	榮
8	吉	20	洪	24	大	8	甘	11	愼	23	徐	17	昇	10	桂	24	魯	17	宋	1	墨	19	諸葛
21	王	22	許	3	菊	12	左	7	表	1	文	14	堅	21	溫	17	薛	1	襄	3	箕	1	賓
17	蔣	8	郭	2	萬	17	承	16	印	6	劉	25	浪	13	范	5	奇	20	兪	11	莊	8	彊
8	丘	17	辛	5	君	20	韋	20	魚	20	禹	23	倉	5	簡	4	卓	17	任	7	判	11	天
17	昔	3	孔	2	朴	19	筍	8	慶	20	嚴	19	舜	24	路	1	片	11	千	19	張	9	龐
4	杜	23	秋	12	申	6	獨孤	13	卜	20	咸	10	姜	14	强	11	史	24	廉	16	安	13	麻
11	司空	18	馬	12	全	16	永	6	董	12	石	14	權	17	鍾	2	皮	23	宣	2	白	20	袁
1	彭	3	琴	9	南	13	苗	23	鮮于	15	魏	23	孫	3	斤	19	章	7	房	23	丁	25	乃
13	彬	2	牟	17	車	17	采	23	施	1	盟	6	盧	20	漢	23	夏	12	泰	11	田	11	楚

공(孔)

번호	성씨	번호	성씨	번호	성씨	번호	성씨	번호	성씨	번호	성씨	번호	성씨	번호	성씨	번호	성씨	번호	성씨	번호	성씨	번호	성씨
10	金	22	段	18	泰	23	池	1	弼	19	眞	20	余	17	朱	15	伊	16	化	4	龍	2	方
9	林	23	昌	8	賈	15	玄	11	崔	4	陶	11	程	16	元	5	曲	16	于	2	夫	1	邊
25	柳	8	弓	11	智	4	都	20	吳	7	平	2	睦	2	卞	12	趙	2	毛	15	刑	23	周
11	曺	4	連	21	扈	20	延	14	高	4	道	15	陰	11	蘇	21	黃	15	葉	3	景	7	潘
23	成	3	邱	12	西門	4	陸	23	沈	21	異	5	葛	18	明	24	梁	1	馮	17	錢	25	南宮
1	閔	1	梅	19	柴	10	鞠	10	具	21	海	23	尙	12	諸	22	河	16	阿	8	公	6	內
16	楊	9	李	3	國	15	興	17	陳	17	占	22	胡	22	殷	25	羅	2	包	1	班	15	皇甫
9	呂	20	韓	6	樑	6	太	3	康	19	鄭	25	唐	19	晉	17	蔡	16	尹	1	邦	12	榮
5	吉	22	洪	6	大	5	甘	12	愼	19	徐	23	昇	14	桂	6	魯	23	宋	2	墨	11	諸葛
16	王	21	許	8	菊	17	左	18	表	2	文	3	堅	16	溫	19	薛	2	裵	8	箕	2	賓
23	蔣	5	郭	7	萬	23	承	15	印	4	劉	24	浪	1	范	10	奇	22	兪	12	莊	5	彊
5	丘	23	辛	10	君	22	章	22	魚	22	禹	19	倉	10	簡	9	卓	15	任	18	判	12	天
23	昔	8	孔	7	朴	11	荀	5	慶	22	嚴	11	舜	6	路	2	片	12	千	11	張	25	龐
9	杜	19	秋	17	申	4	獨孤	1	卜	22	咸	14	姜	3	強	17	史	6	廉	15	安	1	麻
12	司空	13	馬	17	全	15	永	4	董	17	石	3	權	23	鍾	7	皮	19	宣	7	白	22	袁
2	彭	8	琴	25	南	1	苗	19	鮮于	20	魏	19	孫	8	斤	11	章	18	房	11	丁	6	乃
1	彬	7	牟	23	車	23	采	19	施	2	盟	4	盧	15	漢	22	夏	19	泰	17	田	12	楚

공(公)

번호	성씨	번호	성씨	번호	성씨	번호	성씨	번호	성씨	번호	성씨	번호	성씨	번호	성씨	번호	성씨	번호	성씨	번호	성씨	번호	성씨
10	金	22	段	18	泰	23	池	1	弼	19	眞	20	余	17	朱	15	伊	16	化	4	龍	2	方
9	林	23	昌	8	賈	15	玄	11	崔	4	陶	11	程	16	元	5	曲	16	于	2	夫	1	邊
25	柳	8	弓	11	智	4	都	20	吳	7	平	2	睦	2	卞	12	趙	2	毛	15	刑	23	周
11	曺	4	連	21	扈	20	延	14	高	4	道	15	陰	11	蘇	21	黃	15	葉	3	景	7	潘
23	成	3	邱	12	西門	4	陸	23	沈	21	異	5	葛	18	明	24	梁	1	馮	17	錢	25	南宮
1	閔	1	梅	19	柴	10	鞠	10	具	21	海	23	尙	12	諸	22	河	16	阿	8	公	6	內
16	楊	9	李	3	國	15	興	17	陳	17	占	22	胡	22	殷	25	羅	2	包	1	班	15	皇甫
9	呂	20	韓	6	樑	6	太	3	康	19	鄭	25	唐	19	晉	17	蔡	16	尹	1	邦	12	榮
5	吉	22	洪	6	大	5	甘	12	愼	19	徐	23	昇	14	桂	6	魯	23	宋	2	墨	11	諸葛
16	王	21	許	8	菊	17	左	18	表	2	文	3	堅	16	溫	19	薛	2	裵	8	箕	2	賓
23	蔣	5	郭	7	萬	23	承	15	印	4	劉	24	浪	1	范	10	奇	22	兪	12	莊	5	彊
5	丘	23	辛	10	君	22	章	22	魚	22	禹	19	倉	10	簡	9	卓	15	任	18	判	12	天
23	昔	8	孔	7	朴	11	荀	5	慶	22	嚴	11	舜	6	路	2	片	12	千	11	張	25	龐
9	杜	19	秋	17	申	4	獨孤	1	卜	22	咸	14	姜	3	強	17	史	6	廉	15	安	1	麻
12	司空	13	馬	17	全	15	永	4	董	17	石	3	權	23	鍾	7	皮	19	宣	7	白	22	袁
2	彭	8	琴	25	南	1	苗	19	鮮于	20	魏	19	孫	8	斤	11	章	18	房	11	丁	6	乃
1	彬	7	牟	23	車	23	采	19	施	2	盟	4	盧	15	漢	22	夏	19	泰	17	田	12	楚

곽(郭)

번호	성씨	번호	성씨	번호	성씨	번호	성씨	번호	성씨	번호	성씨	번호	성씨	번호	성씨	번호	성씨	번호	성씨	번호	성씨	번호	성씨
5	金	19	段	7	泰	17	池	13	弼	23	眞	15	余	12	朱	16	伊	21	化	6	龍	1	方
4	林	17	昌	3	賈	16	玄	19	崔	6	陶	19	程	21	元	8	曲	21	于	1	夫	13	邊
9	柳	3	弓	19	智	6	都	15	吳	2	平	1	睦	1	卞	11	趙	1	毛	16	刑	17	周
19	曹	24	連	22	扈	15	延	10	高	6	道	16	陰	19	蘇	22	黃	16	葉	14	景	2	潘
17	成	14	邱	11	西門	6	陸	17	沈	22	異	8	葛	7	明	25	梁	13	馮	12	錢		南宮
13	閔	13	梅	23	柴	5	鞠	5	具	22	海	17	尙	12	諸	20	河	22	阿	3	公	24	內
21	楊	4	李	14	國	16	興	12	陳	12	占	20	胡	20	殷	9	羅	1	包	18	班	16	皇甫
4	呂	15	韓	24	樑	24	太	14	康	23	鄭	9	唐	23	晉	17	蔡	21	尹	13	邦	11	菜
8	吉	20	洪	24	大	8	甘	11	愼	23	徐	17	昇	10	桂	24	魯	17	宋	1	墨	19	諸葛
21	王	22	許	3	菊	12	左	7	表		文	14	堅	21	溫	17	薛	1	襄	3	箕		賓
17	蔣	8	郭	2	萬	17	承	16	印	6	劉	25	浪	13	范	5	奇	20	兪	11	莊	8	彊
8	丘	17	辛	5	君	20	章	20	魚	20	禹	23	倉	5	簡	4	卓	17	任	7	判	11	天
17	昔	3	孔	2	朴	19	筍	8	慶	20	嚴	19	舜	24	路	1	片	11	千	19	張	9	龐
4	杜	23	秋	12	申	6	獨孤	13	卜	20	咸	10	姜	14	强	11	史	24	廉	16	安	13	麻
11	司空	18	馬	12	全	16	永	6	董	12	石	14	權	17	鍾	2	皮	23	宣	2	白	20	袁
1	彭	3	琴	9	南	13	苗	23	鮮于	15	魏	23	孫	3	斤	19	章	7	房	23	丁	25	乃
13	彬	2	牟	17	車	17	采	23	施	1	盟	6	盧	16	漢	20	夏	23	泰	12	田	11	楚

구(具)

번호	성씨	번호	성씨	번호	성씨	번호	성씨	번호	성씨	번호	성씨	번호	성씨	번호	성씨	번호	성씨	번호	성씨	번호	성씨	번호	성씨
8	金	4	段	2	泰	12	池	18	弼	17	眞	16	余	11	朱	21	伊	22	化	24	龍	13	方
6	林	12	昌	14	賈	21	玄	23	崔	24	陶	23	程	22	元	31	曲	22	于	13	夫	18	邊
4	柳	14	弓	23	智	24	都	16	吳	1	平	13	睦	13	卞	9	趙	13	毛	21	刑	12	周
23	曹	25	連	20	扈	16	延	5	高	24	道	21	陰	23	蘇	20	黃	21	葉	10	景	1	潘
12	成	10	邱	19	西門	24	陸	12	沈	20	異	3	葛	2	明	9	梁	18	馮	11	錢	4	南宮
18	閔	18	梅	17	柴	8	鞠	8	具	20	海	12	尙	19	諸	15	河	22	阿	14	公	25	內
22	楊	6	李	10	國	21	興	11	陳	11	占	15	胡	15	殷	4	羅	13	包	7	班	21	皇甫
6	呂	16	韓	21	樑	25	太	10	康	17	鄭	4	唐	17	晉	12	蔡	22	尹	18	邦	19	菜
3	吉	15	洪	25	大	3	甘	19	愼	17	徐	12	昇	5	桂	25	魯	12	宋	13	墨	23	諸葛
22	王	20	許	14	菊	11	左	2	表	13	文	10	堅	22	溫	12	薛	13	襄	14	箕	13	賓
12	蔣	3	郭	12	萬	21	承	24	印	9	劉	18	浪	18	范	15	奇	19	兪	19	莊	3	彊
3	丘	12	辛	15	君	15	章	15	魚	17	禹	8	倉	6	簡	21	卓	2	任	19	判	19	天
12	昔	14	孔	1	朴	23	筍	2	慶	23	嚴	9	舜	13	路	19	片	23	千	23	張	4	龐
6	杜	17	秋	11	申	24	獨孤	18	卜	15	咸	3	姜	10	强	11	史	25	廉	21	安	18	麻
19	司空	7	馬	11	全	21	永	24	董	11	石	10	權	12	鍾	1	皮	17	宣	1	白	15	袁
13	彭	14	琴	4	南	18	苗	17	鮮于	16	魏	17	孫	14	斤	23	章	2	房	23	丁	9	乃
18	彬	1	牟	12	車	12	采	17	施	13	盟	24	盧	21	漢	15	夏	17	泰	11	田	23	楚

구(丘)

번호	성씨	번호	성씨	번호	성씨	번호	성씨	번호	성씨	번호	성씨	번호	성씨	번호	성씨	번호	성씨	번호	성씨	번호	성씨	번호	성씨
5	金	19	段	7	泰	17	池	13	弼	23	眞	15	余	12	朱	16	伊	21	化	6	龍	1	方
4	林	17	昌	3	賈	16	玄	19	崔	6	陶	19	程	21	元	8	曲	21	于	1	夫	13	邊
9	柳	3	弓	19	智	6	都	15	吳	2	平	1	睦	1	卞	11	趙	1	毛	16	刑	17	周
19	曺	24	連	22	扈	15	延	10	高	6	道	16	陰	19	蘇	22	黃	16	葉	14	景	2	潘
17	成	14	邱	11	西門	6	陸	17	沈	22	異	8	葛	7	明	25	梁	13	馮	12	錢	9	南宮
13	閔	13	梅	23	柴	5	鞠	5	具	22	海	17	尙	12	諸	20	河	22	阿	1	公	24	內
21	楊	4	李	14	國	16	興	12	陳	12	占	20	胡	20	殷	9	羅	1	包	19	班	16	皇甫
4	呂	15	韓	24	樑	24	太	14	康	23	鄭	9	唐	23	晉	17	蔡	21	尹	13	邦	11	榮
8	吉	20	洪	24	大	8	甘	11	愼	23	徐	17	昇	10	桂	24	魯	17	宋	1	墨	19	諸葛
21	王	22	許	3	菊	12	左	7	表	1	文	14	堅	21	溫	17	薛	1	裵	3	箕	1	賓
17	蔣	8	郭	2	萬	17	承	16	印	6	劉	25	浪	13	范	5	奇	20	兪	11	莊	8	彊
8	丘	17	辛	5	君	20	韋	20	魚	20	禹	23	倉	5	簡	4	卓	17	任	7	判	11	天
17	昔	3	孔	2	朴	19	筍	8	慶	20	嚴	19	舜	24	路	1	片	11	千	19	張	9	龐
4	杜	23	秋	12	申	6	狐	13	卜	20	咸	10	姜	14	强	11	史	24	廉	16	安	13	麻
11	司空	18	馬	12	全	16	永	6	董	12	石	14	權	7	鍾	2	皮	23	宣	2	白	20	袁
1	彭	3	琴	9	南	13	苗	23	鮮于	15	魏	23	孫	3	斤	19	章	7	房	23	丁	25	乃
13	彬	2	牟	17	車	17	采	23	施	1	盟	6	盧	16	漢	20	夏	23	泰	12	田	11	楚

구(邱)

번호	성씨	번호	성씨	번호	성씨	번호	성씨	번호	성씨	번호	성씨	번호	성씨	번호	성씨	번호	성씨	번호	성씨	번호	성씨	번호	성씨
14	金	24	段	13	泰	19	池	2	弼	11	眞	22	余	23	朱	20	伊	15	化	9	龍	7	方
25	林	19	昌	5	賈	20	玄	12	崔	9	陶	11	程	15	元	10	曲	15	于	7	夫	2	邊
24	柳	5	弓	12	智	9	都	22	吳	18	平	7	睦	7	卞	17	趙	7	毛	20	刑	19	周
12	曺	4	連	16	扈	22	延	3	高	9	道	20	陰	12	蘇	16	黃	20	葉	8	景	18	潘
19	成	8	邱	17	西門	9	陸	19	沈	16	異	10	葛	13	明	6	梁	2	馮	23	錢	24	南宮
2	閔	2	梅	11	柴	14	鞠	14	具	21	海	23	尙	23	諸	21	河	15	阿	5	公	4	內
15	楊	25	李	8	國	20	興	23	陳	23	占	21	胡	24	殷	7	羅	2	包	20	班		皇甫
25	呂	22	韓	4	樑	4	太	8	康	11	鄭	24	唐	11	晉	19	蔡	15	尹	2	邦	17	榮
10	吉	21	洪	4	大	10	甘	17	愼	11	徐	19	昇	3	桂	4	魯	19	宋	7	墨	12	諸葛
15	王	16	許	5	菊	23	左	13	表	7	文	8	堅	15	溫	19	薛	7	裵	5	箕	7	賓
19	蔣	10	郭	18	萬	19	承	20	印	9	劉	2	浪	14	范	21	奇	17	兪	10	莊		彊
10	丘	19	辛	10	君	21	韋	21	魚	11	禹	14	倉	25	簡	20	卓	13	任	17	判		天
19	昔	5	孔	18	朴	12	筍	10	慶	16	嚴	4	舜	7	路	17	片	12	千	24	張		龐
25	杜	11	秋	23	申	9	狐	2	卜	21	咸	3	姜	8	强	23	史	4	廉	20	安	2	麻
17	司空	1	馬	23	全	20	永	9	董	23	石	8	權	19	鍾	18	皮	11	宣	18	白	21	袁
7	彭	5	琴	24	南	2	苗	11	鮮于	22	魏	11	孫	5	斤	12	章	13	房	12	丁	6	乃
2	彬	18	牟	19	車	19	采	11	施	7	盟	9	盧	20	漢	21	夏	11	泰	13	田	17	楚

국(菊)

번호	성씨	번호	성씨	번호	성씨	번호	성씨	번호	성씨	번호	성씨	번호	성씨	번호	성씨	번호	성씨	번호	성씨	번호	성씨	번호	성씨
10	金	22	段	18	泰	23	池	1	弼	19	眞	20	余	17	朱	15	伊	16	化	4	龍	2	方
9	林	23	昌	8	賈	15	玄	11	崔	4	陶	11	程	16	元	5	曲	16	于	2	夫	1	邊
25	柳	8	弓	11	智	4	都	20	吳	7	平	2	睦	2	卞	12	趙	2	毛	15	刑	23	周
11	曺	4	連	21	扈	20	延	14	高	4	道	15	陰	11	蘇	21	黃	15	葉	3	景	7	潘
23	成	3	邱	12	西門	4	陸	23	沈	21	異	5	葛	18	明	24	梁	1	馮	17	錢	25	南宮
1	閔	1	梅	19	柴	10	鞠	10	具	21	海	23	尙	12	諸	22	河	16	阿	8	公	6	內
16	楊	9	李	3	國	15	興	17	陳	17	占	22	胡	22	殷	25	羅	2	包	1	班	15	皇甫
9	呂	20	韓	6	樑	6	太	3	康	19	鄭	25	唐	19	晉	17	蔡	16	尹	1	邦	12	菜
5	吉	22	洪	6	大	5	甘	12	愼	19	徐	23	昇	14	桂	6	魯	23	宋	2	墨	11	諸葛
16	王	21	許	8	菊	17	左	18	表	2	文	3	堅	16	溫	19	薛	2	襄	8	箕	2	賓
23	蔣	5	郭	7	萬	23	承	15	印	4	劉	24	浪	1	范	10	奇	22	兪	12	莊	5	彊
5	丘	23	辛	10	君	22	章	22	魚	22	禹	19	倉	10	簡	9	卓	15	任	18	判	12	天
23	昔	8	孔	7	朴	11	筍	5	慶	22	嚴	11	舜	6	路	2	片	12	千	11	張	25	龐
9	杜	19	秋	17	申	4	獨孤	1	卜	22	咸	14	姜	3	强	17	史	6	廉	15	安	1	麻
12	司空	13	馬	17	全	15	永	4	董	17	石	3	權	23	鍾	7	皮	19	宣	7	白	22	袁
2	彭	8	琴	25	南	1	苗	19	鮮于	20	魏	19	孫	8	斤	11	章	18	房	11	丁	6	乃
1	彬	7	牟	23	車	23	采	19	施	2	盟	4	盧	15	漢	22	夏	19	泰	17	田	12	楚

국(鞠)

번호	성씨	번호	성씨	번호	성씨	번호	성씨	번호	성씨	번호	성씨	번호	성씨	번호	성씨	번호	성씨	번호	성씨	번호	성씨	번호	성씨
8	金	4	段	2	泰	12	池	18	弼	17	眞	16	余	11	朱	21	伊	22	化	24	龍	13	方
6	林	12	昌	14	賈	21	玄	23	崔	24	陶	23	程	22	元	31	曲	22	于	13	夫	18	邊
4	柳	14	弓	23	智	24	都	16	吳	1	平	13	睦	13	卞	9	趙	13	毛	21	刑	12	周
23	曺	25	連	20	扈	16	延	5	高	24	道	21	陰	23	蘇	20	黃	21	葉	10	景	1	潘
12	成	10	邱	19	西門	24	陸	12	沈	20	異	3	葛	2	明	9	梁	18	馮	11	錢	4	南宮
18	閔	18	梅	17	柴	8	鞠	8	具	20	海	19	尙	19	諸	15	河	22	阿	14	公	25	內
22	楊	6	李	10	國	21	興	11	陳	11	占	15	胡	15	殷	4	羅	13	包	7	班	21	皇甫
6	呂	16	韓	21	樑	25	太	10	康	17	鄭	4	唐	17	晉	12	蔡	22	尹	18	邦	19	菜
3	吉	15	洪	25	大	3	甘	19	愼	17	徐	12	昇	5	桂	25	魯	12	宋	13	墨	23	諸葛
22	王	20	許	14	菊	11	左	2	表	13	文	10	堅	22	溫	12	薛	13	襄	14	箕	13	賓
12	蔣	3	郭	1	萬	12	承	21	印	24	劉	9	浪	18	范	8	奇	15	兪	19	莊	3	彊
3	丘	12	辛	8	君	15	章	15	魚	15	禹	17	倉	8	簡	6	卓	21	任	2	判	19	天
12	昔	14	孔	1	朴	23	筍	2	慶	20	嚴	23	舜	9	路	13	片	19	千	23	張	4	龐
6	杜	17	秋	11	申	24	獨孤	1	卜	15	咸	9	姜	10	强	11	史	25	廉	21	安	18	麻
19	司空	7	馬	11	全	21	永	24	董	11	石	10	權	12	鍾	1	皮	17	宣	1	白	15	袁
13	彭	14	琴	4	南	18	苗	17	鮮于	16	魏	17	孫	14	斤	23	章	2	房	23	丁	9	乃
18	彬	1	牟	2	車	12	采	17	施	13	盟	24	盧	21	漢	15	夏	17	泰	11	田	23	楚

국(國)

번호	성씨	번호	성씨	번호	성씨	번호	성씨	번호	성씨	번호	성씨	번호	성씨	번호	성씨	번호	성씨	번호	성씨	번호	성씨	번호	성씨
14	金	24	段	13	泰	19	池	2	弼	11	眞	22	余	23	朱	20	伊	15	化	9	龍	7	方
25	林	19	昌	5	賈	20	玄	12	崔	9	陶	11	程	15	元	10	曲	15	于	7	夫	2	邊
24	柳	5	弓	12	智	9	都	22	吳	18	平	7	睦	7	卞	17	趙	7	毛	20	刑	19	周
12	曺	4	連	16	扈	22	延	3	高	9	道	20	陰	12	蘇	16	黃	20	葉	8	景	18	潘
19	成	8	邱	17	西門	9	陸	19	沈	16	異	10	葛	13	明	6	梁	2	馮	23	錢	24	南宮
2	閔	2	梅	11	柴	14	鞠	14	具	21	海	19	尙	23	諸	21	河	15	阿	5	公	4	內
15	楊	25	李	8	國	20	興	23	陳	23	占	21	胡	21	殷	24	羅	7	包	2	班	20	皇甫
25	呂	22	韓	4	樑	4	太	8	康	11	鄭	24	唐	11	晉	19	蔡	15	尹	2	邦	17	榮
10	吉	21	洪	4	大	10	甘	17	愼	11	徐	19	昇	3	桂	4	魯	19	宋	7	墨	12	諸葛
15	王	16	許	5	菊	23	左	13	表	7	文	8	堅	15	溫	19	薛	7	襄	5	箕	7	賓
19	蔣	10	郭	18	萬	19	承	20	印	9	劉	6	浪	2	范	14	奇	21	兪	17	莊	10	彊
10	丘	19	辛	10	君	21	韋	21	魚	21	禹	11	倉	14	簡	25	卓	20	任	13	判	17	天
19	昔	5	孔	18	朴	12	筍	10	慶	16	嚴	12	舜	4	路	7	片	17	千	12	張	24	麗
25	杜	11	秋	23	申	9	獨孤	2	卜	21	咸	2	姜	8	强	23	史	4	廉	20	安	2	麻
17	司空	1	馬	23	全	20	永	9	董	23	石	8	權	19	鍾	18	皮	11	宣	18	白	21	袁
7	彭	5	琴	24	南	2	苗	11	鮮于	22	魏	11	孫	5	斤	12	章	13	房	12	丁	6	乃
2	彬	18	牟	19	車	19	采	11	施	7	盟	9	盧	20	漢	21	夏	11	泰	23	田	17	楚

군(君)

번호	성씨	번호	성씨	번호	성씨	번호	성씨	번호	성씨	번호	성씨	번호	성씨	번호	성씨	번호	성씨	번호	성씨	번호	성씨	번호	성씨
8	金	4	段	2	泰	12	池	18	弼	17	眞	16	余	11	朱	21	伊	22	化	24	龍	13	方
6	林	12	昌	14	賈	21	玄	23	崔	24	陶	23	程	22	元	31	曲	22	于	13	夫	18	邊
4	柳	14	弓	23	智	24	都	16	吳	1	平	13	睦	13	卞	9	趙	13	毛	21	刑	12	周
23	曺	25	連	20	扈	16	延	5	高	24	道	21	陰	23	蘇	20	黃	21	葉	10	景	1	潘
12	成	10	邱	19	西門	24	陸	12	沈	20	異	3	葛	2	明	9	梁	18	馮	11	錢	4	南宮
18	閔	18	梅	17	柴	8	鞠	8	具	20	海	12	尙	19	諸	15	河	22	阿	14	公	25	內
22	楊	6	李	10	國	21	興	11	陳	11	占	15	胡	15	殷	4	羅	13	包	7	班	21	皇甫
6	呂	16	韓	21	樑	25	太	10	康	17	鄭	4	唐	17	晉	12	蔡	22	尹	18	邦	19	榮
3	吉	15	洪	25	大	3	甘	19	愼	17	徐	12	昇	5	桂	25	魯	12	宋	13	墨	23	諸葛
22	王	20	許	14	菊	11	左	2	表	13	文	10	堅	22	溫	12	薛	13	襄	14	箕	13	賓
12	蔣	3	郭	1	萬	12	承	21	印	24	劉	9	浪	18	范	8	奇	15	兪	24	莊	3	彊
3	丘	12	辛	8	君	15	韋	15	魚	4	禹	17	倉	8	簡	6	卓	21	任	2	判	19	天
12	昔	14	孔	1	朴	23	筍	2	慶	20	嚴	23	舜	9	路	13	片	19	千	23	張	4	麗
6	杜	17	秋	11	申	24	獨孤	18	卜	15	咸	3	姜	10	强	11	史	25	廉	21	安	18	麻
19	司空	7	馬	11	全	21	永	24	董	11	石	10	權	12	鍾	1	皮	17	宣	1	白	15	袁
13	彭	14	琴	4	南	18	苗	17	鮮于	16	魏	17	孫	14	斤	23	章	2	房	23	丁	9	乃
18	彬	1	牟	12	車	12	采	17	施	13	盟	24	盧	21	漢	15	夏	17	泰	11	田	23	楚

궁(弓)

번호	성씨	번호	성씨	번호	성씨	번호	성씨	번호	성씨	번호	성씨	번호	성씨	번호	성씨	번호	성씨	번호	성씨	번호	성씨	번호	성씨
10	金	22	段	18	泰	23	池	1	弼	19	眞	20	余	17	朱	15	伊	16	化	4	龍	2	方
9	林	23	昌	8	賈	15	玄	11	崔	4	陶	11	程	16	元	5	曲	16	于	2	夫	1	邊
25	柳	8	弓	11	智	4	都	20	吳	7	平	2	睦	2	卞	12	趙	2	毛	15	刑	23	周
11	曺	4	連	21	扈	20	延	14	高	4	道	15	陰	11	蘇	21	黃	15	葉	3	景	7	潘
23	成	3	邱	12	西門	4	陸	23	沈	21	異	5	葛	18	明	24	梁	1	馮	17	錢	25	南宮
1	閔	1	梅	19	柴	10	鞠	10	具	21	海	23	尙	12	諸	22	河	16	阿	8	公	6	內
16	楊	9	李	3	國	15	興	17	陳	17	占	22	胡	22	殷	25	羅	2	包	1	班	15	皇甫
9	呂	20	韓	6	樑	6	太	3	康	19	鄭	25	唐	19	晉	17	蔡	16	尹	1	邦	12	榮
5	吉	22	洪	6	大	5	甘	12	愼	11	徐	23	昇	14	桂	6	魯	23	宋	2	墨	11	諸葛
16	王	21	許	8	菊	17	左	18	表	2	文	2	堅	16	溫	19	薛	2	裵	2	箕	2	賓
23	蔣	5	郭	7	萬	23	承	15	印	4	劉	24	浪	1	范	10	奇	22	兪	12	莊	5	彊
5	丘	23	辛	10	君	22	韋	22	魚	22	禹	19	倉	10	簡	9	卓	15	任	18	判	12	天
23	昔	8	孔	7	朴	11	筍	5	慶	22	嚴	11	舜	6	路	2	片	12	千	11	張	25	龐
9	杜	19	秋	17	申	4	獨孤	1	卜	22	咸	14	姜	3	强	17	史	6	廉	15	安	1	麻
12	司空	13	馬	17	全	15	永	4	董	17	石	3	權	23	鍾	7	皮	19	宣	7	白	22	袁
2	彭	8	琴	25	南	1	苗	19	鮮于	20	魏	19	孫	8	斤	11	章	18	房	11	丁	6	乃
1	彬	7	牟	23	車	23	采	19	施	2	盟	4	盧	15	漢	22	夏	19	泰	17	田	12	楚

권(權)

번호	성씨	번호	성씨	번호	성씨	번호	성씨	번호	성씨	번호	성씨	번호	성씨	번호	성씨	번호	성씨	번호	성씨	번호	성씨	번호	성씨
14	金	24	段	13	泰	19	池	2	弼	11	眞	22	余	23	朱	20	伊	15	化	9	龍	7	方
25	林	19	昌	5	賈	20	玄	12	崔	9	陶	11	程	15	元	10	曲	15	于	7	夫	2	邊
24	柳	5	弓	12	智	9	都	22	吳	18	平	7	睦	7	卞	17	趙	7	毛	20	刑	19	周
12	曺	4	連	16	扈	22	延	3	高	9	道	20	陰	12	蘇	16	黃	20	葉	8	景	18	潘
19	成	8	邱	17	西門	9	陸	19	沈	16	異	10	葛	13	明	6	梁	2	馮	23	錢	24	南宮
2	閔	2	梅	11	柴	14	鞠	14	具	19	海	19	尙	23	諸	21	河	15	阿	公	4	內	
15	楊	25	李	8	國	20	興	23	陳	23	占	21	胡	21	殷	24	羅	7	包	2	班	20	皇甫
25	呂	22	韓	4	樑	4	太	8	康	11	鄭	24	唐	11	晉	19	蔡	15	尹	2	邦	17	榮
10	吉	21	洪	4	大	10	甘	17	愼	11	徐	19	昇	3	桂	4	魯	19	宋	7	墨	12	諸葛
15	王	16	許	5	菊	23	左	13	表	7	文	8	堅	15	溫	19	薛	7	裵	5	箕	7	賓
19	蔣	10	郭	18	萬	19	承	20	印	1	劉	2	浪	1	范	14	奇	21	兪	17	莊	10	彊
10	丘	19	辛	10	君	21	韋	21	魚	11	禹	14	倉	25	簡	20	卓	13	任	13	判	17	天
19	昔	5	孔	18	朴	12	筍	10	慶	16	嚴	12	舜	4	路	7	片	17	千	12	張	24	龐
25	杜	11	秋	23	申	9	獨孤	2	卜	21	咸	3	姜	8	强	23	史	4	廉	20	安	2	麻
17	司空	1	馬	23	全	20	永	9	董	23	石	8	權	19	鍾	18	皮	11	宣	18	白	21	袁
7	彭	5	琴	24	南	2	苗	11	鮮于	22	魏	11	孫	5	斤	11	章	13	房	12	丁	6	乃
2	彬	18	牟	19	車	19	采	11	施	7	盟	9	盧	20	漢	21	夏	11	泰	23	田	17	楚

근(斤)

번호	성씨	번호	성씨	번호	성씨	번호	성씨	번호	성씨	번호	성씨	번호	성씨	번호	성씨	번호	성씨	번호	성씨	번호	성씨	번호	성씨
10	金	22	段	18	泰	23	池	1	弨	19	眞	20	余	17	朱	15	伊	16	化	4	龍	2	方
9	林	23	昌	8	賈	15	玄	11	崔	4	陶	11	程	16	元	5	曲	16	于	2	夫	1	邊
25	柳	8	弓	11	智	4	都	20	吳	7	平	2	睦	2	卞	12	趙	2	毛	15	刑	23	周
11	曺	4	連	21	扈	20	延	14	高	4	道	15	陰	11	蘇	21	黃	15	葉	3	景	7	潘
23	成	3	邱	12	西門	4	陸	23	沈	21	異	5	葛	18	明	24	梁	1	馮	17	錢	25	南宮
1	閔	1	梅	19	柴	10	鞠	10	具	21	海	23	尙	12	諸	22	河	16	阿	8	公	6	內
16	楊	9	李	3	國	15	興	17	陳	17	占	22	胡	22	殷	25	羅	2	包	1	班	15	皇甫
9	呂	20	韓	6	樑	6	太	3	康	19	鄭	25	唐	19	晉	17	蔡	16	尹	1	邦	12	榮
5	吉	22	洪	6	大	5	甘	12	愼	19	徐	23	昇	14	桂	6	魯	23	宋	2	墨	11	諸葛
16	王	21	許	8	菊	17	左	18	表	4	文	3	堅	16	溫	19	薛	2	襄	8	箕	2	賓
23	蔣	5	郭	7	萬	23	承	15	印	4	劉	24	浪	1	范	10	奇	22	兪	12	莊	5	彊
5	丘	23	辛	10	君	22	韋	22	魚	22	禹	19	倉	10	簡	9	卓	15	任	18	判	12	天
23	昔	8	孔	7	朴	11	箚	5	慶	22	嚴	11	舜	6	路	2	片	12	千	11	張	25	龐
9	杜	19	秋	17	申		獨孤	1	卜	22	咸	14	姜	3	强	17	史	6	廉	15	安	1	麻
12	司空	13	馬	17	全	15	永	4	董	17	石	3	權	23	鍾	7	皮	19	宣	7	白	22	袁
2	彭	8	琴	25	南	1	苗	19	鮮于	20	魏	19	孫	8	斤	11	章	18	房	11	丁	6	乃
1	彬	7	牟	23	車	23	采	19	施	2	盟	4	盧	15	漢	22	夏	19	泰	17	田	12	楚

금(琴)

번호	성씨	번호	성씨	번호	성씨	번호	성씨	번호	성씨	번호	성씨	번호	성씨	번호	성씨	번호	성씨	번호	성씨	번호	성씨	번호	성씨
10	金	22	段	18	泰	23	池	1	弨	19	眞	20	余	17	朱	15	伊	16	化	4	龍	2	方
9	林	23	昌	8	賈	15	玄	11	崔	4	陶	11	程	16	元	5	曲	16	于	2	夫	1	邊
25	柳	8	弓	11	智	4	都	20	吳	7	平	2	睦	2	卞	12	趙	2	毛	15	刑	23	周
11	曺	4	連	21	扈	20	延	14	高	4	道	15	陰	11	蘇	21	黃	15	葉	3	景	7	潘
23	成	3	邱	12	西門	4	陸	23	沈	21	異	5	葛	18	明	24	梁	1	馮	17	錢	25	南宮
1	閔	1	梅	19	柴	10	鞠	10	具	21	海	23	尙	12	諸	22	河	16	阿	8	公	6	內
16	楊	9	李	3	國	15	興	17	陳	17	占	22	胡	22	殷	25	羅	2	包	1	班	15	皇甫
9	呂	20	韓	6	樑	6	太	3	康	19	鄭	25	唐	19	晉	17	蔡	16	尹	1	邦	12	榮
5	吉	22	洪	6	大	5	甘	12	愼	19	徐	23	昇	14	桂	6	魯	23	宋	2	墨	11	諸葛
16	王	21	許	8	菊	17	左	18	表	2	文	3	堅	16	溫	19	薛	2	襄	8	箕	2	賓
23	蔣	5	郭	7	萬	23	承	15	印	4	劉	24	浪	1	范	10	奇	22	兪	12	莊	5	彊
5	丘	23	辛	10	君	22	韋	22	魚	22	禹	19	倉	10	簡	9	卓	15	任	18	判	12	天
23	昔	8	孔	7	朴	11	箚	5	慶	22	嚴	11	舜	6	路	2	片	12	千	11	張	25	龐
9	杜	19	秋	17	申	14	獨孤	1	卜	22	咸	14	姜	3	强	17	史	6	廉	15	安	1	麻
12	司空	13	馬	17	全	15	永	4	董	17	石	3	權	23	鍾	7	皮	19	宣	17	白	22	袁
2	彭	8	琴	25	南	1	苗	19	鮮于	20	魏	19	孫	8	斤	11	章	18	房	11	丁	6	乃
1	彬	7	牟	23	車	23	采	19	施	2	盟	4	盧	5	漢	22	夏	19	泰	17	田	12	楚

기(奇)

번호	성씨	번호	성씨	번호	성씨	번호	성씨	번호	성씨	번호	성씨	번호	성씨	번호	성씨	번호	성씨	번호	성씨	번호	성씨	번호	성씨
8	金	4	段	2	泰	12	池	18	弼	17	眞	16	余	11	朱	21	伊	22	化	24	龍	13	方
6	林	12	昌	14	賈	21	玄	23	崔	24	陶	23	程	22	元	31	曲	22	于	13	夫	18	邊
4	柳	14	弓	23	智	24	都	16	吳	1	平	13	睦	13	卞	9	趙	13	毛	21	刑	12	周
23	曺	25	連	20	扈	16	延	5	高	24	道	21	陰	23	蘇	20	黃	21	葉	10	景	1	潘
12	成	10	邱	19	西門	24	陸	12	沈	20	異	3	葛	2	明	9	梁	18	馮	11	錢	4	南宮
18	閔	18	梅	17	柴	8	鞠	8	具	20	海	12	尙	19	諸	15	河	22	阿	14	公	25	內
22	楊	6	李	10	國	21	興	11	陳	11	占	15	胡	15	殷	4	羅	13	包	7	班	21	皇甫
6	呂	16	韓	21	樑	25	太	10	康	17	鄭	4	唐	17	晉	12	蔡	22	尹	18	邦	19	榮
3	吉	15	洪	25	大	3	甘	19	愼	17	徐	12	昇	5	桂	25	魯	12	宋	13	墨	23	諸葛
22	王	20	許	14	菊	11	左	2	表	13	文	10	堅	22	溫	12	薛	13	裵	14	箕	13	賓
12	蔣	3	郭	1	萬	12	承	21	印	24	劉	9	浪	18	范	8	奇	15	兪	19	莊	3	彊
3	丘	12	辛	8	君	15	韋	15	魚	15	禹	17	倉	8	簡	6	卓	21	任	2	判	19	天
12	昔	14	孔	1	朴	23	箱	2	慶	20	嚴	23	舜	9	路	13	片	19	千	23	張	4	龐
6	杜	17	秋	11	申	24	獨孤	18	卜	15	咸	3	姜	10	强	1	史	25	廉	21	安	18	麻
19	司空	7	馬	11	全	21	永	24	董	11	石	10	權	12	鍾	1	皮	17	宣	1	白	15	袁
13	彭	14	琴	4	南	18	苗	17	鮮于	16	魏	17	孫	14	斤	23	章	2	房	23	丁	9	乃
18	彬	1	牟	12	車	12	采	17	施	13	盟	24	盧	21	漢	15	夏	17	泰	11	田	23	楚

기(箕)

번호	성씨	번호	성씨	번호	성씨	번호	성씨	번호	성씨	번호	성씨	번호	성씨	번호	성씨	번호	성씨	번호	성씨	번호	성씨	번호	성씨
10	金	22	段	18	泰	23	池	1	弼	19	眞	20	余	17	朱	15	伊	16	化	4	龍	2	方
9	林	23	昌	8	賈	15	玄	11	崔	4	陶	11	程	16	元	5	曲	16	于	2	夫	1	邊
25	柳	8	弓	11	智	4	都	20	吳	7	平	2	睦	2	卞	12	趙	2	毛	15	刑	23	周
11	曺	4	連	21	扈	20	延	14	高	4	道	15	陰	11	蘇	21	黃	15	葉	3	景	7	潘
23	成	3	邱	12	西門	4	陸	23	沈	21	異	5	葛	18	明	24	梁	1	馮	17	錢	25	南宮
1	閔	1	梅	19	柴	10	鞠	14	具	21	海	23	尙	12	諸	22	河	16	阿	8	公	6	內
16	楊	9	李	3	國	15	興	17	陳	17	占	22	胡	22	殷	25	羅	2	包	1	班	15	皇甫
9	呂	20	韓	6	樑	6	太	3	康	19	鄭	25	唐	19	晉	17	蔡	16	尹	1	邦	12	榮
5	吉	22	洪	6	大	5	甘	12	愼	19	徐	23	昇	14	桂	6	魯	23	宋	2	墨	11	諸葛
16	王	21	許	8	菊	17	左	18	表	2	文	3	堅	16	溫	19	薛	2	裵	8	箕	2	賓
23	蔣	5	郭	7	萬	23	承	15	印	4	劉	24	浪	1	范	10	奇	22	兪	12	莊	5	彊
5	丘	23	辛	10	君	22	韋	22	魚	19	禹	10	倉	9	簡	15	卓	18	任	12	判	12	天
23	昔	8	孔	7	朴	11	箱	5	慶	22	嚴	11	舜	6	路	2	片	12	千	11	張	25	龐
9	杜	19	秋	17	申	4	獨孤	1	卜	22	咸	14	姜	3	强	17	史	6	廉	15	安	1	麻
12	司空	13	馬	17	全	15	永	4	董	17	石	3	權	23	鍾	7	皮	19	宣	7	白	22	袁
1	彭	8	琴	25	南	1	苗	19	鮮于	20	魏	19	孫	8	斤	11	章	18	房	11	丁	6	乃
1	彬	7	牟	23	車	23	采	19	施	2	盟	4	盧	15	漢	22	夏	19	泰	17	田	12	楚

길(吉)

번호	성씨	번호	성씨	번호	성씨	번호	성씨	번호	성씨	번호	성씨	번호	성씨	번호	성씨	번호	성씨	번호	성씨	번호	성씨	번호	성씨
5	金	19	段	7	泰	17	池	13	弼	23	眞	15	余	12	朱	16	伊	21	化	6	龍	1	方
4	林	17	昌	3	賈	16	玄	19	崔	6	陶	19	程	21	元	8	曲	21	于	1	夫	13	邊
9	柳	3	弓	19	智	6	都	15	吳	2	平	1	睦	1	卞	11	趙	1	毛	16	刑	17	周
19	曺	24	連	22	扈	15	延	10	高	6	道	16	陰	19	蘇	22	黃	16	葉	14	景	2	潘
17	成	14	邱	11	西門	6	陸	17	沈	22	異	8	葛	7	明	25	梁	13	馮	12	錢	9	南宮
13	閔	13	梅	23	柴	5	鞠	5	具	2	海		尙	12	諸	20	河	22	阿	3	公	24	內
21	楊	4	李	14	國	16	興	12	陳	12	占	20	胡	20	殷	9	羅	1	包	18	班	16	皇甫
4	呂	15	韓	24	樑	24	太	14	康	23	鄭	9	唐	23	晉	17	蔡	21	尹	13	邦	11	榮
8	吉	20	洪	24	大	8	甘	11	愼	23	徐	17	昇	10	桂	24	魯	17	宋	1	墨	19	諸葛
21	王	22	許	3	菊	12	左	7	表	1	文	14	堅	21	溫	17	薛	1	裵	3	箕	1	賓
17	蔣	8	郭	2	萬	17	承	16	印	6	劉	25	浪	13	范	5	奇	20	兪	11	莊	8	彊
8	丘	17	辛	5	君	20	韋	20	魚	20	禹	23	倉	5	簡	4	卓	17	任	7	判	11	天
17	昔	3	孔	2	朴	19	筍	8	慶	20	嚴	19	舜	24	路	1	片	11	千	19	張	9	龐
4	杜	23	秋	12	申	6	獨孤	13	卜	20	咸	10	姜	14	强	11	史	24	廉	16	安	13	麻
11	司空	18	馬	12	全	16	永	6	董	12	石	14	權	17	鍾	2	皮	23	宣	2	白	20	袁
1	彭	3	琴	9	南	13	苗	23	鮮于	15	魏	23	孫	3	斤	19	章	7	房	23	丁	25	乃
13	彬	2	牟	17	車	17	采	23	施	1	盟	6	盧	16	漢	20	夏	23	泰	12	田	11	楚

김(金)

번호	성씨	번호	성씨	번호	성씨	번호	성씨	번호	성씨	번호	성씨	번호	성씨	번호	성씨	번호	성씨	번호	성씨	번호	성씨	번호	성씨
8	金	4	段	2	泰	12	池	18	弼	17	眞	16	余	11	朱	21	伊	22	化	24	龍	13	方
6	林	12	昌	14	賈	21	玄	23	崔	24	陶	23	程	22	元	31	曲	22	于	13	夫	18	邊
4	柳	14	弓	23	智	24	都	16	吳	1	平	13	睦	13	卞	9	趙	13	毛	21	刑	12	周
23	曺	25	連	20	扈	16	延	5	高	24	道	21	陰	23	蘇	20	黃	21	葉	10	景	1	潘
12	成	10	邱	19	西門	24	陸	12	沈	20	異	3	葛	2	明	9	梁	18	馮	11	錢	4	南宮
18	閔	18	梅	17	柴	8	鞠	8	具	20	海	12	尙	19	諸	15	河	22	阿	14	公	25	內
22	楊	6	李	10	國	21	興	11	陳	15	占	15	胡	15	殷	4	羅	13	包	7	班	21	皇甫
6	呂	16	韓	21	樑	25	太	10	康	17	鄭	4	唐	17	晉	12	蔡	22	尹	18	邦	19	榮
3	吉	15	洪	25	大	3	甘	19	愼	17	徐	12	昇	5	桂	25	魯	12	宋	13	墨	23	諸葛
22	王	20	許	14	菊	11	左	2	表	13	文	10	堅	22	溫	12	薛	13	裵	14	箕	13	賓
12	蔣	3	郭	1	萬	12	承	21	印	24	劉	9	浪	18	范	8	奇	15	兪	19	莊	3	彊
3	丘	12	辛	8	君	15	韋	15	魚	15	禹	17	倉	6	簡	21	卓	2	任	1	判	19	天
12	昔	14	孔	1	朴	23	筍	2	慶	20	嚴	23	舜	9	路	13	片	19	千	23	張	4	龐
6	杜	17	秋	11	申	24	獨孤	18	卜	15	咸	3	姜	10	强	11	史	25	廉	21	安	18	麻
19	司空	7	馬	11	全	21	永	24	董	11	石	10	權	12	鍾	1	皮	17	宣	1	白	5	袁
13	彭	14	琴	4	南	18	苗	17	鮮于	16	魏	17	孫	14	斤	23	章	2	房	23	丁	9	乃
18	彬	1	牟	12	車	12	采	17	施	13	盟	24	盧	21	漢	5	夏	17	泰	11	田	23	楚

나(羅)

번호	성씨	번호	성씨	번호	성씨	번호	성씨	번호	성씨	번호	성씨	번호	성씨	번호	성씨	번호	성씨	번호	성씨	번호	성씨	번호	성씨
1	金	8	段	11	泰	21	池	17	弼	16	眞	24	余	22	朱	25	伊	9	化	14	龍	23	方
3	林	21	昌	18	賈	25	玄	15	崔	14	陶	15	程	9	元	25	曲	9	于	23	夫	17	邊
8	柳	18	弓	15	智	14	都	24	吳	19	平	23	睦	23	卞	20	趙	23	毛	25	刑	21	周
15	曺	10	連	4	扈	24	延	2	高	14	道	25	陰	15	蘇	4	黃	25	葉	7	景	19	潘
21	成	7	邱	20	西門	14	陸	21	沈	4	異	13	葛	11	明	5	梁	17	馮	22	錢	8	南宮
17	閔	17	梅	16	柴	1	鞠	1	具	4	海	21	尙	22	諸	6	河	9	阿	18	公	14	內
9	楊	3	李	7	國	25	興	22	陳	22	占	6	胡	6	殷	8	羅	23	包	12	班	25	皇甫
3	呂	24	韓	9	樑	10	太	7	康	16	鄭	8	唐	16	晉	21	蔡	9	尹	17	邦	20	榮
25	吉	6	洪	10	大	25	甘	20	愼	16	徐	21	昇	2	桂	10	魯	21	宋	23	墨	15	諸葛
9	王	4	許	18	菊	22	左	11	表	23	文	7	堅	9	溫	16	薛	23	裵	18	箕	23	賓
21	蔣	13	郭	19	萬	21	承	25	印	14	劉	5	浪	17	范	1	奇	6	兪	20	莊	13	彊
13	丘	21	辛	1	君	6	韋	6	魚	6	禹	16	倉	1	簡	3	卓	25	任	7	判	20	天
21	昔	18	孔	19	朴	15	筍	13	慶	6	嚴	15	舜	10	路	23	片	20	千	15	張	8	龐
3	杜	16	秋	22	申	14	獨孤	17	卜	6	咸	2	姜	7	强	22	史	10	廉	25	安	17	麻
20	司空	12	馬	22	全	25	永	14	董	22	石	7	權	21	鍾	19	皮	16	宣	19	白	6	袁
23	彭	18	琴	8	南	17	苗	16	鮮于	24	魏	16	孫	18	斤	15	章	11	房	15	丁	5	乃
17	彬	19	牟	21	車	21	采	16	施	23	盟	14	盧	25	漢	6	夏	16	泰	22	田	20	楚

나(那)

번호	성씨	번호	성씨	번호	성씨	번호	성씨	번호	성씨	번호	성씨	번호	성씨	번호	성씨	번호	성씨	번호	성씨	번호	성씨	번호	성씨
25	金	21	段	14	泰	13	池	18	弼	1	眞	19	余	18	朱	23	伊	17	化	20	龍	10	方
22	林	13	昌	4	賈	23	玄	2	崔	20	陶	2	程	17	元	9	曲	17	于	5	夫	8	邊
21	柳	4	弓	2	智	26	都	19	吳	10	平	5	睦	5	卞	7	趙	5	毛	23	刑	13	周
2	曺	15	連	12	扈	19	延	24	高	20	道	23	陰	2	蘇	12	黃	23	葉	6	景	10	潘
13	成	6	邱	7	西門	20	陸	13	沈	12	異	9	葛	14	明	16	梁	8	馮	18	錢	21	南宮
8	閔	8	梅	1	柴	25	鞠	25	具	12	海	13	尙	18	諸	11	河	17	阿	4	公	15	內
17	楊	22	李	6	國	23	興	18	陳	18	占	11	胡	11	殷	21	羅	3	包	3	班	23	皇甫
22	呂	19	韓	17	樑	15	太	6	康	1	鄭	21	唐	1	晉	13	蔡	17	尹	8	邦	7	榮
9	吉	11	洪	15	大	9	甘	7	愼	1	徐	13	昇	24	桂	15	魯	13	宋	5	墨		諸葛
17	王	12	許	4	菊	18	左	14	表	5	文	6	堅	17	溫	1	薛	5	裵	4	箕	5	賓
13	蔣	9	郭	10	萬	13	承	23	印	20	劉	16	浪	8	范	25	奇	11	兪	13	莊	9	彊
9	丘	13	辛	25	君	11	韋	11	魚	11	禹	1	倉	25	簡	22	卓	23	任	24	判	7	天
13	昔	4	孔	10	朴	2	筍	9	慶	11	嚴	2	舜	15	路	5	片	7	千	2	張	21	龐
22	杜	1	秋	18	申	20	獨孤	8	卜	11	咸	24	姜	6	强	18	史	15	廉	23	安	8	麻
7	司空	3	馬	18	全	23	永	20	董	18	石	6	權	13	鍾	10	皮	1	宣	10	白	11	袁
5	彭	4	琴	21	南	8	苗	1	鮮于	19	魏	1	孫	4	斤	2	章	14	房	2	丁	16	乃
8	彬	10	牟	13	車	13	采	1	施	5	盟	20	盧	23	漢	1	夏	1	泰	18	田	7	楚

남(南)

번호	성씨	번호	성씨	번호	성씨	번호	성씨	번호	성씨	번호	성씨	번호	성씨	번호	성씨	번호	성씨	번호	성씨	번호	성씨	번호	성씨
1	金	8	段	11	泰	21	池	17	弼	16	眞	24	余	22	朱	25	伊	9	化	14	龍	23	方
3	林	21	昌	18	賈	25	玄	15	崔	14	陶	15	程	9	元	25	曲	9	于	23	夫	17	邊
8	柳	18	弓	15	智	14	都	24	吳	19	平	23	睦	23	卞	20	趙	23	毛	25	刑	21	周
15	曹	10	連	4	扈	24	延	2	高	14	道	25	陰	15	蘇	4	黃	25	葉	7	景	19	潘
21	成	7	邱	20	西門	14	陸	21	沈	4	異	13	葛	11	明	5	梁	17	馮	22	錢	8	南宮
17	閔	17	梅	16	柴	1	鞠	1	具	4	海	21	尙	22	諸	6	河	9	阿	18	公	14	內
9	楊	3	李	7	國	25	興	22	陳	22	占	6	胡	6	殷	8	羅	23	包	12	班	25	皇甫
3	呂	24	韓	9	樑	10	太	7	康	16	鄭	8	唐	16	晉	21	蔡	9	尹	17	邦	20	榮
25	吉	6	洪	10	大	25	甘	20	愼	16	徐	21	昇	2	桂	10	魯	21	宋	23	墨	15	諸葛
9	王	4	許	18	菊	22	左	11	表	23	文	7	堅	9	溫	16	薛	23	襄	18	箕	23	賓
21	蔣	13	郭	19	萬	21	承	25	印	14	劉	5	浪	17	范	1	奇	6	兪	20	莊	13	彊
13	丘	21	辛	1	君	6	韋	6	魚	6	禹	16	倉	1	簡	3	卓	25	任	7	判	20	天
21	昔	18	孔	19	朴	15	筍	13	慶	6	嚴	15	舜	10	路	23	片	20	千	15	張	8	龐
3	杜	16	秋	22	申	14	獨孤	17	卜	6	咸	2	姜	7	強	22	史	10	廉	25	安	17	麻
20	司空	12	馬	22	全	25	永	14	董	22	石	7	權	21	鍾	19	皮	16	宣	19	白	6	袁
23	彭	18	琴	8	南	17	苗	16	鮮于	24	魏	16	孫	18	斤	15	章	11	房	15	丁	5	乃
17	彬	19	牟	21	車	21	采	16	施	23	盟	14	盧	25	漢	6	夏	16	泰	22	田	20	楚

남궁(南宮)

번호	성씨	번호	성씨	번호	성씨	번호	성씨	번호	성씨	번호	성씨	번호	성씨	번호	성씨	번호	성씨	번호	성씨	번호	성씨	번호	성씨
1	金	8	段	11	泰	21	池	17	弼	16	眞	24	余	22	朱	25	伊	9	化	14	龍	23	方
3	林	21	昌	18	賈	25	玄	15	崔	14	陶	15	程	9	元	25	曲	9	于	23	夫	17	邊
8	柳	18	弓	15	智	14	都	24	吳	19	平	23	睦	23	卞	20	趙	23	毛	25	刑	21	周
15	曹	10	連	4	扈	24	延	2	高	14	道	25	陰	15	蘇	4	黃	25	葉	7	景	19	潘
21	成	7	邱	20	西門	14	陸	21	沈	4	異	13	葛	11	明	5	梁	17	馮	22	錢	8	南宮
17	閔	17	梅	16	柴	1	鞠	1	具	4	海	21	尙	22	諸	6	河	9	阿	18	公	14	內
9	楊	3	李	7	國	25	興	22	陳	22	占	6	胡	6	殷	8	羅	23	包	12	班	25	皇甫
3	呂	24	韓	9	樑	10	太	7	康	16	鄭	8	唐	16	晉	21	蔡	9	尹	17	邦	20	榮
25	吉	6	洪	10	大	25	甘	20	愼	16	徐	21	昇	2	桂	10	魯	21	宋	23	墨	15	諸葛
9	王	4	許	18	菊	22	左	11	表	23	文	7	堅	9	溫	16	薛	23	襄	18	箕	23	賓
21	蔣	13	郭	19	萬	21	承	25	印	14	劉	5	浪	17	范	1	奇	6	兪	20	莊	13	彊
13	丘	21	辛	1	君	6	韋	6	魚	6	禹	16	倉	1	簡	3	卓	25	任	7	判	20	天
21	昔	18	孔	19	朴	15	筍	13	慶	6	嚴	15	舜	10	路	23	片	20	千	15	張	8	龐
3	杜	16	秋	22	申	14	獨孤	17	卜	6	咸	2	姜	7	強	22	史	10	廉	25	安	17	麻
20	司空	12	馬	22	全	25	永	14	董	22	石	7	權	21	鍾	19	皮	16	宣	19	白	6	袁
23	彭	18	琴	8	南	17	苗	16	鮮于	24	魏	16	孫	18	斤	15	章	11	房	15	丁	5	乃
17	彬	19	牟	21	車	21	采	16	施	23	盟	14	盧	25	漢	6	夏	16	泰	22	田	20	楚

낭(浪)

번호	성씨	번호	성씨	번호	성씨	번호	성씨	번호	성씨	번호	성씨	번호	성씨	번호	성씨	번호	성씨	번호	성씨	번호	성씨	번호	성씨
20	金	19	段	9	泰	10	池	24	弼	14	眞	18	余	5	朱	7	伊	2	化	17	龍	6	方
23	林	10	昌	16	賈	7	玄	3	崔	17	陶	3	程	2	元	15	曲	2	于	6	夫	24	邊
19	柳	16	弓	3	智	17	都	18	吳	4	平	6	睦	6	卞	8	趙	6	毛	7	刑	10	周
3	曺	12	連	1	扈	18	延	22	高	17	道	7	陰	3	蘇	1	黃	7	葉	21	景	4	潘
10	成	21	邱	8	西門	17	陸	10	沈	1	異	15	葛	9	明	11	梁	24	馮	5	錢	19	南宮
24	閔	24	梅	14	柴	23	鞠	20	具	1	海	10	尙	8	諸	13	河	1	阿	16	公	12	內
2	楊	23	李	21	國	7	興	5	陳	5	占	13	胡	13	殷	19	羅	6	包	25	班	7	皇甫
23	呂	18	韓	2	樑	12	太	21	康	14	鄭	19	唐	14	晉	10	蔡	2	尹	24	邦	8	菜
15	吉	13	洪	12	大	15	甘	8	愼	14	徐	6	昇	22	桂	12	魯	10	宋	6	墨	3	諸葛
2	王	1	許	16	菊	5	左	9	表	6	文	21	堅	2	溫	14	薛	6	襄	16	箕	6	賓
10	蔣	15	郭	4	萬	10	承	7	印	17	劉	11	浪	24	范	20	奇	13	兪	8	莊	15	彊
15	丘	10	辛	20	君	13	韋	13	魚	13	禹	14	倉	20	簡	23	卓	7	任	9	判	8	天
10	昔	16	孔	4	朴	3	筍	15	慶	13	嚴	3	舜	11	路	6	片	8	千	3	張	19	龐
23	杜	14	秋	5	申	17	獨孤	24	卜	13	咸	22	姜	21	强	5	史	12	廉	7	安	24	麻
8	司空	25	馬	5	全	7	永	17	董	5	石	21	權	10	鍾	4	皮	14	宣	5	白	13	袁
6	彭	16	琴	19	南	24	苗	14	鮮于	18	魏	14	孫	16	斤	3	章	9	房	3	丁	11	乃
24	彬	4	牟	10	車	10	采	14	施	6	盟	17	盧	7	漢	13	夏	14	泰	5	田	8	楚

내(乃)

번호	성씨	번호	성씨	번호	성씨	번호	성씨	번호	성씨	번호	성씨	번호	성씨	번호	성씨	번호	성씨	번호	성씨	번호	성씨	번호	성씨
13	金	3	段	19	泰	22	池	12	弼	21	眞	25	余	20	朱	9	伊	4	化	10	龍	17	方
14	林	22	昌	7	賈	9	玄	16	崔	10	陶	21	程	4	元	18	曲	4	于	17	夫	12	邊
3	柳	7	弓	16	智	10	都	25	吳	23	平	17	睦	17	卞	15	趙	17	毛	9	刑	22	周
16	曺	5	連	6	扈	25	延	1	高	10	道	9	陰	16	蘇	6	黃	9	葉	2	景	23	潘
22	成	2	邱	15	西門	10	陸	22	沈	6	異	18	葛	19	明	8	梁	12	馮	20	錢	3	南宮
12	閔	12	梅	21	柴	13	鞠	6	具	22	海	20	尙	24	諸	4	河	7	阿	12	公	5	內
4	楊	14	李	9	國	20	興	20	陳	24	占	24	胡	3	殷	17	羅	12	包	9	班	9	皇甫
14	呂	25	韓	9	樑	5	太	2	康	21	鄭	3	唐	21	晉	22	蔡	4	尹	12	邦	15	菜
18	吉	24	洪	5	大	18	甘	15	愼	21	徐	22	昇	1	桂	5	魯	22	宋	17	墨	16	諸葛
4	王	6	許	7	菊	20	左	19	表	17	文	2	堅	4	溫	21	薛	17	襄	7	箕	17	賓
22	蔣	18	郭	23	萬	22	承	9	印	10	劉	8	浪	11	范	13	奇	24	兪	15	莊	18	彊
18	丘	22	辛	13	君	24	韋	24	魚	24	禹	21	倉	13	簡	14	卓	9	任	19	判	15	天
22	昔	7	孔	23	朴	16	筍	18	慶	24	嚴	16	舜	5	路	17	片	15	千	16	張	3	龐
14	杜	21	秋	20	申	10	獨孤	12	卜	24	咸	1	姜	2	强	20	史	5	廉	9	安	12	麻
15	司空	11	馬	20	全	9	永	10	董	20	石	2	權	22	鍾	23	皮	21	宣	23	白	24	袁
17	彭	3	琴	19	南	12	苗	21	鮮于	25	魏	21	孫	7	斤	16	章	19	房	16	丁	8	乃
12	彬	23	牟	22	車	22	采	21	施	17	盟	10	盧	9	漢	24	夏	21	泰	20	田	15	楚

내(內)

번호	성씨	번호	성씨	번호	성씨	번호	성씨	번호	성씨	번호	성씨	번호	성씨	번호	성씨	번호	성씨	번호	성씨	번호	성씨	번호	성씨
18	金	14	段	23	泰	20	池	11	弼	22	眞	9	余	15	朱	7	伊	6	化	5	龍	12	方
10	林	20	昌	2	賈	4	玄	21	崔	5	陶	21	程	6	元	7	曲	6	于	12	夫	11	邊
14	柳	2	弓	21	智	5	都	9	吳	17	平	12	睦	12	卞	16	趙	12	毛	4	刑	20	周
21	曹	8	連	24	扈	9	延	13	高	5	道	4	陰	21	蘇	24	黃	4	葉	1	景	17	潘
20	成	1	邱	16	西門	5	陸	20	沈	24	異	7	葛	23	明	3	梁	11	馮	16	錢	14	南宮
11	閔	11	梅	22	柴	18	鞠	18	具	24	海	20	尙	15	諸	25	河	6	阿	2	公	8	內
6	楊	10	李	1	國	4	興	15	陳	16	占	25	胡	25	殷	14	羅	12	包	19	班	4	皇甫
10	呂	9	韓	4	樑	8	太	1	康	22	鄭	14	唐	22	晉	20	蔡	6	尹	11	邦	16	菜
7	吉	25	洪	8	大	7	甘	16	愼	22	徐	20	昇	13	桂	8	魯	20	宋	12	墨	21	諸葛
6	王	24	許	2	菊	15	左	23	表	12	文	1	堅	8	溫	22	薛	12	襄	2	箕	12	賓
20	蔣	7	郭	17	萬	20	承	4	印	5	劉	3	浪	11	范	18	奇	25	兪	16	莊	7	彊
7	丘	20	辛	18	君	25	韋	25	魚	25	禹	22	倉	18	簡	10	卓	4	任	23	判	16	天
20	昔	2	孔	17	朴	21	筍	7	慶	25	嚴	21	舜	8	路	12	片	16	千	21	張	14	龐
10	杜	22	秋	15	申	5	獨孤	11	卜	25	咸	13	姜	1	强	16	史	8	廉	4	安	11	麻
16	司空	19	馬	15	全	5	永	5	董	15	石	1	權	20	鍾	17	皮	22	宣	17	白	25	袁
12	彭	2	琴	14	南	11	苗	22	鮮于	9	魏	22	孫	21	斤	21	章	23	房	21	丁	3	乃
11	彬	17	牟	20	車	20	采	22	施	12	盟	5	盧	4	漢	25	夏	22	泰	15	田	21	楚

노(盧)

번호	성씨	번호	성씨	번호	성씨	번호	성씨	번호	성씨	번호	성씨	번호	성씨	번호	성씨	번호	성씨	번호	성씨	번호	성씨	번호	성씨
7	金	10	段	17	泰	15	池	19	弼	20	眞	4	余	16	朱	6	伊	24	化	8	龍	11	方
5	林	15	昌	1	賈	6	玄	22	崔	8	陶	22	程	24	元	2	曲	24	于	11	夫	19	邊
10	柳	1	弓	22	智	8	都	4	吳	12	平	11	睦	11	卞	21	趙	11	毛	6	刑	15	周
22	曹	3	連	25	扈	4	延	18	高	8	道	6	陰	22	蘇	25	黃	6	葉	13	景	12	潘
15	成	13	邱	21	西門	8	陸	15	沈	6	異	2	葛	17	明	14	梁	19	馮	16	錢	10	南宮
19	閔	19	梅	20	柴	7	鞠	7	具	25	海	15	尙	21	諸	9	河	24	阿	1	公	3	內
24	楊	5	李	13	國	6	興	16	陳	16	占	9	胡	9	殷	10	羅	11	包	23	班	6	皇甫
5	呂	4	韓	24	樑	3	太	13	康	20	鄭	10	唐	20	晉	15	蔡	24	尹	19	邦	21	菜
2	吉	9	洪	3	大	2	甘	21	愼	20	徐	15	昇	18	桂	3	魯	15	宋	11	墨	22	諸葛
24	王	9	許	1	菊	16	左	17	表	11	文	13	堅	24	溫	20	薛	11	襄	1	箕	11	賓
15	蔣	2	郭	12	萬	15	承	6	印	8	劉	14	浪	19	范	7	奇	9	兪	21	莊	2	彊
2	丘	15	辛	7	君	9	韋	6	魚	9	禹	20	倉	7	簡	5	卓	6	任	17	判	21	天
15	昔	1	孔	12	朴	22	筍	2	慶	9	嚴	22	舜	3	路	11	片	21	千	22	張	10	龐
5	杜	20	秋	16	申	8	獨孤	19	卜	9	咸	18	姜	13	强	16	史	3	廉	6	安	19	麻
21	司空	23	馬	16	全	6	永	8	董	16	石	13	權	15	鍾	12	皮	20	宣	12	白	9	袁
11	彭	1	琴	10	南	19	苗	20	鮮于	4	魏	20	孫	1	斤	22	章	17	房	22	丁	14	乃
19	彬	12	牟	15	車	15	采	20	施	11	盟	8	盧	6	漢	9	夏	20	泰	16	田	21	楚

노(魯)

번호	성씨	번호	성씨	번호	성씨	번호	성씨	번호	성씨	번호	성씨	번호	성씨	번호	성씨	번호	성씨	번호	성씨	번호	성씨	번호	성씨
7	金	10	段	17	泰	15	池	19	弼	20	眞	4	余	16	朱	6	伊	24	化	8	龍	11	方
5	林	15	昌	1	賈	6	玄	22	崔	8	陶	22	程	24	元	2	曲	24	于	11	夫	19	邊
10	柳	1	弓	22	智	8	都	4	吳	12	平	11	睦	11	卞	21	趙	11	毛	6	刑	15	周
22	曺	3	連	25	扈	4	延	18	高	8	道	6	陰	22	蘇	25	黃	6	葉	13	景	12	潘
15	成	13	邱	21	西門	8	陸	15	沈	6	異	2	葛	17	明	14	梁	19	馮	16	錢	10	南宮
19	閔	19	梅	20	柴	7	鞠	7	具	25	海	15	尙	21	諸	9	河	24	阿	1	公	3	內
24	楊	5	李	13	國	6	興	16	陳	16	占	9	胡	9	殷	10	羅	11	包	23	班	6	皇甫
5	呂	4	韓	24	樑	3	太	13	康	20	鄭	10	唐	20	晉	15	蔡	24	尹	19	邦	21	榮
2	吉	9	洪	3	大	2	甘	21	愼	20	徐	15	昇	8	桂	3	魯	15	宋	11	墨	22	諸葛
24	王	9	許	1	菊	16	左	17	表	11	文	13	堅	24	溫	20	薛	11	裵	1	箕	11	賓
15	蔣	2	郭	12	萬	15	承	6	印	8	劉	14	浪	19	范	7	奇	9	兪	21	莊	2	彊
2	丘	15	辛	7	君	9	章	9	魚	9	禹	20	倉	7	簡	5	卓	6	任	17	判	21	天
15	昔	1	孔	12	朴	22	筍	2	慶	9	嚴	22	舜	3	路	11	片	21	千	22	張	10	龐
5	杜	20	秋	16	申	8	獬狐	19	卜	9	咸	18	姜	13	强	16	史	3	廉	6	安	19	麻
21	司空	23	馬	16	全	6	永	8	董	16	石	13	權	5	鍾	22	皮	20	宣	12	白	19	袁
11	彭	1	琴	10	南	19	苗	20	鮮于	4	魏	20	孫	1	斤	22	章	17	房	22	丁	14	乃
19	彬	12	牟	15	車	15	采	20	施	11	盟	8	盧	6	漢	9	夏	20	泰	16	田	21	楚

노(路)

번호	성씨	번호	성씨	번호	성씨	번호	성씨	번호	성씨	번호	성씨	번호	성씨	번호	성씨	번호	성씨	번호	성씨	번호	성씨	번호	성씨
18	金	14	段	23	泰	20	池	11	弼	22	眞	9	余	15	朱	4	伊	6	化	5	龍	12	方
10	林	20	昌	2	賈	4	玄	21	崔	5	陶	21	程	6	元	7	曲	6	于	12	夫	11	邊
14	柳	2	弓	21	智	5	都	9	吳	17	平	12	睦	12	卞	16	趙	12	毛	4	刑	20	周
21	曺	8	連	24	扈	9	延	13	高	5	道	4	陰	21	蘇	24	黃	4	葉	1	景	17	潘
20	成	1	邱	16	西門	5	陸	20	沈	24	異	7	葛	23	明	3	梁	11	馮	16	錢	14	南宮
11	閔	11	梅	22	柴	18	鞠	18	具	24	海	20	尙	25	諸	25	河	6	阿	2	公	8	內
6	楊	10	李	1	國	4	興	15	陳	16	占	25	胡	25	殷	14	羅	12	包	19	班	4	皇甫
10	呂	9	韓	4	樑	8	太	1	康	22	鄭	14	唐	22	晉	20	蔡	6	尹	11	邦	16	榮
7	吉	25	洪	8	大	7	甘	16	愼	22	徐	20	昇	13	桂	8	魯	20	宋	12	墨	21	諸葛
6	王	24	許	12	菊	15	左	23	表	12	文	1	堅	8	溫	22	薛	12	裵	2	箕	12	賓
20	蔣	7	郭	17	萬	20	承	4	印	5	劉	3	浪	11	范	18	奇	25	兪	16	莊	7	彊
7	丘	20	辛	18	君	25	章	25	魚	25	禹	22	倉	8	簡	10	卓	4	任	23	判	16	天
20	昔	2	孔	17	朴	21	筍	7	慶	25	嚴	21	舜	8	路	12	片	16	千	21	張	14	龐
10	杜	22	秋	15	申	5	獬狐	11	卜	25	咸	13	姜	1	强	16	史	8	廉	4	安	11	麻
16	司空	19	馬	15	全	4	永	5	董	15	石	1	權	20	鍾	17	皮	22	宣	17	白	25	袁
12	彭	2	琴	14	南	11	苗	22	鮮于	9	魏	25	孫	21	斤	21	章	23	房	21	丁	3	乃
11	彬	17	牟	20	車	20	采	22	施	12	盟	5	盧	4	漢	25	夏	22	泰	5	田	21	楚

농(龐)

번호	성씨	번호	성씨	번호	성씨	번호	성씨	번호	성씨	번호	성씨	번호	성씨	번호	성씨	번호	성씨	번호	성씨	번호	성씨	번호	성씨
1	金	8	段	11	泰	21	池	17	弼	16	眞	24	余	22	朱	25	伊	9	化	14	龍	23	方
3	林	21	昌	18	賈	25	玄	15	崔	14	陶	15	程	9	元	25	曲	9	于	23	夫	17	邊
8	柳	18	弓	15	智	14	都	24	吳	19	平	23	睦	23	卞	20	趙	23	毛	25	刑	21	周
15	曹	10	連	4	扈	24	延	2	高	14	道	25	陰	15	蘇	4	黃	25	葉	7	景	19	潘
21	成	7	邱	20	西門	14	陸	21	沈	4	異	13	葛	11	明	5	梁	17	馮	22	錢	8	南宮
17	閔	17	梅	16	柴	1	鞠	1	具	4	海	22	尙	22	諸	6	河	9	阿	18	公	14	內
9	楊	3	李	7	國	25	興	22	陳	22	占	6	胡	6	殷	8	羅	23	包	12	班	25	皇甫
3	呂	24	韓	9	樑	10	太	7	康	16	鄭	8	唐	16	晉	21	蔡	9	尹	17	邦	20	榮
25	吉	6	洪	10	大	25	甘	20	愼	16	徐	21	昇	2	桂	10	魯	21	宋	23	墨	15	諸葛
9	王	4	許	18	菊	22	左	11	表	23	文	7	堅	9	溫	16	薛	23	裵	18	箕	23	賓
21	蔣	13	郭	19	萬	21	承	25	印	14	劉	17	浪	17	范	1	奇	6	兪	20	莊	13	彊
13	丘	21	辛	1	君	6	韋	6	魚	6	禹	16	倉	1	簡	3	卓	25	任	7	判	20	天
21	昔	18	孔	19	朴	15	筍	13	慶	6	嚴	15	舜	10	路	23	片	20	千	15	張	8	龐
3	杜	16	秋	22	申	14	獨孤	17	卜	6	咸	2	姜	7	强	22	史	10	廉	25	安	17	痲
20	司空	21	馬	22	全	25	永	14	董	22	石	7	權	21	鍾	19	皮	16	宣	19	白	6	袁
23	彭	18	琴	8	南	17	苗	16	鮮于	24	魏	16	孫	18	斤	15	章	11	房	15	丁	5	乃
17	彬	19	牟	21	車	21	采	16	施	23	盟	14	盧	25	漢	6	夏	16	泰	22	田	20	楚

단(段)

번호	성씨	번호	성씨	번호	성씨	번호	성씨	번호	성씨	번호	성씨	번호	성씨	번호	성씨	번호	성씨	번호	성씨	번호	성씨	번호	성씨
1	金	8	段	11	泰	21	池	17	弼	16	眞	24	余	22	朱	25	伊	9	化	14	龍	23	方
3	林	21	昌	18	賈	25	玄	15	崔	14	陶	15	程	9	元	25	曲	9	于	23	夫	17	邊
8	柳	18	弓	15	智	14	都	24	吳	19	平	23	睦	23	卞	20	趙	23	毛	25	刑	21	周
15	曹	10	連	4	扈	24	延	2	高	14	道	25	陰	15	蘇	4	黃	25	葉	7	景	19	潘
21	成	7	邱	20	西門	14	陸	21	沈	4	異	13	葛	11	明	5	梁	17	馮	22	錢	8	南宮
17	閔	17	梅	16	柴	1	鞠	1	具	4	海	21	尙	22	諸	6	河	9	阿	18	公	14	內
9	楊	3	李	7	國	25	興	22	陳	22	占	6	胡	6	殷	8	羅	23	包	12	班	25	皇甫
3	呂	24	韓	9	樑	10	太	7	康	16	鄭	8	唐	16	晉	21	蔡	9	尹	17	邦	20	榮
25	吉	6	洪	10	大	25	甘	20	愼	16	徐	21	昇	2	桂	10	魯	21	宋	23	墨	15	諸葛
9	王	4	許	18	菊	22	左	11	表	23	文	7	堅	9	溫	16	薛	23	裵	18	箕	23	賓
21	蔣	13	郭	19	萬	21	承	25	印	14	劉	5	浪	17	范	1	奇	6	兪	20	莊	13	彊
13	丘	21	辛	1	君	6	韋	6	魚	6	禹	16	倉	1	簡	1	卓	3	任	7	判	20	天
21	昔	18	孔	19	朴	15	筍	13	慶	6	嚴	15	舜	10	路	23	片	20	千	15	張	8	龐
3	杜	16	秋	22	申	14	獨孤	17	卜	6	咸	2	姜	7	强	22	史	10	廉	25	安	17	痲
20	司空	12	馬	22	全	25	永	14	董	22	石	7	權	21	鍾	19	皮	16	宣	19	白	6	袁
23	彭	18	琴	8	南	17	苗	16	鮮于	24	魏	17	孫	18	斤	15	章	11	房	15	丁	5	乃
17	彬	19	牟	21	車	21	采	16	施	23	盟	14	盧	25	漢	6	夏	16	泰	22	田	20	楚

당(唐)

번호	성씨	번호	성씨	번호	성씨	번호	성씨	번호	성씨	번호	성씨	번호	성씨	번호	성씨	번호	성씨	번호	성씨	번호	성씨	번호	성씨
1	金	8	段	11	泰	21	池	17	弼	16	眞	24	余	22	朱	25	伊	9	化	14	龍	23	方
3	林	21	昌	18	賈	25	玄	15	崔	14	陶	15	程	9	元	25	曲	9	于	23	夫	17	邊
8	柳	18	弓	15	智	14	都	24	吳	19	平	23	睦	23	卞	20	趙	23	毛	25	刑	21	周
15	曹	10	連	4	扈	24	延	2	高	14	道	25	陰	15	蘇	4	黃	25	葉	7	景	19	潘
21	成	7	邱	20	西門	14	陸	21	沈	4	異	13	葛	11	明	5	梁	17	馮	22	錢	8	南宮
17	閔	17	梅	16	柴	1	鞠	1	具	4	海	21	尙	22	諸	6	河	9	阿	18	公	14	內
9	楊	3	李	7	國	25	興	22	陳	22	占	6	胡	6	殷	8	羅	23	包	12	班	25	皇甫
3	呂	24	韓	9	樑	10	太	7	康	16	鄭	8	唐	16	晉	21	蔡	9	尹	17	邦	20	榮
25	吉	6	洪	10	大	25	甘	20	愼	16	徐	21	昇	2	桂	10	魯	21	宋	23	墨	15	諸葛
9	王	4	許	18	菊	22	左	11	表	23	文	7	堅	9	溫	16	薛	23	襄	18	箕	23	賓
21	蔣	13	郭	19	萬	21	承	25	印	14	劉	5	浪	17	范	1	奇	6	俞	20	莊	13	彊
13	丘	21	辛	1	君	6	韋	6	魚	6	禹	16	倉	1	簡	3	卓	25	任	7	判	20	天
21	昔	18	孔	19	朴	15	筍	13	慶	6	嚴	15	舜	10	路	23	片	20	千	15	張	8	龐
3	杜	16	秋	22	申	14	瓢孤	17	卜	6	咸	2	姜	7	强	22	史	10	廉	25	安	17	麻
20	司空	12	馬	22	全	25	永	14	董	22	石	7	權	21	鍾	19	皮	16	宣	19	白	6	袁
23	彭	18	琴	8	南	17	苗	16	鮮于	24	魏	16	孫	18	斤	15	章	11	房	15	丁	5	乃
17	彬	19	牟	21	車	21	采	16	施	23	盟	14	盧	25	漢	6	夏	16	泰	22	田	20	楚

대(大)

번호	성씨	번호	성씨	번호	성씨	번호	성씨	번호	성씨	번호	성씨	번호	성씨	번호	성씨	번호	성씨	번호	성씨	번호	성씨	번호	성씨
18	金	14	段	23	泰	20	池	11	弼	22	眞	9	余	15	朱	4	伊	6	化	5	龍	12	方
10	林	20	昌	2	賈	4	玄	21	崔	5	陶	21	程	6	元	7	曲	6	于	12	夫	11	邊
14	柳	2	弓	21	智	5	都	9	吳	17	平	12	睦	12	卞	16	趙	12	毛	4	刑	20	周
21	曹	8	連	24	扈	9	延	13	高	5	道	4	陰	21	蘇	24	黃	4	葉	1	景	17	潘
20	成	1	邱	16	西門	5	陸	20	沈	24	異	7	葛	23	明	3	梁	11	馮	16	錢	14	南宮
11	閔	11	梅	22	柴	18	鞠	18	具	24	海	20	尙	15	諸	25	河	6	阿	2	公	8	內
6	楊	10	李	4	國	1	興	15	陳	25	占	25	胡	14	殷	12	羅	19	包	4	班	4	皇甫
10	呂	9	韓	4	樑	8	太	1	康	22	鄭	14	唐	22	晉	20	蔡	6	尹	11	邦	16	榮
7	吉	25	洪	8	大	7	甘	16	愼	22	徐	20	昇	13	桂	8	魯	20	宋	12	墨	21	諸葛
6	王	24	許	2	菊	15	左	23	表	12	文	1	堅	8	溫	22	薛	12	襄	2	箕	12	賓
20	蔣	7	郭	17	萬	20	承	4	印	5	劉	3	浪	11	范	18	奇	25	俞	16	莊	7	彊
7	丘	20	辛	18	君	25	韋	25	魚	25	禹	22	倉	18	簡	10	卓	4	任	23	判	16	天
20	昔	2	孔	17	朴	21	筍	7	慶	25	嚴	21	舜	8	路	12	片	16	千	21	張	14	龐
10	杜	22	秋	15	申	11	瓢孤	25	卜	13	咸	1	姜	16	强	8	史	4	廉	11	安	11	麻
16	司空	19	馬	15	全	4	永	5	董	15	石	1	權	20	鍾	17	皮	22	宣	17	白	25	袁
12	彭	2	琴	14	南	11	苗	22	鮮于	9	魏	22	孫	21	斤	21	章	23	房	21	丁	3	乃
11	彬	17	牟	20	車	20	采	22	施	12	盟	5	盧	4	漢	25	夏	22	泰	15	田	21	楚

도(都)

번호	성씨	번호	성씨	번호	성씨	번호	성씨	번호	성씨	번호	성씨	번호	성씨	번호	성씨	번호	성씨	번호	성씨	번호	성씨	번호	성씨
7	金	10	段	17	泰	15	池	19	弼	20	眞	4	余	16	朱	6	伊	24	化	8	龍	11	方
5	林	15	昌	1	賈	6	玄	22	崔	8	陶	22	程	24	元	2	曲	24	于	11	夫	19	邊
10	柳	1	弓	22	智	8	都	4	吳	12	平	11	睦	11	卞	21	趙	11	毛	6	刑	15	周
22	曹	3	連	25	扈	4	延	18	高	8	道	6	陰	22	蘇	25	黃	6	葉	13	景	12	潘
15	成	13	邱	21	西門	8	陸	15	沈	6	異	2	葛	17	明	14	梁	19	馮	16	錢	10	南宮
19	閔	19	梅	20	柴	7	鞠	7	具	25	海	15	尙	21	諸	9	河	24	阿	1	公	3	內
24	楊	5	李	13	國	6	興	16	陳	16	占	9	胡	9	殷	10	羅	11	包	23	班	6	皇甫
5	呂	4	韓	24	樑	3	太	13	康	20	鄭	10	唐	20	晉	15	蔡	24	尹	19	邦	21	榮
2	吉	9	洪	3	大	2	甘	21	愼	20	徐	15	昇	18	桂	3	魯	15	宋	11	墨	22	諸葛
24	王	9	許	1	菊	16	左	17	表	11	文	13	堅	24	溫	20	薛	11	襄	1	箕	11	賓
15	蔣	2	郭	12	萬	15	承	6	印	8	劉	14	浪	19	范	7	奇	9	兪	21	莊	2	彊
2	丘	15	辛	7	君	9	章	9	魚	9	禹	20	倉	7	簡	5	卓	6	任	17	判	21	天
15	昔	1	孔	12	朴	22	箇	2	慶	9	嚴	22	舜	3	路	11	片	21	千	22	張	10	龐
5	杜	20	秋	16	申	8	獨孤	19	卜	9	咸	18	姜	13	强	16	史	3	廉	6	安	19	麻
21	司空	23	馬	16	全	6	永	8	董	16	石	13	權	15	鍾	12	皮	20	宣	12	白	9	袁
11	彭	1	琴	10	南	19	苗	20	鮮于	4	魏	20	孫	1	斤	22	章	17	房	22	丁	14	乃
19	彬	12	牟	15	車	15	采	20	施	11	盟	8	盧	6	漢	9	夏	20	泰	16	田	21	楚

도(陶)

번호	성씨	번호	성씨	번호	성씨	번호	성씨	번호	성씨	번호	성씨	번호	성씨	번호	성씨	번호	성씨	번호	성씨	번호	성씨	번호	성씨
7	金	10	段	17	泰	15	池	19	弼	20	眞	4	余	16	朱	6	伊	24	化	8	龍	11	方
5	林	15	昌	1	賈	6	玄	22	崔	8	陶	22	程	24	元	2	曲	24	于	11	夫	19	邊
10	柳	1	弓	22	智	8	都	4	吳	12	平	11	睦	11	卞	21	趙	11	毛	6	刑	15	周
22	曹	3	連	25	扈	4	延	18	高	8	道	6	陰	22	蘇	25	黃	6	葉	13	景	12	潘
15	成	13	邱	21	西門	8	陸	15	沈	6	異	2	葛	17	明	14	梁	19	馮	16	錢	10	南宮
19	閔	19	梅	20	柴	7	鞠	7	具	25	海	15	尙	21	諸	9	河	24	阿	1	公	3	內
24	楊	5	李	13	國	6	興	16	陳	16	占	9	胡	9	殷	10	羅	11	包	23	班	6	皇甫
5	呂	4	韓	24	樑	3	太	13	康	20	鄭	10	唐	20	晉	15	蔡	24	尹	19	邦	21	榮
2	吉	9	洪	3	大	2	甘	21	愼	20	徐	15	昇	18	桂	3	魯	15	宋	11	墨	22	諸葛
24	王	9	許	1	菊	16	左	17	表	11	文	13	堅	24	溫	20	薛	11	襄	1	箕	11	賓
15	蔣	2	郭	12	萬	15	承	6	印	8	劉	14	浪	19	范	7	奇	9	兪	21	莊	2	彊
2	丘	15	辛	7	君	9	章	9	魚	9	禹	20	倉	7	簡	5	卓	6	任	17	判	21	天
15	昔	1	孔	12	朴	22	箇	2	慶	9	嚴	22	舜	3	路	11	片	21	千	22	張	10	龐
5	杜	20	秋	16	申	8	獨孤	19	卜	9	咸	18	姜	13	强	16	史	3	廉	6	安	19	麻
21	司空	23	馬	16	全	6	永	8	董	16	石	13	權	15	鍾	12	皮	20	宣	12	白	9	袁
11	彭	1	琴	10	南	19	苗	20	鮮于	4	魏	20	孫	1	斤	22	章	17	房	22	丁	14	乃
19	彬	12	牟	15	車	15	采	20	施	11	盟	8	盧	6	漢	9	夏	20	泰	16	田	21	楚

도(道)

번호	성씨	번호	성씨	번호	성씨	번호	성씨	번호	성씨	번호	성씨	번호	성씨	번호	성씨	번호	성씨	번호	성씨	번호	성씨	번호	성씨
7	金	10	段	17	泰	15	池	19	弼	20	眞	4	余	16	朱	6	伊	24	化	8	龍	11	方
5	林	15	昌	1	賈	6	玄	22	崔	8	陶	22	程	24	元	2	曲	24	于	11	夫	19	邊
10	柳	1	弓	22	智	8	都	4	吳	12	平	11	陸	11	卞	21	趙	11	毛	6	刑	15	周
22	曹	3	連	25	扈	4	延	18	高	8	道	6	陰	22	蘇	25	黃	6	葉	13	景	12	潘
15	成	13	邱	21	西門	8	陸	15	沈	6	異	2	葛	17	明	14	梁	19	馮	16	錢	10	南宮
19	閔	9	梅	20	柴	7	鞠	7	具	25	海	15	尙	21	諸	9	河	24	阿	1	公	3	內
24	楊	5	李	13	國	6	興	16	陳	16	占	9	胡	9	殷	10	羅	11	包	23	班	6	皇甫
5	呂	4	韓	24	樑	3	太	13	康	20	鄭	10	唐	20	晉	15	蔡	24	尹	19	邦	21	榮
2	吉	9	洪	13	大	2	甘	21	愼	20	徐	15	昇	18	桂	8	魯	15	宋	11	墨	22	諸葛
24	王	9	許	1	菊	16	左	17	表	11	文	13	堅	24	溫	20	薛	11	裵	1	箕	11	賓
15	蔣	2	郭	12	萬	15	承	6	印	8	劉	14	浪	19	范	7	奇	9	兪	21	莊	2	彊
2	丘	15	辛	7	君	9	章	9	魚	9	禹	7	倉	7	簡	5	卓	6	任	17	判	21	天
15	昔	1	孔	12	朴	22	箵	2	慶	9	嚴	22	舜	3	路	11	片	21	千	22	張	10	龐
5	杜	20	秋	16	申	8	獨孤	19	卜	9	咸	18	姜	13	强	16	史	3	廉	6	安	19	麻
21	司空	23	馬	16	全	6	永	8	董	16	石	13	權	15	鍾	12	皮	20	宣	12	白		袁
11	彭	1	琴	10	南	19	苗	20	鮮于	4	魏	20	孫	1	斤	22	章	17	房	22	丁	14	乃
19	彬	12	牟	15	車	15	采	20	施	11	盟	8	盧	6	漢	9	夏	20	泰	16	田	21	楚

독고(獨孤)

번호	성씨	번호	성씨	번호	성씨	번호	성씨	번호	성씨	번호	성씨	번호	성씨	번호	성씨	번호	성씨	번호	성씨	번호	성씨	번호	성씨
7	金	10	段	17	泰	15	池	19	弼	20	眞	4	余	16	朱	6	伊	24	化	8	龍	11	方
5	林	15	昌	1	賈	6	玄	22	崔	8	陶	22	程	24	元	2	曲	24	于	11	夫	19	邊
10	柳	1	弓	22	智	8	都	4	吳	12	平	11	陸	11	卞	21	趙	11	毛	6	刑	15	周
22	曹	3	連	25	扈	4	延	18	高	8	道	6	陰	22	蘇	25	黃	6	葉	13	景	12	潘
15	成	13	邱	21	西門	8	陸	15	沈	6	異	2	葛	17	明	14	梁	19	馮	16	錢	10	南宮
19	閔	9	梅	20	柴	7	鞠	7	具	25	海	15	尙	21	諸	9	河	24	阿	1	公	3	內
24	楊	5	李	13	國	6	興	16	陳	16	占	9	胡	9	殷	10	羅	11	包	23	班	6	皇甫
5	呂	4	韓	24	樑	3	太	13	康	20	鄭	10	唐	20	晉	15	蔡	24	尹	19	邦	21	榮
2	吉	9	洪	13	大	2	甘	21	愼	20	徐	15	昇	18	桂	8	魯	15	宋	11	墨	22	諸葛
24	王	9	許	1	菊	16	左	17	表	11	文	13	堅	24	溫	20	薛	11	裵	1	箕	11	賓
15	蔣	2	郭	12	萬	15	承	6	印	8	劉	14	浪	19	范	7	奇	9	兪	21	莊	2	彊
2	丘	15	辛	7	君	9	章	9	魚	9	禹	7	倉	7	簡	5	卓	6	任	17	判	21	天
15	昔	1	孔	12	朴	22	箵	2	慶	9	嚴	22	舜	3	路	11	片	21	千	22	張	10	龐
5	杜	20	秋	16	申	8	獨孤	19	卜	9	咸	18	姜	13	强	16	史	3	廉	6	安	19	麻
21	司空	23	馬	16	全	6	永	8	董	16	石	13	權	15	鍾	12	皮	20	宣	12	白		袁
11	彭	1	琴	10	南	19	苗	20	鮮于	4	魏	20	孫	1	斤	22	章	17	房	22	丁	14	乃
19	彬	12	牟	15	車	15	采	20	施	11	盟	8	盧	6	漢	9	夏	20	泰	16	田	21	楚

동(董)

번호	성씨	번호	성씨	번호	성씨	번호	성씨	번호	성씨	번호	성씨	번호	성씨	번호	성씨	번호	성씨	번호	성씨	번호	성씨	번호	성씨
7	金	10	段	17	泰	15	池	19	弼	20	眞	4	余	16	朱	6	伊	24	化	8	龍	11	方
5	林	15	昌	1	賈	6	玄	22	崔	8	陶	22	程	24	元	2	曲	24	于	11	夫	19	邊
10	柳	1	弓	22	智	8	都	4	吳	12	平	11	睦	11	卞	21	趙	11	毛	6	刑	15	周
22	曹	3	連	25	扈	4	延	18	高	8	道	6	陰	22	蘇	25	黃	6	葉	13	景	12	潘
15	成	13	邱	21	西門	8	陸	15	沈	6	異	2	葛	17	明	14	梁	19	馮	16	錢	10	南宮
19	閔	9	梅	20	柴	7	鞠	7	具	25	海	15	尙	21	諸	9	河	24	阿	1	公	3	內
24	楊	5	李	13	國	6	興	16	陳	16	占	9	胡	9	殷	10	羅	11	包	23	班	6	皇甫
5	呂	4	韓	24	樑	3	太	13	康	20	鄭	10	唐	20	晉	15	蔡	24	尹	19	邦	21	榮
2	吉	9	洪	13	大	2	甘	21	愼	20	徐	15	昇	18	桂	8	魯	15	宋	11	墨	22	諸葛
24	王	9	許	1	菊	16	左	17	表	11	文	13	堅	24	溫	20	薛	11	裵	1	箕	11	賓
15	蔣	2	郭	12	萬	15	承	6	印	8	劉	14	浪	19	范	7	奇	9	俞	21	莊	2	彊
2	丘	15	辛	7	君	9	韋	9	魚	9	禹	20	倉	7	簡	5	卓	6	任	17	判	21	天
15	昔	1	孔	12	朴	22	筒	2	慶	9	嚴	22	舜	3	路	11	片	21	千	22	張	10	龐
5	杜	20	秋	16	申	8	獨孤	19	卜	9	咸	18	姜	13	强	16	史	3	廉	6	安	19	麻
21	司空	23	馬	16	全	6	永	8	董	16	石	13	權	15	鍾	12	皮	20	宣	12	白	9	袁
11	彭	1	琴	10	南	19	苗	20	鮮于	4	魏	20	孫	1	斤	22	章	17	房	22	丁	14	乃
19	彬	12	牟	15	車	15	采	20	施	11	盟	8	盧	6	漢	9	夏	20	泰	16	田	21	楚

두(杜)

번호	성씨	번호	성씨	번호	성씨	번호	성씨	번호	성씨	번호	성씨	번호	성씨	번호	성씨	번호	성씨	번호	성씨	번호	성씨	번호	성씨
2	金	5	段	12	泰	23	池	23	弼	15	眞	6	余	21	朱	24	伊	25	化	3	龍	19	方
8	林	16	昌	13	賈	20	玄	20	崔	3	陶	20	程	25	元	1	曲	25	于	19	夫	23	邊
5	柳	13	弓	20	智	6	都	6	吳	11	平	19	睦	19	卞	22	趙	19	毛	24	刑	16	周
20	曹	14	連	9	扈	6	延	7	高	3	道	24	陰	20	蘇	9	黃	24	葉	18	景	11	潘
16	成	18	邱	22	西門	3	陸	16	沈	9	異	1	葛	12	明	10	梁	23	馮	21	錢	5	南宮
23	閔	23	梅	15	柴	2	鞠	2	具	16	海	21	尙	21	諸	4	河	25	阿	2	公	14	內
25	楊	8	李	18	國	24	興	21	陳	21	占	4	胡	4	殷	5	羅	19	包	17	班	24	皇甫
8	呂	6	韓	25	樑	14	太	18	康	15	鄭	5	唐	15	晉	16	蔡	25	尹	23	邦	22	榮
1	吉	4	洪	14	大	1	甘	22	愼	15	徐	16	昇	7	桂	14	魯	16	宋	19	墨	20	諸葛
25	王	9	許	13	菊	21	左	12	表	19	文	2	堅	25	溫	15	薛	19	裵	23	箕	19	賓
16	蔣	1	郭	11	萬	16	承	24	印	3	劉	10	浪	23	范	2	奇	4	俞	22	莊	1	彊
1	丘	16	辛	2	君	4	韋	4	魚	4	禹	15	倉	2	簡	8	卓	24	任	12	判	22	天
16	昔	13	孔	11	朴	20	筒	1	慶	4	嚴	20	舜	10	路	19	片	22	千	20	張	5	龐
8	杜	15	秋	21	申	3	獨孤	23	卜	4	咸	7	姜	18	强	21	史	14	廉	24	安	23	麻
22	司空	17	馬	21	全	24	永	3	董	21	石	18	權	16	鍾	11	皮	15	宣	11	白	4	袁
19	彭	13	琴	5	南	23	苗	15	鮮于	7	魏	15	孫	13	斤	20	章	12	房	20	丁	10	乃
23	彬	11	牟	16	車	16	采	15	施	19	盟	3	盧	24	漢	4	夏	15	泰	21	田	22	楚

마(馬)

번호	성씨	번호	성씨	번호	성씨	번호	성씨	번호	성씨	번호	성씨	번호	성씨	번호	성씨	번호	성씨	번호	성씨	번호	성씨	번호	성씨
24	金	16	段	3	泰	1	池	5	弼	2	眞	11	余	13	朱	19	伊	23	化	22	龍	10	方
21	林	1	昌	9	賈	19	玄	7	崔	22	陶	7	程	23	元	25	曲	23	于	10	夫	5	邊
16	柳	9	弓	7	智	22	都	11	吳	14	平	10	陸	10	卞	18	趙	10	毛	19	刑	1	周
7	曹	20	連	17	扈	11	延	6	高	22	道	19	陰	7	蘇	17	黃	19	葉	4	景	14	潘
1	成	4	邱	18	西門	22	陸	1	沈	17	異	25	葛	3	明	15	梁	5	馮	13	錢	16	南宮
5	閔	5	梅	2	柴	24	鞠	24	具	17	海	1	尙	13	諸	12	河	23	阿	9	公	20	內
23	楊	21	李	4	國	19	興	13	陳	13	占	12	胡	12	殷	16	羅	10	包	8	班	19	皇甫
21	呂	11	韓	23	樑	20	太	4	康	2	鄭	16	唐	2	晉	1	蔡	23	尹	4	邦	18	榮
25	吉	12	洪	20	大	25	甘	18	愼	2	徐	1	昇	6	桂	20	魯	1	宋	10	墨	7	諸葛
23	王	17	許	9	菊	13	左	3	表	10	文	4	堅	23	溫	2	薛	10	襄	9	箕	10	賓
1	蔣	25	郭	14	萬	1	承	19	印	22	劉	15	浪	5	范	24	奇	12	兪	18	莊	25	彊
25	丘	1	辛	24	君	12	韋	12	魚	12	禹	2	倉	24	簡	21	卓	19	任	3	判	18	天
1	昔	9	孔	14	朴	7	箵	25	慶	12	嚴	7	舜	15	路	10	片	18	千	7	張	16	龐
21	杜	2	秋	23	申	22	獨孤	5	卜	12	咸	6	姜	4	强	13	史	1	廉	19	安	5	麻
18	司空	8	馬	13	全	19	永	22	董	13	石	4	權	1	鍾	14	皮	2	宣	14	白	12	袁
10	彭	9	琴	16	南	5	苗	2	鮮于	11	魏	2	孫	9	斤	7	章	3	房	7	丁	15	乃
5	彬	14	牟	1	車	1	采	2	施	10	盟	22	盧	19	漢	12	夏	2	泰	13	田	18	楚

마(麻)

번호	성씨	번호	성씨	번호	성씨	번호	성씨	번호	성씨	번호	성씨	번호	성씨	번호	성씨	번호	성씨	번호	성씨	번호	성씨	번호	성씨
25	金	21	段	14	泰	13	池	18	弼	1	眞	19	余	18	朱	23	伊	17	化	20	龍	10	方
22	林	13	昌	4	賈	23	玄	2	崔	20	陶	2	程	17	元	9	曲	17	于	5	夫	8	邊
21	柳	4	弓	2	智	26	都	19	吳	10	平	5	陸	5	卞	7	趙	5	毛	23	刑	13	周
2	曹	15	連	12	扈	19	延	24	高	20	道	23	陰	2	蘇	12	黃	23	葉	6	景	10	潘
13	成	6	邱	7	西門	20	陸	13	沈	12	異	9	葛	14	明	16	梁	8	馮	18	錢	21	南宮
8	閔	8	梅	1	柴	25	鞠	25	具	12	海	13	尙	18	諸	11	河	17	阿	4	公	15	內
17	楊	22	李	6	國	23	興	18	陳	18	占	11	胡	11	殷	21	羅	5	包	3	班	23	皇甫
22	呂	19	韓	17	樑	15	太	6	康	1	鄭	21	唐	1	晉	13	蔡	17	尹	8	邦	7	榮
9	吉	11	洪	15	大	9	甘	7	愼	1	徐	13	昇	24	桂	15	魯	13	宋	5	墨	2	諸葛
17	王	12	許	4	菊	18	左	14	表	5	文	6	堅	17	溫	1	薛	5	襄	4	箕	5	賓
13	蔣	9	郭	10	萬	13	承	23	印	20	劉	15	浪	8	范	25	奇	11	兪	13	莊	9	彊
9	丘	13	辛	25	君	11	韋	11	魚	11	禹	1	倉	25	簡	22	卓	23	任	24	判	7	天
13	昔	4	孔	10	朴	2	箵	9	慶	11	嚴	2	舜	15	路	5	片	7	千	2	張	21	龐
22	杜	1	秋	18	申	20	獨孤	8	卜	11	咸	24	姜	6	强	18	史	15	廉	23	安	8	麻
7	司空	3	馬	18	全	23	永	20	董	18	石	6	權	13	鍾	10	皮	1	宣	10	白	11	袁
5	彭	4	琴	21	南	8	苗	1	鮮于	19	魏	1	孫	4	斤	2	章	14	房	2	丁	16	乃
8	彬	10	牟	13	車	13	采	1	施	5	盟	20	盧	23	漢	1	夏	1	泰	18	田	7	楚

만(萬)

번호	성씨	번호	성씨	번호	성씨	번호	성씨	번호	성씨	번호	성씨	번호	성씨	번호	성씨	번호	성씨	번호	성씨	번호	성씨	번호	성씨
4	金	20	段	5	泰	7	池	14	弼	18	眞	17	余	2	朱	12	伊	11	化	16	龍	3	方
15	林	7	昌	24	賈	12	玄	13	崔	16	陶	13	程	11	元	6	曲	11	于	3	夫	14	邊
20	柳	24	弓	13	智	16	都	17	吳	8	平	3	睦	3	卞	1	趙	3	毛	12	刑	7	周
13	曹	21	連	19	扈	17	延	9	高	16	道	12	陰	13	蘇	19	黃	12	葉	25	景	8	潘
7	成	25	邱	1	西門	16	陸	7	沈	19	異	6	葛	5	明	22	梁	14	馮	2	錢	20	南宮
14	閔	14	梅	18	柴	4	鞠	4	具	19	海	7	尙	2	諸	23	河	11	阿	24	公	21	內
11	楊	15	李	25	國	12	興	2	陳	2	占	23	胡	23	殷	20	羅	3	包	10	班	12	皇甫
15	呂	17	韓	11	樑	21	太	25	康	18	鄭	20	唐	18	晉	7	蔡	11	尹	14	邦	1	榮
6	吉	23	洪	21	大	6	甘	1	愼	18	徐	7	昇	9	桂	21	魯	7	宋	3	墨	13	諸葛
77	王	19	許	24	菊	2	左	5	表		文	25	堅	11	溫	18	薛	3	襄	24	箕	3	賓
7	蔣	6	郭	8	萬	7	承	12	印	16	劉	22	浪	14	范	4	奇	23	兪	1	莊	6	彊
6	丘	7	辛	4	君	23	章	23	魚	23	禹	18	倉	4	簡	15	卓	12	任	5	判	1	天
7	昔	24	孔	8	朴	13	筍	6	慶	23	嚴	13	舜	22	路	3	片	1	千	13	張	20	龐
15	杜	18	秋	2	申	16	獨孤	14	卜	23	咸	9	姜	25	强	2	史	21	廉	12	安	14	麻
1	司空	10	馬	2	全	12	永	16	董	2	石	25	權	7	鍾	8	皮	18	宣	8	白	23	袁
3	彭	24	琴	20	南	14	苗	18	鮮于	17	魏	18	孫	24	斤	13	章	5	房	13	丁	22	乃
14	彬	8	牟	7	車	7	采	18	施	3	盟	16	盧	12	漢	23	夏	18	泰	2	田	1	楚

매(梅)

번호	성씨	번호	성씨	번호	성씨	번호	성씨	번호	성씨	번호	성씨	번호	성씨	번호	성씨	번호	성씨	번호	성씨	번호	성씨	번호	성씨
25	金	21	段	14	泰	13	池	18	弼	1	眞	19	余	18	朱	23	伊	17	化	20	龍	10	方
22	林	13	昌	4	賈	23	玄	2	崔	20	陶	2	程	17	元	9	曲	17	于	5	夫	8	邊
21	柳	4	弓	2	智	26	都	19	吳	10	平	5	睦	5	卞	7	趙	5	毛	23	刑	13	周
2	曹	15	連	12	扈	19	延	24	高	20	道	23	陰	2	蘇	12	黃	23	葉	6	景	10	潘
13	成	6	邱	7	西門	20	陸	13	沈	12	異	9	葛	14	明	16	梁	8	馮	18	錢	21	南宮
8	閔	8	梅	1	柴	25	鞠	25	具	12	海	13	尙	18	諸	11	河	17	阿	4	公	15	內
17	楊	22	李	6	國	23	興	18	陳	18	占	11	胡	11	殷	21	羅	5	包	3	班	23	皇甫
22	呂	19	韓	17	樑	15	太	6	康	1	鄭	21	唐	1	晉	13	蔡	17	尹	8	邦	7	榮
9	吉	11	洪	15	大	9	甘	7	愼	1	徐	13	昇	24	桂	15	魯	13	宋	5	墨	2	諸葛
17	王	12	許	4	菊	18	左	14	表	5	文	6	堅	17	溫	1	薛	5	襄	4	箕	5	賓
13	蔣	9	郭	10	萬	13	承	23	印	20	劉	16	浪	8	范	25	奇	11	兪	13	莊	9	彊
9	丘	13	辛	25	君	11	章	11	魚	11	禹	1	倉	25	簡	22	卓	23	任	24	判	7	天
13	昔	4	孔	10	朴	2	筍	9	慶	11	嚴	2	舜	15	路	5	片	7	千	2	張	21	龐
22	杜	1	秋	18	申	20	獨孤	8	卜	11	咸	24	姜	6	强	18	史	15	廉	23	安	8	麻
7	司空	3	馬	18	全	23	永	20	董	1	石	6	權	13	鍾	10	皮	1	宣	10	白	11	袁
5	彭	4	琴	21	南	8	苗	1	鮮于	19	魏	1	孫	4	斤	2	章	14	房	2	丁	16	乃
8	彬	10	牟	13	車	1	采	5	施	20	盟	23	盧	1	漢	1	夏	18	泰	7	田		楚

맹(盟)

번호	성씨	번호	성씨	번호	성씨	번호	성씨	번호	성씨	번호	성씨	번호	성씨	번호	성씨	번호	성씨	번호	성씨	번호	성씨	번호	성씨
9	金	22	段	10	泰	18	池	3	弼	13	眞	17	余	7	朱	17	伊	12	化	15	龍	8	方
20	林	18	昌	6	賈	17	玄	1	崔	15	陶	1	程	12	元	4	曲	12	于	8	夫	3	邊
22	柳	6	弓	1	智	15	都	23	吳	5	平	8	睦	8	卞	2	趙	8	毛	17	刑	18	周
1	曺	16	連	11	扈	23	延	25	高	15	道	17	陰	1	蘇	11	黃	17	葉	24	景	5	潘
18	成	24	邱	2	西門	15	陸	18	沈	11	異	4	葛	10	明	21	梁	3	馮	7	錢	22	南宮
3	閔	3	梅	13	柴	9	鞠	9	具	11	海	18	尙	7	諸	19	河	12	阿	6	公	19	內
12	楊	20	李	24	國	17	興	7	陳	7	占	19	胡	19	殷	22	羅	8	包	14	班	17	皇甫
20	呂	23	韓	12	樑	16	太	24	康	13	鄭	22	唐	13	晉	18	蔡	12	尹	3	邦	2	榮
5	吉	19	洪	16	大	4	甘	2	愼	13	徐	18	昇	25	桂	16	魯	18	宋	8	墨	1	諸葛
12	王	11	許	6	菊	7	左	10	表	8	文	24	堅	12	溫	13	薛	8	裵	6	箕	8	賓
18	蔣	4	郭	5	萬	18	承	17	印	15	劉	21	浪	3	范	9	奇	19	俞	2	莊	4	彊
4	丘	18	辛	9	君	19	韋	19	魚	19	禹	13	倉	9	簡	20	卓	17	任	10	判	2	天
18	昔	6	孔	5	朴	1	箱	4	慶	19	嚴	1	舜	16	路	8	片	2	千	1	張	22	龐
9	杜	13	秋	7	申	15	獨孤	3	卜	19	咸	25	姜	24	強	2	史	16	廉	17	安	3	麻
2	司空	14	馬	7	全	17	永	15	董	7	石	24	權	18	鍾	5	皮	13	宣	5	白	19	袁
8	彭	6	琴	22	南	3	苗	13	鮮于	23	魏	13	孫	6	斤	1	章	10	房	1	丁	21	乃
3	彬	5	牟	18	車	18	采	13	施	8	盟	15	盧	17	漢	19	夏	13	泰	7	田	1	楚

명(明)

번호	성씨	번호	성씨	번호	성씨	번호	성씨	번호	성씨	번호	성씨	번호	성씨	번호	성씨	번호	성씨	번호	성씨	번호	성씨	번호	성씨
6	金	15	段	8	泰	2	池	10	弼	7	眞	12	余	1	朱	11	伊	19	化	21	龍	14	方
16	林	2	昌	25	賈	11	玄	18	崔	21	陶	18	程	19	元	24	曲	14	于	14	夫	10	邊
15	柳	15	弓	18	智	21	都	12	吳	3	平	14	睦	14	卞	13	趙	14	毛	11	刑	2	周
18	曺	22	連	23	扈	12	延	4	高	21	道	11	陰	18	蘇	23	黃	11	葉	9	景	3	潘
2	成	9	邱	13	西門	21	陸	2	沈	23	異	24	葛	8	明	20	梁	10	馮	1	錢	15	南宮
10	閔	10	梅	7	柴	6	鞠	6	具	23	海	2	尙	1	諸	17	河	19	阿	25	公	22	內
19	楊	16	李	9	國	11	興	1	陳	1	占	17	胡	17	殷	15	羅	14	包	5	班	11	皇甫
16	呂	12	韓	19	樑	22	太	9	康	7	鄭	15	唐	7	晉	2	蔡	19	尹	10	邦	13	榮
24	吉	17	洪	22	大	24	甘	13	愼	7	徐	2	昇	4	桂	22	魯	2	宋	14	墨	18	諸葛
19	王	23	許	25	菊	1	左	8	表	14	文	9	堅	19	溫	7	薛	14	裵	25	箕	14	賓
2	蔣	24	郭	3	萬	2	承	11	印	21	劉	20	浪	10	范	6	奇	17	俞	13	莊	24	彊
24	丘	2	辛	6	君	17	韋	17	魚	17	禹	7	倉	6	簡	16	卓	11	任	8	判	13	天
2	昔	25	孔	3	朴	18	箱	24	慶	17	嚴	18	舜	20	路	14	片	13	千	18	張	15	龐
16	杜	7	秋	1	申	21	獨孤	10	卜	17	咸	4	姜	9	強	1	史	22	廉	11	安	10	麻
13	司空	1	馬	1	全	11	永	21	董	1	石	9	權	2	鍾	3	皮	7	宣	3	白	15	袁
14	彭	25	琴	15	南	10	苗	7	鮮于	12	魏	7	孫	25	斤	18	章	8	房	18	丁	20	乃
10	彬	3	牟	2	車	2	采	7	施	14	盟	21	盧	11	漢	17	夏	7	泰	1	田	13	楚

모(毛)

번호	성씨	번호	성씨	번호	성씨	번호	성씨	번호	성씨	번호	성씨	번호	성씨	번호	성씨	번호	성씨	번호	성씨	번호	성씨	번호	성씨
9	金	22	段	10	泰	18	池	3	弼	13	眞	17	余	7	朱	17	伊	12	化	15	龍	8	方
20	林	18	昌	6	賈	17	玄	1	崔	15	陶	1	程	12	元	4	曲	12	于	8	夫	3	邊
22	柳	6	弓	1	智	15	都	23	吳	5	平	8	睦	8	卞	2	趙	8	毛	17	刑	18	周
1	曺	16	連	11	扈	23	延	25	高	15	道	17	陰	1	蘇	11	黃	17	葉	24	景	5	潘
18	成	24	邱	2	西門	15	陸	18	沈	11	異	4	葛	10	明	21	梁	3	馮	7	錢	22	南宮
3	閔	3	梅	13	柴	9	鞠	9	具	11	海	18	尙	7	諸	19	河	12	阿	6	公	19	內
12	楊	20	李	24	國	17	興	7	陳	7	占	19	胡	19	殷	22	羅	8	包	14	班	17	皇甫
20	呂	23	韓	12	樑	16	太	24	康	13	鄭	22	唐	13	晉	18	蔡	12	尹	3	邦	2	榮
5	吉	19	洪	16	大	4	甘	2	愼	13	徐	18	昇	25	桂	16	魯	18	宋	8	墨	1	諸葛
12	王	11	許	6	菊	7	左	10	表	8	文	24	堅	12	溫	13	薛	8	裵	6	箕	8	賓
18	蔣	4	郭	5	萬	18	承	17	印	15	劉	21	浪	3	范	9	奇	19	兪	2	莊	4	彊
4	丘	18	辛	9	君	19	韋	19	魚	19	禹	13	倉	9	簡	20	卓	17	任	10	判	2	天
18	昔	6	孔	5	朴	1	箭	4	慶	19	嚴	1	舜	16	路	8	片	2	千	1	張	22	龐
9	杜	13	秋	7	申	15	獨孤	3	卜	19	咸	25	姜	24	強	7	史	16	廉	17	安	3	麻
2	司空	14	馬	7	全	17	永	15	董	7	石	24	權	18	鍾	5	皮	13	宣	5	白	19	袁
8	彭	6	琴	22	南	3	苗	13	鮮于	23	魏	13	孫	6	斤	1	章	10	房	1	丁	21	乃
3	彬	5	牟	18	車	18	采	13	施	8	盟	15	盧	17	漢	19	夏	13	泰	7	田	1	楚

모(牟)

번호	성씨	번호	성씨	번호	성씨	번호	성씨	번호	성씨	번호	성씨	번호	성씨	번호	성씨	번호	성씨	번호	성씨	번호	성씨	번호	성씨
4	金	20	段	5	泰	7	池	14	弼	18	眞	17	余	2	朱	12	伊	11	化	16	龍	3	方
15	林	7	昌	24	賈	12	玄	13	崔	16	陶	13	程	11	元	6	曲	11	于	3	夫	14	邊
20	柳	24	弓	13	智	16	都	17	吳	8	平	3	睦	3	卞	1	趙	3	毛	12	刑	7	周
13	曺	21	連	19	扈	17	延	9	高	16	道	12	陰	13	蘇	19	黃	12	葉	25	景	8	潘
7	成	25	邱	1	西門	16	陸	7	沈	19	異	6	葛	5	明	22	梁	14	馮	2	錢	20	南宮
14	閔	14	梅	18	柴	4	鞠	4	具	19	海	2	尙	2	諸	23	河	11	阿	24	公	21	內
11	楊	15	李	25	國	12	興	2	陳	2	占	23	胡	23	殷	20	羅	3	包	10	班	12	皇甫
15	呂	17	韓	11	樑	21	太	25	康	18	鄭	20	唐	18	晉	7	蔡	11	尹	14	邦	1	榮
6	吉	23	洪	21	大	6	甘	1	愼	18	徐	7	昇	9	桂	21	魯	7	宋	3	墨	13	諸葛
77	王	19	許	24	菊	2	左	5	表	3	文	11	堅	18	溫	18	薛	3	裵	24	箕	3	賓
7	蔣	6	郭	8	萬	7	承	12	印	16	劉	22	浪	14	范	4	奇	23	兪	1	莊	6	彊
6	丘	7	辛	4	君	23	韋	23	魚	23	禹	18	倉	4	簡	15	卓	12	任	5	判	1	天
7	昔	24	孔	8	朴	13	箭	6	慶	23	嚴	13	舜	22	路	3	片	1	千	13	張	20	龐
15	杜	18	秋	2	申	16	獨孤	14	卜	23	咸	9	姜	25	強	2	史	21	廉	12	安	14	麻
1	司空	10	馬	2	全	12	永	16	董	2	石	25	權	7	鍾	8	皮	18	宣	8	白	23	袁
3	彭	24	琴	20	南	14	苗	18	鮮于	17	魏	18	孫	24	斤	13	章	5	房	13	丁	22	乃
14	彬	8	牟	7	車	7	采	18	施	3	盟	16	盧	12	漢	23	夏	18	泰	2	田	1	楚

목(睦)

번호	성씨	번호	성씨	번호	성씨	번호	성씨	번호	성씨	번호	성씨	번호	성씨	번호	성씨	번호	성씨	번호	성씨	번호	성씨	번호	성씨
9	金	22	段	10	泰	18	池	3	弼	13	眞	17	余	7	朱	17	伊	12	化	15	龍	8	方
20	林	18	昌	6	賈	17	玄	1	崔	15	陶	1	程	12	元	4	曲	12	于	8	夫	3	邊
22	柳	6	弓	1	智	15	都	23	吳	5	平	8	睦	8	卞	2	趙	8	毛	17	刑	18	周
1	曹	16	連	11	扈	23	延	25	高	15	道	17	陰	1	蘇	11	黃	17	葉	24	景	5	潘
18	成	24	邱	2	西門	15	陸	18	沈	11	異	4	葛	10	明	21	梁	3	馮	7	錢	22	南宮
3	閔	3	梅	13	柴	9	鞠	9	具	11	海	18	尙	7	諸	19	河	12	阿	6	公	19	內
12	楊	20	李	24	國	17	興	7	陳	7	占	19	胡	19	殷	22	羅	8	包	14	班	17	皇甫
20	呂	23	韓	12	樑	16	太	24	康	13	鄭	22	唐	13	晉	18	蔡	12	尹	3	邦	2	榮
5	吉	19	洪	16	大	2	甘	13	愼	13	徐	18	昇	25	桂	16	魯	8	宋	1	墨	1	諸葛
12	王	11	許	6	菊	7	左	10	表	8	文	24	堅	12	溫	13	薛	8	襄	6	箕	8	賓
18	蔣	4	郭	5	萬	18	承	17	印	15	劉	21	浪	3	范	9	奇	19	俞	2	莊	4	彊
4	丘	18	辛	9	君	19	韋	19	魚	19	禹	13	倉	9	簡	20	卓	17	任	10	判	2	天
18	昔	6	孔	5	朴	1	箭	4	慶	19	嚴	1	舜	16	路	8	片	2	千	1	張	22	龐
9	杜	13	秋	7	申	15	獨孤	3	卜	19	咸	25	姜	24	强	7	史	16	廉	17	安	3	麻
2	司空	14	馬	7	全	17	永	15	董	7	石	24	權	18	鍾	5	皮	13	宣	5	白	19	袁
8	彭	6	琴	22	南	3	苗	13	鮮于	23	魏	13	孫	6	斤	1	章	10	房	1	丁	21	乃
3	彬	5	牟	18	車	18	采	13	施	8	盟	15	盧	17	漢	19	夏	13	泰	7	田	1	楚

묘(苗)

번호	성씨	번호	성씨	번호	성씨	번호	성씨	번호	성씨	번호	성씨	번호	성씨	번호	성씨	번호	성씨	번호	성씨	번호	성씨	번호	성씨
25	金	21	段	14	泰	13	池	18	弼	1	眞	19	余	18	朱	23	伊	17	化	20	龍	10	方
22	林	13	昌	4	賈	23	玄	2	崔	20	陶	2	程	17	元	9	曲	17	于	5	夫	8	邊
21	柳	4	弓	2	智	26	都	19	吳	10	平	5	睦	5	卞	7	趙	5	毛	23	刑	13	周
2	曹	15	連	12	扈	19	延	24	高	20	道	23	陰	2	蘇	12	黃	23	葉	6	景	10	潘
13	成	6	邱	7	西門	20	陸	13	沈	12	異	9	葛	14	明	16	梁	8	馮	18	錢	21	南宮
8	閔	8	梅	1	柴	25	鞠	25	具	12	海	13	尙	18	諸	11	河	17	阿	4	公	15	內
17	楊	22	李	6	國	23	興	18	陳	18	占	11	胡	11	殷	21	羅	5	包	3	班	23	皇甫
22	呂	19	韓	17	樑	15	太	6	康	1	鄭	21	唐	1	晉	13	蔡	17	尹	8	邦	7	榮
9	吉	11	洪	15	大	9	甘	7	愼	13	徐	24	昇	15	桂	13	魯	5	宋	2	墨	2	諸葛
17	王	12	許	4	菊	18	左	14	表	5	文	6	堅	17	溫	1	薛	5	襄	4	箕	5	賓
13	蔣	9	郭	10	萬	13	承	23	印	20	劉	16	浪	8	范	25	奇	11	俞	13	莊	9	彊
9	丘	13	辛	25	君	11	韋	11	魚	11	禹	1	倉	25	簡	22	卓	23	任	24	判	7	天
13	昔	4	孔	10	朴	2	箭	9	慶	11	嚴	2	舜	15	路	5	片	7	千	2	張	21	龐
22	杜	1	秋	18	申	20	獨孤	8	卜	11	咸	24	姜	6	强	18	史	15	廉	23	安	8	麻
7	司空	3	馬	18	全	23	永	20	董	18	石	6	權	13	鍾	10	皮	1	宣	10	白	11	袁
5	彭	4	琴	21	南	8	苗	1	鮮于	19	魏	1	孫	4	斤	2	章	14	房	2	丁	16	乃
8	彬	10	牟	13	車	13	采	1	施	5	盟	20	盧	23	漢	1	夏	1	泰	18	田	7	楚

묵(墨)

번호	성씨	번호	성씨	번호	성씨	번호	성씨	번호	성씨	번호	성씨	번호	성씨	번호	성씨	번호	성씨	번호	성씨	번호	성씨	번호	성씨
4	金	20	段	5	泰	7	池	14	弼	18	眞	17	余	2	朱	12	伊	11	化	16	龍	3	方
15	林	7	昌	24	賈	12	玄	13	崔	16	陶	13	程	11	元	6	曲	11	于	3	夫	14	邊
20	柳	24	弓	13	智	16	都	17	吳	8	平	3	睦	3	卞	1	趙	3	毛	12	刑	7	周
13	曺	21	連	19	扈	17	延	9	高	16	道	12	陰	13	蘇	19	黃	12	葉	25	景	8	潘
7	成	25	邱	1	西門	16	陸	7	沈	19	異	6	葛	5	明	22	梁	14	馮	2	錢	20	南宮
14	閔	14	梅	18	柴	4	鞠	4	具	19	海	7	尙	2	諸	23	河	11	阿	24	公	21	內
11	楊	15	李	25	國	12	興	2	陳	2	占	23	胡	23	殷	20	羅	3	包	10	班	12	皇甫
15	呂	17	韓	11	樑	21	太	25	康	18	鄭	20	唐	18	晉	7	蔡	11	尹	14	邦	1	菜
6	吉	23	洪	21	大	6	甘	1	愼	18	徐	7	昇	9	桂	21	魯	7	宋	3	墨	13	諸葛
77	王	19	許	24	菊	2	左	5	表	3	文	25	堅	11	溫	18	薛	3	襄	24	箕	3	賓
7	蔣	6	郭	8	萬	7	承	12	印	16	劉	22	浪	14	范	4	奇	23	兪	1	莊	6	彊
6	丘	7	辛	4	君	23	韋	23	魚	23	禹	18	倉	4	簡	15	卓	12	任	5	判	1	天
7	昔	24	孔	8	朴	13	筍	6	慶	23	嚴	13	舜	22	路	3	片	1	千	13	張	20	龐
15	杜	18	秋	2	申	16	獨孤	14	卜	23	咸	9	姜	25	强	2	史	21	廉	12	安	14	麻
1	司空	10	馬	2	全	12	永	16	董	2	石	25	權	7	鍾	8	皮	18	宣	8	白	23	袁
3	彭	24	琴	20	南	14	苗	18	鮮于	17	魏	18	孫	24	斤	13	章	5	房	13	丁	22	乃
14	彬	8	牟	7	車	7	采	18	施	3	盟	16	盧	12	漢	23	夏	18	泰	2	田	1	楚

문(文)

번호	성씨	번호	성씨	번호	성씨	번호	성씨	번호	성씨	번호	성씨	번호	성씨	번호	성씨	번호	성씨	번호	성씨	번호	성씨	번호	성씨
9	金	22	段	10	泰	18	池	3	弼	13	眞	17	余	7	朱	17	伊	12	化	15	龍	8	方
20	林	18	昌	6	賈	17	玄	1	崔	15	陶	1	程	12	元	4	曲	12	于	8	夫	3	邊
22	柳	6	弓	1	智	15	都	23	吳	5	平	8	睦	8	卞	2	趙	8	毛	17	刑	18	周
1	曺	16	連	11	扈	23	延	25	高	15	道	17	陰	1	蘇	11	黃	17	葉	24	景	5	潘
18	成	24	邱	2	西門	15	陸	18	沈	11	異	4	葛	10	明	21	梁	3	馮	7	錢	22	南宮
3	閔	3	梅	13	柴	9	鞠	11	具	18	海	7	尙	19	諸	12	河	12	阿	6	公	19	內
12	楊	20	李	24	國	17	興	7	陳	7	占	19	胡	19	殷	22	羅	8	包	14	班	17	皇甫
20	呂	23	韓	12	樑	16	太	24	康	13	鄭	22	唐	13	晉	18	蔡	12	尹	3	邦	2	菜
5	吉	19	洪	16	大	4	甘	2	愼	13	徐	18	昇	25	桂	16	魯	18	宋	8	墨	1	諸葛
12	王	11	許	6	菊	7	左	10	表	8	文	24	堅	12	溫	13	薛	8	襄	6	箕	8	賓
18	蔣	4	郭	5	萬	18	承	17	印	15	劉	21	浪	3	范	9	奇	19	兪	2	莊	4	彊
4	丘	18	辛	9	君	19	韋	19	魚	15	禹	13	倉	9	簡	20	卓	17	任	10	判	2	天
18	昔	6	孔	5	朴	1	筍	4	慶	19	嚴	1	舜	16	路	8	片	2	千	1	張	22	龐
9	杜	13	秋	7	申	15	獨孤	3	卜	19	咸	25	姜	24	强	7	史	16	廉	17	安	3	麻
2	司空	14	馬	7	全	17	永	15	董	7	石	24	權	18	鍾	5	皮	13	宣	5	白	19	袁
8	彭	6	琴	22	南	3	苗	13	鮮于	23	魏	13	孫	13	斤	1	章	10	房	1	丁	21	乃
3	彬	5	牟	18	車	18	采	13	施	8	盟	15	盧	17	漢	19	夏	13	泰	7	田	1	楚

민(閔)

번호	성씨	번호	성씨	번호	성씨	번호	성씨	번호	성씨	번호	성씨	번호	성씨	번호	성씨	번호	성씨	번호	성씨	번호	성씨	번호	성씨
25	金	21	段	14	泰	13	池	18	弼	1	眞	19	余	18	朱	23	伊	17	化	20	龍	10	方
22	林	13	昌	4	賈	23	玄	2	崔	20	陶	2	程	17	元	9	曲	17	于	5	夫	8	邊
21	柳	4	弓	2	智	26	都	19	吳	10	平	5	睦	5	卞	7	趙	5	毛	23	刑	13	周
2	曹	15	連	12	扈	19	延	24	高	20	道	23	陰	2	蘇	12	黃	23	葉	6	景	10	潘
13	成	6	邱	7	西門	20	陸	13	沈	12	異	9	葛	14	明	16	梁	8	馮	18	錢	21	南宮
8	閔	8	梅	1	柴	25	鞠	25	具	12	海	13	尙	18	諸	11	河	17	阿	2	公	15	內
17	楊	22	李	6	國	23	興	18	陳	18	占	11	胡	11	殷	21	羅	5	包	3	班	23	皇甫
22	呂	19	韓	17	樑	15	太	6	康	1	鄭	21	唐	1	晉	13	蔡	17	尹	8	邦	7	榮
9	吉	11	洪	15	大	9	甘	7	愼	1	徐	13	昇	24	桂	15	魯	13	宋	5	墨	2	諸葛
17	王	12	許	4	菊	18	左	14	表	5	文	6	堅	17	溫	1	薛	5	襄	4	箕		賓
13	蔣	9	郭	10	萬	13	承	23	印	20	劉	16	浪	8	范	25	奇	11	兪	13	莊	9	疆
9	丘	13	辛	25	君	11	韋	11	魚	11	禹	1	倉	25	簡	22	卓	23	任	24	判	7	天
13	昔	4	孔	10	朴	2	筍	9	慶	11	嚴	2	舜	15	路	5	片	7	千	2	張	21	龐
22	杜	1	秋	18	申	20	獨孤	8	卜	11	咸	24	姜	6	強	18	史	15	廉	23	安	8	麻
7	司空	3	馬	18	全	23	永	20	董	18	石		權	13	鍾	10	皮	1	宣	10	白	11	袁
5	彭	4	琴	21	南	8	苗	1	鮮于	9	魏	1	孫	4	斤	1	章	14	房	2	丁	16	乃
8	彬	10	牟	13	車	13	采	1	施	5	盟	20	盧	23	漢	1	夏	1	泰	18	田	7	楚

박(朴)

번호	성씨	번호	성씨	번호	성씨	번호	성씨	번호	성씨	번호	성씨	번호	성씨	번호	성씨	번호	성씨	번호	성씨	번호	성씨	번호	성씨
4	金	20	段	5	泰	7	池	14	弼	18	眞	17	余	2	朱	12	伊	11	化	16	龍	3	方
15	林	7	昌	24	賈	12	玄	13	崔	16	陶	13	程	11	元	6	曲	11	于	3	夫	14	邊
20	柳	24	弓	13	智	16	都	17	吳	8	平	3	睦	3	卞	1	趙	3	毛	12	刑	7	周
13	曹	21	連	19	扈	17	延	9	高	16	道	12	陰	13	蘇	19	黃	12	葉	25	景	8	潘
7	成	25	邱	1	西門	16	陸	7	沈	19	異	6	葛	5	明	22	梁	14	馮	2	錢	20	南宮
14	閔	14	梅	18	柴	4	鞠	4	具	19	海	7	尙	2	諸	23	河	11	阿	24	公	21	內
11	楊	15	李	25	國	12	興	2	陳	2	占	23	胡	23	殷	20	羅	3	包	10	班	12	皇甫
15	呂	17	韓	11	樑	21	太	25	康	18	鄭	20	唐	18	晉	7	蔡	11	尹	14	邦	1	榮
6	吉	23	洪	21	大	6	甘	1	愼	18	徐	7	昇	9	桂	21	魯	7	宋	3	墨	13	諸葛
77	王	19	許	24	菊	2	左	5	表	3	文	25	堅	11	溫	18	薛	3	襄	24	箕	3	賓
7	蔣	6	郭	8	萬	7	承	12	印	16	劉	22	浪	14	范	4	奇	23	兪	1	莊	6	疆
6	丘	7	辛	4	君	23	韋	23	魚	23	禹	18	倉	4	簡	15	卓	12	任	5	判	1	天
7	昔	24	孔	8	朴	13	筍	6	慶	23	嚴	13	舜	22	路	3	片	1	千	13	張	20	龐
15	杜	18	秋	2	申	16	獨孤	14	卜	23	咸	9	姜	25	強	2	史	21	廉	12	安	14	麻
1	司空	10	馬	2	全	12	永	16	董	2	石	25	權	7	鍾	8	皮	18	宣	8	白	23	袁
3	彭	24	琴	20	南	14	苗	18	鮮于	17	魏	18	孫	24	斤	13	章	5	房	13	丁	22	乃
14	彬	8	牟	7	車	7	采	18	施	3	盟	16	盧	12	漢	23	夏	18	泰	2	田	1	楚

반(潘)

번호	성씨	번호	성씨	번호	성씨	번호	성씨	번호	성씨	번호	성씨	번호	성씨	번호	성씨	번호	성씨	번호	성씨	번호	성씨	번호	성씨
4	金	20	段	5	泰	7	池	14	弼	18	眞	17	余	2	朱	12	伊	11	化	16	龍	3	方
15	林	7	昌	24	賈	12	玄	13	崔	16	陶	13	程	11	元	6	曲	11	于	3	夫	14	邊
20	柳	24	弓	13	智	16	都	17	吳	8	平	3	睦	3	卞	1	趙	3	毛	12	刑	7	周
13	曹	21	連	19	扈	17	延	9	高	16	道	12	陰	13	蘇	19	黃	12	葉	25	景	8	潘
7	成	25	邱	1	西門	16	陸	7	沈	19	異	6	葛	5	明	22	梁	14	馮	2	錢	20	南宮
14	閔	14	梅	18	柴	4	鞠	4	具	19	海	7	尙	2	諸	23	河	11	阿	24	公	21	內
11	楊	15	李	25	國	12	興	2	陳	2	占	23	胡	23	殷	20	羅	3	包	10	班	12	皇甫
15	呂	17	韓	11	樑	21	太	25	康	18	鄭	20	唐	18	晉	7	蔡	11	尹	14	邦	1	榮
6	吉	23	洪	21	大	6	甘	1	愼	18	徐	7	昇	9	桂	21	魯	7	宋	3	墨	13	諸葛
77	王	19	許	24	菊	2	左	3	表	3	文	25	堅	11	溫	18	薛	3	裵	24	箕	3	賓
7	蔣	6	郭	8	萬	7	承	12	印	16	劉	22	浪	14	范	4	奇	23	兪	1	莊	6	彊
6	丘	7	辛	4	君	23	韋	23	魚	23	禹	18	倉	4	簡	15	卓	12	任	5	判	1	天
7	昔	24	孔	8	朴	13	笏	6	慶	23	嚴	13	舜	22	路	3	片	1	千	13	張	20	龐
15	杜	18	秋	2	申	16	獨孤	14	卜	23	咸	9	姜	25	强	2	史	21	廉	12	安	14	麻
1	司空	10	馬	2	全	12	永	16	董	2	石	25	權	7	鍾	8	皮	18	宣	8	白	23	袁
3	彭	24	琴	20	南	14	苗	18	鮮于	17	魏	18	孫	24	斤	13	章	5	房	13	丁	22	乃
14	彬	8	牟	7	車	7	采	18	施	3	盟	16	盧	12	漢	23	夏	18	泰	2	田	1	楚

반(班)

번호	성씨	번호	성씨	번호	성씨	번호	성씨	번호	성씨	번호	성씨	번호	성씨	번호	성씨	번호	성씨	번호	성씨	번호	성씨	번호	성씨
24	金	16	段	3	泰	1	池	5	弼	2	眞	11	余	13	朱	19	伊	23	化	22	龍	10	方
21	林	1	昌	9	賈	19	玄	7	崔	22	陶	7	程	23	元	25	曲	23	于	10	夫	5	邊
16	柳	9	弓	7	智	22	都	11	吳	14	平	10	睦	10	卞	18	趙	10	毛	19	刑	1	周
7	曹	20	連	17	扈	11	延	6	高	22	道	19	陰	7	蘇	17	黃	19	葉	4	景	14	潘
1	成	4	邱	18	西門	22	陸	1	沈	17	異	25	葛	3	明	15	梁	5	馮	13	錢	16	南宮
5	閔	5	梅	4	柴	24	鞠	24	具	17	海	1	尙	13	諸	12	河	23	阿	9	公	20	內
23	楊	21	李	4	國	19	興	13	陳	13	占	12	胡	12	殷	16	羅	10	包	8	班	19	皇甫
21	呂	11	韓	23	樑	20	太	4	康	2	鄭	16	唐	2	晉	1	蔡	23	尹	4	邦	18	榮
25	吉	12	洪	20	大	25	甘	18	愼	2	徐	1	昇	6	桂	20	魯	1	宋	10	墨	7	諸葛
23	王	17	許	9	菊	13	左	3	表	10	文	4	堅	23	溫	2	薛	10	裵	9	箕	10	賓
1	蔣	25	郭	14	萬	1	承	19	印	22	劉	5	浪	24	范	24	奇	12	兪	18	莊	5	彊
25	丘	1	辛	24	君	12	韋	12	魚	2	禹	24	倉	24	簡	21	卓	19	任	3	判	18	天
1	昔	9	孔	14	朴	7	笏	25	慶	12	嚴	7	舜	15	路	10	片	18	千	7	張	16	龐
21	杜	2	秋	23	申	22	獨孤	5	卜	12	咸	6	姜	4	强	13	史	20	廉	19	安	5	麻
18	司空	8	馬	13	全	19	永	22	董	13	石	4	權	1	鍾	14	皮	20	宣	14	白	12	袁
10	彭	9	琴	16	南	5	苗	2	鮮于	11	魏	2	孫	9	斤	7	章	3	房	7	丁	15	乃
5	彬	14	牟	1	車	1	采	2	施	10	盟	22	盧	19	漢	12	夏	2	泰	13	田	18	楚

방(方)

번호	성씨	번호	성씨	번호	성씨	번호	성씨	번호	성씨	번호	성씨	번호	성씨	번호	성씨	번호	성씨	번호	성씨	번호	성씨	번호	성씨
9	金	22	段	10	泰	18	池	3	弼	13	眞	17	余	7	朱	17	伊	12	化	15	龍	8	方
20	林	18	昌	6	賈	17	玄	1	崔	15	陶	1	程	12	元	4	曲	12	于	8	夫	3	邊
22	柳	6	弓	1	智	15	都	23	吳	5	平	8	睦	8	卞	2	趙	8	毛	17	刑	18	周
1	曹	16	連	11	扈	23	延	25	高	15	道	17	陰	1	蘇	11	黃	17	葉	24	景	5	潘
18	成	24	邱	2	西門	15	陸	18	沈	11	異	4	葛	10	明	21	梁	3	馮	7	錢	22	南宮
3	閔	3	梅	13	柴	9	鞠	9	具	11	海	18	尙	7	諸	19	河	12	阿	6	公	19	內
12	楊	20	李	24	國	17	興	7	陳	7	占	19	胡	19	殷	22	羅	8	包	14	班	17	皇甫
20	呂	23	韓	12	樑	16	太	24	康	13	鄭	22	唐	13	晉	18	蔡	12	尹	3	邦	2	榮
5	吉	19	洪	16	大	4	甘	2	愼	13	徐	18	昇	25	桂	16	魯	18	宋	8	墨	1	諸葛
12	王	11	許	6	菊	7	左	10	表	8	文	24	堅	12	溫	13	薛	8	裵	1	箕	8	賓
18	蔣	4	郭	5	萬	18	承	17	印	15	劉	21	浪	3	范	9	奇	19	兪	2	莊	4	彊
4	丘	18	辛	9	君	19	韋	19	魚	19	禹	13	倉	9	簡	20	卓	17	任	10	判	2	天
18	昔	6	孔	5	朴	1	箒	4	慶	19	嚴	1	舜	16	路	8	片	2	千	1	張	22	龐
9	杜	13	秋	7	申	15	獨孤	3	卜	19	咸	25	姜	24	强	7	史	16	廉	17	安	3	麻
2	司空	14	馬	7	全	17	永	15	董	7	石	24	權	18	鍾	5	皮	13	宣	2	白	19	袁
8	彭	6	琴	22	南	3	苗	13	鮮于	23	魏	13	孫	6	斤	1	章	10	房	1	丁	21	乃
3	彬	5	牟	18	車	18	采	13	施	8	盟	15	盧	17	漢	19	夏	13	泰	7	田	1	楚

방(房)

번호	성씨	번호	성씨	번호	성씨	번호	성씨	번호	성씨	번호	성씨	번호	성씨	번호	성씨	번호	성씨	번호	성씨	번호	성씨	번호	성씨
6	金	15	段	8	泰	2	池	10	弼	7	眞	12	余	1	朱	11	伊	19	化	21	龍	14	方
16	林	2	昌	25	賈	11	玄	18	崔	21	陶	18	程	19	元	24	曲	14	于	14	夫	10	邊
15	柳	15	弓	18	智	21	都	12	吳	3	平	14	睦	14	卞	13	趙	14	毛	11	刑	2	周
18	曹	22	連	23	扈	12	延	4	高	21	道	11	陰	18	蘇	23	黃	11	葉	9	景	3	潘
2	成	9	邱	13	西門	21	陸	2	沈	23	異	24	葛	8	明	20	梁	10	馮	1	錢	15	南宮
10	閔	10	梅	10	柴	6	鞠	6	具	23	海	2	尙	1	諸	17	河	19	阿	25	公	22	內
19	楊	16	李	9	國	11	興	1	陳	1	占	17	胡	17	殷	15	羅	14	包	5	班	11	皇甫
16	呂	12	韓	19	樑	22	太	9	康	7	鄭	15	唐	7	晉	2	蔡	19	尹	10	邦	13	榮
24	吉	17	洪	22	大	24	甘	13	愼	7	徐	2	昇	4	桂	22	魯	2	宋	14	墨	18	諸葛
19	王	23	許	25	菊	1	左	8	表	14	文	9	堅	19	溫	7	薛	14	裵	25	箕	14	賓
2	蔣	24	郭	3	萬	2	承	11	印	21	劉	20	浪	10	范	6	奇	17	兪	13	莊	24	彊
24	丘	2	辛	6	君	17	韋	17	魚	1	禹	7	倉	6	簡	16	卓	11	任	8	判	13	天
2	昔	25	孔	3	朴	18	箒	24	慶	18	嚴	18	舜	20	路	14	片	13	千	18	張	15	龐
16	杜	7	秋	1	申	21	獨孤	10	卜	17	咸	4	姜	9	强	1	史	22	廉	11	安	10	麻
13	司空	5	馬	1	全	11	永	21	董	1	石	9	權	2	鍾	3	皮	7	宣	3	白	17	袁
14	彭	25	琴	15	南	10	苗		鮮于	12	魏	7	孫	25	斤	18	章	8	房	18	丁	20	乃
10	彬	3	牟	2	車	2	采	7	施	14	盟	21	盧	11	漢	17	夏	7	泰	1	田	13	楚

배(裵)

번호	성씨	번호	성씨	번호	성씨	번호	성씨	번호	성씨	번호	성씨	번호	성씨	번호	성씨	번호	성씨	번호	성씨	번호	성씨	번호	성씨
9	金	22	段	10	泰	18	池	3	弼	13	眞	17	余	7	朱	17	伊	12	化	15	龍	8	方
20	林	18	昌	6	賈	17	玄	1	崔	15	陶	1	程	12	元	4	曲	12	于	8	夫	3	邊
22	柳	6	弓	1	智	15	都	23	吳	5	平	8	睦	8	卞	2	趙	8	毛	17	刑	18	周
1	曺	16	連	11	㮚	23	延	25	高	15	道	17	陰	1	蘇	11	黃	17	葉	24	景	5	潘
18	成	24	邱	2	西門	15	陸	18	沈	11	異	4	葛	10	明	21	梁	3	馮	7	錢	22	南宮
3	閔	3	梅	13	柴	9	鞠	9	具	11	海	18	尙	7	諸	19	河	12	阿	6	公	19	內
12	楊	20	李	24	國	17	興	7	陳	7	占	19	胡	19	殷	22	羅	8	包	14	班	17	皇甫
20	呂	23	韓	12	樑	16	太	24	康	13	鄭	22	唐	13	晉	18	蔡	12	尹	3	邦	2	榮
5	吉	19	洪	16	大	4	甘	2	愼	13	徐	18	昇	25	桂	16	魯	18	宋	8	墨	1	諸葛
12	王	11	許	6	菊	7	左	10	表	8	文	24	堅	12	溫	13	薛	8	裵	6	箕	8	賓
18	蔣	4	郭	5	萬	18	承	17	印	15	劉	21	浪	3	范	9	奇	19	兪	2	莊	4	彊
4	丘	18	辛	9	君	19	韋	19	魚	19	禹	13	倉	9	簡	20	卓	17	任	10	判	2	天
18	昔	6	孔	5	朴	1	筍	4	慶	19	嚴	1	舜	16	路	8	片	2	千	1	張	22	龐
9	杜	13	秋	7	申	15	獨孤	3	卜	19	咸	25	姜	24	强	7	史	16	廉	17	安	3	麻
2	司空	14	馬	7	全	17	永	15	董	7	石	24	權	18	鍾	5	皮	13	宣	5	白	19	袁
8	彭	6	琴	22	南	3	苗	13	鮮于	23	魏	13	孫	6	斤	1	章	10	房	1	丁	21	乃
3	彬	5	牟	18	車	18	采	13	施	8	盟	15	盧	17	漢	19	夏	13	泰	7	田	1	楚

백(百)

번호	성씨	번호	성씨	번호	성씨	번호	성씨	번호	성씨	번호	성씨	번호	성씨	번호	성씨	번호	성씨	번호	성씨	번호	성씨	번호	성씨
4	金	20	段	5	泰	7	池	14	弼	18	眞	17	余	2	朱	12	伊	11	化	16	龍	3	方
15	林	7	昌	24	賈	12	玄	13	崔	16	陶	13	程	11	元	6	曲	11	于	3	夫	14	邊
20	柳	24	弓	13	智	16	都	17	吳	8	平	3	睦	3	卞	1	趙	3	毛	12	刑	7	周
13	曺	21	連	19	㮚	17	延	9	高	16	道	12	陰	13	蘇	19	黃	12	葉	25	景	8	潘
7	成	25	邱	1	西門	16	陸	7	沈	19	異	6	葛	5	明	22	梁	14	馮	2	錢	20	南宮
14	閔	14	梅	18	柴	4	鞠	4	具	19	海	2	尙	2	諸	23	河	11	阿	24	公	21	內
11	楊	15	李	25	國	12	興	2	陳	2	占	23	胡	23	殷	20	羅	3	包	10	班	12	皇甫
15	呂	17	韓	11	樑	21	太	25	康	18	鄭	20	唐	18	晉	7	蔡	11	尹	14	邦	1	榮
6	吉	23	洪	21	大	6	甘	1	愼	18	徐	7	昇	9	桂	21	魯	7	宋	3	墨	13	諸葛
77	王	19	許	24	菊	2	左	5	表	3	文	25	堅	11	溫	18	薛	3	裵	24	箕	3	賓
7	蔣	6	郭	8	萬	7	承	12	印	16	劉	22	浪	14	范	4	奇	23	兪	1	莊	6	彊
6	丘	7	辛	4	君	23	韋	23	魚	23	禹	18	倉	4	簡	15	卓	12	任	5	判	1	天
7	昔	24	孔	8	朴	13	筍	6	慶	23	嚴	13	舜	22	路	3	片	1	千	13	張	20	龐
15	杜	18	秋	2	申	16	獨孤	14	卜	23	咸	9	姜	25	强	2	史	21	廉	12	安	14	麻
1	司空	10	馬	2	全	12	永	16	董	2	石	25	權	7	鍾	8	皮	18	宣	8	白	23	袁
3	彭	24	琴	20	南	14	苗	18	鮮于	17	魏	18	孫	24	斤	13	章	5	房	13	丁	22	乃
14	彬	8	牟	7	車	7	采	18	施	3	盟	16	盧	12	漢	23	夏	18	泰	2	田	1	楚

범(范)

번호	성씨	번호	성씨	번호	성씨	번호	성씨	번호	성씨	번호	성씨	번호	성씨	번호	성씨	번호	성씨	번호	성씨	번호	성씨	번호	성씨
25	金	21	段	14	泰	13	池	18	弼	1	眞	19	余	18	朱	23	伊	17	化	20	龍	10	方
22	林	13	昌	4	賈	23	玄	2	崔	20	陶	2	程	17	元	9	曲	17	于	5	夫	8	邊
21	柳	4	弓	2	智	26	都	19	吳	10	平	5	睦	5	卞	7	趙	5	毛	23	刑	13	周
2	曺	15	連	12	扈	19	延	24	高	20	道	23	陰	2	蘇	12	黃	23	葉	6	景	10	潘
13	成	6	邱	7	西門	20	陸	13	沈	12	異	9	葛	14	明	16	梁	8	馮	18	錢	21	南宮
8	閔	8	梅	1	柴	25	鞠	25	具	12	海	13	尙	18	諸	11	河	17	阿	4	公	15	內
17	楊	22	李	6	國	23	興	18	陳	18	占	11	胡	11	殷	21	羅	5	包	3	班	23	皇甫
22	呂	19	韓	17	樑	15	太	6	康	1	鄭	21	唐	1	晉	13	蔡	17	尹	8	邦	7	榮
9	吉	11	洪	15	大	9	甘	7	愼	1	徐	13	昇	24	桂	15	魯	13	宋	5	墨	2	諸葛
17	王	12	許	4	菊	18	左	14	表	5	文	6	堅	17	溫	1	薛	5	裵	4	箕	5	賓
13	蔣	9	郭	10	萬	13	承	23	印	20	劉	16	浪	8	范	25	奇	11	兪	13	莊	9	彊
9	丘	13	辛	25	君	11	韋	11	魚	11	禹	1	倉	25	簡	22	卓	23	任	24	判	7	天
13	昔	4	孔	10	朴	2	筍	9	慶	11	嚴	2	舜	15	路	5	片	7	千	2	張	21	龐
22	杜	1	秋	18	申	20	獨孤	8	卜	11	咸	24	姜	6	强	18	史	15	廉	23	安		麻
7	司空	3	馬	18	全	23	永	20	董	18	石	6	權	13	鍾	10	皮	1	宣	10	白	11	袁
5	彭	4	琴	21	南	8	苗	1	鮮于	19	魏	1	孫	4	斤	2	章	14	房	2	丁	16	乃
8	彬	10	牟	13	車	13	采	1	施	5	盟	20	盧	23	漢	1	夏	1	泰	18	田	7	楚

변(卞)

번호	성씨	번호	성씨	번호	성씨	번호	성씨	번호	성씨	번호	성씨	번호	성씨	번호	성씨	번호	성씨	번호	성씨	번호	성씨	번호	성씨
9	金	22	段	10	泰	18	池	3	弼	13	眞	17	余	7	朱	17	伊	12	化	15	龍	8	方
20	林	18	昌	6	賈	17	玄	1	崔	15	陶	1	程	12	元	4	曲	12	于	8	夫	3	邊
22	柳	6	弓	1	智	15	都	23	吳	5	平	8	睦	8	卞	2	趙	8	毛	17	刑	18	周
1	曺	16	連	11	扈	23	延	25	高	15	道	17	陰	1	蘇	11	黃	17	葉	24	景	5	潘
18	成	24	邱	2	西門	15	陸	18	沈	11	異	4	葛	10	明	21	梁	3	馮	7	錢	22	南宮
3	閔	3	梅	13	柴	9	鞠	9	具	13	海	7	尙	19	諸	11	河	12	阿	6	公	19	內
12	楊	20	李	24	國	17	興	7	陳	7	占	19	胡	19	殷	22	羅	8	包	14	班	17	皇甫
20	呂	23	韓	12	樑	16	太	24	康	13	鄭	22	唐	13	晉	18	蔡	12	尹	3	邦	2	榮
5	吉	19	洪	16	大	4	甘	2	愼	13	徐	18	昇	25	桂	16	魯	18	宋	8	墨	1	諸葛
12	王	11	許	6	菊	7	左	10	表	8	文	24	堅	12	溫	13	薛	8	裵	8	箕		賓
18	蔣	4	郭	5	萬	18	承	17	印	21	劉	3	浪	9	范	19	奇	2	兪	4	莊		彊
4	丘	18	辛	9	君	19	韋	19	魚	19	禹	9	倉	9	簡	20	卓	17	任	10	判	2	天
18	昔	6	孔	5	朴	1	筍	4	慶	19	嚴	1	舜	16	路	8	片	2	千	1	張	22	龐
9	杜	13	秋	7	申	15	獨孤	3	卜	19	咸	25	姜	24	强	7	史	16	廉	17	安	3	麻
2	司空	14	馬	7	全	17	永	15	董	7	石	24	權	18	鍾	1	皮	13	宣	5	白	19	袁
8	彭	6	琴	22	南	3	苗	13	鮮于	23	魏	13	孫	6	斤	1	章	10	房	1	丁	21	乃
3	彬	5	牟	18	車	18	采	13	施	8	盟	15	盧	17	漢	19	夏	13	泰	7	田	1	楚

변(邊)

번호	성씨	번호	성씨	번호	성씨	번호	성씨	번호	성씨	번호	성씨	번호	성씨	번호	성씨	번호	성씨	번호	성씨	번호	성씨	번호	성씨
25	金	21	段	14	泰	13	池	18	弼	1	眞	19	余	18	朱	23	伊	17	化	20	龍	10	方
22	林	13	昌	4	賈	23	玄	2	崔	20	陶	2	程	17	元	9	曲	17	于	5	夫	8	邊
21	柳	4	弓	2	智	26	都	19	吳	10	平	5	睦	5	卞	7	趙	5	毛	23	刑	13	周
2	曺	15	連	12	扈	19	延	24	高	20	道	23	陰	2	蘇	12	黃	23	葉	6	景	10	潘
13	成	6	邱	7	西門	20	陸	13	沈	12	異	9	葛	14	明	16	梁	8	馮	18	錢	21	南宮
8	閔	8	梅	1	柴	25	鞠	25	具	12	海	13	尙	18	諸	11	河	17	阿	4	公	15	內
17	楊	22	李	6	國	23	興	18	陳	18	占	11	胡	11	殷	21	羅	5	包	3	班	23	皇甫
22	呂	19	韓	17	樑	15	太	6	康	1	鄭	21	唐	1	晉	13	蔡	17	尹	8	邦	7	榮
9	吉	11	洪	15	大	9	甘	7	愼		徐	13	昇	24	桂	15	魯	13	宋	5	墨	2	諸葛
17	王	12	許	4	菊	18	左	14	表	5	文	6	堅	17	溫	1	薛	5	裵	4	箕	5	賓
13	蔣	9	郭	10	萬	13	承	23	印	20	劉	16	浪	8	范	25	奇	11	兪	13	莊	9	彊
9	丘	13	辛	25	君	11	韋	11	魚	11	禹	1	倉	25	簡	22	卓	23	任	24	判	7	天
13	昔	4	孔	10	朴	2	箚	9	慶	11	嚴	2	舜	15	路	5	片	7	千	2	張	21	龐
22	杜	1	秋	18	申	20	瓢	8	卜	11	咸	24	姜	6	强	18	史	15	廉	23	安	8	麻
7	司空	3	馬	18	全	23	永	20	董	18	石	6	權	13	鍾	10	皮	1	宣	10	白	11	袁
5	彭	4	琴	21	南	8	苗	1	鮮于	19	魏	1	孫	4	斤	2	章	14	房	2	丁	16	乃
8	彬	10	牟	13	車	13	采	1	施	5	盟	20	盧	23	漢	1	夏	1	泰	18	田	7	楚

복(卜)

번호	성씨	번호	성씨	번호	성씨	번호	성씨	번호	성씨	번호	성씨	번호	성씨	번호	성씨	번호	성씨	번호	성씨	번호	성씨	번호	성씨
25	金	21	段	14	泰	13	池	18	弼	1	眞	19	余	18	朱	23	伊	17	化	20	龍	10	方
22	林	13	昌	4	賈	23	玄	2	崔	20	陶	2	程	17	元	9	曲	17	于	5	夫	8	邊
21	柳	4	弓	2	智	26	都	19	吳	10	平	5	睦	5	卞	7	趙	5	毛	23	刑	13	周
2	曺	15	連	12	扈	19	延	24	高	20	道	23	陰	2	蘇	12	黃	23	葉	6	景	10	潘
13	成	6	邱	7	西門	20	陸	13	沈	12	異	9	葛	14	明	16	梁	8	馮	18	錢	21	南宮
8	閔	8	梅	1	柴	25	鞠	25	具	12	海	13	尙	18	諸	11	河	17	阿	4	公	15	內
17	楊	22	李	6	國	23	興	18	陳	18	占	11	胡	11	殷	21	羅	5	包	3	班	23	皇甫
22	呂	19	韓	17	樑	15	太	6	康	1	鄭	21	唐	1	晉	13	蔡	17	尹	8	邦	7	榮
9	吉	11	洪	15	大	9	甘	7	愼		徐	13	昇	24	桂	15	魯	13	宋	5	墨	2	諸葛
17	王	12	許	4	菊	18	左	14	表	5	文	6	堅	17	溫	1	薛	5	裵	4	箕	5	賓
13	蔣	9	郭	10	萬	13	承	23	印	20	劉	16	浪	8	范	25	奇	11	兪	13	莊	9	彊
9	丘	13	辛	25	君	11	韋	11	魚	11	禹	1	倉	25	簡	22	卓	23	任	24	判	7	天
13	昔	4	孔	10	朴	2	箚	9	慶	11	嚴	2	舜	15	路	5	片	7	千	2	張	21	龐
22	杜	1	秋	18	申	20	瓢	8	卜	11	咸	24	姜	6	强	18	史	15	廉	23	安	8	麻
7	司空	3	馬	18	全	23	永	20	董	18	石	6	權	13	鍾	10	皮	1	宣	10	白	11	袁
5	彭	4	琴	21	南	8	苗	1	鮮于	19	魏	1	孫	4	斤	2	章	14	房	2	丁	16	乃
8	彬	10	牟	13	車	13	采	1	施	5	盟	20	盧	23	漢	1	夏	1	泰	18	田	7	楚

봉(奉)

번호	성씨	번호	성씨	번호	성씨	번호	성씨	번호	성씨	번호	성씨	번호	성씨	번호	성씨	번호	성씨	번호	성씨	번호	성씨	번호	성씨
6	金	15	段	8	泰	2	池	10	弼	7	眞	12	余	1	朱	11	伊	19	化	21	龍	14	方
16	林	2	昌	25	賈	11	玄	18	崔	21	陶	18	程	19	元	24	曲	14	于	14	夫	10	邊
15	柳	15	弓	18	智	21	都	12	吳	3	平	14	睦	14	卞	13	趙	14	毛	11	刑	2	周
18	曹	22	連	23	扈	12	延	4	高	21	道	11	陰	18	蘇	23	黃	11	葉	9	景	3	潘
2	成	9	邱	13	西門	21	陸	2	沈	23	異	24	葛	8	明	20	梁	10	馮	1	錢	15	南宮
10	閔	10	梅	7	柴	6	鞠	6	具	23	海	2	尙	1	諸	17	河	19	阿	25	公	22	內
19	楊	16	李	9	國	11	興	1	陳	1	占	17	胡	17	殷	15	羅	14	包	5	班	11	皇甫
16	呂	12	韓	19	樑	22	太	9	康	7	鄭	15	唐	7	晉	2	蔡	19	尹	10	邦	13	榮
24	吉	17	洪	22	大	24	甘	13	愼	7	徐	2	昇	4	桂	22	魯	2	宋	14	墨	18	諸葛
19	王	23	許	25	菊	1	左	8	表	14	文	9	堅	19	溫	7	薛	14	襄	25	箕	14	賓
2	蔣	24	郭	3	萬	2	承	11	印	21	劉	20	浪	10	范	6	奇	17	兪	13	莊	24	彊
24	丘	2	辛	6	君	17	韋	17	魚	17	禹	7	倉	6	簡	16	卓	11	任	8	判	13	天
2	昔	25	孔	3	朴	18	筍	24	慶	17	嚴	18	舜	20	路	14	片	13	千	18	張	15	龐
16	杜	7	秋	1	申	21	獨孤	10	卜	17	咸	4	姜	9	强	1	史	22	廉	11	安	10	麻
13	司空	5	馬	1	全	11	永	21	董	1	石	9	權	2	鍾	3	皮	7	宣	3	白	17	袁
14	彭	25	琴	15	南	10	苗	7	鮮于	12	魏	7	孫	25	斤	18	章	8	房	18	丁	20	乃
10	彬	3	牟	2	車	2	采	7	施	14	盟	21	盧	11	漢	17	夏	7	泰	1	田	13	楚

부(夫)

번호	성씨	번호	성씨	번호	성씨	번호	성씨	번호	성씨	번호	성씨	번호	성씨	번호	성씨	번호	성씨	번호	성씨	번호	성씨	번호	성씨
9	金	22	段	10	泰	18	池	3	弼	13	眞	17	余	7	朱	17	伊	12	化	15	龍	8	方
20	林	18	昌	6	賈	17	玄	1	崔	15	陶	1	程	12	元	4	曲	12	于	8	夫	3	邊
22	柳	6	弓	1	智	15	都	23	吳	5	平	8	睦	8	卞	2	趙	8	毛	17	刑	18	周
1	曹	16	連	11	扈	23	延	25	高	15	道	17	陰	1	蘇	11	黃	17	葉	24	景	5	潘
18	成	24	邱	2	西門	15	陸	18	沈	11	異	4	葛	10	明	21	梁	3	馮	7	錢	22	南宮
3	閔	3	梅	13	柴	9	鞠	9	具	1	海	7	尙	7	諸	19	河	12	阿	6	公	19	內
12	楊	20	李	24	國	17	興	7	陳	7	占	19	胡	19	殷	22	羅	8	包	14	班	17	皇甫
20	呂	23	韓	12	樑	16	太	24	康	13	鄭	22	唐	13	晉	18	蔡	12	尹	3	邦	2	榮
5	吉	19	洪	16	大	4	甘	2	愼	13	徐	18	昇	25	桂	16	魯	18	宋	8	墨	1	諸葛
12	王	11	許	6	菊	7	左	10	表	8	文	24	堅	12	溫	13	薛	8	襄	6	箕	8	賓
18	蔣	4	郭	5	萬	18	承	17	印	15	劉	3	浪	9	范	19	奇	19	兪	2	莊	4	彊
4	丘	18	辛	9	君	19	韋	19	魚	13	禹	9	倉	20	簡	17	卓	10	任	2	判	2	天
18	昔	6	孔	5	朴	1	筍	4	慶	19	嚴	1	舜	16	路	8	片	2	千	1	張	22	龐
9	杜	13	秋	7	申	15	獨孤	3	卜	19	咸	25	姜	24	强	7	史	16	廉	17	安	3	麻
2	司空	14	馬	7	全	17	永	15	董	7	石	24	權	18	鍾	5	皮	13	宣	5	白	19	袁
8	彭	6	琴	22	南	3	苗	13	鮮于	23	魏	13	孫	6	斤	1	章	10	房	1	丁	21	乃
3	彬	5	牟	18	車	18	采	13	施	8	盟	15	盧	17	漢	19	夏	13	泰	7	田	1	楚

빈(彬)

번호	성씨	번호	성씨	번호	성씨	번호	성씨	번호	성씨	번호	성씨	번호	성씨	번호	성씨	번호	성씨	번호	성씨	번호	성씨	번호	성씨
25	金	21	段	14	泰	13	池	18	弼	1	眞	19	余	18	朱	23	伊	17	化	20	龍	10	方
22	林	13	昌	4	賈	23	玄	2	崔	20	陶	2	程	17	元	9	曲	17	于	5	夫	8	邊
21	柳	4	弓	2	智	26	都	19	吳	10	平	5	睦	5	卞	7	趙	5	毛	23	刑	13	周
2	曺	15	連	12	扈	19	延	24	高	20	道	23	陰	2	蘇	12	黃	23	葉	6	景	10	潘
13	成	6	邱	7	西門	20	陸	13	沈	12	異	9	葛	14	明	16	梁	8	馮	18	錢	21	南宮
8	閔	8	梅	1	柴	25	鞠	25	具	12	海	13	尙	18	諸	11	河	17	阿	4	公	15	內
17	楊	22	李	6	國	23	興	18	陳	18	占	11	胡	11	殷	21	羅	5	包	3	班	23	皇甫
22	呂	19	韓	17	樑	15	太	6	康	1	鄭	21	唐	1	晋	13	蔡	17	尹	8	邦	7	榮
9	吉	11	洪	15	大	9	甘	7	愼	4	徐	13	昇	24	桂	15	魯	13	宋	5	墨	2	諸葛
17	王	12	許	4	菊	18	左	14	表	5	文	6	堅	17	溫	1	薛	5	裵	4	箕	5	賓
13	蔣	9	郭	10	萬	13	承	23	印	20	劉	16	浪	8	范	25	奇	11	兪	13	莊	9	彊
9	丘	13	辛	25	君	11	韋	11	魚	11	禹	1	倉	25	簡	22	卓	23	任	24	判	7	天
13	昔	4	孔	10	朴	2	箚	9	慶	11	嚴	2	舜	15	路	5	片	7	千	2	張	21	龐
22	杜	1	秋	18	申	20	瓠	8	卜	11	咸	24	姜	6	强	18	史	15	廉	23	安	8	麻
7	司空	3	馬	18	全	23	永	20	董	18	石	6	權	13	鍾	10	皮	1	宣	10	白	11	袁
5	彭	4	琴	21	南	8	苗	1	鮮于	19	魏	1	孫	4	斤	2	章	14	房	2	丁	16	乃
8	彬	10	牟	13	車	13	采	1	施	5	盟	20	盧	23	漢	1	夏	1	泰	18	田	7	楚

빈(賓)

번호	성씨	번호	성씨	번호	성씨	번호	성씨	번호	성씨	번호	성씨	번호	성씨	번호	성씨	번호	성씨	번호	성씨	번호	성씨	번호	성씨
9	金	22	段	10	泰	18	池	3	弼	13	眞	17	余	7	朱	17	伊	12	化	15	龍	8	方
20	林	18	昌	6	賈	17	玄	1	崔	15	陶	1	程	12	元	4	曲	12	于	8	夫	3	邊
22	柳	6	弓	1	智	15	都	23	吳	5	平	8	睦	8	卞	2	趙	8	毛	17	刑	18	周
1	曺	16	連	11	扈	23	延	25	高	15	道	17	陰	1	蘇	11	黃	17	葉	24	景	5	潘
18	成	24	邱	2	西門	15	陸	18	沈	11	異	4	葛	10	明	21	梁	3	馮	7	錢	22	南宮
3	閔	3	梅	13	柴	9	鞠	9	具	11	海	18	尙	7	諸	19	河	12	阿	9	公	19	內
12	楊	20	李	24	國	17	興	7	陳	7	占	19	胡	19	殷	22	羅	8	包	14	班	17	皇甫
20	呂	23	韓	12	樑	16	太	24	康	13	鄭	22	唐	13	晋	18	蔡	12	尹	3	邦	2	榮
5	吉	19	洪	16	大	4	甘	2	愼	13	徐	18	昇	25	桂	16	魯	18	宋	8	墨	1	諸葛
12	王	11	許	6	菊	7	左	10	表	8	文	24	堅	12	溫	13	薛	8	裵	6	箕	8	賓
18	蔣	4	郭	5	萬	18	承	17	印	15	劉	21	浪	3	范	9	奇	19	兪	2	莊	4	彊
4	丘	18	辛	9	君	19	韋	19	魚	19	禹	13	倉	9	簡	20	卓	17	任	10	判	2	天
18	昔	6	孔	5	朴	1	箚	4	慶	19	嚴	1	舜	16	路	8	片	2	千	1	張	22	龐
9	杜	13	秋	7	申	15	瓠	3	卜	19	咸	25	姜	24	强	7	史	16	廉	17	安	3	麻
2	司空	14	馬	18	全	17	永	15	董	8	石	24	權	18	鍾	5	皮	13	宣	5	白	19	袁
8	彭	6	琴	22	南	3	苗	13	鮮于	23	魏	13	孫	6	斤	1	章	10	房	1	丁	21	乃
3	彬	5	牟	18	車	18	采	13	施	8	盟	15	盧	17	漢	19	夏	13	泰	7	田	1	楚

사(史)

번호	성씨	번호	성씨	번호	성씨	번호	성씨	번호	성씨	번호	성씨	번호	성씨	번호	성씨	번호	성씨	번호	성씨	번호	성씨	번호	성씨
15	金	23	段	4	泰	5	池	25	弼	10	眞	7	余	8	朱	2	伊	1	化	12	龍	24	方
17	林	5	昌	21	賈	2	玄	14	崔	12	陶	14	程	1	元	16	曲	1	于	24	夫	25	邊
23	柳	21	弓	14	智	12	都	7	吳	6	平	24	睦	24	卞	3	趙	24	毛	7	刑	5	周
14	曺	11	連	13	扈	7	延	20	高	12	道	2	陰	14	蘇	13	黃	2	葉	22	景	6	潘
5	成	22	邱	3	西門	12	陸	5	沈	13	異	16	葛	4	明	19	梁	25	馮	8	錢	23	南宮
25	閔	25	梅	10	柴	15	鞠	15	具	13	海	5	尙	8	諸	18	河	1	阿	21	公	11	內
1	楊	17	李	22	國	2	興	8	陳	8	占	18	胡	18	殷	23	羅	24	包	9	班	2	皇甫
17	呂	7	韓	1	樑	11	太	22	康	10	鄭	23	唐	10	晉	5	蔡	1	尹	25	邦	3	菜
16	吉	18	洪	11	大	6	甘	3	愼	10	徐	5	昇	20	桂	11	魯	5	宋	24	墨	14	諸葛
1	王	13	許	21	菊	8	左	4	表	24	文	22	堅	1	溫	10	薛	24	襄	21	箕	24	賓
5	蔣	16	郭	6	萬	5	承	2	印	12	劉	19	浪	25	范	15	奇	18	兪	3	莊	16	彊
16	丘	5	辛	15	君	18	章	18	魚	18	禹	10	倉	15	簡	17	卓	2	任	4	判	3	天
5	昔	21	孔	6	朴	14	筍	16	慶	18	嚴	14	舜	19	路	24	片	3	千	14	張	23	龐
17	杜	10	秋	8	申	12	獨孤	25	卜	18	咸	20	姜	22	強	8	史	11	廉	2	安	25	麻
3	司空	9	馬	8	全	2	永	12	董	8	石	22	權	5	鍾	6	皮	10	宣	6	白	18	袁
24	彭	21	琴	23	南	25	苗	10	鮮于	7	魏	10	孫	21	斤	14	章	4	房	14	丁	19	乃
25	彬	6	牟	5	車	5	采	10	施	24	盟	12	盧	2	漢	18	夏	10	泰	8	田	3	楚

사공(司空)

번호	성씨	번호	성씨	번호	성씨	번호	성씨	번호	성씨	번호	성씨	번호	성씨	번호	성씨	번호	성씨	번호	성씨	번호	성씨	번호	성씨
20	金	19	段	9	泰	10	池	24	弼	14	眞	18	余	5	朱	7	伊	2	化	17	龍	6	方
23	林	10	昌	16	賈	7	玄	3	崔	17	陶	3	程	2	元	15	曲	2	于	6	夫	24	邊
19	柳	16	弓	3	智	17	都	18	吳	4	平	6	睦	6	卞	8	趙	6	毛	7	刑	10	周
3	曺	12	連	1	扈	18	延	22	高	17	道	7	陰	3	蘇	1	黃	7	葉	21	景	4	潘
10	成	21	邱	8	西門	17	陸	10	沈	1	異	15	葛	9	明	11	梁	24	馮	5	錢	19	南宮
24	閔	24	梅	14	柴	23	鞠	20	具	1	海	10	尙	8	諸	13	河	1	阿	16	公	12	內
2	楊	23	李	21	國	7	興	5	陳	5	占	13	胡	13	殷	19	羅	6	包	25	班	7	皇甫
23	呂	18	韓	2	樑	12	太	21	康	14	鄭	19	唐	14	晉	10	蔡	2	尹	24	邦	8	菜
15	吉	13	洪	12	大	15	甘	8	愼	14	徐	10	昇	22	桂	12	魯	10	宋	6	墨	3	諸葛
2	王	1	許	16	菊	5	左	9	表	6	文	21	堅	2	溫	14	薛	6	襄	16	箕	6	賓
10	蔣	15	郭	4	萬	10	承	2	印	17	劉	1	浪	24	范	20	奇	13	兪	8	莊	15	彊
15	丘	10	辛	20	君	13	章	13	魚	13	禹	14	倉	20	簡	23	卓	7	任	9	判	8	天
10	昔	16	孔	4	朴	3	筍	15	慶	13	嚴	3	舜	11	路	6	片	8	千	3	張	19	龐
23	杜	14	秋	5	申	17	獨孤	24	卜	13	咸	22	姜	21	強	5	史	12	廉	7	安	24	麻
8	司空	25	馬	5	全	7	永	17	董	5	石	21	權	10	鍾	4	皮	8	宣	4	白	13	袁
6	彭	16	琴	19	南	24	苗	14	鮮于	18	魏	14	孫	16	斤	3	章	9	房	3	丁	11	乃
24	彬	4	牟	10	車	10	采	14	施	6	盟	17	盧	7	漢	13	夏	14	泰	5	田	8	楚

상(尙)

번호	성씨	번호	성씨	번호	성씨	번호	성씨	번호	성씨	번호	성씨	번호	성씨	번호	성씨	번호	성씨	번호	성씨	번호	성씨	번호	성씨
16	金	17	段	6	泰	8	池	9	弼	5	眞	2	余	3	朱	1	伊	13	化	11	龍	25	方
12	林	8	昌	22	賈	1	玄	10	崔	11	陶	10	程	13	元	21	曲	13	于	25	夫	9	邊
17	柳	22	弓	10	智	11	都	2	吳	25	平	25	陸	25	卞	14	趙	25	毛	1	刑	8	周
10	曺	19	連	18	扈	2	延	15	高	11	道	1	陰	10	蘇	18	黃	1	葉	20	景	24	潘
8	成	20	邱	14	西門	11	陸	8	沈	1	異	21	葛	6	明	23	梁	9	馮	3	錢	17	南宮
9	閔	9	梅	5	柴	16	鞠	16	具	18	海	8	尙	3	諸	7	河	13	阿	22	公	19	內
13	楊	12	李	20	國	1	興	3	陳	3	占	7	胡	7	殷	17	羅	25	包	4	班	1	皇甫
12	呂	2	韓	13	樑	19	太	21	康	5	鄭	17	唐	5	晉	8	蔡	13	尹	9	邦	10	榮
21	吉	7	洪	19	大	21	甘	14	愼	7	徐	8	昇	15	桂	9	魯	8	宋	25	墨	10	諸葛
13	王	18	許	22	菊	3	左	6	表	25	文	20	堅	13	溫	5	薛	25	裵	20	箕	25	賓
8	蔣	21	郭	24	萬	8	承	1	印	11	劉	23	浪	9	范	16	奇	7	兪	10	莊	21	彊
21	丘	8	辛	16	君	7	韋	7	魚	7	禹	5	倉	16	簡	12	卓	1	任	6	判	14	天
8	昔	22	孔	24	朴	10	筍	21	慶	7	嚴	10	舜	19	路	25	片	14	千	10	張	17	龐
12	杜	5	秋	3	申	11	獨孤	9	卜	7	咸	15	姜	20	强	3	史	19	廉	1	安	9	麻
14	司空	4	馬	3	全	1	永	11	董	3	石	20	權	8	鍾	24	皮	5	宣	24	白	7	袁
25	彭	22	琴	17	南	9	苗	8	鮮于	2	魏	5	孫	22	斤	10	章	6	房	10	丁	23	乃
9	彬	24	牟	8	車	8	采	5	施	25	盟	11	盧	1	漢	7	夏	5	泰	3	田	10	楚

서(徐)

번호	성씨	번호	성씨	번호	성씨	번호	성씨	번호	성씨	번호	성씨	번호	성씨	번호	성씨	번호	성씨	번호	성씨	번호	성씨	번호	성씨
21	金	12	段	24	泰	3	池	4	弼	8	眞	1	余	14	朱	13	伊	18	化	19	龍	9	方
11	林	3	昌	20	賈	13	玄	5	崔	19	陶	5	程	18	元	22	曲	18	于	9	夫	4	邊
12	柳	20	弓	5	智	19	都	1	吳	25	平	9	陸	9	卞	10	趙	9	毛	13	刑	3	周
5	曺	23	連	7	扈	1	延	16	高	19	道	13	陰	5	蘇	7	黃	13	葉	15	景	25	潘
3	成	15	邱	10	西門	19	陸	3	沈	7	異	22	葛	24	明	17	梁	4	馮	14	錢	12	南宮
4	閔	4	梅	8	柴	21	鞠	21	具	7	海	14	尙	14	諸	2	河	18	阿	20	公	23	內
18	楊	11	李	15	國	13	興	14	陳	14	占	2	胡	2	殷	12	羅	9	包	6	班	13	皇甫
11	呂	1	韓	18	樑	23	太	15	康	8	鄭	12	唐	8	晉	3	蔡	18	尹	4	邦	10	榮
22	吉	2	洪	23	大	22	甘	10	愼	3	徐	16	昇	23	桂	3	魯	9	宋	5	墨	5	諸葛
18	王	7	許	20	菊	14	左	24	表	9	文	15	堅	18	溫	8	薛	9	裵	20	箕	9	賓
3	蔣	22	郭	25	萬	3	承	13	印	19	劉	4	浪	21	范	2	奇	10	兪	22	莊	22	彊
21	丘	3	辛	21	君	2	韋	2	魚	2	禹	21	倉	11	簡	13	卓	24	任	10	判	10	天
3	昔	20	孔	25	朴	5	筍	22	慶	2	嚴	5	舜	17	路	9	片	10	千	5	張	12	龐
11	杜	8	秋	14	申	19	獨孤	4	卜	2	咸	16	姜	15	强	14	史	23	廉	13	安	4	麻
10	司空	6	馬	14	全	13	永	19	董	14	石	15	權	3	鍾	25	皮	8	宣	25	白	2	袁
9	彭	20	琴	12	南	4	苗	8	鮮于	1	魏	8	孫	20	斤	5	章	24	房	5	丁	17	乃
4	彬	25	牟	3	車	3	采	8	施	9	盟	19	盧	13	漢	2	夏	8	泰	14	田	10	楚

서문(西門)

번호	성씨	번호	성씨	번호	성씨	번호	성씨	번호	성씨	번호	성씨	번호	성씨	번호	성씨	번호	성씨	번호	성씨	번호	성씨	번호	성씨
20	金	19	段	9	泰	10	池	24	弼	14	眞	18	余	5	朱	7	伊	2	化	17	龍	6	方
23	林	10	昌	16	賈	7	玄	3	崔	17	陶	3	程	2	元	15	曲	2	于	6	夫	24	邊
19	柳	16	弓	3	智	17	都	18	吳	4	平	6	睦	6	卞	8	趙	6	毛	7	刑	10	周
3	曺	12	連	1	扈	18	延	22	高	17	道	7	陰	3	蘇	1	黃	7	葉	21	景	4	潘
10	成	21	邱	8	西門	17	陸	10	沈	1	異	15	葛	9	明	11	梁	24	馮	5	錢	19	南宮
24	閔	24	梅	14	柴	23	鞠	20	具	1	海	10	尙	8	諸	13	河	1	阿	16	公	12	內
2	楊	23	李	21	國	7	興	5	陳	5	占	13	胡	13	殷	19	羅	6	包	25	班	7	皇甫
23	呂	18	韓	2	樑	12	太	21	康	14	鄭	19	唐	14	晉	10	蔡	2	尹	24	邦	8	榮
15	吉	13	洪	12	大	15	甘	8	愼	14	徐	10	昇	22	桂	12	魯	10	宋	6	墨	3	諸葛
2	王	1	許	16	菊	5	左	9	表	7	文	21	堅	2	溫	14	薛	6	襄	16	箕	6	賓
10	蔣	15	郭	4	萬	10	承	7	印	17	劉	11	浪	24	范	20	奇	13	兪	8	莊	15	彊
15	丘	10	辛	20	君	13	韋	13	魚	13	禹	14	倉	20	簡	23	卓	7	任	9	判	8	天
10	昔	16	孔	4	朴	3	箚	15	慶	13	嚴	3	舜	11	路	6	片	8	千	3	張	19	龐
23	杜	14	秋	5	申	17	獨孤	24	卜	13	咸	22	姜	21	強	5	史	12	廉	7	安	24	麻
8	司空	25	馬	5	全	7	永	17	董	5	石	21	權	10	鍾	4	皮	14	宣	4	白	13	袁
6	彭	16	琴	19	南	24	苗	14	鮮于	18	魏	14	孫	16	斤	3	章	9	房	3	丁	11	乃
24	彬	4	牟	10	車	10	采	14	施	6	盟	17	盧	7	漢	13	夏	14	泰	5	田	8	楚

석(石)

번호	성씨	번호	성씨	번호	성씨	번호	성씨	번호	성씨	번호	성씨	번호	성씨	번호	성씨	번호	성씨	번호	성씨	번호	성씨	번호	성씨
15	金	23	段	4	泰	5	池	25	弼	10	眞	7	余	8	朱	2	伊	1	化	12	龍	24	方
17	林	5	昌	21	賈	2	玄	14	崔	12	陶	14	程	1	元	16	曲	1	于	24	夫	25	邊
23	柳	21	弓	14	智	12	都	7	吳	6	平	24	睦	24	卞	3	趙	24	毛	7	刑	5	周
14	曺	11	連	13	扈	7	延	20	高	12	道	2	陰	14	蘇	13	黃	2	葉	22	景	6	潘
5	成	22	邱	3	西門	12	陸	5	沈	13	異	16	葛	4	明	19	梁	25	馮	8	錢	23	南宮
25	閔	25	梅	10	柴	15	鞠	15	具	13	海	18	尙	18	諸	1	河	21	阿	9	公	11	內
1	楊	17	李	22	國	2	興	8	陳	8	占	18	胡	18	殷	23	羅	24	包	9	班	2	皇甫
17	呂	7	韓	1	樑	11	太	22	康	10	鄭	23	唐	10	晉	5	蔡	1	尹	25	邦	3	榮
16	吉	18	洪	11	大	6	甘	3	愼	10	徐	5	昇	20	桂	11	魯	5	宋	24	墨	14	諸葛
1	王	13	許	21	菊	8	左	4	表	24	文	22	堅	1	溫	10	薛	24	襄	21	箕	24	賓
5	蔣	16	郭	5	萬	5	承	2	印	5	劉	1	浪	25	范	15	奇	18	兪	3	莊	16	彊
16	丘	5	辛	15	君	18	韋	18	魚	14	禹	19	倉	15	簡	17	卓	2	任	4	判	3	天
5	昔	21	孔	6	朴	14	箚	16	慶	18	嚴	14	舜	19	路	24	片	3	千	14	張	23	龐
17	杜	10	秋	8	申	12	獨孤	25	卜	18	咸	20	姜	22	強	8	史	11	廉	2	安	25	麻
3	司空	9	馬	8	全	2	永	12	董	8	石	22	權	5	鍾	6	皮	10	宣	6	白	18	袁
24	彭	21	琴	23	南	25	苗	10	鮮于	7	魏	10	孫	21	斤	14	章	4	房	14	丁	19	乃
25	彬	6	牟	5	車	5	采	10	施	24	盟	12	盧	2	漢	18	夏	10	泰	8	田	3	楚

석(昔)

번호	성씨	번호	성씨	번호	성씨	번호	성씨	번호	성씨	번호	성씨	번호	성씨	번호	성씨	번호	성씨	번호	성씨	번호	성씨	번호	성씨
16	金	17	段	6	泰	8	池	9	弼	5	眞	2	余	3	朱	1	伊	13	化	11	龍	25	方
12	林	8	昌	22	賈	1	玄	10	崔	11	陶	10	程	13	元	21	曲	13	于	25	夫	9	邊
17	柳	22	弓	10	智	11	都	2	吳	25	平	25	睦	25	卞	14	趙	25	毛	1	刑	8	周
10	曺	19	連	18	扈	2	延	15	高	11	道	1	陰	10	蘇	18	黃	1	葉	20	景	24	潘
8	成	20	邱	14	西門	11	陸	8	沈	9	異	21	葛	6	明	23	梁	9	馮	3	錢	17	南宮
9	閔	9	梅	5	柴	16	鞠	16	具	18	海	8	尙	3	諸	7	河	13	阿	22	公	19	內
13	楊	12	李	20	國	1	興	3	陳	3	占	7	胡	7	殷	17	羅	25	包	4	班	1	皇甫
12	呂	2	韓	13	樑	19	太	21	康	5	鄭	17	唐	5	晉	8	蔡	13	尹	9	邦	10	菜
21	吉	7	洪	19	大	21	甘	14	愼	5	徐	8	昇	15	桂	9	魯	8	宋	25	墨	10	諸葛
13	王	18	許	22	菊	3	左	6	表	25	文	20	堅	13	溫	5	薛	25	襄	20	箕	25	賓
8	蔣	21	郭	24	萬	8	承	1	印	11	劉	23	浪	9	范	16	奇	7	兪	10	莊	21	彊
21	丘	8	辛	16	君	7	章	7	魚	7	禹	5	倉	16	簡	12	卓	1	任	6	判	14	天
8	昔	22	孔	24	朴	10	筍	21	慶	7	嚴	10	舜	19	路	25	片	14	千	10	張	17	龐
12	杜	5	秋	3	申		獨孤	9	卜	7	咸	15	姜	20	強	3	史	19	廉	1	安	9	麻
14	司空	4	馬	3	全	1	永	11	董	3	石	20	權	8	鍾	24	皮	5	宣	24	白	7	袁
25	彭	22	琴	17	南	9	苗	5	鮮于	2	魏	5	孫	22	斤	10	章	6	房	10	丁	23	乃
9	彬	24	牟	8	車	8	采	5	施	25	盟	11	盧	1	漢	7	夏	5	泰	3	田	10	楚

선(宣)

번호	성씨	번호	성씨	번호	성씨	번호	성씨	번호	성씨	번호	성씨	번호	성씨	번호	성씨	번호	성씨	번호	성씨	번호	성씨	번호	성씨
21	金	12	段	24	泰	3	池	4	弼	8	眞	1	余	14	朱	13	伊	18	化	19	龍	9	方
11	林	3	昌	20	賈	13	玄	5	崔	19	陶	5	程	18	元	22	曲	18	于	9	夫	4	邊
12	柳	20	弓	5	智	19	都	1	吳	25	平	9	睦	9	卞	10	趙	9	毛	13	刑	3	周
5	曺	23	連	7	扈	1	延	16	高	19	道	13	陰	5	蘇	7	黃	13	葉	15	景	25	潘
3	成	15	邱	10	西門	19	陸	3	沈	7	異	22	葛	24	明	17	梁	4	馮	14	錢	12	南宮
4	閔	4	梅	8	柴	21	鞠	21	具	7	海	14	尙	14	諸	2	河	18	阿	20	公	23	內
18	楊	11	李	15	國	13	興	14	陳	14	占	2	胡	2	殷	12	羅	9	包	6	班	13	皇甫
11	呂	1	韓	18	樑	23	太	15	康	8	鄭	12	唐	8	晉	3	蔡	18	尹	4	邦	10	菜
22	吉	2	洪	23	大	22	甘	10	愼	8	徐	3	昇	16	桂	23	魯	3	宋	9	墨	5	諸葛
18	王	7	許	20	菊	14	左	24	表	9	文	15	堅	18	溫	8	薛	20	襄	20	箕	9	賓
3	蔣	22	郭	25	萬	3	承	19	印	17	劉	4	浪	21	范	2	奇	10	兪	10	莊	22	彊
21	丘	3	辛	21	君	2	章	2	魚	8	禹	21	倉	11	簡	13	卓	24	任	10	判	10	天
3	昔	20	孔	25	朴	5	筍	22	慶	5	嚴	17	舜	9	路	10	片	5	千	12	張	12	龐
11	杜	8	秋	14	申	19	獨孤	4	卜	2	咸	16	姜	15	強	14	史	23	廉	13	安	4	麻
10	司空	6	馬	14	全	13	永	19	董	14	石	15	權	3	鍾	25	皮	8	宣	25	白	2	袁
9	彭	20	琴	12	南	4	苗		鮮于	1	魏	8	孫	20	斤	5	章	24	房	5	丁	17	乃
4	彬	25	牟	3	車	3	采	8	施	9	盟	19	盧	13	漢	2	夏	8	泰	14	田	10	楚

선우(鮮于)

번호	성씨	번호	성씨	번호	성씨	번호	성씨	번호	성씨	번호	성씨	번호	성씨	번호	성씨	번호	성씨	번호	성씨	번호	성씨	번호	성씨
21	金	12	段	24	泰	3	池	4	弼	8	眞	1	余	14	朱	13	伊	18	化	19	龍	9	方
11	林	3	昌	20	賈	13	玄	5	崔	19	陶	5	程	18	元	22	曲	18	于	9	夫	4	邊
12	柳	20	弓	5	智	19	都	1	吳	25	平	9	睦	9	卞	10	趙	9	毛	13	刑	3	周
5	曺	23	連	7	扈	1	延	16	高	19	道	13	陰	5	蘇	7	黃	13	葉	15	景	25	潘
3	成	15	邱	10	西門	19	陸	3	沈	7	異	22	葛	24	明	17	梁	4	馮	14	錢	12	南宮
4	閔	4	梅	8	柴	21	鞠	21	具	7	海	3	尙	14	諸	2	河	18	阿	20	公	23	內
18	楊	11	李	15	國	13	興	14	陳	14	占	2	胡	2	殷	12	羅	9	包	6	班	13	皇甫
11	呂	1	韓	18	樑	23	太	15	康	8	鄭	12	唐	8	晉	3	蔡	18	尹	4	邦	10	菜
22	吉	2	洪	23	大	22	甘	10	愼	3	徐	16	昇	23	桂	3	魯	9	宋	5	墨		諸葛
18	王	7	許	20	菊	14	左	24	表	9	文	15	堅	18	溫	8	薛	9	裵	20	箕	9	賓
3	蔣	22	郭	25	萬	3	承	13	印	19	劉	17	浪	4	范	21	奇	2	兪	10	莊	22	彊
21	丘	3	辛	21	君	2	韋	2	魚	2	禹	8	倉	21	簡	11	卓	13	任	24	刉	10	天
3	昔	20	孔	25	朴	5	筍	22	慶	2	嚴	5	舜	17	路	9	片	10	千	5	張	12	龐
11	杜	8	秋	14	申	19	獨狐	4	卜	2	咸	16	姜	15	强	14	史	23	廉	13	安	4	麻
10	司空	6	馬	14	全	13	永	19	董	14	石	15	權	3	鍾	25	皮	8	宣	25	白	2	袁
9	彭	20	琴	12	南	4	苗	8	鮮于	1	魏	8	孫	20	斤	5	章	24	房	5	丁	17	乃
4	彬	25	牟	3	車	3	采	8	施	9	盟	19	盧	13	漢	2	夏	8	泰	14	田	10	楚

설(薛)

번호	성씨	번호	성씨	번호	성씨	번호	성씨	번호	성씨	번호	성씨	번호	성씨	번호	성씨	번호	성씨	번호	성씨	번호	성씨	번호	성씨
21	金	12	段	24	泰	3	池	4	弼	8	眞	1	余	14	朱	13	伊	18	化	19	龍	9	方
11	林	3	昌	20	賈	13	玄	5	崔	19	陶	5	程	18	元	22	曲	18	于	9	夫	4	邊
12	柳	20	弓	5	智	19	都	1	吳	25	平	9	睦	9	卞	10	趙	9	毛	13	刑	3	周
5	曺	23	連	7	扈	1	延	16	高	19	道	13	陰	5	蘇	7	黃	13	葉	15	景	25	潘
3	成	15	邱	10	西門	19	陸	3	沈	7	異	22	葛	24	明	17	梁	4	馮	14	錢	12	南宮
4	閔	4	梅	8	柴	21	鞠	21	具	7	海	3	尙	14	諸	2	河	18	阿	20	公	23	內
18	楊	11	李	15	國	13	興	14	陳	14	占	2	胡	2	殷	12	羅	9	包	6	班	13	皇甫
11	呂	1	韓	18	樑	23	太	15	康	8	鄭	12	唐	8	晉	3	蔡	18	尹	4	邦	10	菜
22	吉	2	洪	23	大	22	甘	10	愼	3	徐	16	昇	23	桂	3	魯	9	宋	5	墨		諸葛
18	王	7	許	20	菊	14	左	24	表	9	文	15	堅	18	溫	8	薛	9	裵	20	箕	9	賓
3	蔣	22	郭	25	萬	3	承	13	印	19	劉	17	浪	4	范	21	奇	2	兪	10	莊	22	彊
21	丘	3	辛	21	君	2	韋	2	魚	2	禹	8	倉	21	簡	11	卓	13	任	24	刉	10	天
3	昔	20	孔	25	朴	5	筍	22	慶	2	嚴	5	舜	17	路	9	片	10	千	5	張	12	龐
11	杜	8	秋	14	申	19	獨狐	4	卜	2	咸	16	姜	15	强	14	史	23	廉	13	安	4	麻
10	司空	6	馬	14	全	13	永	19	董	14	石	15	權	3	鍾	25	皮	8	宣	25	白	2	袁
9	彭	20	琴	12	南	4	苗	8	鮮于	1	魏	8	孫	20	斤	5	章	24	房	5	丁	17	乃
4	彬	25	牟	3	車	3	采	8	施	9	盟	19	盧	13	漢	2	夏	8	泰	14	田	10	楚

성(成)

번호	성씨	번호	성씨	번호	성씨	번호	성씨	번호	성씨	번호	성씨	번호	성씨	번호	성씨	번호	성씨	번호	성씨	번호	성씨	번호	성씨
16	金	17	段	6	泰	8	池	9	弼	5	眞	2	余	3	朱	1	伊	13	化	11	龍	25	方
12	林	8	昌	22	賈	1	玄	10	崔	11	陶	10	程	13	元	21	曲	13	于	25	夫	9	邊
17	柳	22	弓	10	智	11	都	2	吳	25	平	25	睦	25	卜	14	趙	25	毛	1	刑	8	周
10	曹	19	連	18	扈	2	延	15	高	11	道	1	陰	10	蘇	18	黃	1	葉	20	景	24	潘
8	成	20	邱	14	西門	11	陸	8	沈	9	異	21	葛	6	明	23	梁	9	馮	3	錢	17	南宮
9	閔	9	梅	5	柴	16	鞠	16	具	18	海	8	尙	3	諸	7	河	13	阿	22	公	19	內
13	楊	12	李	20	國	1	興	3	陳	3	占	7	胡	7	殷	17	羅	25	包	4	班	1	皇甫
12	呂	2	韓	13	樑	19	太	21	康	5	鄭	17	唐	5	晉	8	蔡	13	尹	9	邦	10	菜
21	吉	7	洪	19	大	21	甘	14	愼	5	徐	8	昇	15	桂	9	魯	8	宋	25	墨	10	諸葛
13	王	18	許	22	菊	3	左	6	表	25	文	20	堅	13	溫	5	薛	25	裵	20	箕	25	賓
8	蔣	21	郭	24	萬	8	承	1	印	11	劉	23	浪	9	范	16	奇	7	兪	10	莊	21	彊
21	丘	8	辛	16	君	7	韋	7	魚	7	禹	5	倉	16	簡	12	卓	1	任	6	判	14	天
8	昔	22	孔	24	朴	10	筍	21	慶	7	嚴	10	舜	19	路	25	片	14	千	10	張	17	龐
12	杜	5	秋	3	申	11	獨孤	9	卜	7	咸	15	姜	20	强	3	史	19	廉	1	安	9	麻
14	司空	4	馬	3	全	1	永	11	董	3	石	20	權	8	鍾	24	皮	5	宣	24	白	7	袁
25	彭	22	琴	17	南	9	苗	5	鮮于	2	魏	5	孫	22	斤	10	章	6	房	10	丁	23	乃
9	彬	24	牟	8	車	8	采	5	施	25	盟	11	盧	1	漢	7	夏	5	泰	3	田	10	楚

소(蘇)

번호	성씨	번호	성씨	번호	성씨	번호	성씨	번호	성씨	번호	성씨	번호	성씨	번호	성씨	번호	성씨	번호	성씨	번호	성씨	번호	성씨
22	金	12	段	25	泰	14	池	6	弼	3	眞	13	余	10	朱	18	伊	7	化	23	龍	4	方
19	林	14	昌	15	賈	18	玄	8	崔	23	陶	8	程	7	元	20	曲	7	于	4	夫	6	邊
11	柳	15	弓	8	智	23	都	13	吳	9	平	4	睦	4	卜	5	趙	14	毛	18	刑	14	周
8	曹	17	連	2	扈	13	延	21	高	23	道	18	陰	8	蘇	2	黃	18	葉	16	景	9	潘
14	成	16	邱	5	西門	23	陸	14	沈	2	異	20	葛	25	明	12	梁	6	馮	10	錢	11	南宮
6	閔	5	梅	3	柴	22	鞠	22	具	2	海	10	尙	10	諸	1	河	15	阿	17	公	17	內
7	楊	19	李	16	國	18	興	10	陳	18	占	1	胡	1	殷	11	羅	4	包	24	班	18	皇甫
19	呂	13	韓	7	樑	17	太	16	康	3	鄭	11	唐	3	晉	14	蔡	7	尹	6	邦	5	菜
20	吉	1	洪	17	大	20	甘	5	愼	3	徐	14	昇	21	桂	17	魯	14	宋	4	墨	8	諸葛
7	王	2	許	15	菊	10	左	25	表	4	文	16	堅	7	溫	3	薛	4	裵	15	箕	4	賓
14	蔣	20	郭	9	萬	14	承	18	印	23	劉	12	浪	6	范	12	奇	1	兪	5	莊	20	彊
20	丘	14	辛	22	君	1	韋	1	魚	1	禹	3	倉	22	簡	19	卓	18	任	25	判	5	天
14	昔	15	孔	9	朴	8	筍	20	慶	1	嚴	8	舜	12	路	4	片	5	千	8	張	11	龐
19	杜	3	秋	10	申	23	獨孤	6	卜	1	咸	21	姜	16	强	10	史	7	廉	19	安	6	麻
5	司空	24	馬	10	全	18	永	23	董	10	石	16	權	14	鍾	9	皮	3	宣	9	白	1	袁
4	彭	15	琴	11	南	6	苗	3	鮮于	3	魏	3	孫	15	斤	8	章	25	房	3	丁	12	乃
6	彬	9	牟	14	車	14	采	3	施	14	盟	23	盧	18	漢	1	夏	3	泰	10	田	5	楚

손(孫)

번호	성씨	번호	성씨	번호	성씨	번호	성씨	번호	성씨	번호	성씨	번호	성씨	번호	성씨	번호	성씨	번호	성씨	번호	성씨	번호	성씨
21	金	12	段	24	泰	3	池	4	弼	8	眞	1	余	14	朱	13	伊	18	化	19	龍	9	方
11	林	3	昌	20	賈	13	玄	5	崔	19	陶	5	程	18	元	22	曲	18	于	9	夫	4	邊
12	柳	20	弓	5	智	19	都	1	吳	25	平	9	陸	9	卞	10	趙	9	毛	13	刑	3	周
5	曹	23	連	7	扈	1	延	16	高	19	道	13	陰	5	蘇	7	黃	13	葉	15	景	25	潘
3	成	15	邱	10	西門	19	陸	3	沈	7	異	22	葛	24	明	17	梁	4	馮	14	錢	12	南宮
4	閔	4	梅	8	柴	21	鞠	21	具	7	海	3	尙	14	諸	2	河	18	阿	20	公	23	內
18	楊	11	李	15	國	13	興	14	陳	14	占	2	胡	2	殷	12	羅	9	包	6	班	13	皇甫
11	呂	1	韓	18	樑	23	太	15	康	8	鄭	12	唐	8	晉	3	蔡	18	尹	4	邦	10	榮
22	吉	2	洪	23	大	22	甘	10	愼		徐	3	昇	16	桂	23	魯	3	宋	9	墨	5	諸葛
18	王	7	許	20	菊	14	左	24	表		文	15	堅	18	溫	8	薛	9	裵	20	箕	9	賓
3	蔣	22	郭	25	萬	3	承	13	印	19	劉	17	浪	4	范	21	奇	2	兪	10	莊	22	彊
21	丘	3	辛	21	君	2	韋	2	魚	2	禹	8	倉	21	簡	11	卓	13	任	24	判	10	天
3	昔	20	孔	25	朴	5	筍	22	慶	2	嚴	5	舜	17	路	9	片	10	千	5	張	12	龐
11	杜	8	秋	14	申	19	獨孤	4	卜	2	咸	16	姜	15	强	14	史	23	廉	13	安	4	麻
10	司空	6	馬	14	全	13	永	19	董	14	石	15	權	3	鍾	25	皮	8	宣	25	白	2	袁
9	彭	20	琴	12	南	4	苗	8	鮮于	1	魏	8	孫	20	斤	5	章	24	房		丁	17	乃
4	彬	25	牟	3	車	3	采	8	施		盟	19	盧	13	漢	2	夏	8	泰	14	田	10	楚

송(宋)

번호	성씨	번호	성씨	번호	성씨	번호	성씨	번호	성씨	번호	성씨	번호	성씨	번호	성씨	번호	성씨	번호	성씨	번호	성씨	번호	성씨
16	金	17	段	6	泰	8	池	9	弼	5	眞	2	余	3	朱	1	伊	13	化	11	龍	25	方
12	林	8	昌	22	賈	1	玄	10	崔	11	陶	10	程	13	元	21	曲	13	于	25	夫	9	邊
17	柳	22	弓	10	智	11	都	2	吳	25	平	25	陸	25	卞	14	趙	25	毛	1	刑	8	周
10	曹	19	連	18	扈	2	延	15	高	11	道	1	陰	10	蘇	18	黃	1	葉	20	景	24	潘
8	成	20	邱	14	西門	11	陸	8	沈	9	異	21	葛	6	明	23	梁	9	馮	3	錢	17	南宮
9	閔	9	梅	16	柴	16	鞠	18	具	3	海	3	尙	7	諸	13	河	22	阿	19	公	19	內
13	楊	12	李	20	國	1	興	3	陳	3	占	7	胡	7	殷	17	羅	25	包	4	班	1	皇甫
12	呂	2	韓	13	樑	19	太	21	康	5	鄭	17	唐	5	晉	3	蔡	13	尹	9	邦	10	榮
21	吉	7	洪	19	大	21	甘	14	愼	5	徐	8	昇	15	桂	9	魯	8	宋	25	墨	10	諸葛
13	王	18	許	22	菊	3	左	6	表	25	文	20	堅	13	溫	5	薛	25	裵	20	箕	25	賓
8	蔣	21	郭	24	萬	8	承	1	印	11	劉	23	浪	9	范	16	奇	7	兪	10	莊	21	彊
21	丘	8	辛	16	君	7	韋	7	魚	7	禹	5	倉	16	簡	12	卓	1	任	6	判	14	天
8	昔	22	孔	24	朴	10	筍	21	慶	7	嚴	10	舜	19	路	25	片	14	千	10	張	17	龐
12	杜	5	秋	3	申	11	獨孤	9	卜	7	咸	15	姜	20	强	3	史	19	廉	1	安	9	麻
14	司空	4	馬	3	全	1	永	11	董	3	石	20	權	8	鍾	24	皮	5	宣	24	白	7	袁
25	彭	22	琴	17	南	9	苗		鮮于	2	魏	5	孫	22	斤	10	章	6	房	10	丁	23	乃
9	彬	24	牟	8	車	8	采	5	施	25	盟	11	盧	1	漢	7	夏	5	泰	3	田	10	楚

순(舜)

번호	성씨	번호	성씨	번호	성씨	번호	성씨	번호	성씨	번호	성씨	번호	성씨	번호	성씨	번호	성씨	번호	성씨	번호	성씨	번호	성씨
22	金	12	段	25	泰	14	池	6	弼	3	眞	13	余	10	朱	18	伊	7	化	23	龍	4	方
19	林	14	昌	15	賈	18	玄	8	崔	23	陶	8	程	7	元	20	曲	7	于	4	夫	6	邊
11	柳	15	弓	8	智	23	都	13	吳	9	平	4	睦	4	卞	5	趙	14	毛	18	刑	14	周
8	曺	17	連	2	扈	13	延	21	高	23	道	18	陰	8	蘇	2	黃	18	葉	16	景	9	潘
14	成	16	邱	5	西門	23	陸	14	沈	2	異	20	葛	25	明	12	梁	6	馮	10	錢	11	南宮
6	閔	5	梅	3	柴	22	鞠	22	具	2	海	4	尙	10	諸	1	河	7	阿	15	公	17	內
7	楊	19	李	16	國	18	興	10	陳	18	占	1	胡	1	殷	11	羅	4	包	24	班	18	皇甫
19	呂	13	韓	7	樑	17	太	16	康	3	鄭	11	唐	3	晉	14	蔡	7	尹	6	邦	5	榮
20	吉	1	洪	17	大	20	甘	5	愼	3	徐	14	昇	21	桂	17	魯	14	宋	4	墨	8	諸葛
7	王	2	許	15	菊	10	左	25	表	4	文	16	堅	7	溫	3	薛	4	裵	15	箕	4	賓
14	蔣	20	郭	9	萬	14	承	18	印	23	劉	12	浪	6	范	12	奇	1	俞	5	莊	20	彊
20	丘	14	辛	22	君	1	韋	1	魚	1	禹	3	倉	22	簡	19	卓	18	任	25	判	5	天
14	昔	15	孔	9	朴	8	笛	20	慶	1	嚴	8	舜	12	路	4	片	5	千	8	張	11	龐
19	杜	3	秋	10	申	23	獨孤	6	卜	1	咸	21	姜	16	强	10	史	7	廉	19	安	6	麻
5	司空	24	馬	10	全	18	永	23	董	10	石	16	權	14	鍾	9	皮	3	宣	9	白	1	袁
4	彭	15	琴	11	南	6	苗	3	鮮于	13	魏	3	孫	15	斤	8	章	25	房	3	丁	12	乃
6	彬	9	牟	14	車	14	采	3	施	14	盟	23	盧	18	漢	1	夏	3	泰	10	田	5	楚

순(筍)

번호	성씨	번호	성씨	번호	성씨	번호	성씨	번호	성씨	번호	성씨	번호	성씨	번호	성씨	번호	성씨	번호	성씨	번호	성씨	번호	성씨
22	金	12	段	25	泰	14	池	6	弼	3	眞	13	余	10	朱	18	伊	7	化	23	龍	4	方
19	林	14	昌	15	賈	18	玄	8	崔	23	陶	8	程	7	元	20	曲	7	于	4	夫	6	邊
11	柳	15	弓	8	智	23	都	13	吳	9	平	4	睦	4	卞	5	趙	14	毛	18	刑	14	周
8	曺	17	連	2	扈	13	延	21	高	23	道	18	陰	8	蘇	2	黃	18	葉	16	景	9	潘
14	成	16	邱	5	西門	23	陸	14	沈	2	異	20	葛	25	明	12	梁	6	馮	10	錢	11	南宮
6	閔	5	梅	3	柴	22	鞠	22	具	2	海	4	尙	10	諸	1	河	7	阿	15	公	17	內
7	楊	19	李	16	國	18	興	10	陳	18	占	1	胡	1	殷	11	羅	4	包	24	班	18	皇甫
19	呂	13	韓	7	樑	17	太	16	康	3	鄭	11	唐	3	晉	14	蔡	7	尹	6	邦	5	榮
20	吉	1	洪	17	大	20	甘	5	愼	3	徐	14	昇	21	桂	17	魯	14	宋	4	墨	8	諸葛
7	王	2	許	15	菊	10	左	25	表	4	文	16	堅	7	溫	3	薛	4	裵	15	箕	4	賓
14	蔣	20	郭	9	萬	14	承	18	印	23	劉	12	浪	6	范	12	奇	1	俞	5	莊	20	彊
20	丘	14	辛	22	君	1	韋	1	魚	1	禹	3	倉	22	簡	19	卓	18	任	25	判	5	天
14	昔	15	孔	9	朴	8	笛	20	慶	1	嚴	8	舜	12	路	4	片	5	千	8	張	11	龐
19	杜	3	秋	10	申	23	獨孤	6	卜	1	咸	21	姜	16	强	10	史	7	廉	19	安	6	麻
5	司空	24	馬	10	全	18	永	23	董	10	石	16	權	14	鍾	9	皮	9	宣	9	白	1	袁
4	彭	15	琴	11	南	6	苗	3	鮮于	13	魏	3	孫	15	斤	8	章	25	房	3	丁	12	乃
6	彬	9	牟	14	車	14	采	3	施	14	盟	23	盧	18	漢	1	夏	3	泰	10	田	5	楚

승(承)

번호	성씨	번호	성씨	번호	성씨	번호	성씨	번호	성씨	번호	성씨	번호	성씨	번호	성씨	번호	성씨	번호	성씨	번호	성씨	번호	성씨
16	金	17	段	6	泰	8	池	9	弼	5	眞	2	余	3	朱	1	伊	13	化	11	龍	25	方
12	林	8	昌	22	賈	1	玄	10	崔	11	陶	10	程	13	元	21	曲	13	于	25	夫	9	邊
17	柳	22	弓	10	智	11	都	2	吳	25	平	25	睦	25	卞	14	趙	25	毛	1	刑	8	周
10	曹	19	連	18	扈	2	延	15	高	11	道	1	陰	10	蘇	18	黃	1	葉	20	景	24	潘
8	成	20	邱	14	西門	11	陸	8	沈	9	異	21	葛	6	明	23	梁	9	馮	3	錢	17	南宮
9	閔	9	梅	5	柴	16	鞠	16	具	18	海	8	尙	3	諸	7	河	13	阿	22	公	19	內
13	楊	12	李	20	國	1	興	3	陳	3	占	7	胡	7	殷	17	羅	25	包	4	班	1	皇甫
12	呂	2	韓	13	樑	19	太	21	康	5	鄭	17	唐	5	晉	8	蔡	13	尹	9	邦	10	榮
21	吉	7	洪	19	大	21	甘	14	愼	5	徐	8	昇	15	桂	9	魯	8	宋	25	墨	10	諸葛
13	王	18	許	22	菊	3	左	6	表	25	文	20	堅	13	溫	5	薛	25	襄	20	箕	25	賓
8	蔣	21	郭	24	萬	8	承	1	印	11	劉	23	浪	9	范	16	奇	7	兪	10	莊	21	彊
21	丘	8	辛	16	君	7	韋	7	魚	7	禹	5	倉	16	簡	12	卓	1	任	6	判	14	天
8	昔	22	孔	24	朴	10	箝	21	慶	7	嚴	10	舜	19	路	25	片	14	千	10	張	17	龐
12	杜	5	秋	3	申	11	獨狐	9	卜	7	咸	15	姜	20	强	3	史	19	廉	1	安	9	麻
14	司空	4	馬	3	全	1	永	11	董	3	石	20	權	8	鍾	24	皮	5	宣	24	白	7	袁
25	彭	22	琴	17	南	9	苗	5	鮮于	2	魏	5	孫	22	斤	10	章	6	房	10	丁	23	乃
9	彬	24	牟	8	車	8	采	5	施	25	盟	11	盧	1	漢	7	夏	5	泰	3	田	10	楚

승(昇)

번호	성씨	번호	성씨	번호	성씨	번호	성씨	번호	성씨	번호	성씨	번호	성씨	번호	성씨	번호	성씨	번호	성씨	번호	성씨	번호	성씨
16	金	17	段	6	泰	8	池	9	弼	5	眞	2	余	3	朱	1	伊	13	化	11	龍	25	方
12	林	8	昌	22	賈	1	玄	10	崔	11	陶	10	程	13	元	21	曲	13	于	25	夫	9	邊
17	柳	22	弓	10	智	11	都	2	吳	25	平	25	睦	25	卞	14	趙	25	毛	1	刑	8	周
10	曹	19	連	18	扈	2	延	15	高	11	道	1	陰	10	蘇	18	黃	1	葉	20	景	24	潘
8	成	20	邱	14	西門	11	陸	8	沈	9	異	21	葛	6	明	23	梁	9	馮	3	錢	17	南宮
9	閔	9	梅	5	柴	16	鞠	16	具	18	海	8	尙	3	諸	7	河	13	阿	22	公	19	內
13	楊	12	李	20	國	1	興	3	陳	3	占	7	胡	7	殷	17	羅	25	包	4	班	1	皇甫
12	呂	2	韓	13	樑	19	太	21	康	5	鄭	17	唐	5	晉	8	蔡	13	尹	9	邦	10	榮
21	吉	7	洪	19	大	21	甘	14	愼	5	徐	8	昇	15	桂	9	魯	8	宋	25	墨	10	諸葛
13	王	18	許	22	菊	3	左	6	表	25	文	20	堅	13	溫	5	薛	25	襄	20	箕	25	賓
8	蔣	21	郭	24	萬	8	承	1	印	11	劉	23	浪	9	范	16	奇	7	兪	10	莊	21	彊
21	丘	8	辛	16	君	7	韋	7	魚	7	禹	5	倉	16	簡	12	卓	1	任	6	判	14	天
8	昔	22	孔	24	朴	10	箝	21	慶	7	嚴	10	舜	19	路	25	片	14	千	10	張	17	龐
12	杜	5	秋	3	申	11	獨狐	9	卜	7	咸	15	姜	20	强	3	史	19	廉	1	安	9	麻
14	司空	4	馬	3	全	1	永	11	董	3	石	20	權	8	鍾	24	皮	5	宣	24	白	7	袁
25	彭	22	琴	17	南	9	苗	5	鮮于	2	魏	5	孫	22	斤	10	章	6	房	10	丁	23	乃
9	彬	24	牟	8	車	8	采	5	施	25	盟	11	盧	1	漢	7	夏	5	泰	3	田	10	楚

시(柴)

번호	성씨	번호	성씨	번호	성씨	번호	성씨	번호	성씨	번호	성씨	번호	성씨	번호	성씨	번호	성씨	번호	성씨	번호	성씨	번호	성씨
21	金	12	段	24	泰	3	池	4	弼	8	眞	1	余	14	朱	13	伊	18	化	19	龍	9	方
11	林	3	昌	20	賈	13	玄	5	崔	19	陶	5	程	18	元	22	曲	18	于	9	夫	4	邊
12	柳	20	弓	5	智	19	都	1	吳	25	平	9	睦	9	卞	10	趙	9	毛	13	刑	3	周
5	曹	23	連	7	扈	1	延	16	高	19	道	13	陰	5	蘇	7	黃	13	葉	15	景	25	潘
3	成	15	邱	10	西門	19	陸	3	沈	7	異	22	葛	24	明	17	梁	4	馮	14	錢	12	南宮
4	閔	4	梅	8	柴	21	鞠	21	具	7	海	3	尙	14	諸	2	河	18	阿	20	公	23	內
18	楊	11	李	15	國	13	興	14	陳	14	占	2	胡	2	殷	12	羅	9	包	6	班	13	皇甫
11	呂	1	韓	18	樑	23	太	15	康	8	鄭	12	唐	8	晉	3	蔡	18	尹	4	邦	10	榮
22	吉	2	洪	23	大	22	甘	10	愼	8	徐	3	昇	16	桂	23	魯	3	宋	9	墨	5	諸葛
18	王	7	許	20	菊	14	左	24	表	9	文	15	堅	18	溫	8	薛	9	襄	20	箕	9	賓
3	蔣	22	郭	25	萬	3	承	13	印	19	劉	17	浪	4	范	21	奇	2	兪	10	莊	22	彊
21	丘	3	辛	21	君	2	章	2	魚	2	禹	8	倉	21	簡	11	卓	13	任	24	判	10	天
3	昔	20	孔	25	朴	5	筒	22	慶	2	嚴	5	舜	17	路	9	片	10	千	5	張	12	龐
11	杜	8	秋	14	申	19	獨孤	1	卜	2	咸	16	姜	15	强	14	史	23	廉	9	安	4	麻
10	司空	6	馬	14	全	13	永	19	董	14	石	15	權	3	鍾	25	皮	8	宣	25	白	2	袁
9	彭	20	琴	12	南	4	苗	8	鮮于	1	魏	8	孫	20	斤	5	章	24	房	5	丁	17	乃
4	彬	25	車	3	車	8	采	8	施	9	盟	19	盧	13	漢	2	夏	8	泰	14	田	10	楚

시(施)

번호	성씨	번호	성씨	번호	성씨	번호	성씨	번호	성씨	번호	성씨	번호	성씨	번호	성씨	번호	성씨	번호	성씨	번호	성씨	번호	성씨
21	金	12	段	24	泰	3	池	4	弼	8	眞	1	余	14	朱	13	伊	18	化	19	龍	9	方
11	林	3	昌	20	賈	13	玄	5	崔	19	陶	5	程	18	元	22	曲	18	于	9	夫	4	邊
12	柳	20	弓	5	智	19	都	1	吳	25	平	9	睦	9	卞	10	趙	9	毛	13	刑	3	周
5	曹	23	連	7	扈	1	延	16	高	19	道	13	陰	5	蘇	7	黃	13	葉	15	景	25	潘
3	成	15	邱	10	西門	19	陸	3	沈	7	異	22	葛	24	明	17	梁	4	馮	14	錢	12	南宮
4	閔	4	梅	8	柴	21	鞠	21	具	7	海	3	尙	14	諸	2	河	18	阿	20	公	23	內
18	楊	11	李	15	國	13	興	14	陳	14	占	2	胡	2	殷	12	羅	9	包	6	班	13	皇甫
11	呂	1	韓	18	樑	23	太	15	康	8	鄭	12	唐	8	晉	3	蔡	18	尹	4	邦	10	榮
22	吉	2	洪	23	大	22	甘	10	愼	8	徐	3	昇	16	桂	23	魯	3	宋	9	墨	5	諸葛
18	王	7	許	20	菊	14	左	24	表	9	文	15	堅	18	溫	8	薛	9	襄	20	箕	9	賓
3	蔣	22	郭	25	萬	3	承	13	印	19	劉	17	浪	4	范	21	奇	2	兪	10	莊	22	彊
21	丘	3	辛	21	君	2	章	2	魚	2	禹	8	倉	21	簡	11	卓	13	任	24	判	10	天
3	昔	20	孔	25	朴	5	筒	22	慶	2	嚴	5	舜	17	路	9	片	10	千	5	張	12	龐
11	杜	8	秋	14	申	19	獨孤	4	卜	2	咸	16	姜	15	强	14	史	23	廉	13	安	4	麻
10	司空	6	馬	14	全	13	永	19	董	14	石	15	權	3	鍾	25	皮	8	宣	25	白	2	袁
9	彭	20	琴	12	南	4	苗	8	鮮于	1	魏	8	孫	20	斤	5	章	24	房	5	丁	17	乃
4	彬	25	車	3	車	8	采	8	施	9	盟	19	盧	13	漢	2	夏	8	泰	14	田	10	楚

신(申)

번호	성씨	번호	성씨	번호	성씨	번호	성씨	번호	성씨	번호	성씨	번호	성씨	번호	성씨	번호	성씨	번호	성씨	번호	성씨	번호	성씨
15	金	23	段	4	泰	5	池	25	弼	10	眞	7	余	8	朱	2	伊	1	化	12	龍	24	方
17	林	5	昌	21	賈	2	玄	14	崔	12	陶	14	程	1	元	16	曲	1	于	24	夫	25	邊
23	柳	21	弓	14	智	12	都	7	吳	6	平	24	陸	24	卞	3	趙	24	毛	7	刑	5	周
14	曹	11	連	13	扈	7	延	20	高	12	道	2	陰	14	蘇	13	黃	2	葉	22	景	6	潘
5	成	22	邱	3	西門	12	陸	5	沈	13	異	16	葛	4	明	19	梁	25	馮	8	錢	23	南宮
25	閔	25	梅	10	柴	15	鞠	15	具	13	海	5	尙	8	諸	18	河	1	阿	21	公	11	丙
1	楊	17	李	22	國	2	興	8	陳	8	占	18	胡	18	殷	23	羅	24	包	9	班	2	皇甫
17	呂	7	韓	1	樑	11	太	22	康	10	鄭	23	唐	10	晉	5	蔡	1	尹	25	邦	3	榮
16	吉	18	洪	11	大	6	甘	3	愼	10	徐	5	昇	20	桂	11	魯	5	宋	24	墨	14	諸葛
1	王	13	許	21	菊	8	左	4	表	24	文	22	堅	1	溫	10	薛	24	襄	21	箕	24	賓
5	蔣	16	郭	6	萬	5	承	2	印	12	劉	19	浪	25	范	15	奇	18	兪	3	莊	16	彊
16	丘	5	辛	15	君	18	韋	18	魚	18	禹	10	倉	15	簡	17	卓	2	任	4	判	3	天
5	昔	21	孔	6	朴	14	筍	16	慶	18	嚴	14	舜	19	路	24	片	3	千	14	張	23	龐
17	杜	10	秋	8	申	12	獨孤	25	卜	18	咸	20	姜	22	强	8	史	11	廉	2	安	25	麻
3	司空	9	馬	8	全	2	永	12	董	8	石	22	權	5	鍾	6	皮	10	宣	6	白	18	袁
24	彭	21	琴	23	南	25	苗	10	鮮于	7	魏	10	孫	21	斤	14	章	4	房	14	丁	19	乃
25	彬	6	牟	5	車	5	采	10	施	24	盟	12	盧	2	漢	18	夏	10	泰	8	田	3	楚

신(辛)

번호	성씨	번호	성씨	번호	성씨	번호	성씨	번호	성씨	번호	성씨	번호	성씨	번호	성씨	번호	성씨	번호	성씨	번호	성씨	번호	성씨
16	金	17	段	6	泰	8	池	9	弼	5	眞	2	余	3	朱	1	伊	13	化	11	龍	25	方
12	林	8	昌	22	賈	1	玄	10	崔	11	陶	10	程	13	元	21	曲	13	于	25	夫	9	邊
17	柳	22	弓	10	智	11	都	2	吳	25	平	25	陸	25	卞	14	趙	25	毛	1	刑	8	周
10	曹	19	連	18	扈	2	延	15	高	11	道	1	陰	10	蘇	18	黃	1	葉	20	景	24	潘
8	成	20	邱	14	西門	11	陸	8	沈	9	異	21	葛	6	明	23	梁	9	馮	3	錢	17	南宮
9	閔	9	梅	5	柴	16	鞠	16	具	18	海	8	尙	3	諸	7	河	13	阿	22	公	19	丙
13	楊	12	李	20	國	1	興	3	陳	3	占	7	胡	7	殷	17	羅	25	包	4	班	1	皇甫
12	呂	2	韓	13	樑	19	太	21	康	5	鄭	17	唐	5	晉	8	蔡	13	尹	9	邦	10	榮
21	吉	7	洪	19	大	21	甘	14	愼	8	徐	8	昇	15	桂	9	魯	8	宋	25	墨	10	諸葛
13	王	18	許	22	菊	3	左	6	表	25	文	20	堅	13	溫	5	薛	25	襄	20	箕	25	賓
8	蔣	21	郭	24	萬	8	承	1	印	11	劉	23	浪	9	范	16	奇	7	兪	10	莊	21	彊
21	丘	8	辛	16	君	7	韋	7	魚	7	禹	5	倉	16	簡	12	卓	1	任	6	判	14	天
8	昔	22	孔	24	朴	10	筍	21	慶	7	嚴	10	舜	19	路	25	片	14	千	10	張	17	龐
12	杜	5	秋	3	申	11	獨孤	9	卜	7	咸	15	姜	20	强	3	史	19	廉	1	安	9	麻
14	司空	4	馬	3	全	1	永	11	董	3	石	20	權	24	鍾	24	皮	10	宣	24	白	7	袁
25	彭	22	琴	17	南	9	苗	5	鮮于	2	魏	5	孫	22	斤	10	章	6	房	10	丁	23	乃
9	彬	24	牟	8	車	8	采	5	施	25	盟	11	盧	1	漢	7	夏	5	泰	3	田	10	楚

신(愼)

번호	성씨	번호	성씨	번호	성씨	번호	성씨	번호	성씨	번호	성씨	번호	성씨	번호	성씨	번호	성씨	번호	성씨	번호	성씨	번호	성씨
20	金	19	段	9	泰	10	池	24	弼	14	眞	18	余	5	朱	7	伊	2	化	17	龍	6	方
23	林	10	昌	16	賈	7	玄	3	崔	17	陶	3	程	2	元	15	曲	2	于	6	夫	24	邊
19	柳	16	弓	3	智	17	都	18	吳	4	平	6	睦	6	卞	8	趙	6	毛	7	刑	10	周
3	曹	12	連	1	扈	18	延	22	高	17	道	7	陰	3	蘇	1	黃	7	葉	21	景	4	潘
10	成	21	邱	8	西門	17	陸	10	沈	1	異	15	葛	9	明	11	梁	24	馮	5	錢	19	南宮
24	閔	24	梅	14	柴	23	鞠	20	具	1	海	8	尙	13	諸	13	河	1	阿	16	公	12	內
2	楊	23	李	21	國	7	興	5	陳	5	占	13	胡	13	殷	19	羅	6	包	25	班		皇甫
23	呂	18	韓	2	樑	12	太	21	康	14	鄭	19	唐	14	晉	10	蔡	2	尹	24	邦	8	榮
15	吉	13	洪	12	大	15	甘	8	愼	14	徐	10	昇	22	桂	12	魯	10	宋	6	墨	3	諸葛
2	王	1	許	16	菊	5	左	9	表	6	文	21	堅	2	溫	14	薛	6	裵	16	箕	6	賓
10	蔣	15	郭	4	萬	10	承	7	印	17	劉	11	浪	24	范	20	奇	13	兪	8	莊	15	彊
15	丘	10	辛	20	君	13	韋	13	魚	13	禹	14	倉	20	簡	23	卓	7	任	9	判	8	天
10	昔	16	孔	4	朴	3	筍	15	慶	13	嚴	3	舜	11	路	6	片	8	千	3	張	19	龐
23	杜	14	秋	5	申	17	獨孤	24	卜	13	咸	22	姜	21	强	5	史	12	廉	7	安	24	麻
8	司空	25	馬	5	全	7	永	17	董	1	石	21	權	10	鍾	4	皮	14	宣		白	13	袁
6	彭	16	琴	19	南	24	苗	14	鮮于	18	魏	14	孫	16	斤	3	章	9	房	3	丁	11	乃
24	彬	4	牟	10	車	10	采	14	施	6	盟	17	盧	7	漢	13	夏	14	泰	5	田	8	楚

심(沈)

번호	성씨	번호	성씨	번호	성씨	번호	성씨	번호	성씨	번호	성씨	번호	성씨	번호	성씨	번호	성씨	번호	성씨	번호	성씨	번호	성씨
16	金	17	段	6	泰	8	池	9	弼	5	眞	2	余	3	朱	1	伊	13	化	11	龍	25	方
12	林	8	昌	22	賈	1	玄	10	崔	11	陶	10	程	13	元	21	曲	13	于	25	夫	9	邊
17	柳	22	弓	10	智	11	都	2	吳	25	平	25	睦	14	卞	25	趙	1	毛	1	刑	8	周
10	曹	19	連	18	扈	2	延	15	高	11	道	1	陰	10	蘇	18	黃	1	葉	20	景	24	潘
8	成	20	邱	14	西門	11	陸	8	沈	9	異	21	葛	6	明	23	梁	9	馮	3	錢	17	南宮
9	閔	9	梅	5	柴	16	鞠	16	具	18	海	8	尙	3	諸	7	河	13	阿	22	公	19	內
13	楊	12	李	20	國	1	興	3	陳	3	占	7	胡	7	殷	17	羅	25	包	4	班	1	皇甫
12	呂	2	韓	13	樑	19	太	21	康	5	鄭	17	唐	5	晉	8	蔡	13	尹	9	邦	10	榮
21	吉	7	洪	19	大	21	甘	14	愼	5	徐	8	昇	15	桂	9	魯	8	宋	25	墨	10	諸葛
13	王	18	許	22	菊	3	左	6	表	25	文	20	堅	13	溫	5	薛	25	裵	20	箕	25	賓
8	蔣	21	郭	24	萬	8	承	1	印	11	劉	23	浪	9	范	16	奇	7	兪	7	莊	21	彊
21	丘	8	辛	16	君	7	韋	7	魚	7	禹	16	倉	16	簡	12	卓	1	任	6	判	14	天
8	昔	22	孔	24	朴	10	筍	21	慶	7	嚴	19	舜	25	路	14	片	10	千	17	張	17	龐
12	杜	5	秋	3	申	11	獨孤	9	卜	7	咸	15	姜	20	强	3	史	19	廉	1	安	9	麻
14	司空	4	馬	3	全	1	永	11	董	3	石	20	權	8	鍾	24	皮	5	宣	24	白	7	袁
25	彭	22	琴	17	南	9	苗	5	鮮于	2	魏	5	孫	22	斤	10	章	6	房	10	丁	23	乃
9	彬	24	牟	8	車	8	采	5	施	25	盟	11	盧	7	漢	5	夏	3	泰	3	田	10	楚

아(阿)

번호	성씨	번호	성씨	번호	성씨	번호	성씨	번호	성씨	번호	성씨	번호	성씨	번호	성씨	번호	성씨	번호	성씨	번호	성씨	번호	성씨
23	金	13	段	20	泰	9	池	21	弼	25	眞	10	余	4	朱	5	伊	8	化	7	龍	16	方
18	林	9	昌	11	賈	5	玄	24	崔	7	陶	24	程	8	元	17	曲	8	于	16	夫	21	邊
13	柳	12	弓	24	智	7	都	10	吳	15	平	6	睦	16	卞	6	趙	16	毛	5	刑	9	周
24	曹	2	連	3	扈	10	延	19	高	7	道	5	陰	24	蘇	3	黃	5	葉	11	景	15	潘
9	成	11	邱	6	西門	7	陸	9	沈	14	異	17	葛	20	明	1	梁	21	馮	4	錢	13	南宮
21	閔	21	梅	25	柴	18	鞠	23	具	3	海	9	尙	4	諸	14	河	3	阿	12	公	2	內
8	楊	18	李	11	國	5	興	4	陳	4	占	14	胡	14	殷	13	羅	16	包	21	班	5	皇甫
18	呂	10	韓	2	樑	2	太	11	康	25	鄭	13	唐	25	晉	9	蔡	8	尹	21	邦	6	榮
17	吉	14	洪	2	大	17	甘	6	愼	25	徐	9	昇	19	桂	2	魯	9	宋	16	墨	24	諸葛
8	王	3	許	12	菊	4	左	20	表	16	文	11	堅	8	溫	25	薛	16	裵	12	箕	16	賓
9	蔣	17	郭	5	萬	9	承	5	印	7	劉	1	浪	21	范	23	奇	14	兪	6	莊	17	彊
17	丘	9	辛	23	君	14	韋	14	魚	14	禹	25	倉	23	簡	18	卓	5	任	20	判	6	天
9	昔	12	孔	5	朴	24	筍	17	慶	14	嚴	24	舜	1	路	16	片	6	千	24	張	13	龐
18	杜	25	秋	4	申	7	獨孤	21	卜	14	咸	19	姜	11	强	4	史	2	廉	5	安	21	麻
6	司空	22	馬	4	全	15	永	7	董	4	石	11	權	9	鍾	15	皮	25	宣	15	白	14	袁
16	彭	12	琴	13	南	21	苗	25	鮮于	10	魏	25	孫	12	斤	24	章	20	房	24	丁	1	乃
21	彬	15	牟	9	車	9	采	25	施	16	盟	7	盧	5	漢	14	夏	25	泰	4	田	6	楚

안(安)

번호	성씨	번호	성씨	번호	성씨	번호	성씨	번호	성씨	번호	성씨	번호	성씨	번호	성씨	번호	성씨	번호	성씨	번호	성씨	번호	성씨
17	金	18	段	15	泰	4	池	22	弼	9	眞	5	余	6	朱	8	伊	3	化	2	龍	21	方
7	林	4	昌	11	賈	5	玄	25	崔	2	陶	25	程	3	元	12	曲	3	于	21	夫	22	邊
18	柳	11	弓	25	智	2	都	2	吳	16	平	21	睦	24	卞	21	趙	8	毛	8	刑	4	周
25	曹	1	連	14	扈	5	延	23	高	2	道	8	陰	25	蘇	14	黃	8	葉	19	景	16	潘
4	成	19	邱	24	西門	2	陸	4	沈	14	異	12	葛	15	明	13	梁	22	馮	6	錢	18	南宮
22	閔	22	梅	9	柴	17	鞠	17	具	14	海	4	尙	24	諸	10	河	3	阿	11	公	1	內
3	楊	7	李	19	國	8	興	6	陳	10	占	10	胡	10	殷	18	羅	15	包	22	班	8	皇甫
7	呂	5	韓	1	樑	1	太	9	康	9	鄭	18	唐	9	晉	4	蔡	3	尹	22	邦	24	榮
12	吉	10	洪	1	大	12	甘	24	愼	9	徐	4	昇	23	桂	1	魯	4	宋	21	墨	25	諸葛
3	王	14	許	11	菊	6	左	15	表	21	文	19	堅	3	溫	9	薛	21	裵	11	箕	21	賓
4	蔣	12	郭	16	萬	4	承	8	印	2	劉	13	浪	22	范	17	奇	10	兪	24	莊	12	彊
12	丘	4	辛	17	君	10	韋	10	魚	10	禹	9	倉	17	簡	7	卓	8	任	9	判	24	天
4	昔	11	孔	16	朴	24	筍	12	慶	10	嚴	25	舜	1	路	21	片	21	千	25	張	18	龐
7	杜	9	秋	6	申	2	獨孤	22	卜	10	咸	23	姜	19	强	6	史	1	廉	8	安	22	麻
24	司空	20	馬	6	全	8	永	2	董	6	石	19	權	4	鍾	16	皮	9	宣	16	白	10	袁
21	彭	11	琴	18	南	22	苗	9	鮮于	5	魏	9	孫	11	斤	25	章	15	房	25	丁	13	乃
22	彬	16	牟	4	車	4	采	9	施	21	盟	2	盧	8	漢	10	夏	9	泰	6	田	24	楚

양(梁)

번호	성씨	번호	성씨	번호	성씨	번호	성씨	번호	성씨	번호	성씨	번호	성씨	번호	성씨	번호	성씨	번호	성씨	번호	성씨	번호	성씨
13	金	3	段	19	泰	22	池	12	弼	21	眞	25	余	20	朱	9	伊	4	化	10	龍	17	方
14	林	22	昌	7	賈	9	玄	16	崔	10	陶	21	程	4	元	18	曲	4	于	17	夫	12	邊
3	柳	7	弓	16	智	10	都	25	吳	23	平	17	陸	17	卞	15	趙	17	毛	9	刑	22	周
16	曹	5	連	6	扈	25	延	1	高	10	道	9	陰	16	蘇	6	黃	9	葉	2	景	23	潘
22	成	2	邱	15	西門	10	陸	22	沈	6	異	18	葛	19	明	8	梁	12	馮	20	錢	3	南宮
12	閔	12	梅	21	柴	13	鞠	13	具	6	海	22	尙	20	諸	24	河	4	阿	7	公	5	內
4	楊	14	李	2	國	9	興	20	陳	20	占	24	胡	24	殷	3	羅	17	包	12	班	9	皇甫
14	呂	25	韓	9	樑	5	太	2	康	21	鄭	3	唐	21	晉	22	蔡	4	尹	12	邦	15	榮
18	吉	24	洪	5	大	18	甘	15	愼	21	徐	22	昇	1	桂	5	魯	22	宋	17	墨	16	諸葛
4	王	6	許	7	菊	20	左	19	表	17	文	2	堅	4	溫	21	薛	17	裵		箕	17	賓
22	蔣	18	郭	23	萬	22	承	9	印	9	劉	20	浪	12	范	13	奇	24	兪	15	莊	18	彊
18	丘	22	辛	13	君	24	韋	24	魚	24	禹	21	倉	13	簡	14	卓	9	任	19	判	15	天
22	昔	7	孔	23	朴	16	筍	18	慶	24	嚴	16	舜	5	路	17	片	15	千	16	張	3	龐
14	杜	21	秋	20	申	10	獨孤	12	卜	24	咸	1	姜	2	強	20	史	5	廉	5	安	12	麻
15	邕	11	馬	20	全	9	永	10	董	20	石	2	權	22	鍾	23	皮	21	宣	23	白	24	袁
17	彭	7	琴	3	南	12	苗	21	鮮于	25	魏	21	孫	7	斤	16	章	19	房	16	丁	8	乃
12	彬	23	牟	22	車	22	采	21	施	17	盟	10	盧	9	漢	24	夏	21	泰	20	田	15	楚

양(楊)

번호	성씨	번호	성씨	번호	성씨	번호	성씨	번호	성씨	번호	성씨	번호	성씨	번호	성씨	번호	성씨	번호	성씨	번호	성씨	번호	성씨
19	金	1	段	22	泰	25	池	16	弼	25	眞	14	余	9	朱	10	伊	5	化	18	龍	15	方
13	林	25	昌	17	賈	10	玄	14	崔	18	陶	6	程	5	元	23	曲	5	于	15	夫	16	邊
1	柳	17	弓	6	智	18	都	14	吳	20	平	15	陸	15	卞	4	趙	15	毛	10	刑	25	周
6	曹	17	連	8	扈	14	延	11	高	18	道	10	陰	6	蘇	8	黃	10	葉	12	景	20	潘
25	成	12	邱	4	西門	18	陸	25	沈	8	異	23	葛	22	明	2	梁	16	馮	9	錢	1	南宮
16	閔	16	梅	25	柴	19	鞠	19	具	8	海	25	尙	9	諸	3	河	5	阿	17	公	7	內
5	楊	13	李	12	國	10	興	9	陳	9	占	14	胡	3	殷	1	羅	15	包	21	班	1	皇甫
13	呂	14	韓	7	樑	7	太	12	康	24	鄭	1	唐	24	晉	25	蔡	5	尹	16	邦	7	榮
23	吉	3	洪	7	大	23	甘	4	愼	24	徐	25	昇	11	桂	7	魯	25	宋	15	墨	10	諸葛
5	王	8	許	17	菊	9	左	22	表	15	文	12	堅	5	溫	24	薛	15	裵		箕	15	賓
23	蔣	23	郭	20	萬	25	承	10	印	8	劉	2	浪	16	范	19	奇	3	兪	4	莊	23	彊
13	丘	25	辛	19	君	14	韋	3	魚	3	禹	24	倉	19	簡	13	卓	10	任	24	判	4	天
25	昔	17	孔	20	朴	6	筍	23	慶	3	嚴	6	舜	7	路	15	片	4	千	6	張	1	龐
13	杜	24	秋	9	申	18	獨孤	16	卜	3	咸	11	姜	12	強	9	史	7	廉	10	安	6	麻
4	邕	21	馬	9	全	10	永	18	董	9	石	12	權	25	鍾	20	皮	24	宣	20	白	3	袁
15	彭	17	琴	1	南	16	苗	24	鮮于	14	魏	24	孫	17	斤	6	章	22	房	6	丁	7	乃
16	彬	20	牟	25	車	25	采	24	施	15	盟	18	盧	10	漢	3	夏	24	泰	9	田	4	楚

량·양(樑)

번호	성씨	번호	성씨	번호	성씨	번호	성씨	번호	성씨	번호	성씨	번호	성씨	번호	성씨	번호	성씨	번호	성씨	번호	성씨	번호	성씨
7	金	10	段	17	泰	15	池	19	弼	20	眞	4	余	16	朱	6	伊	24	化	8	龍	11	方
5	林	15	昌	1	賈	6	玄	22	崔	8	陶	22	程	24	元	2	曲	24	于	11	夫	19	邊
10	柳	1	弓	22	智	8	都	4	吳	12	平	11	陸	11	卞	21	趙	11	毛	6	刑	15	周
22	曹	3	連	25	扈	4	延	18	高	8	道	6	陰	22	蘇	25	黃	6	葉	13	景	12	潘
15	成	13	邱	21	西門	8	陸	15	沈	6	異	2	葛	17	明	14	梁	19	馮	16	錢	10	南宮
19	閔	19	梅	20	柴	7	鞠	7	具	25	海	15	尙	21	諸	9	河	24	阿	1	公	3	內
24	楊	5	李	13	國	6	興	16	陳	16	占	9	胡	9	殷	10	羅	11	包	23	班	6	皇甫
5	呂	4	韓	24	樑	3	太	13	康	20	鄭	10	唐	20	晉	15	蔡	24	尹	19	邦	21	榮
2	吉	9	洪	3	大	2	甘	21	愼	20	徐	15	昇	8	桂	3	魯	15	宋	11	墨	22	諸葛
24	王	9	許	1	菊	16	左	17	表	11	文	13	堅	24	溫	20	薛	11	襄	1	箕	11	賓
15	蔣	2	郭	12	萬	15	承	6	印	8	劉	14	浪	19	范	7	奇	9	俞	21	莊	2	彊
2	丘	15	辛	7	君	9	韋	9	魚	9	禹	20	倉	7	簡	5	卓	6	任	17	判	21	天
15	昔	1	孔	12	朴	22	箱	2	慶	9	嚴	22	舜	3	路	11	片	21	千	22	張	10	龐
5	杜	20	秋	16	申	8	獨孤	19	卜	9	咸	18	姜	13	强	16	史	3	廉	6	安	19	麻
21	司空	23	馬	16	全	6	永	8	董	16	石	13	權	5	鍾	22	皮	20	宣	12	白	9	袁
11	彭	1	琴	10	南	19	苗	20	鮮于	4	魏	20	孫	1	斤	22	章	17	房	22	丁	14	乃
19	彬	12	车	15	車	15	采	20	施	11	盟	8	盧	6	漢	9	夏	20	泰	16	田	21	楚

어(魚)

번호	성씨	번호	성씨	번호	성씨	번호	성씨	번호	성씨	번호	성씨	번호	성씨	번호	성씨	번호	성씨	번호	성씨	번호	성씨	번호	성씨
11	金	2	段	21	泰	24	池	15	弼	6	眞	3	余	25	朱	14	伊	10	化	13	龍	20	方
1	林	24	昌	23	賈	14	玄	4	崔	13	陶	4	程	10	元	19	曲	10	于	20	夫	15	邊
2	柳	23	弓	4	智	3	都	3	吳	22	平	20	陸	20	卞	9	趙	20	毛	14	刑	24	周
4	曹	18	連	5	扈	3	延	12	高	13	道	14	陰	4	蘇	5	黃	14	葉	17	景	22	潘
24	成	17	邱	9	西門	13	陸	24	沈	5	異	19	葛	21	明	7	梁	15	馮	25	錢	2	南宮
15	閔	5	梅	6	柴	11	鞠	11	具	5	海	24	尙	25	諸	8	河	10	阿	23	公	18	內
10	楊	1	李	17	國	14	興	25	陳	25	占	8	胡	8	殷	2	羅	20	包	16	班	13	皇甫
1	呂	3	韓	10	樑	18	太	17	康	6	鄭	2	唐	6	晉	24	蔡	10	尹	15	邦	9	榮
19	吉	8	洪	18	大	19	甘	9	愼	6	徐	24	昇	12	桂	18	魯	24	宋	20	墨	4	諸葛
10	王	5	許	23	菊	25	左	21	表	20	文	17	堅	10	溫	16	薛	10	襄	23	箕	20	賓
24	蔣	19	郭	22	萬	24	承	14	印	13	劉	15	浪	15	范	11	奇	8	俞	9	莊	19	彊
19	丘	24	辛	11	君	8	韋	8	魚		禹	11	倉	1	簡	14	卓	21	任	9	判		天
1	昔	23	孔	22	朴	4	箱	19	慶	8	嚴	4	舜	18	路	20	片	9	千	4	張	2	龐
1	杜	6	秋	25	申	13	獨孤	15	卜	8	咸	12	姜	17	强	25	史	18	廉	14	安	15	麻
9	司空	16	馬	25	全	14	永	13	董	25	石	17	權	24	鍾	22	皮	6	宣	22	白	8	袁
20	彭	23	琴	2	南	15	苗	6	鮮于	3	魏	6	孫	23	斤	4	章	1	房	4	丁	7	乃
15	彬	22	车	24	車	24	采	6	施	20	盟	13	盧	14	漢	8	夏	6	泰	5	田	9	楚

엄(嚴)

번호	성씨	번호	성씨	번호	성씨	번호	성씨	번호	성씨	번호	성씨	번호	성씨	번호	성씨	번호	성씨	번호	성씨	번호	성씨	번호	성씨
11	金	2	段	21	泰	24	池	15	弼	6	眞	3	余	25	朱	14	伊	10	化	13	龍	20	方
1	林	24	昌	23	賈	14	玄	4	崔	13	陶	4	程	10	元	19	曲	10	于	20	夫	15	邊
2	柳	23	弓	4	智	3	都	3	吳	22	平	20	睦	20	卞	9	趙	20	毛	14	刑	24	周
4	曺	18	連	5	扈	3	延	12	高	13	道	14	陰	4	蘇	5	黃	14	葉	17	景	22	潘
24	成	17	邱	9	西門	13	陸	24	沈	5	異	19	葛	21	明	7	梁	15	馮	25	錢	2	南宮
15	閔	5	梅	6	柴	11	鞠	11	具	5	海	24	尙	25	諸	8	河	10	阿	23	公	18	內
10	楊	1	李	17	國	14	興	25	陳	25	占	8	胡	8	殷	2	羅	20	包	16	班	13	皇甫
1	呂	3	韓	10	樑	18	太	17	康	6	鄭	2	唐	6	晉	24	蔡	10	尹	15	邦	9	榮
19	吉	8	洪	18	大	19	甘	9	愼	6	徐	24	昇	12	桂	18	魯	24	宋	20	墨	4	諸葛
10	王	5	許	23	菊	25	左	21	表	20	文	17	堅	10	溫	16	薛	10	裵	23	箕	20	賓
24	蔣	19	郭	22	萬	24	承	14	印	13	劉	7	浪	15	范	11	奇	8	兪	9	莊	19	彊
19	丘	24	辛	11	君	8	韋	8	魚	8	禹	4	倉	11	簡	1	卓	14	任	21	判	9	天
24	昔	23	孔	22	朴	4	筍	19	慶	8	嚴	4	舜	18	路	20	片	9	千	4	張	2	龐
1	杜	6	秋	25	申	13	獨孤	15	卜	8	咸	12	姜	17	强	25	史	18	廉	14	安	15	麻
9	㓔	16	馬	25	全	14	永	13	董	25	石	17	權	24	鍾	22	皮	6	宣	22	白	8	袁
20	彭	23	琴	2	南	15	苗	6	鮮于	3	魏	6	孫	23	斤	4	章	1	房	4	丁	7	乃
15	彬	22	牟	24	車	24	采	20	施	13	盟	14	盧	8	漢	6	夏	5	泰	9	田		楚

려·여(呂)

번호	성씨	번호	성씨	번호	성씨	번호	성씨	번호	성씨	번호	성씨	번호	성씨	번호	성씨	번호	성씨	번호	성씨	번호	성씨	번호	성씨
2	金	5	段	12	泰	23	池	23	弼	15	眞	6	余	21	朱	24	伊	25	化	3	龍	19	方
8	林	16	昌	13	賈	20	玄	20	崔	3	陶	20	程	25	元	1	曲	25	于	19	夫	23	邊
5	柳	13	弓	20	智	6	都	6	吳	11	平	19	睦	19	卞	22	趙	19	毛	24	刑	16	周
20	曺	14	連	9	扈	6	延	7	高	3	道	24	陰	20	蘇	9	黃	24	葉	18	景	11	潘
16	成	18	邱	22	西門	3	陸	16	沈	9	異	1	葛	12	明	10	梁	23	馮	21	錢	5	南宮
23	閔	23	梅	15	柴	2	鞠	2	具	9	海	16	尙	21	諸	4	河	25	阿	13	公	14	內
25	楊	8	李	18	國	24	興	21	陳	21	占	4	胡	4	殷	5	羅	19	包	17	班	24	皇甫
8	呂	6	韓	25	樑	14	太	18	康	15	鄭	5	唐	15	晉	16	蔡	25	尹	23	邦	22	榮
1	吉	4	洪	14	大	1	甘	22	愼	15	徐	16	昇	7	桂	14	魯	16	宋	19	墨	20	諸葛
25	王	9	許	13	菊	21	左	12	表	19	文	2	堅	25	溫	15	薛	19	裵	23	箕	19	賓
16	蔣	1	郭	11	萬	16	承	24	印	3	劉	10	浪	23	范	2	奇	4	兪	22	莊	1	彊
1	丘	16	辛	2	君	4	韋	4	魚	4	禹	5	倉	2	簡	8	卓	24	任	12	判	22	天
16	昔	13	孔	11	朴	20	筍	1	慶	4	嚴	20	舜	10	路	19	片	22	千	20	張	5	龐
8	杜	15	秋	21	申	3	獨孤	23	卜	4	咸	7	姜	18	强	21	史	14	廉	24	安	23	麻
22	㓔	17	馬	21	全	24	永	3	董	21	石	18	權	16	鍾	11	皮	15	宣	11	白	4	袁
19	彭	13	琴	5	南	23	苗	15	鮮于	6	魏	15	孫	13	斤	20	章	12	房	20	丁	10	乃
23	彬	11	牟	16	車	16	采	15	施	19	盟	3	盧	24	漢	4	夏	15	泰	21	田	22	楚

여(余)

번호	성씨	번호	성씨	번호	성씨	번호	성씨	번호	성씨	번호	성씨	번호	성씨	번호	성씨	번호	성씨	번호	성씨	번호	성씨	번호	성씨
12	金	7	段	16	泰	6	池	20	弼	4	眞	8	余	24	朱	3	伊	14	化	1	龍	22	方
2	林	6	昌	19	賈	3	玄	9	崔	1	陶	9	程	14	元	11	曲	14	于	22	夫	20	邊
7	柳	19	弓	9	智	1	都	8	吳	21	平	22	睦	22	卞	25	趙	22	毛	3	刑	6	周
9	曺	13	連	10	扈	8	延	17	高	1	道	3	陰	9	蘇	10	黃	3	葉	23	景	21	潘
6	成	11	邱	25	西門	1	陸	6	沈	10	異	11	葛	16	明	18	梁	20	馮	24	錢	7	南宮
20	閔	20	梅	4	柴	12	鞠	12	具	10	海	6	尙	25	諸	5	河	4	阿	19	公	13	內
14	楊	2	李	23	國	3	興	24	陳	24	占	5	胡	5	殷	7	羅	22	包	20	班	3	皇甫
2	呂	8	韓	13	樑	13	太	23	康	4	鄭	7	唐	4	晉	6	蔡	14	尹	20	邦	25	榮
11	吉	5	洪	13	大	11	甘	25	愼	4	徐	6	昇	17	桂	13	魯	6	宋	22	墨	9	諸葛
14	王	10	許	19	菊	24	左	16	表	22	文	23	堅	14	溫	4	薛	22	襄	19	箕	22	賓
6	蔣	11	郭	21	萬	6	承	3	印	1	劉	18	浪	20	范	12	奇	5	兪	25	莊	11	彊
11	丘	6	辛	12	君	5	韋	5	魚	5	禹	4	倉	12	簡	2	卓	3	任	16	判	25	天
6	昔	19	孔	21	朴	9	筍	11	慶	5	嚴	9	舜	13	路	22	片	25	千	9	張	7	龐
2	杜	4	秋	24	申	1	獨孤	20	卜	5	咸	17	姜	23	强	24	史	13	廉	3	安	20	麻
25	司空	15	馬	24	全	3	永	1	董	24	石	23	權	6	鍾	21	皮	4	宣	21	白	5	袁
22	彭	19	琴	7	南	20	苗	4	鮮于	8	魏	4	孫	19	斤	9	章	16	房	9	丁	18	乃
20	彬	21	牟	6	車	6	采	4	施	22	盟	1	盧	3	漢	5	夏	4	泰	24	田	25	楚

연(延)

번호	성씨	번호	성씨	번호	성씨	번호	성씨	번호	성씨	번호	성씨	번호	성씨	번호	성씨	번호	성씨	번호	성씨	번호	성씨	번호	성씨
12	金	7	段	16	泰	6	池	20	弼	4	眞	8	余	24	朱	3	伊	14	化	1	龍	22	方
2	林	6	昌	19	賈	3	玄	9	崔	1	陶	9	程	14	元	11	曲	14	于	22	夫	20	邊
7	柳	19	弓	9	智	1	都	8	吳	21	平	22	睦	22	卞	25	趙	22	毛	3	刑	6	周
9	曺	13	連	10	扈	8	延	17	高	1	道	3	陰	9	蘇	10	黃	3	葉	23	景	21	潘
6	成	11	邱	25	西門	1	陸	6	沈	10	異	11	葛	16	明	18	梁	20	馮	24	錢	7	南宮
20	閔	20	梅	4	柴	12	鞠	12	具	10	海	6	尙	25	諸	5	河	4	阿	19	公	13	內
14	楊	2	李	23	國	3	興	24	陳	24	占	5	胡	5	殷	7	羅	22	包	20	班	3	皇甫
2	呂	8	韓	13	樑	13	太	23	康	4	鄭	7	唐	4	晉	6	蔡	14	尹	20	邦	25	榮
11	吉	5	洪	13	大	11	甘	25	愼	4	徐	6	昇	17	桂	13	魯	6	宋	22	墨	9	諸葛
14	王	10	許	19	菊	24	左	16	表	22	文	23	堅	14	溫	4	薛	22	襄	19	箕	22	賓
6	蔣	11	郭	21	萬	6	承	3	印	1	劉	18	浪	20	范	12	奇	5	兪	25	莊	11	彊
11	丘	6	辛	12	君	5	韋	5	魚	5	禹	4	倉	12	簡	2	卓	3	任	16	判	25	天
6	昔	19	孔	21	朴	9	筍	11	慶	5	嚴	9	舜	13	路	22	片	25	千	9	張	7	龐
2	杜	4	秋	24	申	1	獨孤	20	卜	5	咸	17	姜	23	强	24	史	13	廉	3	安	20	麻
25	司空	15	馬	24	全	3	永	1	董	24	石	23	權	6	鍾	21	皮	4	宣	21	白	5	袁
22	彭	19	琴	7	南	20	苗	4	鮮于	8	魏	4	孫	19	斤	9	章	16	房	9	丁	18	乃
20	彬	21	牟	6	車	6	采	4	施	22	盟	1	盧	3	漢	5	夏	4	泰	24	田	25	楚

련·연(連)

번호	성씨	번호	성씨	번호	성씨	번호	성씨	번호	성씨	번호	성씨	번호	성씨	번호	성씨	번호	성씨	번호	성씨	번호	성씨	번호	성씨
18	金	14	段	23	泰	20	池	11	弼	22	眞	9	余	15	朱	4	伊	6	化	5	龍	12	方
10	林	20	昌	2	賈	4	玄	21	崔	5	陶	21	程	6	元	7	曲	6	于	12	夫	11	邊
14	柳	2	弓	21	智	5	都	9	吳	17	平	12	睦	12	卞	16	趙	12	毛	4	刑	20	周
21	曹	8	連	24	扈	9	延	13	高	5	道	4	陰	21	蘇	24	黃	4	葉	1	景	17	潘
20	成	1	邱	16	西門	5	陸	20	沈	24	異	7	葛	23	明	3	梁	11	馮	16	錢	14	南宮
11	閔	11	梅	22	柴	18	鞠	18	具	24	海	20	尙	25	諸	25	河	6	阿	2	公	8	內
6	楊	10	李	1	國	4	興	15	陳	16	占	25	胡	25	殷	14	羅	12	包	19	班	4	皇甫
10	呂	9	韓	4	樑	8	太	1	康	22	鄭	14	唐	22	晉	20	蔡	6	尹	11	邦	16	榮
7	吉	25	洪	8	大	7	甘	16	愼	22	徐	20	昇	13	桂	8	魯	20	宋	12	墨	21	諸葛
6	王	24	許	12	菊	15	左	23	表	12	文	1	堅	8	溫	22	薛	12	裵	2	箕	12	賓
20	蔣	7	郭	17	萬	20	承	4	印	5	劉	3	浪	11	范	18	奇	25	兪	16	莊	7	彊
7	丘	20	辛	18	君	25	韋	25	魚	22	禹	8	倉	10	簡	4	卓	23	任	16	判	16	天
20	昔	2	孔	17	朴	21	箱	7	慶	25	嚴	21	舜	8	路	12	片	16	千	21	張	14	龐
10	杜	22	秋	15	申	5	獨孤	11	卜	25	咸	13	姜	1	强	16	史	8	廉	4	安	11	麻
16	司空	19	馬	15	全	4	永	5	董	15	石	1	權	20	鍾	17	皮	22	宣	17	白	25	袁
12	彭	2	琴	14	南	11	苗	22	鮮于	9	魏	22	孫	21	斤	21	章	23	房	21	丁	3	乃
11	彬	17	牟	20	車	20	采	22	施	12	盟	5	盧	4	漢	25	夏	22	泰	5	田	21	楚

렴·염(廉)

번호	성씨	번호	성씨	번호	성씨	번호	성씨	번호	성씨	번호	성씨	번호	성씨	번호	성씨	번호	성씨	번호	성씨	번호	성씨	번호	성씨
18	金	14	段	23	泰	20	池	11	弼	22	眞	9	余	15	朱	4	伊	6	化	5	龍	12	方
10	林	20	昌	2	賈	4	玄	21	崔	5	陶	21	程	6	元	7	曲	6	于	12	夫	11	邊
14	柳	2	弓	21	智	5	都	9	吳	17	平	12	睦	12	卞	16	趙	12	毛	4	刑	20	周
21	曹	8	連	24	扈	9	延	13	高	5	道	4	陰	21	蘇	24	黃	4	葉	1	景	17	潘
20	成	1	邱	16	西門	5	陸	20	沈	24	異	7	葛	23	明	3	梁	11	馮	16	錢	14	南宮
11	閔	11	梅	22	柴	18	鞠	18	具	24	海	20	尙	25	諸	25	河	6	阿	2	公	8	內
6	楊	10	李	1	國	4	興	15	陳	16	占	25	胡	25	殷	14	羅	12	包	19	班	4	皇甫
10	呂	9	韓	4	樑	8	太	1	康	22	鄭	14	唐	22	晉	20	蔡	6	尹	11	邦	16	榮
7	吉	25	洪	8	大	7	甘	16	愼	22	徐	20	昇	13	桂	8	魯	20	宋	12	墨	21	諸葛
6	王	24	許	12	菊	15	左	23	表	12	文	1	堅	8	溫	22	薛	12	裵	2	箕	12	賓
20	蔣	7	郭	17	萬	20	承	4	印	5	劉	3	浪	11	范	18	奇	25	兪	16	莊	7	彊
7	丘	20	辛	18	君	25	韋	25	魚	22	禹	8	倉	10	簡	4	卓	23	任	16	判	16	天
20	昔	2	孔	17	朴	21	箱	7	慶	25	嚴	21	舜	8	路	12	片	16	千	21	張	14	龐
10	杜	22	秋	15	申	5	獨孤	11	卜	25	咸	13	姜	1	强	16	史	8	廉	4	安	11	麻
16	司空	19	馬	15	全	4	永	5	董	15	石	1	權	20	鍾	17	皮	22	宣	17	白	25	袁
12	彭	2	琴	14	南	11	苗	22	鮮于	9	魏	22	孫	21	斤	21	章	23	房	21	丁	3	乃
11	彬	17	牟	20	車	20	采	22	施	12	盟	5	盧	4	漢	25	夏	22	泰	5	田	21	楚

엽(葉)

번호	성씨	번호	성씨	번호	성씨	번호	성씨	번호	성씨	번호	성씨	번호	성씨	번호	성씨	번호	성씨	번호	성씨	번호	성씨	번호	성씨
17	金	18	段	15	泰	4	池	22	弼	9	眞	5	余	6	朱	8	伊	3	化	2	龍	21	方
7	林	4	昌	11	賈	5	玄	25	崔	2	陶	25	程	3	元	12	曲	3	于	21	夫	22	邊
18	柳	11	弓	25	智	2	都	2	吳	16	平	21	睦	21	卞	24	趙	21	毛	8	刑	4	周
25	曺	1	連	14	扈	5	延	23	高	2	道	8	陰	25	蘇	14	黃	8	葉	19	景	16	潘
4	成	19	邱	24	西門	2	陸	4	沈	14	異	12	葛	15	明	13	梁	22	馮	6	錢	18	南宮
22	閔	22	梅	9	柴	17	鞠	17	具	14	海	4	尙	24	諸	10	河	3	阿	11	公	1	內
3	楊	7	李	19	國	8	興	6	陳	6	占	10	胡	10	殷	18	羅	15	包	22	班	8	皇甫
7	呂	5	韓	1	樑	1	太	9	康	9	鄭	18	唐	9	晉	4	蔡	3	尹	22	邦	24	榮
12	吉	10	洪	1	大	12	甘	24	愼	9	徐	4	昇	23	桂	1	魯	4	宋	21	墨	25	諸葛
3	王	14	許	11	菊	6	左	15	表	21	文	19	堅	3	溫	9	薛	21	裵	11	箕	21	賓
4	蔣	12	郭	16	萬	4	承	8	印	2	劉	13	浪	22	范	17	奇	10	俞	24	莊	12	彊
12	丘	4	辛	17	君	10	韋	10	魚	10	禹	9	倉	17	簡	7	卓	8	任	9	判	24	天
4	昔	11	孔	16	朴	24	箇	12	慶	10	嚴	25	舜	1	路	21	片	21	千	25	張	18	龐
7	杜	9	秋	6	申	2	獨孤	22	卜	10	咸	23	姜	19	强	6	史	1	廉	8	安	22	麻
24	司空	20	馬	6	全	8	永	2	董	6	石	19	權	4	鍾	16	皮	9	宣	16	白	10	袁
21	彭	11	琴	18	南	22	苗	9	鮮于	5	魏	9	孫	11	斤	25	章	15	房	25	丁	13	乃
22	彬	16	牟	4	車	4	采	9	施	21	盟	2	盧	8	漢	10	夏	9	泰	6	田	24	楚

영(永)

번호	성씨	번호	성씨	번호	성씨	번호	성씨	번호	성씨	번호	성씨	번호	성씨	번호	성씨	번호	성씨	번호	성씨	번호	성씨	번호	성씨
17	金	18	段	15	泰	4	池	22	弼	9	眞	5	余	6	朱	8	伊	3	化	2	龍	21	方
7	林	4	昌	11	賈	5	玄	25	崔	2	陶	25	程	3	元	12	曲	3	于	21	夫	22	邊
18	柳	11	弓	25	智	2	都	2	吳	16	平	21	睦	21	卞	24	趙	21	毛	8	刑	4	周
25	曺	1	連	14	扈	5	延	23	高	2	道	8	陰	25	蘇	14	黃	8	葉	19	景	16	潘
4	成	19	邱	24	西門	2	陸	4	沈	14	異	12	葛	15	明	13	梁	22	馮	6	錢	18	南宮
22	閔	22	梅	9	柴	17	鞠	17	具	14	海	4	尙	24	諸	10	河	3	阿	11	公	1	內
3	楊	7	李	19	國	8	興	6	陳	6	占	10	胡	10	殷	18	羅	15	包	22	班	8	皇甫
7	呂	5	韓	1	樑	1	太	9	康	9	鄭	18	唐	9	晉	4	蔡	3	尹	22	邦	24	榮
12	吉	10	洪	1	大	12	甘	24	愼	9	徐	4	昇	23	桂	1	魯	4	宋	21	墨	25	諸葛
3	王	14	許	11	菊	6	左	15	表	21	文	19	堅	3	溫	9	薛	21	裵	11	箕	21	賓
4	蔣	12	郭	16	萬	4	承	8	印	2	劉	13	浪	22	范	17	奇	10	俞	24	莊	12	彊
12	丘	4	辛	17	君	10	韋	10	魚	10	禹	9	倉	17	簡	7	卓	8	任	9	判	24	天
4	昔	11	孔	16	朴	24	箇	12	慶	10	嚴	25	舜	1	路	21	片	21	千	25	張	18	龐
7	杜	9	秋	6	申	2	獨孤	22	卜	10	咸	23	姜	19	强	6	史	1	廉	8	安	22	麻
24	司空	20	馬	6	全	8	永	2	董	6	石	19	權	4	鍾	16	皮	9	宣	16	白	10	袁
21	彭	11	琴	18	南	22	苗	9	鮮于	5	魏	9	孫	11	斤	25	章	15	房	25	丁	13	乃
22	彬	16	牟	4	車	4	采	9	施	21	盟	2	盧	8	漢	10	夏	9	泰	6	田	24	楚

오(吳)

번호	성씨	번호	성씨	번호	성씨	번호	성씨	번호	성씨	번호	성씨	번호	성씨	번호	성씨	번호	성씨	번호	성씨	번호	성씨	번호	성씨
12	金	7	段	16	泰	6	池	20	弼	4	眞	8	余	24	朱	3	伊	14	化	1	龍	22	方
2	林	6	昌	19	賈	3	玄	9	崔	1	陶	9	程	14	元	11	曲	14	于	22	夫	20	邊
7	柳	19	弓	9	智	1	都	8	吳	21	平	22	睦	22	卞	25	趙	22	毛	3	刑	6	周
9	曺	13	連	10	扈	8	延	17	高	1	道	3	陰	9	蘇	10	黃	3	葉	23	景	21	潘
6	成	11	邱	25	西門	1	陸	6	沈	10	異	11	葛	16	明	18	梁	20	馮	24	錢	7	南宮
20	閔	20	梅	4	柴	12	鞠	12	具	10	海	6	尙	25	諸	5	河	4	阿	19	公	13	內
14	楊	2	李	23	國	3	興	24	陳	24	占	5	胡	5	殷	7	羅	22	包	20	班	3	皇甫
2	呂	8	韓	13	樑	13	太	23	康	4	鄭	7	唐	4	晉	6	蔡	14	尹	20	邦	25	榮
11	吉	5	洪	13	大	11	甘	25	愼	4	徐	6	昇	17	桂	13	魯	6	宋	22	墨	9	諸葛
14	王	10	許	19	菊	24	左	16	表	22	文	23	堅	14	溫	4	薛	22	裵	19	箕	22	賓
6	蔣	11	郭	21	萬	6	承	3	印	1	劉	18	浪	20	范	12	奇	5	兪	25	莊	11	彊
11	丘	6	辛	12	君	5	韋	5	魚	5	禹	4	倉	12	簡	2	卓	3	任	16	判	25	天
6	昔	19	孔	21	朴	9	筍	11	慶	5	嚴	9	舜	13	路	22	片	25	千	9	張	7	龐
2	杜	4	秋	24	申	1	瓢	20	卜	5	咸	17	姜	23	强	24	史	13	廉	3	安	20	麻
25	㖨	15	馬	24	全	3	永	1	董	24	石	23	權	6	鍾	21	皮	4	宣	21	白	5	袁
22	彭	19	琴	7	南	20	苗	4	鮮于	8	魏	4	孫	19	斤	9	章	16	房	9	丁	18	乃
20	彬	21	車	6	牟	6	車	4	采	22	施	1	盟	3	盧	5	漢	4	夏	24	泰	25	楚

온(溫)

번호	성씨	번호	성씨	번호	성씨	번호	성씨	번호	성씨	번호	성씨	번호	성씨	번호	성씨	번호	성씨	번호	성씨	번호	성씨	번호	성씨
23	金	13	段	20	泰	9	池	21	弼	25	眞	10	余	4	朱	5	伊	8	化	7	龍	16	方
18	林	9	昌	11	賈	5	玄	24	崔	7	陶	24	程	8	元	17	曲	8	于	16	夫	21	邊
13	柳	12	弓	24	智	7	都	10	吳	15	平	6	睦	16	卞	6	趙	16	毛	5	刑	9	周
24	曺	2	連	3	扈	10	延	19	高	7	道	5	陰	24	蘇	3	黃	5	葉	11	景	15	潘
9	成	11	邱	6	西門	7	陸	9	沈	14	異	17	葛	20	明	1	梁	21	馮	4	錢	13	南宮
21	閔	21	梅	25	柴	18	鞠	23	具	3	海	9	尙	4	諸	14	河	3	阿	12	公	2	內
8	楊	18	李	11	國	5	興	4	陳	4	占	14	胡	14	殷	13	羅	16	包	21	班	5	皇甫
18	呂	10	韓	2	樑	2	太	11	康	25	鄭	13	唐	25	晉	9	蔡	8	尹	21	邦	6	榮
17	吉	14	洪	2	大	17	甘	6	愼	25	徐	9	昇	19	桂	2	魯	9	宋	16	墨	24	諸葛
8	王	3	許	12	菊	4	左	20	表	16	文	11	堅	8	溫	25	薛	16	裵	12	箕	16	賓
9	蔣	17	郭	5	萬	9	承	5	印	7	劉	1	浪	21	范	23	奇	14	兪	6	莊	17	彊
17	丘	9	辛	23	君	14	韋	14	魚	1	禹	25	倉	23	簡	18	卓	5	任	20	判	6	天
9	昔	12	孔	5	朴	24	筍	17	慶	14	嚴	24	舜	1	路	16	片	6	千	24	張	13	龐
18	杜	25	秋	4	申	7	瓢	21	卜	14	咸	19	姜	11	强	4	史	2	廉	5	安	21	麻
6	㖨	22	馬	4	全	15	永	7	董	4	石	11	權	9	鍾	15	皮	25	宣	15	白	14	袁
16	彭	12	琴	13	南	21	苗	25	鮮于	10	魏	25	孫	12	斤	24	章	20	房	24	丁	1	乃
21	彬	15	車	9	牟	9	車	25	采	16	施	7	盟	5	盧	14	漢	25	夏	4	泰	6	楚

왕(王)

번호	성씨	번호	성씨	번호	성씨	번호	성씨	번호	성씨	번호	성씨	번호	성씨	번호	성씨	번호	성씨	번호	성씨	번호	성씨	번호	성씨
23	金	13	段	20	泰	9	池	21	弼	25	眞	10	余	4	朱	5	伊	8	化	7	龍	16	方
18	林	9	昌	11	賈	5	玄	24	崔	7	陶	24	程	8	元	17	曲	8	于	16	夫	21	邊
13	柳	12	弓	24	智	7	都	10	吳	15	平	6	睦	16	卞	6	趙	16	毛	5	刑	9	周
24	曹	2	連	3	扈	10	延	19	高	7	道	5	陰	24	蘇	3	黃	5	葉	11	景	15	潘
9	成	11	邱	6	西門	7	陸	9	沈	14	異	17	葛	20	明	1	梁	21	馮	4	錢	13	南宮
21	閔	21	梅	25	柴	18	鞠	23	具	3	海	9	尙	4	諸	14	河	3	阿	12	公	2	內
8	楊	18	李	11	國	5	興	4	陳	8	占	14	胡	14	殷	13	羅	16	包	21	班	5	皇甫
18	呂	10	韓	2	樑	2	太	11	康	25	鄭	13	唐	25	晉	9	蔡	8	尹	21	邦	6	榮
17	吉	14	洪	2	大	17	甘	6	愼	25	徐	9	昇	19	桂	2	魯	9	宋	16	墨	24	諸葛
8	王	3	許	12	菊	4	左	20	表	16	文	11	堅	8	溫	25	薛	16	裵	12	箕	16	賓
9	蔣	17	郭	5	萬	9	承	5	印	7	劉	1	浪	21	范	23	奇	14	兪	6	莊	17	彊
17	丘	9	辛	23	君	14	韋	14	魚	14	禹	25	倉	23	簡	18	卓	5	任	20	判	6	天
9	昔	12	孔	5	朴	24	筍	17	慶	14	嚴	24	舜	1	路	16	片	6	千	24	張	13	龐
18	杜	25	秋	4	申	7	獨孤	21	卜	14	咸	19	姜	11	强	4	史	2	廉	5	安	21	麻
6	司空	22	馬	4	全	15	永	7	董	4	石	11	權	9	鍾	15	皮	25	宣	15	白	14	袁
16	彭	12	琴	13	南	21	苗	25	鮮于	10	魏	25	孫	12	斤	24	章	20	房	24	丁	1	乃
21	彬	15	牟	9	車	9	采	25	施	10	盟	7	盧	5	漢	14	夏	25	泰	4	田	6	楚

룡·용(龍)

번호	성씨	번호	성씨	번호	성씨	번호	성씨	번호	성씨	번호	성씨	번호	성씨	번호	성씨	번호	성씨	번호	성씨	번호	성씨	번호	성씨
7	金	10	段	17	泰	15	池	19	弼	20	眞	4	余	16	朱	6	伊	24	化	8	龍	11	方
5	林	15	昌	1	賈	6	玄	22	崔	8	陶	22	程	24	元	2	曲	24	于	11	夫	19	邊
10	柳	1	弓	22	智	8	都	4	吳	12	平	11	睦	11	卞	21	趙	11	毛	6	刑	15	周
22	曹	3	連	25	扈	4	延	18	高	8	道	6	陰	22	蘇	25	黃	6	葉	13	景	12	潘
15	成	13	邱	21	西門	8	陸	15	沈	6	異	2	葛	17	明	14	梁	19	馮	16	錢	10	南宮
19	閔	19	梅	20	柴	7	鞠	7	具	15	海	21	尙	21	諸	9	河	24	阿	1	公	3	內
24	楊	5	李	13	國	6	興	16	陳	16	占	9	胡	9	殷	10	羅	11	包	23	班	6	皇甫
5	呂	4	韓	24	樑	3	太	13	康	20	鄭	10	唐	20	晉	15	蔡	24	尹	19	邦	21	榮
2	吉	9	洪	3	大	2	甘	21	愼	20	徐	15	昇	8	桂	3	魯	15	宋	11	墨	22	諸葛
24	王	9	許	1	菊	16	左	17	表	1	文	13	堅	24	溫	20	薛	11	裵	1	箕	11	賓
15	蔣	2	郭	12	萬	15	承	6	印	8	劉	14	浪	19	范	7	奇	9	兪	21	莊	2	彊
2	丘	15	辛	7	君	9	韋	9	魚	5	禹	20	倉	7	簡	5	卓	6	任	17	判	21	天
15	昔	1	孔	12	朴	22	筍	2	慶	9	嚴	22	舜	3	路	11	片	21	千	22	張	10	龐
5	杜	20	秋	16	申	8	獨孤	19	卜	9	咸	18	姜	13	强	16	史	3	廉	6	安	19	麻
21	司空	23	馬	16	全	6	永	16	董	16	石	13	權	13	鍾	22	皮	20	宣	12	白	9	袁
11	彭	1	琴	10	南	19	苗	20	鮮于	4	魏	20	孫	1	斤	22	章	17	房	22	丁	14	乃
19	彬	12	牟	15	車	15	采	20	施	11	盟	8	盧	6	漢	9	夏	20	泰	16	田	21	楚

우(禹)

번호	성씨	번호	성씨	번호	성씨	번호	성씨	번호	성씨	번호	성씨	번호	성씨	번호	성씨	번호	성씨	번호	성씨	번호	성씨	번호	성씨
11	金	2	段	21	泰	24	池	15	弼	6	眞	3	余	25	朱	14	伊	10	化	13	龍	20	方
1	林	24	昌	23	賈	14	玄	4	崔	13	陶	4	程	10	元	19	曲	10	于	20	夫	15	邊
2	柳	23	弓	4	智	3	都	3	吳	22	平	20	睦	20	卞	9	趙	20	毛	14	刑	24	周
4	曹	18	連	5	扈	3	延	12	高	13	道	14	陰	4	蘇	5	黃	14	葉	17	景	22	潘
24	成	17	邱	9	西門	13	陸	24	沈	5	異	19	葛	21	明	7	梁	15	馮	25	錢	2	南宮
15	閔	5	梅	6	柴	11	鞠	11	具	5	海	24	尙	25	諸	8	河	10	阿	23	公	18	內
10	楊	1	李	17	國	14	興	25	陳	25	占	8	胡	8	殷	2	羅	20	包	16	班	13	皇甫
1	呂	3	韓	10	樑	18	太	17	康	6	鄭	2	唐	6	晉	24	蔡	10	尹	15	邦	9	榮
19	吉	8	洪	18	大	19	甘	9	愼		徐	24	昇	12	桂	18	魯	24	宋	20	墨	4	諸葛
10	王	5	許	23	菊	25	左	21	表	20	文	17	堅	10	溫	16	薛	10	裵	23	箕	20	賓
24	蔣	19	郭	22	萬	24	承	14	印	13	劉	7	浪	15	范	11	奇	8	兪	9	莊	19	彊
19	丘	24	辛	11	君	8	韋	8	魚	8	禹	6	倉	11	簡	1	卓	14	任	21	判	9	天
24	昔	23	孔	22	朴	4	箭	19	慶	8	嚴	4	舜	18	路	20	片	9	千	4	張	2	龐
1	杜	6	秋	25	申	13	獨孤	15	卜	8	咸	12	姜	17	强	25	史	18	廉	14	安	15	麻
9	司空	16	馬	25	全	14	永	13	董	25	石	17	權	24	鍾	22	皮	6	宣	22	白	8	袁
20	彭	23	琴	2	南	15	苗	6	鮮于	3	魏	6	孫	23	斤	4	章	1	房	4	丁	7	乃
15	彬	22	牟	24	車	24	采	6	施	20	盟	13	盧	14	漢	8	夏	6	泰	5	田	9	楚

우(于)

번호	성씨	번호	성씨	번호	성씨	번호	성씨	번호	성씨	번호	성씨	번호	성씨	번호	성씨	번호	성씨	번호	성씨	번호	성씨	번호	성씨
23	金	13	段	20	泰	9	池	21	弼	25	眞	10	余	4	朱	5	伊	8	化	7	龍	16	方
18	林	9	昌	11	賈	5	玄	24	崔	7	陶	24	程	8	元	17	曲	8	于	16	夫	21	邊
13	柳	12	弓	24	智	7	都	10	吳	15	平	6	睦	16	卞	6	趙	16	毛	5	刑	9	周
24	曹	2	連	3	扈	10	延	19	高	7	道	5	陰	24	蘇	3	黃	5	葉	11	景	15	潘
9	成	11	邱	6	西門	9	陸	14	沈	17	異	20	葛	1	明	21	梁	4	馮	13	錢		南宮
21	閔	21	梅	25	柴	18	鞠	23	具	3	海	4	尙	14	諸	3	河	12	阿	2	公	2	內
8	楊	18	李	11	國	5	興	4	陳	4	占	14	胡	14	殷	13	羅	16	包	21	班	5	皇甫
18	呂	10	韓	2	樑	2	太	11	康	25	鄭	13	唐	25	晉	9	蔡	8	尹	21	邦	6	榮
17	吉	14	洪	2	大	17	甘	6	愼	25	徐	9	昇	2	桂	9	魯	16	宋	24	墨	24	諸葛
8	王	3	許	12	菊	4	左	20	表	16	文	11	堅	8	溫	25	薛	16	裵	12	箕	16	賓
9	蔣	17	郭	5	萬	9	承	5	印	7	劉	1	浪	21	范	23	奇	14	兪	6	莊	17	彊
17	丘	9	辛	23	君	14	韋	14	魚	14	禹	25	倉	23	簡	18	卓	5	任	20	判	6	天
9	昔	12	孔	5	朴	24	箭	17	慶	14	嚴	24	舜	1	路	16	片	6	千	24	張	13	龐
18	杜	25	秋	4	申	7	獨孤	21	卜	14	咸	19	姜	11	强	4	史	2	廉	5	安	21	麻
6	司空	22	馬	4	全	15	永	7	董	25	石	11	權	9	鍾	15	皮	25	宣	15	白	14	袁
16	彭	12	琴	13	南	21	苗	25	鮮于	10	魏	25	孫	12	斤	24	章	20	房	24	丁	1	乃
21	彬	15	牟	9	車	9	采	25	施	16	盟	7	盧	5	漢	14	夏	25	泰	4	田	6	楚

원(元)

번호	성씨	번호	성씨	번호	성씨	번호	성씨	번호	성씨	번호	성씨	번호	성씨	번호	성씨	번호	성씨	번호	성씨	번호	성씨	번호	성씨
23	金	13	段	20	泰	9	池	21	弼	25	眞	10	余	4	朱	5	伊	8	化	7	龍	16	方
18	林	9	昌	11	賈	5	玄	24	崔	7	陶	24	程	8	元	17	曲	8	于	16	夫	21	邊
13	柳	12	弓	24	智	7	都	10	吳	15	平	6	睦	16	卞	6	趙	16	毛	5	刑	9	周
24	曺	2	連	3	扈	10	延	19	高	7	道	5	陰	24	蘇	3	黃	5	葉	11	景	15	潘
9	成	11	邱	6	西門	7	陸	9	沈	14	異	17	葛	20	明	1	梁	21	馮	4	錢	13	南宮
21	閔	21	梅	25	柴	18	鞠	23	具	3	海	9	尙	4	諸	14	河	3	阿	12	公	2	內
8	楊	18	李	11	國	5	興	4	陳	4	占	14	胡	14	殷	13	羅	16	包	21	班	5	皇甫
18	呂	10	韓	2	樑	2	太	11	康	25	鄭	13	唐	25	晉	9	蔡	8	尹	21	邦	6	榮
17	吉	14	洪	2	大	17	甘	6	愼	25	徐	9	昇	19	桂	2	魯	9	宋	16	墨	24	諸葛
8	王	3	許	12	菊	4	左	20	表	16	文	11	堅	8	溫	25	薛	16	裵	12	箕	16	賓
9	蔣	17	郭	5	萬	9	承	5	印	7	劉	1	浪	21	范	23	奇	14	兪	6	莊	17	彊
17	丘	9	辛	23	君	14	韋	14	魚	14	禹	25	倉	23	簡	18	卓	5	任	20	判	6	天
9	昔	12	孔	5	朴	24	箕	17	慶	14	嚴	24	舜	1	路	16	片	6	千	24	張	13	龐
18	杜	25	秋	4	申	7	獨孤	21	卜	14	咸	19	姜	11	强	4	史	2	廉	15	安	21	麻
6	司空	22	馬	4	全	15	永	7	董	4	石	11	權	9	鍾	15	皮	25	宣	15	白	14	袁
16	彭	12	琴	13	南	21	苗	25	鮮于	10	魏	25	孫	12	斤	24	章	20	房	24	丁	1	乃
21	彬	15	牟	9	車	9	采	25	施	16	盟	7	盧	5	漢	14	夏	25	泰	4	田	6	楚

원(袁)

번호	성씨	번호	성씨	번호	성씨	번호	성씨	번호	성씨	번호	성씨	번호	성씨	번호	성씨	번호	성씨	번호	성씨	번호	성씨	번호	성씨
11	金	2	段	21	泰	24	池	15	弼	6	眞	3	余	25	朱	14	伊	10	化	13	龍	20	方
1	林	24	昌	23	賈	14	玄	4	崔	13	陶	4	程	10	元	19	曲	10	于	20	夫	15	邊
2	柳	23	弓	4	智	3	都	3	吳	22	平	20	睦	20	卞	9	趙	20	毛	14	刑	24	周
4	曺	18	連	5	扈	3	延	12	高	13	道	14	陰	4	蘇	5	黃	14	葉	17	景	22	潘
24	成	17	邱	9	西門	13	陸	24	沈	5	異	19	葛	21	明	7	梁	15	馮	25	錢	2	南宮
15	閔	5	梅	6	柴	11	鞠	11	具	24	海	25	尙	25	諸	8	河	10	阿	23	公	18	內
10	楊	1	李	17	國	14	興	25	陳	25	占	8	胡	8	殷	2	羅	20	包	16	班	13	皇甫
1	呂	3	韓	10	樑	18	太	17	康	6	鄭	2	唐	6	晉	24	蔡	10	尹	15	邦	9	榮
19	吉	8	洪	18	大	19	甘	9	愼	24	徐	12	昇	18	桂	24	魯	24	宋	20	墨	4	諸葛
10	王	5	許	23	菊	25	左	21	表	20	文	17	堅	10	溫	16	薛	10	裵	23	箕	20	賓
24	蔣	19	郭	22	萬	24	承	14	印	13	劉	7	浪	15	范	11	奇	8	兪	9	莊	19	彊
19	丘	24	辛	11	君	8	韋	8	魚	6	禹	11	倉	1	簡	14	卓	21	任	9	判	9	天
24	昔	23	孔	22	朴	4	箕	19	慶	8	嚴	4	舜	18	路	20	片	9	千	4	張	2	龐
1	杜	6	秋	25	申	13	獨孤	15	卜	8	咸	12	姜	17	强	25	史	18	廉	14	安	15	麻
9	司空	16	馬	25	全	14	永	13	董	13	石	17	權	24	鍾	22	皮	6	宣	22	白	8	袁
20	彭	23	琴	2	南	15	苗	25	鮮于	3	魏	6	孫	23	斤	4	章	1	房	4	丁	7	乃
15	彬	22	牟	24	車	24	采	6	施	20	盟	13	盧	14	漢	8	夏	6	泰	5	田	9	楚

위(魏)

번호	성씨	번호	성씨	번호	성씨	번호	성씨	번호	성씨	번호	성씨	번호	성씨	번호	성씨	번호	성씨	번호	성씨	번호	성씨	번호	성씨
12	金	7	段	16	泰	6	池	20	弼	4	眞	8	余	24	朱	3	伊	14	化	1	龍	22	方
2	林	6	昌	19	賈	3	玄	9	崔	1	陶	9	程	14	元	11	曲	14	于	22	夫	20	邊
7	柳	19	弓	9	智	1	都	8	吳	21	平	22	睦	22	卞	25	趙	22	毛	3	刑	6	周
9	曹	13	連	10	扈	8	延	17	高	1	道	3	陰	9	蘇	10	黃	3	葉	23	景	21	潘
6	成	11	邱	25	西門	1	陸	6	沈	10	異	11	葛	16	明	18	梁	20	馮	24	錢	7	南宮
20	閔	20	梅	4	柴	12	鞠	12	具	10	海	6	尙	25	諸	5	河	4	阿	19	公	13	內
14	楊	2	李	23	國	3	興	24	陳	24	占	5	胡	5	殷	7	羅	22	包	20	班	3	皇甫
2	呂	8	韓	13	樑	13	太	23	康	4	鄭	7	唐	4	晉	6	蔡	14	尹	20	邦	25	榮
11	吉	5	洪	13	大	11	甘	25	愼	4	徐	6	昇	17	桂	13	魯	6	宋	22	墨	9	諸葛
14	王	10	許	19	菊	24	左	16	表	22	文	23	堅	14	溫	4	薛	22	裵	19	箕	22	賓
6	蔣	11	郭	21	萬	6	承	3	印	1	劉	20	浪	20	范	12	奇	2	兪	25	莊	11	彊
11	丘	6	辛	12	君	5	韋	5	魚	5	禹	4	倉	12	簡	2	卓	3	任	16	判	25	天
6	昔	19	孔	21	朴	9	筍	11	慶	5	嚴	9	舜	13	路	22	片	25	千	9	張	7	麗
2	杜	4	秋	24	申	1	獨孤	20	卜	5	咸	17	姜	23	强	24	史	13	廉	3	安	20	麻
25	司空	15	馬	24	全	3	永	1	董	24	石	23	權	6	鍾	21	皮	4	宣	21	白	5	袁
22	彭	19	琴	7	南	20	苗	4	鮮于	8	魏	4	孫	19	斤	9	章	16	房		丁	18	乃
20	彬	21	牟	6	車	6	采	4	施	22	盟	1	盧	3	漢	5	夏	4	泰	24	田	25	楚

위(韋)

번호	성씨	번호	성씨	번호	성씨	번호	성씨	번호	성씨	번호	성씨	번호	성씨	번호	성씨	번호	성씨	번호	성씨	번호	성씨	번호	성씨
11	金	2	段	21	泰	24	池	15	弼	6	眞	3	余	25	朱	14	伊	10	化	13	龍	20	方
1	林	24	昌	23	賈	14	玄	4	崔	13	陶	4	程	10	元	19	曲	10	于	20	夫	15	邊
2	柳	23	弓	4	智	3	都	3	吳	22	平	20	睦	20	卞	9	趙	20	毛	14	刑	24	周
4	曹	18	連	5	扈	3	延	12	高	13	道	14	陰	4	蘇	5	黃	14	葉	17	景	22	潘
24	成	17	邱	9	西門	13	陸	24	沈	5	異	19	葛	21	明	7	梁	15	馮	25	錢	2	南宮
15	閔	5	梅	6	柴	11	鞠	11	具	5	海	24	尙	25	諸	8	河	10	阿	23	公	18	內
10	楊	1	李	17	國	14	興	25	陳	25	占	8	胡	8	殷	2	羅	25	包	16	班	13	皇甫
1	呂	3	韓	10	樑	18	太	17	康	6	鄭	2	唐	6	晉	24	蔡	10	尹	15	邦	9	榮
19	吉	8	洪	18	大	19	甘	9	愼	6	徐	24	昇	12	桂	18	魯	24	宋	20	墨	4	諸葛
10	王	5	許	23	菊	25	左	21	表	20	文	17	堅	10	溫	16	薛	10	裵	23	箕	20	賓
24	蔣	19	郭	22	萬	24	承	14	印	13	劉	7	浪	15	范	11	奇	8	兪	9	莊	19	彊
19	丘	24	辛	11	君	8	韋	8	魚	8	禹	6	倉	11	簡	1	卓	14	任	21	判		天
24	昔	23	孔	22	朴	4	筍	19	慶	8	嚴	4	舜	18	路	20	片	9	千	4	張	2	麗
1	杜	6	秋	25	申	13	獨孤	15	卜	8	咸	12	姜	17	强	25	史	18	廉	14	安	15	麻
9	司空	16	馬	25	全	14	永	13	董	25	石	17	權	24	鍾	22	皮	6	宣	22	白	8	袁
20	彭	23	琴	2	南	15	苗	6	鮮于	3	魏	5	孫	23	斤	4	章	1	房	4	丁	7	乃
15	彬	22	牟	24	車	24	采	6	施	20	盟	13	盧	8	漢	6	夏	5	泰	9	田	9	楚

류 · 유(柳)

번호	성씨	번호	성씨	번호	성씨	번호	성씨	번호	성씨	번호	성씨	번호	성씨	번호	성씨	번호	성씨	번호	성씨	번호	성씨	번호	성씨
1	金	8	段	11	泰	21	池	17	弼	16	眞	24	余	22	朱	25	伊	9	化	14	龍	23	方
3	林	21	昌	18	賈	25	玄	15	崔	14	陶	15	程	9	元	25	曲	9	于	23	夫	17	邊
8	柳	18	弓	15	智	14	都	24	吳	19	平	23	睦	23	卞	20	趙	23	毛	25	刑	21	周
15	曹	10	連	4	扈	24	延	2	高	14	道	25	陰	15	蘇	4	黃	25	葉	7	景	19	潘
21	成	7	邱	20	西門	14	陸	21	沈	4	異	13	葛	11	明	5	梁	17	馮	22	錢	8	南宮
17	閔	17	梅	16	柴	1	鞠	1	具	4	海	21	尙	22	諸	6	河	9	阿	18	公	14	內
9	楊	3	李	7	國	25	興	22	陳	22	占	6	胡	6	殷	8	羅	23	包	12	班	25	皇甫
3	呂	24	韓	9	樑	10	太	7	康	16	鄭	8	唐	16	晉	21	蔡	9	尹	17	邦	20	榮
25	吉	6	洪	10	大	25	甘	20	愼	16	徐	21	昇	2	桂	10	魯	21	宋	23	墨	15	諸葛
9	王	4	許	18	菊	22	左	11	表	23	文	7	堅	9	溫	16	薛	23	裵	18	箕	23	賓
21	蔣	13	郭	19	萬	21	承	25	印	14	劉	5	浪	17	范	1	奇	6	兪	20	莊	13	彊
13	丘	21	辛	1	君	6	韋	6	魚	6	禹	16	倉	1	簡	3	卓	25	任	7	判	20	天
21	昔	18	孔	19	朴	15	筍	13	慶	6	嚴	15	舜	10	路	23	片	20	千	15	張	8	龐
3	杜	16	秋	22	申	14	獨孤	17	卜	6	咸	2	姜	7	強	22	史	10	廉	25	安	17	麻
20	司空	21	馬	22	全	25	永	14	董	22	石	7	權	21	鍾	19	皮	16	宣	19	白	6	袁
23	彭	18	琴	8	南	17	苗	16	鮮于	24	魏	16	孫	18	斤	15	章	11	房	19	丁	5	乃
17	彬	19	牟	21	車	21	采	16	施	23	盟	14	盧	25	漢	6	夏	16	泰	22	田	20	楚

류 · 유(劉)

번호	성씨	번호	성씨	번호	성씨	번호	성씨	번호	성씨	번호	성씨	번호	성씨	번호	성씨	번호	성씨	번호	성씨	번호	성씨	번호	성씨
7	金	10	段	17	泰	15	池	19	弼	20	眞	4	余	16	朱	6	伊	24	化	8	龍	11	方
5	林	15	昌	1	賈	6	玄	22	崔	8	陶	22	程	24	元	2	曲	24	于	11	夫	19	邊
10	柳	1	弓	22	智	8	都	4	吳	12	平	11	睦	11	卞	21	趙	11	毛	6	刑	15	周
22	曹	3	連	25	扈	4	延	18	高	8	道	6	陰	22	蘇	25	黃	6	葉	13	景	12	潘
15	成	13	邱	21	西門	8	陸	15	沈	6	異	2	葛	17	明	14	梁	19	馮	16	錢	10	南宮
19	閔	19	梅	20	柴	7	鞠	7	具	25	海	15	尙	21	諸	9	河	24	阿	1	公	3	內
24	楊	5	李	13	國	6	興	16	陳	16	占	9	胡	9	殷	10	羅	11	包	23	班	6	皇甫
5	呂	4	韓	24	樑	3	太	13	康	20	鄭	10	唐	20	晉	15	蔡	24	尹	19	邦	21	榮
2	吉	9	洪	3	大	2	甘	21	愼	20	徐	15	昇	8	桂	3	魯	15	宋	11	墨	22	諸葛
24	王	9	許	1	菊	16	左	17	表	11	文	13	堅	24	溫	20	薛	11	裵	1	箕	11	賓
15	蔣	2	郭	12	萬	15	承	6	印	8	劉	14	浪	19	范	7	奇	9	兪	21	莊	2	彊
2	丘	15	辛	7	君	9	韋	9	魚	9	禹	20	倉	7	簡	6	卓	17	任	9	判	21	天
15	昔	1	孔	12	朴	22	筍	2	慶	9	嚴	22	舜	3	路	11	片	21	千	22	張	10	龐
5	杜	20	秋	16	申	8	獨孤	19	卜	9	咸	18	姜	13	強	16	史	3	廉	6	安	19	麻
21	司空	23	馬	16	全	6	永	8	董	16	石	13	權	5	鍾	22	皮	20	宣	12	白	9	袁
11	彭	1	琴	10	南	19	苗	20	鮮于	4	魏	20	孫	1	斤	22	章	17	房	22	丁	14	乃
19	彬	12	牟	15	車	15	采	20	施	11	盟	8	盧	6	漢	9	夏	20	泰	16	田	21	楚

유(兪)

번호	성씨	번호	성씨	번호	성씨	번호	성씨	번호	성씨	번호	성씨	번호	성씨	번호	성씨	번호	성씨	번호	성씨	번호	성씨	번호	성씨
11	金	2	段	21	泰	24	池	15	弼	6	眞	3	余	25	朱	14	伊	10	化	13	龍	20	方
1	林	24	昌	23	賈	14	玄	4	崔	13	陶	4	程	10	元	19	曲	10	于	20	夫	15	邊
2	柳	23	弓	4	智	3	都	3	吳	22	平	20	睦	20	卞	9	趙	20	毛	14	刑	24	周
4	曹	18	連	5	扈	3	延	12	高	13	道	14	陰	4	蘇	5	黃	14	葉	17	景	22	潘
24	成	17	邱	9	西門	13	陸	24	沈	5	異	19	葛	21	明	7	梁	15	馮	25	錢	2	南宮
15	閔	5	梅	6	柴	11	鞠	11	具	5	海	24	尙	25	諸	8	河	25	阿	23	公	18	內
10	楊	1	李	17	國	14	興	25	陳	25	占	8	胡	8	殷	2	羅	20	包	16	班	13	皇甫
1	呂	3	韓	10	樑	18	太	17	康	6	鄭	2	唐	6	晉	24	蔡	10	尹	15	邦	9	榮
19	吉	8	洪	18	大	19	甘	9	愼	6	徐	24	昇	12	桂	18	魯	24	宋	20	墨	4	諸葛
10	王	5	許	23	菊	25	左	21	表	20	文	17	堅	10	溫	16	薛	10	襄	23	箕	20	賓
24	蔣	19	郭	22	萬	24	承	14	印	13	劉	15	浪	15	范	11	奇	9	俞	9	莊	19	彊
19	丘	24	辛	11	君	8	章	8	魚	8	禹	6	倉	11	簡	1	卓	14	任	21	判	9	天
24	昔	23	孔	22	朴	4	筍	19	慶	8	嚴	4	舜	18	路	20	片	9	千	4	張	2	龐
1	杜	6	秋	25	申	13	獨孤	15	卜	8	咸	12	姜	17	强	25	史	18	廉	14	安	15	麻
9	司空	16	馬	25	全	14	永	13	董	25	石	17	權	24	鍾	22	皮	6	宣	22	白	8	袁
20	彭	23	琴	2	南	15	苗	6	鮮于	7	魏	8	孫	23	斤	4	章	1	房	7	丁	7	乃
15	彬	22	牟	24	車	24	采	6	施	20	盟	13	盧	14	漢	8	夏	6	泰	5	田	9	楚

륙·육(陸)

번호	성씨	번호	성씨	번호	성씨	번호	성씨	번호	성씨	번호	성씨	번호	성씨	번호	성씨	번호	성씨	번호	성씨	번호	성씨	번호	성씨
7	金	10	段	17	泰	15	池	19	弼	20	眞	4	余	16	朱	6	伊	24	化	8	龍	11	方
5	林	15	昌	1	賈	6	玄	22	崔	8	陶	22	程	24	元	2	曲	24	于	11	夫	19	邊
10	柳	1	弓	22	智	8	都	4	吳	12	平	11	睦	11	卞	21	趙	11	毛	6	刑	15	周
22	曹	3	連	25	扈	4	延	18	高	8	道	6	陰	22	蘇	25	黃	6	葉	13	景	12	潘
15	成	13	邱	21	西門	8	陸	15	沈	6	異	2	葛	17	明	14	梁	19	馮	16	錢	10	南宮
19	閔	19	梅	20	柴	7	鞠	7	具	25	海	15	尙	21	諸	9	河	24	阿	1	公	3	內
24	楊	5	李	13	國	6	興	16	陳	16	占	9	胡	9	殷	10	羅	11	包	23	班	6	皇甫
5	呂	4	韓	24	樑	3	太	13	康	20	鄭	10	唐	20	晉	15	蔡	24	尹	19	邦	21	榮
2	吉	9	洪	3	大	2	甘	21	愼	20	徐	15	昇	8	桂	3	魯	15	宋	11	墨	22	諸葛
24	王	9	許	1	菊	16	左	17	表	11	文	13	堅	24	溫	20	薛	11	襄	1	箕	11	賓
15	蔣	2	郭	12	萬	15	承	6	印	8	劉	14	浪	19	范	7	奇	9	俞	21	莊	2	彊
2	丘	15	辛	7	君	9	章	9	魚	9	禹	7	倉	7	簡	5	卓	17	任	17	判	21	天
15	昔	1	孔	12	朴	22	筍	2	慶	9	嚴	22	舜	3	路	11	片	21	千	22	張	10	龐
5	杜	20	秋	16	申	8	獨孤	19	卜	9	咸	18	姜	13	强	16	史	3	廉	6	安	19	麻
21	司空	23	馬	16	全	6	永	8	董	16	石	13	權	5	鍾	22	皮	20	宣	12	白	9	袁
11	彭	1	琴	10	南	19	苗	20	鮮于	4	魏	20	孫	1	斤	22	章	17	房	22	丁	14	乃
19	彬	12	牟	15	車	15	采	20	施	11	盟	8	盧	6	漢	9	夏	20	泰	16	田	21	楚

윤(尹)

번호	성씨	번호	성씨	번호	성씨	번호	성씨	번호	성씨	번호	성씨	번호	성씨	번호	성씨	번호	성씨	번호	성씨	번호	성씨	번호	성씨
23	金	13	段	20	泰	9	池	21	弼	25	眞	10	余	4	朱	5	伊	8	化	7	龍	16	方
18	林	9	昌	11	賈	5	玄	24	崔	7	陶	24	程	8	元	17	曲	8	于	16	夫	21	邊
13	柳	12	弓	24	智	7	都	10	吳	15	平	6	睦	16	卞	6	趙	16	毛	5	刑	9	周
24	曺	2	連	3	扈	10	延	19	高	7	道	5	陰	24	蘇	3	黃	5	葉	11	景	15	潘
9	成	11	邱	6	西門	7	陸	9	沈	14	異	17	葛	20	明	1	梁	21	馮	4	錢	13	南宮
21	閔	21	梅	25	柴	18	鞠	23	具	3	海		尙	4	諸	14	河	3	阿	12	公	2	內
8	楊	18	李	11	國	5	興	4	陳	4	占	14	胡	14	殷	13	羅	16	包	21	班	5	皇甫
18	呂	10	韓	2	樑	2	太	11	康	25	鄭	13	唐	25	晉	9	蔡	8	尹	21	邦	6	榮
17	吉	14	洪	2	大	17	甘	6	愼	25	徐	9	昇	19	桂	2	魯	9	宋	16	墨	24	諸葛
8	王	3	許	12	菊	4	左	20	表	16	文	11	堅	8	溫	25	薛	16	襄	12	箕	16	賓
9	蔣	17	郭	5	萬	9	承	5	印	7	劉	1	浪	21	范	23	奇	14	兪	6	莊	17	彊
17	丘	9	辛	23	君	14	韋	14	魚	14	禹	25	倉	23	簡	18	卓	5	任	20	判	6	天
9	昔	12	孔	5	朴	24	筍	17	慶	14	嚴	24	舜	1	路	16	片	6	千	24	張	13	龐
18	杜	25	秋	4	申	7	獨孤	21	卜	14	咸	19	姜	11	強	4	史	2	廉	5	安	21	麻
6	司空	22	馬	4	全	15	永	7	董	4	石	11	權	9	鍾	15	皮	25	宣		白	14	袁
16	彭	12	琴	13	南	21	苗	25	鮮于	10	魏	25	孫	12	斤	24	章	20	房	24	丁	1	乃
21	彬	15	牟	9	車	9	采	25	施	16	盟	7	盧	5	漢	14	夏	25	泰	4	田	6	楚

은(殷)

번호	성씨	번호	성씨	번호	성씨	번호	성씨	번호	성씨	번호	성씨	번호	성씨	번호	성씨	번호	성씨	번호	성씨	번호	성씨	번호	성씨
11	金	2	段	21	泰	24	池	15	弼	6	眞	3	余	25	朱	14	伊	10	化	13	龍	20	方
1	林	24	昌	23	賈	14	玄	4	崔	13	陶	4	程	10	元	19	曲	10	于	20	夫	15	邊
2	柳	23	弓	4	智	3	都	3	吳	22	平	20	睦	20	卞	9	趙	20	毛	14	刑	24	周
4	曺	18	連	5	扈	3	延	12	高	13	道	14	陰	4	蘇	5	黃	14	葉	17	景	22	潘
24	成	17	邱	9	西門	13	陸	24	沈	5	異	19	葛	21	明	7	梁	15	馮	25	錢	2	南宮
15	閔	5	梅	6	柴	11	鞠	11	具	5	海	24	尙	25	諸	8	河	10	阿	23	公	18	內
10	楊	1	李	17	國	14	興	25	陳	25	占	8	胡	8	殷	2	羅	20	包	16	班	13	皇甫
1	呂	3	韓	10	樑	18	太	17	康	6	鄭	2	唐	6	晉	24	蔡	10	尹	15	邦	9	榮
19	吉	8	洪	18	大	19	甘	9	愼	6	徐	24	昇	12	桂	18	魯	24	宋	20	墨	4	諸葛
10	王	5	許	23	菊	25	左	21	表	20	文	17	堅	10	溫	16	薛	10	襄	23	箕	20	賓
24	蔣	19	郭	22	萬	24	承	14	印	13	劉	7	浪	15	范	11	奇	8	兪	9	莊	19	彊
19	丘	24	辛	11	君	8	韋	8	魚	8	禹	6	倉	11	簡	1	卓	14	任	21	判	9	天
24	昔	23	孔	22	朴	4	筍	19	慶	8	嚴	4	舜	18	路	20	片	9	千	4	張	2	龐
1	杜	6	秋	25	申	13	獨孤	15	卜	8	咸	12	姜	17	強	25	史	18	廉	14	安	15	麻
9	司空	16	馬	25	全	14	永	13	董	25	石	17	權	24	鍾	22	皮	6	宣	22	白	8	袁
20	彭	23	琴	2	南	15	苗	6	鮮于	3	魏	6	孫	23	斤	4	章	1	房	7	丁	7	乃
15	彬	22	牟	24	車	24	采	6	施	20	盟	13	盧	14	漢	8	夏	6	泰	5	田	9	楚

음(陰)

번호	성씨	번호	성씨	번호	성씨	번호	성씨	번호	성씨	번호	성씨	번호	성씨	번호	성씨	번호	성씨	번호	성씨	번호	성씨	번호	성씨
17	金	18	段	15	泰	4	池	22	弼	9	眞	5	余	6	朱	8	伊	3	化	2	龍	21	方
7	林	4	昌	11	賈	5	玄	25	崔	2	陶	25	程	3	元	12	曲	3	于	21	夫	22	邊
18	柳	11	弓	25	智	2	都	2	吳	16	平	21	睦	21	卞	24	趙	21	毛	8	刑	4	周
25	曹	1	連	14	扈	5	延	23	高	2	道	8	陰	25	蘇	14	黃	8	葉	19	景	16	潘
4	成	19	邱	24	西門	2	陸	4	沈	14	異	12	葛	15	明	13	梁	22	馮	6	錢	18	南宮
22	閔	22	梅	9	柴	17	鞠	17	具	14	海	4	尙	24	諸	10	河	3	阿	11	公	1	內
3	楊	7	李	19	國	8	興	6	陳	6	占	10	胡	10	殷	18	羅	15	包	22	班	8	皇甫
7	呂	5	韓	1	樑	1	太	9	康	9	鄭	18	唐	9	晉	4	蔡	3	尹	22	邦	24	榮
12	吉	10	洪	1	大	12	甘	24	愼	9	徐	4	昇	23	桂	1	魯	4	宋	21	墨	25	諸葛
3	王	14	許	11	菊	6	左	15	表	21	文	19	堅	9	溫	21	薛	11	襄	21	箕	21	賓
4	蔣	12	郭	16	萬	4	承	8	印	2	劉	13	浪	22	范	17	奇	10	俞	24	莊	12	彊
12	丘	4	辛	17	君	10	韋	10	魚	10	禹	9	倉	17	簡	7	卓	8	任	9	判	24	天
4	昔	11	孔	16	朴	24	筲	12	慶	10	嚴	25	舜	1	路	21	片	21	千	25	張	18	龐
7	杜	9	秋	6	申	2	獨孤	22	卜	10	咸	23	姜	19	强	6	史	1	廉	8	安	22	麻
24	㓮空	20	馬	6	全	8	永	2	董	6	石	19	權	4	鍾	16	皮	9	宣	16	白	10	袁
21	彭	11	琴	18	南	22	苗	9	鮮于	5	魏	9	孫	11	斤	25	章	15	房	25	丁	13	乃
22	彬	16	牟	4	車	4	采	9	施	21	盟	2	盧	8	漢	10	夏	9	泰	6	田	24	楚

리·이(李)

번호	성씨	번호	성씨	번호	성씨	번호	성씨	번호	성씨	번호	성씨	번호	성씨	번호	성씨	번호	성씨	번호	성씨	번호	성씨	번호	성씨
2	金	5	段	12	泰	23	池	23	弼	15	眞	6	余	21	朱	24	伊	25	化	3	龍	19	方
8	林	16	昌	13	賈	20	玄	20	崔	3	陶	20	程	25	元	1	曲	25	于	19	夫	23	邊
5	柳	13	弓	20	智	6	都	6	吳	11	平	19	睦	22	卞	19	趙	19	毛	24	刑	16	周
20	曹	14	連	9	扈	6	延	7	高	3	道	24	陰	20	蘇	9	黃	24	葉	18	景	11	潘
16	成	18	邱	22	西門	3	陸	16	沈	9	異	1	葛	12	明	10	梁	23	馮	21	錢	5	南宮
23	閔	23	梅	15	柴	2	鞠	15	具	16	海	21	尙	21	諸	25	河	25	阿	14	公	14	內
8	楊	8	李	18	國	24	興	21	陳	4	占	4	胡	5	殷	19	羅	17	包	24	班	24	皇甫
8	呂	6	韓	25	樑	14	太	18	康	15	鄭	5	唐	15	晉	16	蔡	25	尹	23	邦	22	榮
1	吉	4	洪	14	大	1	甘	22	愼	15	徐	16	昇	7	桂	14	魯	16	宋	19	墨	20	諸葛
25	王	9	許	13	菊	21	左	12	表	19	文	2	堅	25	溫	15	薛	19	襄	23	箕	19	賓
16	蔣	1	郭	11	萬	16	承	24	印	1	劉	10	浪	23	范	2	奇	4	俞	22	莊		彊
1	丘	16	辛	2	君	4	韋	4	魚	4	禹	15	倉	2	簡	8	卓	24	任	12	判	22	天
16	昔	13	孔	11	朴	20	筲	1	慶	4	嚴	20	舜	10	路	19	片	22	千	20	張	5	龐
8	杜	15	秋	21	申	3	獨孤	23	卜	4	咸	7	姜	18	强	21	史	14	廉	24	安	23	麻
22	㓮空	17	馬	21	全	24	永	3	董	21	石	18	權	16	鍾	11	皮	15	宣	11	白	4	袁
19	彭	13	琴	5	南	23	苗	15	鮮于	6	魏	15	孫	13	斤	20	章	12	房	20	丁	10	乃
23	彬	11	牟	16	車	16	采	15	施	19	盟	3	盧	4	漢	15	夏	21	泰	22	田	22	楚

이(伊)

번호	성씨	번호	성씨	번호	성씨	번호	성씨	번호	성씨	번호	성씨	번호	성씨	번호	성씨	번호	성씨	번호	성씨	번호	성씨	번호	성씨
17	金	18	段	15	泰	4	池	22	弼	9	眞	5	余	6	朱	8	伊	3	化	2	龍	21	方
7	林	4	昌	11	賈	5	玄	25	崔	2	陶	25	程	3	元	12	曲	3	于	21	夫	22	邊
18	柳	11	弓	25	智	2	都	2	吳	16	平	21	睦	21	卞	24	趙	21	毛	8	刑	4	周
25	曹	1	連	14	扈	5	延	23	高	2	道	8	陰	25	蘇	14	黃	8	葉	19	景	16	潘
4	成	19	邱	24	西門	2	陸	4	沈	14	異	12	葛	15	明	13	梁	22	馮	6	錢	18	南宮
22	閔	22	梅	9	柴	17	鞠	17	具	14	海	4	尙	24	諸	10	河	3	阿	11	公	1	內
3	楊	7	李	19	國	8	興	6	陳	6	占	10	胡	10	殷	18	羅	15	包	22	班	8	皇甫
7	呂	5	韓	1	樑	1	太	9	康	9	鄭	18	唐	9	晉	4	蔡	3	尹	22	邦	24	榮
12	吉	10	洪	1	大	12	甘	24	愼	9	徐	4	昇	23	桂	1	魯	4	宋	21	墨	25	諸葛
3	王	14	許	11	菊	1	左	15	表	21	文	19	堅	3	溫	9	薛	21	裵	11	箕	21	賓
4	蔣	12	郭	16	萬	4	承	8	印	2	劉	13	浪	22	范	17	奇	10	兪	24	莊	12	彊
12	丘	4	辛	17	君	10	韋	10	魚	10	禹	9	倉	17	簡	7	卓	8	任	9	判	24	天
4	昔	11	孔	16	朴	24	筍	12	慶	10	嚴	25	舜	1	路	21	片	21	千	25	張	18	龐
7	杜	9	秋	6	申	2	瓠	22	卜	10	咸	23	姜	19	强	6	史	1	廉	8	安	22	麻
24	司空	20	馬	6	全	8	永	2	董	6	石	19	權	4	鍾	16	皮	9	宣	16	白	10	袁
21	彭	11	琴	18	南	22	苗	9	鮮于	5	魏	9	孫	11	斤	25	章	15	房	25	丁	13	乃
22	彬	16	牟	4	車	4	采	9	施	21	盟	2	盧	8	漢	10	夏	9	泰	6	田	24	楚

이(異)

번호	성씨	번호	성씨	번호	성씨	번호	성씨	번호	성씨	번호	성씨	번호	성씨	번호	성씨	번호	성씨	번호	성씨	번호	성씨	번호	성씨
19	金	1	段	22	泰	25	池	16	弼	25	眞	14	余	9	朱	10	伊	5	化	18	龍	15	方
13	林	25	昌	17	賈	10	玄	6	崔	18	陶	6	程	5	元	23	曲	5	于	15	夫	16	邊
1	柳	17	弓	6	智	18	都	14	吳	20	平	15	睦	15	卞	4	趙	15	毛	10	刑	25	周
6	曹	17	連	8	扈	14	延	11	高	18	道	10	陰	6	蘇	8	黃	10	葉	12	景	20	潘
25	成	12	邱	4	西門	18	陸	25	沈	8	異	23	葛	22	明	2	梁	16	馮	9	錢	1	南宮
16	閔	16	梅	25	柴	19	鞠	19	具	25	海	25	尙	3	諸		河	17	阿	7	公		內
5	楊	13	李	12	國	10	興	9	陳	9	占	14	胡	3	殷	1	羅	15	包	21	班	1	皇甫
13	呂	14	韓	7	樑	7	太	12	康	24	鄭	1	唐	24	晉	25	蔡	5	尹	16	邦	7	榮
23	吉	3	洪	7	大	23	甘	4	愼	24	徐	25	昇	11	桂	7	魯	25	宋	15	墨	10	諸葛
5	王	8	許	17	菊	9	左	22	表	15	文	12	堅	5	溫	24	薛	15	裵	17	箕	15	賓
23	蔣	23	郭	20	萬	25	承	10	印	6	劉	15	浪	19	范	3	奇	2	兪	4	莊	23	彊
13	丘	25	辛	19	君	14	韋	3	魚	3	禹	24	倉	19	簡	13	卓	10	任	24	判	4	天
25	昔	17	孔	20	朴	6	筍	23	慶	3	嚴	6	舜	7	路	15	片	4	千	6	張	1	龐
13	杜	24	秋	9	申	18	瓠	16	卜	3	咸	11	姜	12	强	9	史	7	廉	10	安	6	麻
4	司空	21	馬	9	全	10	永	18	董	9	石	12	權	25	鍾	20	皮	24	宣	20	白	3	袁
15	彭	17	琴	1	南	16	苗	24	鮮于	14	魏	24	孫	17	斤	6	章	22	房	6	丁	7	乃
16	彬	20	牟	25	車	25	采	24	施	15	盟	18	盧	10	漢	3	夏	24	泰	9	田	4	楚

번호	성씨	번호	성씨	번호	성씨	번호	성씨	번호	성씨	번호	성씨	번호	성씨	번호	성씨	번호	성씨	번호	성씨	번호	성씨	번호	성씨
17	金	18	段	15	泰	4	池	22	弼	9	眞	5	余	6	朱	8	伊	3	化	2	龍	21	方
7	林	4	昌	11	賈	5	玄	25	崔	2	陶	25	程	3	元	12	曲	3	于	21	夫	22	邊
18	柳	11	弓	25	智	2	都	2	吳	16	平	21	睦	21	卞	24	趙	21	毛	8	刑	4	周
25	曹	1	連	14	扈	5	延	23	高	2	道	8	陰	25	蘇	14	黃	8	葉	19	景	16	潘
4	成	19	邱	24	西門	2	陸	4	沈	14	異	12	葛	15	明	13	梁	22	馮	6	錢	18	南宮
22	閔	22	梅	9	柴	17	鞠	17	具	14	海	4	尙	24	諸	10	河	3	阿	11	公	1	內
3	楊	7	李	19	國	8	興	6	陳	6	占	10	胡	10	殷	18	羅	15	包	22	班	8	皇甫
7	呂	5	韓	1	樑	1	太	9	康	9	鄭	18	唐	9	晉	4	蔡	3	尹	22	邦	24	榮
12	吉	10	洪	1	大	12	甘	24	愼	9	徐	4	昇	23	桂	1	魯	4	宋	21	墨	25	諸葛
3	王	14	許	11	菊	6	左	15	表	21	文	19	堅	3	溫	9	薛	21	裵	11	箕	21	賓
4	蔣	12	郭	16	萬	4	承	8	印	2	劉	13	浪	22	范	17	奇	10	兪	24	莊	12	彊
12	丘	4	辛	17	君	10	章	10	魚	10	禹	9	倉	17	簡	7	卓	8	任	9	判	24	天
4	昔	11	孔	16	朴	24	筍	12	慶	10	嚴	25	舜	1	路	21	片	21	千	25	張	18	龐
7	杜	9	秋	6	申	2	獨孤	22	卜	10	咸	23	姜	19	强	6	史	1	廉	8	安	22	麻
24	司空	20	馬	6	全	8	永	2	董	6	石	19	權	4	鍾	16	皮	9	宣	16	白	10	袁
21	彭	11	琴	18	南	22	苗		鮮于	5	魏	9	孫	11	斤	25	章	15	房	25	丁	13	乃
22	彬	16	牟	4	車	4	采	9	施	21	盟	2	盧	8	漢	10	夏	9	泰	6	田	24	楚

번호	성씨	번호	성씨	번호	성씨	번호	성씨	번호	성씨	번호	성씨	번호	성씨	번호	성씨	번호	성씨	번호	성씨	번호	성씨	번호	성씨
17	金	18	段	15	泰	4	池	22	弼	9	眞	5	余	6	朱	8	伊	3	化	2	龍	21	方
7	林	4	昌	11	賈	5	玄	25	崔	2	陶	25	程	3	元	12	曲	3	于	21	夫	22	邊
18	柳	11	弓	25	智	2	都	2	吳	16	平	21	睦	21	卞	24	趙	21	毛	8	刑	4	周
25	曹	1	連	14	扈	5	延	23	高	2	道	8	陰	25	蘇	14	黃	8	葉	19	景	16	潘
4	成	19	邱	24	西門	2	陸	4	沈	14	異	12	葛	15	明	13	梁	22	馮	6	錢	18	南宮
22	閔	22	梅	9	柴	17	鞠	17	具	14	海	4	尙	24	諸	10	河	3	阿	11	公	1	內
3	楊	7	李	19	國	8	興	6	陳	6	占	10	胡	10	殷	18	羅	15	包	22	班	8	皇甫
7	呂	5	韓	1	樑	1	太	9	康	9	鄭	18	唐	9	晉	4	蔡	3	尹	22	邦	24	榮
12	吉	10	洪	1	大	12	甘	24	愼	9	徐	4	昇	23	桂	1	魯	4	宋	21	墨	25	諸葛
3	王	14	許	11	菊	6	左	15	表	21	文	19	堅	3	溫	9	薛	21	裵	11	箕	21	賓
4	蔣	12	郭	16	萬	4	承	8	印	2	劉	13	浪	22	范	17	奇	10	兪	24	莊	12	彊
12	丘	4	辛	17	君	10	章	10	魚	10	禹	9	倉	17	簡	7	卓	8	任	9	判	24	天
4	昔	11	孔	16	朴	24	筍	12	慶	10	嚴	25	舜	1	路	21	片	21	千	25	張	18	龐
7	杜	9	秋	6	申	2	獨孤	22	卜	10	咸	23	姜	19	强	6	史	1	廉	8	安	22	麻
24	司空	20	馬	6	全	8	永	2	董	6	石	19	權	4	鍾	16	皮	9	宣	16	白	10	袁
21	彭	11	琴	18	南	22	苗	9	鮮于	5	魏	9	孫	11	斤	25	章	15	房	25	丁	13	乃
22	彬	16	牟	4	車	4	采	9	施	21	盟	2	盧	8	漢	10	夏	9	泰	6	田	24	楚

임(任)

번호	성씨	번호	성씨	번호	성씨	번호	성씨	번호	성씨	번호	성씨	번호	성씨	번호	성씨	번호	성씨	번호	성씨	번호	성씨	번호	성씨
2	金	5	段	12	泰	23	池	23	弼	15	眞	6	余	21	朱	24	伊	25	化	3	龍	19	方
8	林	16	昌	13	賈	20	玄	20	崔	3	陶	20	程	25	元	1	曲	25	于	19	夫	23	邊
5	柳	13	弓	20	智	6	都	6	吳	11	平	19	睦	19	卞	22	趙	19	毛	24	刑	16	周
20	曹	14	連	9	扈	6	延	7	高	3	道	24	陰	20	蘇	9	黃	24	葉	18	景	11	潘
16	成	18	邱	22	西門	3	陸	16	沈	9	異	1	葛	12	明	10	梁	23	馮	21	錢	5	南宮
23	閔	23	梅	15	柴	2	鞠	2	具	9	海	16	尙	21	諸	4	河	25	阿	13	公	14	內
25	楊	8	李	18	國	24	興	21	陳	21	占	4	胡	4	殷	5	羅	19	包	17	班	24	皇甫
8	呂	6	韓	25	樑	14	太	18	康	15	鄭	5	唐	15	晉	16	蔡	25	尹	23	邦	22	榮
1	吉	4	洪	14	大	1	甘	22	愼	15	徐	16	昇	7	桂	14	魯	16	宋	19	墨	20	諸葛
25	王	9	許	13	菊	21	左	12	表	19	文	2	堅	25	溫	15	薛	19	襄	23	箕	19	賓
16	蔣	1	郭	11	萬	16	承	24	印	3	劉	10	浪	23	范	2	奇	4	兪	22	莊	1	彊
1	丘	16	辛	2	君	4	韋	4	魚	4	禹	15	倉	2	簡	8	卓	24	任	12	判	22	天
16	昔	13	孔	11	朴	20	箭	1	慶	4	嚴	20	舜	10	路	19	片	22	千	20	張	5	龐
8	杜	15	秋	21	申	3	獨孤	23	卜	4	咸	7	姜	18	强	21	史	14	廉	24	安	23	麻
22	司空	17	馬	21	全	24	永	3	董	21	石	18	權	16	鍾	11	皮	15	宣	11	白	4	袁
19	彭	13	琴	5	南	23	苗	15	鮮于	6	魏	15	孫	13	斤	20	章	12	房	20	丁	10	乃
23	彬	11	牟	16	車	16	采	15	施	19	盟	3	盧	24	漢	4	夏	15	泰	21	田	22	楚

장(張)

번호	성씨	번호	성씨	번호	성씨	번호	성씨	번호	성씨	번호	성씨	번호	성씨	번호	성씨	번호	성씨	번호	성씨	번호	성씨	번호	성씨
22	金	12	段	25	泰	14	池	6	弼	3	眞	13	余	10	朱	18	伊	7	化	23	龍	4	方
19	林	14	昌	15	賈	18	玄	8	崔	23	陶	8	程	7	元	20	曲	7	于	4	夫	6	邊
11	柳	15	弓	8	智	23	都	13	吳	9	平	4	睦	4	卞	5	趙	14	毛	18	刑	14	周
8	曹	17	連	2	扈	13	延	21	高	23	道	18	陰	8	蘇	2	黃	18	葉	16	景	9	潘
14	成	16	邱	5	西門	23	陸	14	沈	2	異	20	葛	25	明	12	梁	6	馮	10	錢	11	南宮
6	閔	5	梅	3	柴	22	鞠	22	具	2	海	4	尙	10	諸	1	河	7	阿	15	公	17	內
7	楊	19	李	16	國	18	興	10	陳	18	占	1	胡	1	殷	11	羅	4	包	24	班	18	皇甫
19	呂	13	韓	7	樑	17	太	16	康	3	鄭	11	唐	3	晉	14	蔡	7	尹	6	邦	5	榮
20	吉	1	洪	17	大	20	甘	5	愼	3	徐	14	昇	21	桂	17	魯	14	宋	4	墨	8	諸葛
7	王	2	許	15	菊	10	左	25	表	4	文	16	堅	7	溫	3	薛	4	襄	15	箕	4	賓
14	蔣	20	郭	9	萬	14	承	18	印	23	劉	6	浪	6	范	12	奇	1	兪	5	莊	20	彊
20	丘	14	辛	22	君	1	韋	1	魚	1	禹	3	倉	22	簡	19	卓	18	任	25	判	5	天
14	昔	15	孔	9	朴	8	箭	20	慶	1	嚴	8	舜	12	路	4	片	5	千	8	張	11	龐
19	杜	3	秋	10	申	23	獨孤	6	卜	1	咸	21	姜	16	强	10	史	7	廉	19	安	6	麻
5	司空	24	馬	10	全	18	永	23	董	10	石	16	權	14	鍾	9	皮	3	宣	9	白	1	袁
4	彭	15	琴	11	南	6	苗	3	鮮于	13	魏	3	孫	15	斤	8	章	25	房	9	丁	12	乃
6	彬	9	牟	14	車	14	采	3	施	14	盟	23	盧	18	漢	1	夏	3	泰	10	田	5	楚

장(蔣)

번호	성씨	번호	성씨	번호	성씨	번호	성씨	번호	성씨	번호	성씨	번호	성씨	번호	성씨	번호	성씨	번호	성씨	번호	성씨	번호	성씨
16	金	17	段	6	泰	8	池	9	弼	5	眞	2	余	3	朱	1	伊	13	化	11	龍	25	方
12	林	8	昌	22	賈	1	玄	10	崔	11	陶	10	程	13	元	21	曲	13	于	25	夫	9	邊
17	柳	22	弓	10	智	11	都	2	吳	25	平	25	陸	25	卞	14	趙	25	毛	1	刑	8	周
10	曺	19	連	18	扈	2	延	15	高	11	道	1	陰	10	蘇	18	黃	1	葉	20	景	24	潘
8	成	20	邱	14	西門	11	陸	8	沈	9	異	21	葛	6	明	23	梁	9	馮	3	錢	17	南宮
9	閔	9	梅	5	柴	16	鞠	16	具	18	海	8	尙	3	諸	7	河	13	阿	22	公	19	內
13	楊	12	李	20	國	1	興	3	陳	3	占	7	胡	7	殷	17	羅	25	包	4	班	1	皇甫
12	呂	2	韓	13	樑	19	太	21	康	5	鄭	17	唐	5	晉	8	蔡	13	尹	9	邦	10	榮
21	吉	7	洪	19	大	21	甘	14	愼	5	徐	8	昇	15	桂	9	魯	8	宋	25	墨	10	諸葛
13	王	18	許	22	菊	3	左	6	表	25	文	20	堅	13	溫	5	薛	25	裵	20	箕	25	賓
8	蔣	21	郭	24	萬	8	承	1	印	11	劉	23	浪	9	范	16	奇	7	兪	10	莊	21	彊
21	丘	8	辛	16	君	7	韋	7	魚	7	禹	5	倉	16	簡	12	卓	1	任	6	判	14	天
8	昔	22	孔	24	朴	10	箕	21	慶	7	嚴	10	舜	19	路	25	片	14	千	10	張	17	龐
12	杜	5	秋	3	申	11	獨孤	9	卜	7	咸	15	姜	20	強	3	史	19	廉	1	安	9	麻
14	司空	4	馬	3	全	1	永	11	董	3	石	20	權	8	鍾	24	皮	5	宣	24	白	7	袁
25	彭	22	琴	17	南	9	苗		鮮于	2	魏	5	孫	22	斤	10	章	6	房	10	丁	23	乃
9	彬	24	牟	8	車	8	采	5	施	25	盟	11	盧	1	漢	7	夏	5	泰	3	田	10	楚

장(莊)

번호	성씨	번호	성씨	번호	성씨	번호	성씨	번호	성씨	번호	성씨	번호	성씨	번호	성씨	번호	성씨	번호	성씨	번호	성씨	번호	성씨
20	金	19	段	9	泰	10	池	24	弼	14	眞	18	余	5	朱	7	伊	2	化	17	龍	6	方
23	林	10	昌	16	賈	7	玄	3	崔	17	陶	3	程	2	元	15	曲	2	于	6	夫	24	邊
19	柳	16	弓	3	智	17	都	18	吳	4	平	6	陸	6	卞	8	趙	6	毛	7	刑	10	周
3	曺	12	連	1	扈	18	延	22	高	17	道	7	陰	3	蘇	1	黃	7	葉	21	景	4	潘
10	成	21	邱	8	西門	17	陸	10	沈	1	異	15	葛	9	明	11	梁	24	馮	5	錢	19	南宮
24	閔	24	梅	14	柴	23	鞠	20	具	1	海	10	尙	8	諸	13	河	6	阿	25	公		內
2	楊	23	李	21	國	7	興	5	陳	5	占	13	胡	13	殷	19	羅	6	包	25	班	7	皇甫
23	呂	18	韓	2	樑	12	太	21	康	14	鄭	19	唐	14	晉	10	蔡	2	尹	24	邦	8	榮
15	吉	13	洪	12	大	15	甘	8	愼	14	徐	10	昇	22	桂	12	魯	10	宋	6	墨	3	諸葛
2	王	1	許	16	菊	5	左	9	表	6	文	21	堅	2	溫	14	薛	6	裵	16	箕	6	賓
10	蔣	15	郭	4	萬	10	承	17	印	17	劉	11	浪	24	范	20	奇	13	兪	8	莊	15	彊
15	丘	10	辛	20	君	13	韋	13	魚	13	禹	14	倉	20	簡	23	卓	7	任	9	判	8	天
10	昔	16	孔	4	朴	3	箕	15	慶	13	嚴	3	舜	11	路	6	片	8	千	3	張	19	龐
23	杜	14	秋	5	申	17	獨孤	24	卜	13	咸	22	姜	21	強	5	史	12	廉	7	安	24	麻
8	司空	25	馬	5	全	7	永	17	董	17	石	21	權	10	鍾	4	皮	14	宣	4	白	13	袁
6	彭	16	琴	19	南	24	苗	14	鮮于	18	魏	14	孫	16	斤	3	章	9	房	3	丁	11	乃
24	彬	4	牟	10	車	10	采	14	施	6	盟	17	盧	7	漢	13	夏	14	泰	5	田	8	楚

장(章)

번호	성씨	번호	성씨	번호	성씨	번호	성씨	번호	성씨	번호	성씨	번호	성씨	번호	성씨	번호	성씨	번호	성씨	번호	성씨	번호	성씨
22	金	12	段	25	泰	14	池	6	弼	3	眞	13	余	10	朱	18	伊	7	化	23	龍	4	方
19	林	14	昌	15	賈	18	玄	8	崔	23	陶	8	程	7	元	20	曲	7	于	4	夫	6	邊
11	柳	15	弓	8	智	23	都	13	吳	9	平	4	睦	4	卞	5	趙	14	毛	18	刑	14	周
8	曺	17	連	2	扈	13	延	21	高	23	道	18	陰	8	蘇	2	黃	18	葉	16	景	9	潘
14	成	16	邱	5	西門	23	陸	14	沈	2	異	20	葛	25	明	12	梁	6	馮	10	錢	11	南宮
6	閔	5	梅	3	柴	22	鞠	22	具	2	海	4	尙	10	諸	1	河	7	阿	15	公	17	內
7	楊	19	李	16	國	18	興	10	陳	18	占	1	胡	1	殷	11	羅	4	包	24	班	18	皇甫
19	呂	13	韓	7	樑	17	太	16	康	3	鄭	11	唐	3	晉	14	蔡	7	尹	6	邦	5	榮
20	吉	1	洪	17	大	20	甘	5	愼	3	徐	14	昇	21	桂	17	魯	14	宋	4	墨	8	諸葛
7	王	2	許	15	菊	10	左	25	表	4	文	16	堅	7	溫	3	薛	15	裵	15	箕	4	賓
14	蔣	20	郭	9	萬	14	承	18	印	23	劉	12	浪	6	范	12	奇	1	兪	5	莊	20	彊
20	丘	14	辛	22	君	1	韋	1	魚	1	禹	3	倉	22	簡	19	卓	18	任	25	判	5	天
14	昔	15	孔	9	朴	8	筍	20	慶	1	嚴	8	舜	12	路	4	片	5	千	8	張	11	龐
19	杜	3	秋	10	申	23	獨孤	6	卜	1	咸	21	姜	16	强	10	史	7	廉	19	安	6	麻
5	司空	24	馬	10	全	18	永	23	董	10	石	16	權	14	鍾	9	皮	3	宣		白		袁
4	彭	15	琴	11	南	6	苗	3	鮮于	13	魏	3	孫	15	斤	8	章	25	房	3	丁	12	乃
6	彬	9	牟	14	車	14	采	3	施	14	盟	23	盧	18	漢	1	夏	3	泰	10	田	5	楚

전(全)

번호	성씨	번호	성씨	번호	성씨	번호	성씨	번호	성씨	번호	성씨	번호	성씨	번호	성씨	번호	성씨	번호	성씨	번호	성씨	번호	성씨
15	金	23	段	4	泰	5	池	25	弼	10	眞	7	余	8	朱	2	伊	1	化	12	龍	24	方
17	林	5	昌	21	賈	2	玄	14	崔	12	陶	14	程	1	元	16	曲	1	于	24	夫	25	邊
23	柳	21	弓	14	智	12	都	7	吳	6	平	24	睦	24	卞	3	趙	24	毛	7	刑	5	周
14	曺	11	連	13	扈	7	延	20	高	12	道	2	陰	14	蘇	13	黃	2	葉	22	景	6	潘
5	成	22	邱	3	西門	12	陸	5	沈	13	異	16	葛	4	明	19	梁	25	馮	8	錢	23	南宮
25	閔	25	梅	10	柴	15	鞠	15	具	13	海	5	尙	8	諸	18	河	1	阿	21	公	11	內
1	楊	17	李	22	國	2	興	8	陳	8	占	18	胡	18	殷	23	羅	24	包	9	班	2	皇甫
17	呂	7	韓	1	樑	11	太	22	康	10	鄭	23	唐	10	晉	5	蔡	1	尹	25	邦	3	榮
16	吉	18	洪	11	大	6	甘	3	愼	10	徐	5	昇	20	桂	11	魯	5	宋	24	墨	14	諸葛
1	王	13	許	21	菊	8	左	4	表	24	文	22	堅	1	溫	10	薛	24	裵	21	箕	24	賓
5	蔣	16	郭	6	萬	2	承	18	印	19	劉	25	浪	15	范	15	奇	18	兪	3	莊	16	彊
16	丘	5	辛	15	君	18	韋	18	魚	18	禹	10	倉	15	簡	17	卓	2	任	4	判	3	天
5	昔	21	孔	6	朴	14	筍	16	慶	18	嚴	14	舜	19	路	24	片	3	千	14	張	23	龐
17	杜	10	秋	8	申	12	獨孤	25	卜	18	咸	20	姜	22	强	8	史	11	廉	2	安	25	麻
3	司空	9	馬	8	全	2	永	12	董	8	石	22	權	5	鍾	6	皮	10	宣	6	白	18	袁
24	彭	21	琴	23	南	25	苗	10	鮮于	7	魏	10	孫	21	斤	14	章	4	房	14	丁	19	乃
25	彬	6	牟	5	車	5	采	10	施	24	盟	12	盧	2	漢	18	夏	10	泰	8	田	3	楚

전(田)

번호	성씨	번호	성씨	번호	성씨	번호	성씨	번호	성씨	번호	성씨	번호	성씨	번호	성씨	번호	성씨	번호	성씨	번호	성씨	번호	성씨
15	金	23	段	4	泰	5	池	25	弼	10	眞	7	余	8	朱	2	伊	1	化	12	龍	24	方
17	林	5	昌	21	賈	2	玄	14	崔	12	陶	14	程	1	元	16	曲	1	于	24	夫	25	邊
23	柳	21	弓	14	智	12	都	7	吳	6	平	24	睦	24	卞	3	趙	24	毛	7	刑	5	周
14	曹	11	連	13	扈	7	延	20	高	12	道	2	陰	14	蘇	13	黃	2	葉	22	景	6	潘
5	成	22	邱	3	西門	12	陸	5	沈	13	異	16	葛	4	明	19	梁	25	馮	8	錢	23	南宮
25	閔	25	梅	10	柴	15	鞠	15	具	13	海	5	尙	8	諸	18	河	1	阿	21	公	11	內
1	楊	17	李	22	國	2	興	8	陳	8	占	18	胡	18	殷	23	羅	24	包	9	班	2	皇甫
17	呂	7	韓	1	樑	11	太	22	康	10	鄭	23	唐	10	晉	5	蔡	1	尹	25	邦	3	榮
16	吉	18	洪	11	大	6	甘	3	愼	10	徐	5	昇	20	桂	11	魯	5	宋	24	墨	14	諸葛
1	王	13	許	21	菊	8	左	4	表	24	文	22	堅	1	溫	10	薛	24	襄	21	箕	24	賓
5	蔣	16	郭	6	萬	5	承	2	印	12	劉	19	浪	25	范	15	奇	18	俞	3	莊	16	彊
16	丘	5	辛	15	君	18	韋	18	魚	18	禹	10	倉	15	簡	17	卓	2	任	4	判	3	天
5	昔	21	孔	6	朴	14	箭	16	慶	18	嚴	14	舜	19	路	24	片	3	千	14	張	23	龐
17	杜	10	秋	8	申	12	獨孤	25	卜	18	咸	20	姜	22	强	8	史	11	廉	2	安	25	麻
3	司空	9	馬	8	全		永	12	董	8	石	22	權	5	鍾	6	皮	10	宣	6	白	18	袁
24	彭	21	琴	23	南	25	苗	10	鮮于	7	魏	10	孫	21	斤	14	章	4	房	14	丁	19	乃
25	彬	6	牟	5	車	5	采	10	施	24	盟	12	盧	2	漢	18	夏	10	泰	8	田	3	楚

전(錢)

번호	성씨	번호	성씨	번호	성씨	번호	성씨	번호	성씨	번호	성씨	번호	성씨	번호	성씨	번호	성씨	번호	성씨	번호	성씨	번호	성씨
15	金	23	段	4	泰	5	池	25	弼	10	眞	7	余	8	朱	2	伊	1	化	12	龍	24	方
17	林	5	昌	21	賈	2	玄	14	崔	12	陶	14	程	1	元	16	曲	1	于	24	夫	25	邊
23	柳	21	弓	14	智	12	都	7	吳	6	平	24	睦	24	卞	3	趙	24	毛	7	刑	5	周
14	曹	11	連	13	扈	7	延	20	高	12	道	2	陰	14	蘇	13	黃	2	葉	22	景	6	潘
5	成	22	邱	3	西門	12	陸	5	沈	13	異	16	葛	4	明	19	梁	25	馮	8	錢	23	南宮
25	閔	25	梅	10	柴	15	鞠	15	具	13	海	5	尙	8	諸	18	河	1	阿	21	公	11	內
1	楊	17	李	22	國	2	興	8	陳	8	占	18	胡	18	殷	23	羅	24	包	9	班	2	皇甫
17	呂	7	韓	1	樑	11	太	22	康	10	鄭	23	唐	10	晉	5	蔡	1	尹	25	邦	3	榮
16	吉	18	洪	11	大	6	甘	3	愼	10	徐	5	昇	20	桂	11	魯	5	宋	24	墨	14	諸葛
1	王	13	許	21	菊	8	左	4	表	24	文	22	堅	1	溫	10	薛	24	襄	21	箕	24	賓
5	蔣	16	郭	6	萬	5	承	2	印	12	劉	19	浪	25	范	15	奇	18	俞	3	莊	16	彊
16	丘	5	辛	15	君	18	韋	18	魚	18	禹	10	倉	15	簡	17	卓	2	任	4	判	3	天
5	昔	21	孔	6	朴	14	箭	16	慶	18	嚴	14	舜	19	路	24	片	3	千	14	張	23	龐
17	杜	10	秋	8	申	12	獨孤	25	卜	18	咸	20	姜	22	强	8	史	11	廉	2	安	25	麻
3	司空	9	馬	2	全		永	12	董	8	石	22	權	5	鍾	6	皮	10	宣	6	白	18	袁
24	彭	21	琴	23	南	25	苗	10	鮮于	7	魏	10	孫	21	斤	14	章	4	房	14	丁	19	乃
25	彬	6	牟	5	車	5	采	10	施	24	盟	12	盧	2	漢	18	夏	10	泰	8	田	3	楚

점(占)

번호	성씨	번호	성씨	번호	성씨	번호	성씨	번호	성씨	번호	성씨	번호	성씨	번호	성씨	번호	성씨	번호	성씨	번호	성씨	번호	성씨
15	金	23	段	4	泰	5	池	25	弼	10	眞	7	余	8	朱	2	伊	1	化	12	龍	24	方
17	林	5	昌	21	賈	2	玄	14	崔	12	陶	14	程	1	元	16	曲	1	于	24	夫	25	邊
23	柳	21	弓	14	智	12	都	7	吳	6	平	24	睦	24	卞	3	趙	24	毛	7	刑	5	周
14	曹	11	連	13	扈	7	延	20	高	12	道	2	陰	14	蘇	13	黃	2	葉	22	景	6	潘
5	成	22	邱	3	西門	12	陸	5	沈	13	異	16	葛	4	明	19	梁	25	馮	8	錢	23	南宮
25	閔	25	梅	10	柴	15	鞠	15	具	13	海	5	尙	8	諸	18	河	1	阿	21	公	11	內
1	楊	17	李	22	國	2	興	8	陳	8	占	18	胡	18	殷	23	羅	24	包	9	班	2	皇甫
17	呂	7	韓	1	樑	11	太	22	康	10	鄭	23	唐	10	晉	5	蔡	1	尹	25	邦	3	榮
16	吉	18	洪	11	大	6	甘	3	愼	10	徐	5	昇	20	桂	11	魯	5	宋	24	墨	14	諸葛
1	王	13	許	21	菊	8	左	4	表	24	文	22	堅	1	溫	10	薛	24	襄	21	箕	24	賓
5	蔣	16	郭	6	萬	5	承	2	印	12	劉	19	浪	25	范	15	奇	18	兪	3	莊	16	彊
16	丘	5	辛	15	君	18	韋	18	魚	18	禹	10	倉	15	簡	17	卓	2	任	4	判	3	天
5	昔	21	孔	6	朴	14	筍	16	慶	18	嚴	14	舜	19	路	24	片	3	千	14	張	23	龐
17	杜	10	秋	8	申	12	獨孤	25	卜	18	咸	20	姜	22	强	8	史	11	廉	2	安	25	麻
3	司空	9	馬	8	全	2	永	12	董	8	石	22	權	5	鍾	6	皮	10	宣	6	白	18	袁
24	彭	21	琴	23	南	25	苗	10	鮮于	7	魏	10	孫	21	斤	14	章	4	房	14	丁	19	乃
25	彬	6	牟	5	車	5	采	10	施	24	盟	12	盧	2	漢	18	夏	10	泰	8	田	3	楚

정(鄭)

번호	성씨	번호	성씨	번호	성씨	번호	성씨	번호	성씨	번호	성씨	번호	성씨	번호	성씨	번호	성씨	번호	성씨	번호	성씨	번호	성씨
21	金	12	段	24	泰	3	池	4	弼	8	眞	1	余	14	朱	13	伊	18	化	19	龍	9	方
11	林	3	昌	20	賈	13	玄	5	崔	19	陶	5	程	18	元	22	曲	18	于	9	夫	4	邊
12	柳	20	弓	5	智	19	都	1	吳	25	平	9	睦	9	卞	10	趙	9	毛	13	刑	3	周
5	曹	23	連	7	扈	1	延	16	高	19	道	13	陰	5	蘇	7	黃	13	葉	15	景	25	潘
3	成	15	邱	10	西門	19	陸	3	沈	7	異	22	葛	24	明	17	梁	4	馮	14	錢	12	南宮
4	閔	4	梅	8	柴	21	鞠	21	具	7	海	14	尙	2	諸	18	河	20	阿	23	公	23	內
18	楊	11	李	15	國	13	興	14	陳	2	占	2	胡	12	殷	9	羅	6	包	6	班	13	皇甫
11	呂	1	韓	18	樑	23	太	15	康	8	鄭	12	唐	8	晉	3	蔡	18	尹	4	邦	10	榮
22	吉	2	洪	23	大	22	甘	10	愼	8	徐	3	昇	16	桂	23	魯	3	宋	9	墨	5	諸葛
18	王	7	許	20	菊	14	左	24	表	9	文	15	堅	18	溫	8	薛	9	襄	20	箕	9	賓
3	蔣	22	郭	25	萬	3	承	13	印	19	劉	17	浪	4	范	21	奇	2	兪	10	莊	22	彊
21	丘	3	辛	21	君	2	韋	2	魚	2	禹	8	倉	21	簡	11	卓	13	任	24	判	10	天
3	昔	20	孔	25	朴	5	筍	22	慶	2	嚴	5	舜	17	路	9	片	10	千	5	張	12	龐
11	杜	8	秋	14	申	19	獨孤	4	卜	2	咸	16	姜	15	强	14	史	23	廉	13	安	4	麻
10	司空	6	馬	14	全	13	永	19	董	14	石	15	權	3	鍾	25	皮	8	宣	25	白	2	袁
9	彭	20	琴	12	南	4	苗	8	鮮于	1	魏	8	孫	20	斤	5	章	24	房	5	丁	17	乃
4	彬	25	牟	3	車	3	采	8	施	9	盟	19	盧	13	漢	2	夏	8	泰	14	田	10	楚

정(丁)

번호	성씨	번호	성씨	번호	성씨	번호	성씨	번호	성씨	번호	성씨	번호	성씨	번호	성씨	번호	성씨	번호	성씨	번호	성씨	번호	성씨
22	金	12	段	25	泰	14	池	6	弼	3	眞	13	余	10	朱	18	伊	7	化	23	龍	4	方
19	林	14	昌	15	賈	18	玄	8	崔	23	陶	8	程	7	元	20	曲	7	于	4	夫	6	邊
11	柳	15	弓	8	智	23	都	13	吳	9	平	4	睦	4	卞	5	趙	14	毛	18	刑	14	周
8	曺	17	連	2	扈	13	延	21	高	23	道	18	陰	8	蘇	2	黃	18	葉	16	景	9	潘
14	成	16	邱	5	西門	23	陸	14	沈	2	異	20	葛	25	明	12	梁	6	馮	10	錢	11	南宮
6	閔	5	梅	3	柴	22	鞠	22	具	2	海	4	尙	10	諸	1	河	7	阿	15	公	17	內
7	楊	19	李	16	國	18	興	10	陳	18	占	1	胡	1	殷	11	羅	4	包	24	班	18	皇甫
19	呂	13	韓	7	樑	17	太	16	康	3	鄭	11	唐	3	晉	14	蔡	7	尹	6	邦	5	榮
20	吉	1	洪	17	大	20	甘	5	愼	3	徐	14	昇	21	桂	17	魯	14	宋	4	墨	8	諸葛
7	王	2	許	15	菊	10	左	25	表	4	文	16	堅	7	溫	3	薛	4	裵	15	箕	4	賓
14	蔣	20	郭	9	萬	14	承	18	印	23	劉	12	浪	6	范	12	奇	1	兪	5	莊	20	彊
20	丘	14	辛	22	君	1	韋	1	魚	1	禹	3	倉	22	簡	19	卓	18	任	25	判	5	天
14	昔	15	孔	9	朴	8	筍	20	慶	1	嚴	8	舜	12	路	4	片	5	千	8	張	11	龐
19	杜	3	秋	10	申	23	獨孤	6	卜	1	咸	21	姜	16	强	10	史	7	廉	19	安	6	麻
5	司空	24	馬	10	全	18	永	23	董	10	石	16	權	14	鍾	9	皮	3	宣	9	白	1	袁
4	彭	15	琴	11	南	6	苗	3	鮮于	13	魏	3	孫	15	斤	8	章	25	房	3	丁	12	乃
6	彬	9	牟	14	車	14	采	3	施	14	盟	23	盧	18	漢	1	夏	3	泰	10	田	5	楚

정(程)

번호	성씨	번호	성씨	번호	성씨	번호	성씨	번호	성씨	번호	성씨	번호	성씨	번호	성씨	번호	성씨	번호	성씨	번호	성씨	번호	성씨
22	金	12	段	25	泰	14	池	6	弼	3	眞	13	余	10	朱	18	伊	7	化	23	龍	4	方
19	林	14	昌	15	賈	18	玄	8	崔	23	陶	8	程	7	元	20	曲	7	于	4	夫	6	邊
11	柳	15	弓	8	智	23	都	13	吳	9	平	4	睦	4	卞	5	趙	14	毛	18	刑	14	周
8	曺	17	連	2	扈	13	延	21	高	23	道	18	陰	8	蘇	2	黃	18	葉	16	景	9	潘
14	成	16	邱	5	西門	23	陸	14	沈	2	異	20	葛	25	明	12	梁	6	馮	10	錢	11	南宮
6	閔	5	梅	3	柴	22	鞠	22	具	2	海	4	尙	10	諸	1	河	7	阿	15	公	17	內
7	楊	19	李	16	國	18	興	10	陳	18	占	1	胡	1	殷	11	羅	4	包	24	班	18	皇甫
19	呂	13	韓	7	樑	17	太	16	康	3	鄭	11	唐	3	晉	14	蔡	7	尹	6	邦	5	榮
20	吉	1	洪	17	大	20	甘	5	愼	3	徐	14	昇	21	桂	17	魯	14	宋	4	墨	8	諸葛
7	王	2	許	15	菊	10	左	25	表	4	文	16	堅	7	溫	3	薛	4	裵	15	箕	4	賓
14	蔣	20	郭	9	萬	14	承	18	印	23	劉	12	浪	6	范	12	奇	1	兪	5	莊	20	彊
20	丘	14	辛	22	君	1	韋	1	魚	1	禹	3	倉	22	簡	19	卓	18	任	25	判	5	天
14	昔	15	孔	9	朴	8	筍	20	慶	1	嚴	8	舜	12	路	4	片	5	千	8	張	11	龐
19	杜	3	秋	10	申	23	獨孤	6	卜	1	咸	21	姜	16	强	10	史	7	廉	19	安	6	麻
5	司空	24	馬	10	全	18	永	23	董	10	石	16	權	14	鍾	9	皮	3	宣	9	白	1	袁
4	彭	15	琴	11	南	6	苗	3	鮮于	13	魏	3	孫	15	斤	8	章	25	房	3	丁	12	乃
6	彬	9	牟	14	車	14	采	3	施	14	盟	23	盧	18	漢	1	夏	3	泰	10	田	5	楚

제(諸)

번호	성씨	번호	성씨	번호	성씨	번호	성씨	번호	성씨	번호	성씨	번호	성씨	번호	성씨	번호	성씨	번호	성씨	번호	성씨	번호	성씨
15	金	23	段	4	泰	5	池	25	弼	10	眞	7	余	8	朱	2	伊	1	化	12	龍	24	方
17	林	5	昌	21	賈	2	玄	14	崔	12	陶	14	程	1	元	16	曲	1	于	24	夫	25	邊
23	柳	21	弓	14	智	12	都	7	吳	6	平	24	睦	24	卞	3	趙	24	毛	7	刑	5	周
14	曺	11	連	13	扈	7	延	20	高	12	道	2	陰	14	蘇	13	黃	2	葉	22	景	6	潘
5	成	22	邱	3	西門	12	陸	5	沈	13	異	16	葛	4	明	19	梁	25	馮	8	錢	23	南宮
25	閔	25	梅	10	柴	15	鞠	15	具	3	海	8	尙		諸	18	河	1	阿	21	公	11	內
1	楊	17	李	22	國	2	興	8	陳	8	占	18	胡	18	殷	23	羅	24	包	9	班	2	皇甫
17	呂	7	韓	1	樑	11	太	22	康	10	鄭	23	唐	10	晉	5	蔡	1	尹	25	邦	3	榮
16	吉	18	洪	11	大	6	甘	3	愼	10	徐	5	昇	20	桂	11	魯	5	宋	24	墨	14	諸葛
1	王	13	許	21	菊	8	左	4	表	24	文	22	堅	1	溫	10	薛	24	裵	21	箕	24	賓
5	蔣	16	郭	6	萬	5	承	2	印	12	劉	19	浪	25	范	15	奇	18	兪	3	莊	16	彊
16	丘	5	辛	15	君	18	韋	18	魚	18	禹	10	倉	15	簡	17	卓	2	任	4	判	3	天
5	昔	21	孔	6	朴	14	箇	16	慶	18	嚴	14	舜	19	路	24	片	3	千	14	張	23	龐
17	杜	10	秋	8	申	12	獨狐	25	卜	18	咸	20	姜	22	强	8	史	11	廉	2	安	25	麻
3	司空	9	馬	8	全	2	永	12	董	8	石	22	權	5	鍾	6	皮	10	宣	6	白		袁
24	彭	21	琴	23	南	25	苗	10	鮮于	7	魏	10	孫	21	斤	14	章	4	房	14	丁	19	乃
25	彬	6	牟	5	車	5	采	10	施	24	盟	12	盧	2	漢	18	夏	10	泰	8	田	3	楚

제갈(諸葛)

번호	성씨	번호	성씨	번호	성씨	번호	성씨	번호	성씨	번호	성씨	번호	성씨	번호	성씨	번호	성씨	번호	성씨	번호	성씨	번호	성씨
22	金	12	段	25	泰	14	池	6	弼	3	眞	13	余	10	朱	18	伊	7	化	23	龍	4	方
19	林	14	昌	15	賈	18	玄	8	崔	23	陶	8	程	7	元	20	曲	7	于	4	夫	6	邊
11	柳	15	弓	8	智	23	都	13	吳	9	平	4	睦	4	卞	5	趙	14	毛	18	刑	14	周
8	曺	17	連	2	扈	13	延	21	高	23	道	18	陰	8	蘇	2	黃	18	葉	16	景	9	潘
14	成	16	邱	5	西門	23	陸	14	沈	2	異	20	葛	25	明	12	梁	6	馮	10	錢	11	南宮
6	閔	5	梅	3	柴	22	鞠	22	具	2	海	4	尙	10	諸	1	河	7	阿	15	公	17	內
7	楊	19	李	16	國	18	興	10	陳	18	占	1	胡		殷	11	羅	4	包	24	班	18	皇甫
19	呂	13	韓	7	樑	17	太	16	康	3	鄭	11	唐	3	晉	14	蔡	7	尹	6	邦	5	榮
20	吉	1	洪	17	大	20	甘	5	愼	3	徐	14	昇	21	桂	17	魯	14	宋	4	墨	8	諸葛
7	王	2	許	15	菊	10	左	25	表	4	文	16	堅	7	溫	3	薛	4	裵	15	箕	4	賓
14	蔣	20	郭	9	萬	14	承	18	印	23	劉	12	浪	6	范	12	奇	1	兪	5	莊	20	彊
20	丘	14	辛	22	君	1	韋	1	魚	1	禹		倉	22	簡	19	卓	18	任	25	判	5	天
14	昔	15	孔	9	朴	8	箇	20	慶	1	嚴	8	舜	12	路	4	片	5	千	8	張	11	龐
19	杜	3	秋	10	申	23	獨狐	6	卜	1	咸	21	姜	16	强	10	史	7	廉	19	安	6	麻
5	司空	24	馬	10	全	18	永	23	董	10	石	16	權	14	鍾	9	皮	3	宣	9	白	1	袁
4	彭	15	琴	11	南	6	苗	3	鮮于	13	魏	3	孫	15	斤	8	章	25	房	3	丁	12	乃
6	彬	9	牟	14	車	14	采	3	施	14	盟	23	盧	18	漢	1	夏	3	泰	10	田	5	楚

조(趙)

번호	성씨	번호	성씨	번호	성씨	번호	성씨	번호	성씨	번호	성씨	번호	성씨	번호	성씨	번호	성씨	번호	성씨	번호	성씨	번호	성씨
20	金	19	段	9	泰	10	池	24	弼	14	眞	18	余	5	朱	7	伊	2	化	17	龍	6	方
23	林	10	昌	16	賈	7	玄	3	崔	17	陶	3	程	2	元	15	曲	2	于	6	夫	24	邊
19	柳	16	弓	3	智	17	都	18	吳	4	平	6	睦	6	卞	8	趙	6	毛	7	刑	10	周
3	曺	12	連	1	扈	18	延	22	高	17	道	7	陰	3	蘇	1	黃	7	葉	21	景	4	潘
10	成	21	邱	8	西門	17	陸	10	沈		異	15	葛	9	明	11	梁	24	馮	5	錢	19	南宮
24	閔	24	梅	14	柴	23	鞠	20	具	1	海	10	尙	8	諸	13	河	1	阿	16	公	12	內
2	楊	23	李	21	國	7	興	5	陳	5	占	13	胡	13	殷	19	羅	6	包	25	班	7	皇甫
23	呂	18	韓	2	樑	12	太	21	康	14	鄭	19	唐	14	晉	10	蔡	2	尹	24	邦	8	榮
15	吉	13	洪	12	大	15	甘	8	愼		徐	10	昇	22	桂	12	魯	10	宋	6	墨	3	諸葛
2	王	1	許	16	菊	5	左	9	表	6	文	21	堅	2	溫	14	薛	6	裵	16	箕	6	賓
10	蔣	15	郭	4	萬	10	承	7	印	17	劉	11	浪	24	范	20	奇	13	俞	8	莊	15	彊
15	丘	10	辛	20	君	13	韋	13	魚	13	禹	14	倉	20	簡	23	卓	7	任	9	判	8	天
10	昔	16	孔	4	朴	3	筥	15	慶	13	嚴	3	舜	11	路	6	片	8	千	3	張	19	龐
23	杜	14	秋	5	申	17	獨孤	24	卜	13	咸	22	姜	21	强	5	史	12	廉	7	安	24	麻
8	司空	25	馬	5	全	7	永	17	董	5	石	21	權	10	鍾	4	皮	14	宣	5	白	13	袁
6	彭	16	琴	19	南	24	苗	14	鮮于	18	魏	14	孫	16	斤	3	章	9	房	3	丁	11	乃
24	彬	4	牟	10	車	10	采	14	施	6	盟	17	盧	7	漢	13	夏	14	泰	5	田	8	楚

조(曹)

번호	성씨	번호	성씨	번호	성씨	번호	성씨	번호	성씨	번호	성씨	번호	성씨	번호	성씨	번호	성씨	번호	성씨	번호	성씨	번호	성씨
22	金	12	段	25	泰	14	池	6	弼	3	眞	13	余	10	朱	18	伊	7	化	23	龍	4	方
19	林	14	昌	15	賈	18	玄	8	崔	23	陶	8	程	7	元	20	曲	7	于	4	夫	6	邊
11	柳	15	弓	8	智	23	都	13	吳	9	平	4	睦	4	卞	5	趙	14	毛	18	刑	14	周
8	曺	17	連	2	扈	13	延	21	高	23	道	18	陰	8	蘇	2	黃	18	葉	16	景	9	潘
14	成	16	邱	5	西門	23	陸	14	沈	2	異	20	葛	25	明	12	梁	6	馮	10	錢	11	南宮
6	閔	5	梅	3	柴	22	鞠	22	具	1	海	10	尙		諸	1	河	7	阿	15	公	17	內
7	楊	19	李	16	國	18	興	10	陳	18	占	1	胡	1	殷	11	羅	4	包	24	班	18	皇甫
19	呂	13	韓	7	樑	17	太	16	康	3	鄭	11	唐	3	晉	14	蔡	7	尹	6	邦	5	榮
20	吉	1	洪	17	大	20	甘	5	愼	9	徐	14	昇	21	桂	17	魯	14	宋	4	墨	8	諸葛
7	王	2	許	15	菊	10	左	25	表	4	文	16	堅	7	溫	3	薛	4	裵	15	箕	4	賓
14	蔣	20	郭	9	萬	14	承	18	印	23	劉	6	浪	12	范	1	奇	5	俞	20	莊		彊
20	丘	14	辛	22	君	1	韋	1	魚	3	禹	22	倉	19	簡	18	卓	25	任	5	判		天
14	昔	15	孔	9	朴	8	筥	20	慶	1	嚴	8	舜	12	路	4	片	5	千	8	張	11	龐
19	杜	3	秋	10	申	23	獨孤	6	卜	1	咸	21	姜	16	强	10	史	7	廉	19	安	6	麻
5	司空	24	馬	10	全	18	永	23	董	10	石	16	權	14	鍾	9	皮	3	宣	9	白	1	袁
4	彭	15	琴	11	南	6	苗	3	鮮于	13	魏	14	孫	15	斤	8	章	25	房	3	丁	12	乃
6	彬	9	牟	14	車	14	采	3	施	14	盟	23	盧	18	漢	1	夏	3	泰	10	田	5	楚

종(鍾)

번호	성씨	번호	성씨	번호	성씨	번호	성씨	번호	성씨	번호	성씨	번호	성씨	번호	성씨	번호	성씨	번호	성씨	번호	성씨	번호	성씨
16	金	17	段	6	泰	8	池	9	弼	5	眞	2	余	3	朱	1	伊	13	化	11	龍	25	方
12	林	8	昌	22	賈	1	玄	10	崔	11	陶	10	程	13	元	21	曲	13	于	25	夫	9	邊
17	柳	22	弓	10	智	11	都	2	吳	25	平	25	睦	25	卞	14	趙	25	毛	1	刑	8	周
10	曺	19	連	18	扈	2	延	15	高	11	道	1	陰	10	蘇	18	黃	1	葉	20	景	24	潘
8	成	20	邱	14	西門	11	陸	8	沈	9	異	21	葛	6	明	23	梁	9	馮	3	錢	17	南宮
9	閔	9	梅	5	柴	16	鞠	16	具	18	海	8	尙	3	諸	7	河	13	阿	22	公	19	內
13	楊	12	李	20	國	1	興	3	陳	3	占	7	胡	7	殷	17	羅	25	包	4	班	1	皇甫
12	呂	2	韓	13	樑	19	太	21	康	5	鄭	17	唐	5	晉	8	蔡	13	尹	9	邦	10	榮
21	吉	7	洪	19	大	21	甘	14	愼	5	徐	8	昇	15	桂	9	魯	8	宋	25	墨	10	諸葛
13	王	18	許	22	菊	3	左	6	表	25	文	20	堅	13	溫	5	薛	25	襄	20	箕	25	賓
8	蔣	21	郭	24	萬	8	承	1	印	11	劉	23	浪	9	范	16	奇	7	兪	10	莊	21	彊
21	丘	8	辛	16	君	7	韋	7	魚	7	禹	5	倉	16	簡	12	卓	1	任	6	判	14	天
8	昔	22	孔	24	朴	10	箵	21	慶	7	嚴	10	舜	19	路	25	片	14	千	10	張	17	龐
12	杜	5	秋	3	申	11	獨	9	卜	7	咸	15	姜	20	強	3	史	19	廉	1	安	9	麻
14	司空	4	馬	3	全	1	永	11	董	3	石	20	權	8	鍾	24	皮	5	宣	24	白	7	袁
25	彭	22	琴	17	南	9	苗	5	鮮于	2	魏	5	孫	22	斤	10	章	6	房	10	丁	23	乃
9	彬	24	牟	8	車	8	采	5	施	25	盟	11	盧	1	漢	7	夏	5	泰	3	田	10	楚

좌(左)

번호	성씨	번호	성씨	번호	성씨	번호	성씨	번호	성씨	번호	성씨	번호	성씨	번호	성씨	번호	성씨	번호	성씨	번호	성씨	번호	성씨
15	金	23	段	4	泰	5	池	25	弼	10	眞	7	余	8	朱	2	伊	1	化	12	龍	24	方
17	林	5	昌	21	賈	2	玄	14	崔	12	陶	14	程	1	元	16	曲	1	于	24	夫	25	邊
23	柳	21	弓	14	智	12	都	7	吳	6	平	24	睦	24	卞	3	趙	24	毛	7	刑	5	周
14	曺	11	連	13	扈	7	延	20	高	12	道	2	陰	14	蘇	13	黃	2	葉	22	景	6	潘
5	成	22	邱	3	西門	12	陸	5	沈	13	異	16	葛	4	明	19	梁	25	馮	8	錢	23	南宮
25	閔	25	梅	10	柴	15	鞠	15	具	13	海	8	尙	18	諸	18	河	1	阿	21	公	11	內
1	楊	17	李	22	國	2	興	8	陳	8	占	18	胡	18	殷	23	羅	24	包	9	班	2	皇甫
17	呂	7	韓	1	樑	11	太	22	康	10	鄭	23	唐	10	晉	5	蔡	1	尹	25	邦	3	榮
16	吉	18	洪	11	大	6	甘	3	愼	10	徐	5	昇	20	桂	11	魯	5	宋	24	墨	14	諸葛
1	王	13	許	21	菊	8	左	4	表	24	文	22	堅	1	溫	10	薛	24	襄	21	箕	24	賓
5	蔣	16	郭	6	萬	3	承	2	印	10	劉	25	浪	15	范	15	奇	18	兪	3	莊	16	彊
16	丘	5	辛	15	君	18	韋	18	魚	10	禹	15	倉	17	簡	2	卓	4	任	3	判	3	天
5	昔	21	孔	6	朴	14	箵	16	慶	18	嚴	14	舜	19	路	24	片	3	千	14	張	23	龐
17	杜	10	秋	8	申	12	獨	25	卜	18	咸	20	姜	22	強	8	史	11	廉	2	安	25	麻
3	司空	9	馬	8	全	2	永	12	董	8	石	22	權	5	鍾	6	皮	10	宣	6	白	18	袁
24	彭	21	琴	23	南	25	苗	10	鮮于	7	魏	10	孫	21	斤	14	章	4	房	14	丁	19	乃
25	彬	6	牟	5	車	10	采	24	施	12	盟	2	盧	18	漢	10	夏	8	泰	3	田	10	楚

주(朱)

번호	성씨	번호	성씨	번호	성씨	번호	성씨	번호	성씨	번호	성씨	번호	성씨	번호	성씨	번호	성씨	번호	성씨	번호	성씨	번호	성씨
15	金	23	段	4	泰	5	池	25	弼	10	眞	7	余	8	朱	2	伊	1	化	12	龍	24	方
17	林	5	昌	21	賈	2	玄	14	崔	12	陶	14	程	1	元	16	曲	1	于	24	夫	25	邊
23	柳	21	弓	14	智	12	都	7	吳	6	平	24	陸	24	卞	3	趙	24	毛	7	刑	5	周
14	曹	11	連	13	扈	7	延	20	高	12	道	2	陰	14	蘇	13	黃	2	葉	22	景	6	潘
5	成	22	邱	3	西門	12	陸	5	沈	13	異	16	葛	4	明	19	梁	25	馮	8	錢	23	南宮
25	閔	25	梅	10	柴	15	鞠	15	具	13	海	5	尙	8	諸	18	河	1	阿	21	公	11	內
1	楊	17	李	22	國	2	興	8	陳	8	占	18	胡	18	殷	23	羅	24	包	9	班	2	皇甫
17	呂	7	韓	1	樑	11	太	22	康	10	鄭	23	唐	10	晉	5	蔡	1	尹	25	邦	3	榮
16	吉	18	洪	11	大	6	甘	1	愼	10	徐	5	昇	20	桂	11	魯	5	宋	24	墨	14	諸葛
1	王	13	許	21	菊	8	左	4	表	24	文	22	堅	1	溫	10	薛	24	襄	21	箕	24	賓
5	蔣	16	郭	6	萬	5	承	2	印	12	劉	19	浪	25	范	15	奇	18	俞	3	莊	16	彊
16	丘	5	辛	15	君	18	韋	18	魚	18	禹	10	倉	15	簡	17	卓	2	任	4	判	3	天
5	昔	21	孔	6	朴	14	筍	16	慶	18	嚴	14	舜	19	路	24	片	3	千	14	張	23	龐
17	杜	10	秋	8	申	12	獨孤	25	卜	18	咸	20	姜	22	強	8	史	11	廉	2	安	25	麻
3	司空	9	馬	8	全	2	永	12	董	8	石	22	權	5	鍾	6	皮	10	宣	6	白	18	袁
24	彭	21	琴	23	南	25	苗	10	鮮于	7	魏	10	孫	21	斤	14	章	4	房	14	丁	19	乃
25	彬	6	牟	5	車	5	采	10	施	24	盟	12	盧	2	漢	18	夏	10	泰	8	田	3	楚

주(周)

번호	성씨	번호	성씨	번호	성씨	번호	성씨	번호	성씨	번호	성씨	번호	성씨	번호	성씨	번호	성씨	번호	성씨	번호	성씨	번호	성씨
16	金	17	段	6	泰	8	池	9	弼	5	眞	2	余	3	朱	1	伊	13	化	11	龍	25	方
12	林	8	昌	22	賈	1	玄	10	崔	11	陶	10	程	13	元	21	曲	13	于	25	夫	9	邊
17	柳	22	弓	10	智	11	都	2	吳	25	平	25	陸	25	卞	14	趙	25	毛	1	刑	8	周
10	曹	19	連	18	扈	2	延	15	高	11	道	1	陰	10	蘇	18	黃	1	葉	20	景	24	潘
8	成	20	邱	14	西門	11	陸	8	沈	9	異	21	葛	6	明	23	梁	9	馮	3	錢	17	南宮
9	閔	9	梅	5	柴	16	鞠	16	具	18	海	8	尙	3	諸	7	河	13	阿	22	公	19	內
13	楊	12	李	20	國	1	興	3	陳	3	占	7	胡	7	殷	17	羅	25	包	4	班	1	皇甫
12	呂	2	韓	13	樑	19	太	21	康	5	鄭	17	唐	5	晉	8	蔡	13	尹	9	邦	10	榮
21	吉	7	洪	19	大	21	甘	14	愼	5	徐	8	昇	15	桂	9	魯	8	宋	25	墨	10	諸葛
13	王	18	許	22	菊	3	左	6	表	25	文	20	堅	13	溫	5	薛	25	襄	20	箕	25	賓
8	蔣	21	郭	24	萬	8	承	1	印	11	劉	23	浪	9	范	16	奇	7	俞	10	莊	21	彊
21	丘	8	辛	16	君	7	韋	7	魚	7	禹	16	倉	12	簡	1	卓	6	任	6	判	14	天
8	昔	22	孔	24	朴	10	筍	21	慶	7	嚴	10	舜	19	路	25	片	14	千	10	張	17	龐
12	杜	5	秋	3	申	11	獨孤	9	卜	7	咸	15	姜	20	強	3	史	19	廉	1	安	9	麻
14	司空	4	馬	3	全	1	永	11	董	3	石	20	權	8	鍾	24	皮	5	宣	24	白	7	袁
25	彭	22	琴	17	南	9	苗	5	鮮于	2	魏	5	孫	22	斤	10	章	6	房	10	丁	23	乃
9	彬	24	牟	8	車	8	采	5	施	25	盟	11	盧	1	漢	7	夏	5	泰	3	田	10	楚

지(池)

번호	성씨	번호	성씨	번호	성씨	번호	성씨	번호	성씨	번호	성씨	번호	성씨	번호	성씨	번호	성씨	번호	성씨	번호	성씨	번호	성씨
16	金	17	段	6	泰	8	池	9	弼	5	眞	2	余	3	朱	1	伊	13	化	11	龍	25	方
12	林	8	昌	22	賈	1	玄	10	崔	11	陶	10	程	13	元	21	曲	13	于	25	夫	9	邊
17	柳	22	弓	10	智	11	都	2	吳	25	平	25	睦	25	卞	14	趙	25	毛	1	刑	8	周
10	曹	19	連	18	扈	2	延	15	高	11	道	1	陰	10	蘇	18	黃	1	葉	20	景	24	潘
8	成	20	邱	14	西門	11	陸	8	沈	9	異	21	葛	6	明	23	梁	9	馮	3	錢	17	南宮
9	閔	9	梅	5	柴	16	鞠	16	具	18	海	8	尙	7	諸	13	河	13	阿	22	公	19	內
13	楊	12	李	20	國	1	興	3	陳	3	占	7	胡	7	殷	17	羅	25	包	4	班	1	皇甫
12	呂	2	韓	13	樑	19	太	21	康	5	鄭	17	唐	5	晉	8	蔡	13	尹	9	邦	10	榮
21	吉	7	洪	19	大	21	甘	14	愼	5	徐	8	昇	15	桂	9	魯	8	宋	25	墨	10	諸葛
13	王	18	許	22	菊	3	左	6	表	25	文	20	堅	13	溫	5	薛	25	裵	20	箕	25	賓
8	蔣	21	郭	24	萬	8	承	1	印	11	劉	23	浪	9	范	16	奇	7	兪	10	莊	21	彊
21	丘	8	辛	16	君	7	章	7	魚	7	禹	5	倉	16	簡	12	卓	1	任	6	判	14	天
8	昔	22	孔	24	朴	10	箇	21	慶	7	嚴	10	舜	19	路	25	片	14	千	10	張	17	龐
12	杜	5	秋	3	申	11	獨孤	9	卜	7	咸	15	姜	20	强	3	史	19	廉	1	安	9	麻
14	司空	4	馬	3	全	1	永	11	董	3	石	20	權	8	鍾	24	皮	5	宣	24	白	7	袁
25	彭	22	琴	17	南	9	苗	5	鮮于	2	魏	5	孫	22	斤	10	章	6	房	10	丁	23	乃
9	彬	24	牟	8	車	8	采	5	施	25	盟	11	盧	1	漢	7	夏	5	泰	3	田	10	楚

지(智)

번호	성씨	번호	성씨	번호	성씨	번호	성씨	번호	성씨	번호	성씨	번호	성씨	번호	성씨	번호	성씨	번호	성씨	번호	성씨	번호	성씨
22	金	12	段	25	泰	14	池	6	弼	3	眞	13	余	10	朱	18	伊	7	化	23	龍	4	方
19	林	14	昌	15	賈	18	玄	8	崔	23	陶	8	程	7	元	20	曲	7	于	4	夫	6	邊
11	柳	15	弓	8	智	23	都	13	吳	9	平	4	睦	5	卞	14	趙	18	毛	18	刑	14	周
8	曹	17	連	2	扈	13	延	21	高	23	道	18	陰	8	蘇	2	黃	18	葉	16	景	9	潘
14	成	16	邱	5	西門	23	陸	14	沈	2	異	20	葛	25	明	12	梁	6	馮	10	錢	11	南宮
6	閔	5	梅	3	柴	22	鞠	22	具	2	海	4	尙	10	諸	1	河	7	阿	15	公	17	內
7	楊	19	李	16	國	18	興	10	陳	18	占	1	胡	1	殷	11	羅	4	包	24	班	18	皇甫
19	呂	13	韓	7	樑	17	太	16	康	3	鄭	11	唐	3	晉	14	蔡	7	尹	6	邦	5	榮
20	吉	1	洪	17	大	20	甘	5	愼	3	徐	14	昇	21	桂	17	魯	14	宋	4	墨	8	諸葛
7	王	2	許	15	菊	10	左	25	表	4	文	16	堅	7	溫	3	薛	4	裵	15	箕	4	賓
14	蔣	20	郭	9	萬	14	承	18	印	23	劉	12	浪	6	范	12	奇	1	兪	5	莊	20	彊
20	丘	14	辛	22	君	1	章	1	魚	3	禹	3	倉	22	簡	19	卓	18	任	25	判	5	天
14	昔	15	孔	9	朴	8	箇	20	慶	1	嚴	8	舜	12	路	4	片	5	千	8	張	11	龐
19	杜	3	秋	10	申	23	獨孤	6	卜	1	咸	21	姜	16	强	10	史	7	廉	19	安	6	麻
5	司空	24	馬	10	全	18	永	23	董	10	石	16	權	14	鍾	9	皮	3	宣	9	白	1	袁
4	彭	15	琴	11	南	6	苗	3	鮮于	13	魏	3	孫	15	斤	8	章	25	房	3	丁	12	乃
6	彬	9	牟	14	車	14	采	3	施	14	盟	23	盧	18	漢	1	夏	3	泰	10	田	5	楚

진(陳)

번호	성씨	번호	성씨	번호	성씨	번호	성씨	번호	성씨	번호	성씨	번호	성씨	번호	성씨	번호	성씨	번호	성씨	번호	성씨	번호	성씨
15	金	23	段	4	泰	5	池	25	弼	10	眞	7	余	8	朱	2	伊	1	化	12	龍	24	方
17	林	5	昌	21	賈	2	玄	14	崔	12	陶	14	程	1	元	16	曲	1	于	24	夫	25	邊
23	柳	21	弓	14	智	12	都	7	吳	6	平	24	睦	24	卞	3	趙	24	毛	7	刑	5	周
14	曹	11	連	13	扈	7	延	20	高	12	道	2	陰	14	蘇	13	黃	2	葉	22	景	6	潘
5	成	22	邱	3	西門	12	陸	5	沈	13	異	16	葛	4	明	19	梁	25	馮	8	錢	23	南宮
25	閔	25	梅	10	柴	15	鞠	15	具	13	海	5	尙	8	諸	18	河	1	阿	21	公	11	內
1	楊	17	李	22	國	2	興	8	陳	8	占	18	胡	18	殷	23	羅	24	包	9	班	2	皇甫
17	呂	7	韓	1	樑	11	太	22	康	10	鄭	23	唐	10	晉	5	蔡	1	尹	25	邦	3	榮
16	吉	18	洪	11	大	6	甘	3	愼	10	徐	5	昇	20	桂	11	魯	5	宋	24	墨	14	諸葛
1	王	13	許	21	菊	8	左	4	表	24	文	22	堅	1	溫	10	薛	24	裵	21	箕	24	賓
5	蔣	16	郭	6	萬	5	承	2	印	12	劉	19	浪	25	范	15	奇	18	兪	3	莊	16	彊
16	丘	5	辛	15	君	18	韋	18	魚	18	禹	10	倉	15	簡	17	卓	2	任	4	判	3	天
5	昔	21	孔	6	朴	14	箭	16	慶	18	嚴	14	舜	19	路	24	片	3	千	14	張	23	龐
17	杜	10	秋	8	申	12	獨孤	25	卜	18	咸	20	姜	22	强	8	史	11	廉	2	安	25	麻
3	司空	9	馬	8	全	2	永	12	董	8	石	22	權	5	鍾	6	皮	10	宣	6	白	18	袁
24	彭	21	琴	23	南	25	苗	10	鮮于	7	魏	10	孫	21	斤	14	章	4	房	14	丁	19	乃
25	彬	6	牟	5	車	5	采	10	施	24	盟	12	盧	2	漢	18	夏	10	泰	8	田	3	楚

진(晉)

번호	성씨	번호	성씨	번호	성씨	번호	성씨	번호	성씨	번호	성씨	번호	성씨	번호	성씨	번호	성씨	번호	성씨	번호	성씨	번호	성씨
21	金	12	段	24	泰	3	池	4	弼	8	眞	1	余	14	朱	13	伊	18	化	19	龍	9	方
11	林	3	昌	20	賈	13	玄	5	崔	19	陶	5	程	18	元	22	曲	18	于	9	夫	4	邊
12	柳	20	弓	5	智	19	都	1	吳	25	平	9	睦	9	卞	10	趙	9	毛	13	刑	3	周
5	曹	23	連	7	扈	1	延	16	高	19	道	13	陰	5	蘇	7	黃	13	葉	15	景	25	潘
3	成	15	邱	10	西門	19	陸	3	沈	7	異	22	葛	24	明	17	梁	14	馮	12	錢	12	南宮
4	閔	4	梅	8	柴	21	鞠	21	具	13	海	14	尙	2	諸	18	河	20	阿	23	公	23	內
18	楊	11	李	15	國	13	興	14	陳	2	占	2	胡	12	殷	9	羅	6	包	13	班	13	皇甫
11	呂	1	韓	18	樑	23	太	15	康	8	鄭	12	唐	8	晉	3	蔡	18	尹	4	邦	10	榮
22	吉	2	洪	23	大	22	甘	10	愼	8	徐	3	昇	16	桂	23	魯	3	宋	9	墨	5	諸葛
18	王	7	許	20	菊	14	左	24	表	15	文	9	堅	8	溫	9	薛	9	裵	20	箕	9	賓
3	蔣	22	郭	25	萬	3	承	13	印	17	劉	4	浪	21	范	18	奇	18	兪	20	莊	22	彊
21	丘	3	辛	21	君	2	韋	2	魚	8	禹	21	倉	11	簡	13	卓	24	任	10	判	10	天
3	昔	20	孔	25	朴	5	箭	22	慶	5	嚴	17	舜	9	路	10	片	5	千	12	張	12	龐
11	杜	8	秋	14	申	19	獨孤	4	卜	2	咸	16	姜	15	强	14	史	23	廉	13	安	4	麻
10	司空	6	馬	14	全	13	永	19	董	14	石	15	權	3	鍾	25	皮	8	宣	25	白	2	袁
9	彭	20	琴	12	南	4	苗	8	鮮于	1	魏	8	孫	20	斤	5	章	5	房	24	丁	17	乃
4	彬	25	牟	3	車	3	采	8	施	9	盟	19	盧	2	漢	2	夏	8	泰	14	田	10	楚

진(秦)

번호	성씨	번호	성씨	번호	성씨	번호	성씨	번호	성씨	번호	성씨	번호	성씨	번호	성씨	번호	성씨	번호	성씨	번호	성씨	번호	성씨
21	金	12	段	24	泰	3	池	4	弼	8	眞	1	余	14	朱	13	伊	18	化	19	龍	9	方
11	林	3	昌	20	賈	13	玄	5	崔	19	陶	5	程	18	元	22	曲	18	于	9	夫	4	邊
12	柳	20	弓	5	智	19	都	1	吳	25	平	9	睦	9	卞	10	趙	9	毛	13	刑	3	周
5	曺	23	連	7	扈	1	延	16	高	19	道	13	陰	5	蘇	7	黃	13	葉	15	景	25	潘
3	成	15	邱	10	西門	19	陸	3	沈	7	異	22	葛	24	明	17	梁	4	馮	14	錢	12	南宮
4	閔	4	梅	8	柴	21	鞠	21	具	7	海	3	尙	14	諸	2	河	18	阿	20	公	23	內
18	楊	11	李	15	國	13	興	14	陳	14	占	2	胡	2	殷	12	羅	9	包	6	班	13	皐
11	呂	1	韓	18	樑	23	太	15	康	8	鄭	12	唐	8	晉	3	蔡	18	尹	4	邦	10	榮
22	吉	2	洪	23	大	22	甘	10	愼	3	徐	16	昇	23	桂	3	魯	9	宋	5	墨		諸葛
18	王	7	許	20	菊	14	左	24	表	9	文	15	堅	18	溫	8	薛	9	裵	20	箕	9	賓
3	蔣	22	郭	25	萬	3	承	13	印	19	劉	17	浪	4	范	21	奇	2	兪	10	莊	22	彊
21	丘	3	辛	21	君	2	章	2	魚	2	禹	8	倉	21	簡	11	卓	13	任	24	判	10	天
3	昔	20	孔	25	朴	5	笛	22	慶	2	嚴	5	舜	17	路	9	片	10	千	5	張	12	龐
11	杜	8	秋	14	申	19	獨孤	4	卜	2	咸	16	姜	15	强	14	史	23	廉	13	安	4	麻
10	司空	6	馬	14	全	13	永	19	董	14	石	15	權	3	鍾	25	皮	8	宣	25	白	2	袁
9	彭	20	琴	12	南	4	苗	8	鮮于	1	魏	8	孫	20	斤	5	章	24	房	5	丁	17	乃
4	彬	25	牟	3	車	3	采	8	施	9	盟	19	盧	13	漢	2	夏	8	泰	14	田	10	楚

진(眞)

번호	성씨	번호	성씨	번호	성씨	번호	성씨	번호	성씨	번호	성씨	번호	성씨	번호	성씨	번호	성씨	번호	성씨	번호	성씨	번호	성씨
21	金	12	段	24	泰	3	池	4	弼	8	眞	1	余	14	朱	13	伊	18	化	19	龍	9	方
11	林	3	昌	20	賈	13	玄	5	崔	19	陶	5	程	18	元	22	曲	18	于	9	夫	4	邊
12	柳	20	弓	5	智	19	都	1	吳	25	平	9	睦	9	卞	10	趙	9	毛	13	刑	3	周
5	曺	23	連	7	扈	1	延	16	高	19	道	13	陰	5	蘇	7	黃	13	葉	15	景	25	潘
3	成	15	邱	10	西門	19	陸	3	沈	7	異	22	葛	24	明	17	梁	4	馮	14	錢	12	南宮
4	閔	4	梅	8	柴	21	鞠	21	具	7	海	3	尙	14	諸	2	河	18	阿	20	公	23	內
18	楊	11	李	15	國	13	興	14	陳	14	占	2	胡	2	殷	12	羅	9	包	6	班	13	皐
11	呂	1	韓	18	樑	23	太	15	康	8	鄭	12	唐	8	晉	3	蔡	18	尹	4	邦	10	榮
22	吉	2	洪	23	大	22	甘	10	愼	3	徐	16	昇	23	桂	3	魯	9	宋	5	墨		諸葛
18	王	7	許	20	菊	14	左	24	表	9	文	15	堅	18	溫	8	薛	9	裵	20	箕	9	賓
3	蔣	22	郭	25	萬	3	承	13	印	19	劉	17	浪	4	范	21	奇	2	兪	10	莊	22	彊
21	丘	3	辛	21	君	2	章	2	魚	2	禹	8	倉	21	簡	11	卓	13	任	24	判	10	天
3	昔	20	孔	25	朴	5	笛	22	慶	2	嚴	5	舜	17	路	9	片	10	千	5	張	12	龐
11	杜	8	秋	14	申	19	獨孤	4	卜	2	咸	16	姜	15	强	14	史	23	廉	13	安	4	麻
10	司空	6	馬	14	全	13	永	19	董	14	石	15	權	3	鍾	25	皮	8	宣	25	白	2	袁
9	彭	20	琴	12	南	4	苗	8	鮮于	1	魏	8	孫	20	斤	5	章	24	房	5	丁	17	乃
4	彬	25	牟	3	車	3	采	8	施	9	盟	19	盧	13	漢	2	夏	8	泰	14	田	10	楚

차(車)

번호	성씨	번호	성씨	번호	성씨	번호	성씨	번호	성씨	번호	성씨	번호	성씨	번호	성씨	번호	성씨	번호	성씨	번호	성씨	번호	성씨
16	金	17	段	6	泰	8	池	9	弼	5	眞	2	余	3	朱	1	伊	13	化	11	龍	25	方
12	林	8	昌	22	賈	1	玄	10	崔	11	陶	10	程	13	元	21	曲	13	于	25	夫	9	邊
17	柳	22	弓	10	智	11	都	2	吳	25	平	25	睦	25	卞	14	趙	25	毛	1	刑	8	周
10	曹	19	連	18	扈	2	延	15	高	11	道	1	陰	10	蘇	18	黃	1	葉	20	景	24	潘
8	成	20	邱	14	西門	11	陸	8	沈	9	異	21	葛	6	明	23	梁	9	馮	3	錢	17	南宮
9	閔	9	梅	5	柴	16	鞠	16	具	18	海	8	尙	3	諸	7	河	13	阿	22	公	19	內
13	楊	12	李	20	國	1	興	3	陳	3	占	7	胡	7	殷	17	羅	25	包	4	班	1	皇甫
12	呂	2	韓	13	樑	19	太	21	康	5	鄭	17	唐	5	晉	8	蔡	13	尹	9	邦	10	榮
21	吉	7	洪	19	大	21	甘	14	愼	5	徐	8	昇	15	桂	9	魯	8	宋	25	墨	10	諸葛
13	王	18	許	22	菊	3	左	6	表	25	文	20	堅	13	溫	5	薛	25	裵	20	箕	25	賓
8	蔣	21	郭	24	萬	8	承	1	印	11	劉	23	浪	9	范	16	奇	7	俞	2	莊	21	彊
21	丘	8	辛	16	君	7	韋	7	魚	7	禹	5	倉	16	簡	12	卓	1	任	6	判	14	天
8	昔	22	孔	24	朴	10	筍	21	慶	7	嚴	10	舜	19	路	25	片	14	千	10	張	17	龐
12	杜	5	秋	3	申	11	獨孤	9	卜	7	咸	15	姜	20	强	3	史	19	廉	1	安	9	麻
14	司空	4	馬	3	全	1	永	11	董	3	石	20	權	8	鍾	24	皮	5	宣	24	白	7	袁
25	彭	22	琴	17	南	9	苗	5	鮮于	2	魏	5	孫	22	斤	10	章	6	房	10	丁	23	乃
9	彬	24	车	8	車	8	采	5	施	25	盟	11	盧	1	漢	7	夏	5	泰	3	田	10	楚

창(昌)

번호	성씨	번호	성씨	번호	성씨	번호	성씨	번호	성씨	번호	성씨	번호	성씨	번호	성씨	번호	성씨	번호	성씨	번호	성씨	번호	성씨
16	金	17	段	6	泰	8	池	9	弼	5	眞	2	余	3	朱	1	伊	13	化	11	龍	25	方
12	林	8	昌	22	賈	1	玄	10	崔	11	陶	10	程	13	元	21	曲	13	于	25	夫	9	邊
17	柳	22	弓	10	智	11	都	2	吳	25	平	25	睦	25	卞	14	趙	25	毛	1	刑	8	周
10	曹	19	連	18	扈	2	延	15	高	11	道	1	陰	10	蘇	18	黃	1	葉	20	景	24	潘
8	成	20	邱	14	西門	11	陸	8	沈	9	異	21	葛	6	明	23	梁	9	馮	3	錢	17	南宮
9	閔	9	梅	5	柴	16	鞠	16	具	18	海	8	尙	3	諸	7	河	13	阿	22	公	19	內
13	楊	12	李	20	國	1	興	3	陳	3	占	7	胡	7	殷	17	羅	25	包	4	班	1	皇甫
12	呂	2	韓	13	樑	19	太	21	康	5	鄭	17	唐	5	晉	8	蔡	13	尹	9	邦	10	榮
21	吉	7	洪	19	大	21	甘	14	愼	5	徐	8	昇	15	桂	9	魯	8	宋	25	墨	10	諸葛
13	王	18	許	22	菊	3	左	6	表	25	文	20	堅	13	溫	5	薛	25	裵	20	箕	25	賓
8	蔣	21	郭	24	萬	8	承	1	印	11	劉	23	浪	9	范	16	奇	7	俞	2	莊	21	彊
21	丘	8	辛	16	君	7	韋	7	魚	7	禹	5	倉	16	簡	12	卓	1	任	6	判	14	天
8	昔	22	孔	24	朴	10	筍	21	慶	7	嚴	10	舜	19	路	25	片	14	千	10	張	17	龐
12	杜	5	秋	3	申	11	獨孤	9	卜	7	咸	15	姜	20	强	3	史	19	廉	1	安	9	麻
14	司空	4	馬	3	全	1	永	11	董	3	石	20	權	8	鍾	24	皮	5	宣	24	白	7	袁
25	彭	22	琴	17	南	9	苗	5	鮮于	2	魏	5	孫	22	斤	10	章	6	房	10	丁	23	乃
9	彬	24	车	8	車	8	采	5	施	25	盟	11	盧	1	漢	7	夏	5	泰	3	田	10	楚

창(倉)

번호	성씨	번호	성씨	번호	성씨	번호	성씨	번호	성씨	번호	성씨	번호	성씨	번호	성씨	번호	성씨	번호	성씨	번호	성씨	번호	성씨
21	金	12	段	24	泰	3	池	4	弼	8	眞	1	余	14	朱	13	伊	18	化	19	龍	9	方
11	林	3	昌	20	賈	13	玄	5	崔	19	陶	5	程	18	元	22	曲	18	于	9	夫	4	邊
12	柳	20	弓	5	智	19	都	1	吳	25	平	9	睦	9	卞	10	趙	9	毛	13	刑	3	周
5	曺	23	連	7	扈	1	延	16	高	19	道	13	陰	5	蘇	7	黃	13	葉	15	景	25	潘
3	成	15	邱	10	西門	19	陸	3	沈	7	異	22	葛	24	明	17	梁	4	馮	14	錢	12	南宮
4	閔	4	梅	8	柴	21	鞠	21	具	7	海	14	尙	2	諸	2	河	18	阿	20	公	23	內
18	楊	11	李	15	國	13	興	14	陳	14	占	2	胡	2	殷	12	羅	9	包	6	班	13	皇甫
11	呂	1	韓	18	樑	23	太	15	康	8	鄭	12	唐	8	晉	3	蔡	18	尹	4	邦	10	菜
22	吉	2	洪	23	大	22	甘	10	愼	8	徐	3	昇	16	桂	23	魯	3	宋	9	墨	5	諸葛
18	王	7	許	20	菊	14	左	24	表	9	文	15	堅	18	溫	8	薛	9	裵	20	箕	9	賓
3	蔣	22	郭	25	萬	3	承	13	印	19	劉	7	浪	4	范	21	奇	2	兪	10	莊	22	彊
21	丘	3	辛	21	君	2	韋	2	魚	2	禹	8	倉	21	簡	11	卓	13	任	24	判	10	天
3	昔	20	孔	25	朴	5	筍	22	慶	2	嚴	5	舜	17	路	9	片	10	千	5	張	12	龐
11	杜	8	秋	14	申	19	獨孤	2	卜	16	咸	15	姜	14	強	23	史	13	廉	4	安	4	麻
10	司空	6	馬	14	全	13	永	19	董	14	石	15	權	3	鍾	25	皮	8	宣	25	白	4	袁
9	彭	20	琴	12	南	4	苗	8	鮮于	1	魏	8	孫	20	斤	5	章	24	房	5	丁	17	乃
4	彬	25	牟	3	車	3	采	8	施	9	盟	19	盧	13	漢	2	夏	8	泰	14	田	10	楚

채(蔡)

번호	성씨	번호	성씨	번호	성씨	번호	성씨	번호	성씨	번호	성씨	번호	성씨	번호	성씨	번호	성씨	번호	성씨	번호	성씨	번호	성씨
15	金	23	段	4	泰	5	池	25	弼	10	眞	7	余	8	朱	2	伊	1	化	12	龍	24	方
17	林	5	昌	21	賈	2	玄	14	崔	12	陶	14	程	1	元	16	曲	1	于	24	夫	25	邊
23	柳	21	弓	14	智	12	都	7	吳	6	平	24	睦	3	卞	24	趙	7	毛	5	刑	5	周
14	曺	11	連	13	扈	7	延	20	高	12	道	2	陰	14	蘇	2	黃	22	葉	6	景	6	潘
5	成	22	邱	3	西門	5	陸	13	沈	16	異	4	葛	19	明	25	梁	8	馮	23	錢	12	南宮
25	閔	25	梅	10	柴	15	鞠	15	具	13	海	5	尙	8	諸	18	河	1	阿	21	公	11	內
1	楊	17	李	22	國	8	興	18	陳	18	占	18	胡	23	殷	24	羅	9	包	2	班	11	皇甫
17	呂	7	韓	1	樑	11	太	22	康	10	鄭	23	唐	10	晉	5	蔡	1	尹	25	邦	3	菜
16	吉	18	洪	11	大	6	甘	3	愼	10	徐	5	昇	20	桂	11	魯	5	宋	24	墨	14	諸葛
1	王	13	許	21	菊	8	左	4	表	24	文	22	堅	1	溫	10	薛	24	裵	21	箕	24	賓
5	蔣	16	郭	6	萬	5	承	2	印	12	劉	19	浪	25	范	15	奇	18	兪	3	莊	16	彊
16	丘	5	辛	15	君	18	韋	18	魚	18	禹	10	倉	15	簡	17	卓	2	任	4	判	3	天
5	昔	21	孔	6	朴	14	筍	16	慶	18	嚴	14	舜	19	路	24	片	3	千	14	張	23	龐
17	杜	10	秋	8	申	12	獨孤	25	卜	18	咸	20	姜	22	強	8	史	11	廉	2	安	25	麻
3	司空	9	馬	8	全	2	永	12	董	8	石	22	權	5	鍾	6	皮	10	宣	6	白	18	袁
24	彭	21	琴	23	南	25	苗	10	鮮于	7	魏	10	孫	21	斤	14	章	4	房	14	丁	19	乃
25	彬	6	牟	5	車	5	采	10	施	24	盟	12	盧	2	漢	18	夏	10	泰	3	田	11	楚

채(栄)

번호	성씨	번호	성씨	번호	성씨	번호	성씨	번호	성씨	번호	성씨	번호	성씨	번호	성씨	번호	성씨	번호	성씨	번호	성씨	번호	성씨
20	金	19	段	9	泰	10	池	24	弼	14	眞	18	余	5	朱	7	伊	2	化	17	龍	6	方
23	林	10	昌	16	賈	7	玄	3	崔	17	陶	3	程	2	元	15	曲	2	于	6	夫	24	邊
19	柳	16	弓	3	智	17	都	18	吳	4	平	6	睦	6	卞	8	趙	6	毛	7	刑	10	周
3	曹	12	連	1	扈	18	延	22	高	17	道	7	陰	3	蘇	1	黃	7	葉	21	景	4	潘
10	成	21	邱	8	西門	17	陸	10	沈	1	異	15	葛	9	明	11	梁	24	馮	5	錢	19	南宮
24	閔	24	梅	14	柴	23	鞠	20	具	1	海	10	尙	8	諸	13	河	1	阿	16	公	12	內
2	楊	23	李	21	國	7	興	5	陳	5	占	13	胡	13	殷	19	羅	6	包	25	班	7	皇甫
23	呂	18	韓	2	樑	12	太	21	康	14	鄭	19	唐	14	晉	10	蔡	2	尹	24	邦	8	榮
15	吉	13	洪	12	大	15	甘	8	愼	14	徐	10	昇	22	桂	12	魯	10	宋	6	墨	3	諸葛
2	王	1	許	16	菊	5	左	9	表	6	文	21	堅	2	溫	14	薛	6	襄	16	箕	6	賓
10	蔣	15	郭	4	萬	10	承	7	印	17	劉	11	浪	24	范	20	奇	13	兪	8	莊	15	彊
15	丘	10	辛	20	君	13	韋	13	魚	13	禹	14	倉	20	簡	23	卓	7	任	9	判	8	天
10	昔	16	孔	4	朴	3	箕	15	慶	13	嚴	3	舜	11	路	6	片	8	千	3	張	19	龐
23	杜	14	秋	5	申	17	獨孤	24	卜	13	咸	22	姜	21	强	5	史	12	廉	7	安	24	麻
8	司空	25	馬	5	全	7	永	17	董	5	石	21	權	10	鍾	4	皮	14	宣	4	白	13	袁
6	彭	16	琴	19	南	24	苗	14	鮮于	18	魏	14	孫	16	斤	3	章	9	房		丁	11	乃
24	彬	4	牟	10	車	10	采	14	施	6	盟	17	盧	7	漢	13	夏	14	泰	5	田	8	楚

채(采)

번호	성씨	번호	성씨	번호	성씨	번호	성씨	번호	성씨	번호	성씨	번호	성씨	번호	성씨	번호	성씨	번호	성씨	번호	성씨	번호	성씨
16	金	17	段	6	泰	8	池	9	弼	5	眞	2	余	3	朱	1	伊	13	化	11	龍	25	方
12	林	8	昌	22	賈	1	玄	10	崔	11	陶	13	程	21	元	13	曲	25	于	25	夫	9	邊
17	柳	22	弓	10	智	11	都	2	吳	25	平	25	睦	25	卞	14	趙	25	毛	1	刑	8	周
10	曹	19	連	18	扈	2	延	15	高	11	道	1	陰	10	蘇	18	黃	1	葉	20	景	24	潘
8	成	20	邱	14	西門	11	陸	8	沈	9	異	21	葛	6	明	23	梁	9	馮	3	錢	17	南宮
9	閔	9	梅	5	柴	16	鞠	16	具	18	海	8	尙	3	諸	7	河	13	阿	22	公	19	內
13	楊	12	李	20	國	1	興	3	陳	3	占	7	胡	7	殷	17	羅	25	包	4	班	1	皇甫
12	呂	2	韓	13	樑	19	太	21	康	5	鄭	17	唐	5	晉	8	蔡	13	尹	9	邦	10	榮
21	吉	7	洪	19	大	21	甘	14	愼	5	徐	8	昇	15	桂	9	魯	8	宋	25	墨	10	諸葛
13	王	18	許	22	菊	3	左	6	表	25	文	20	堅	13	溫	5	薛	25	襄	20	箕	25	賓
8	蔣	21	郭	24	萬	8	承	1	印	11	劉	23	浪	9	范	16	奇	7	兪	10	莊	21	彊
21	丘	8	辛	16	君	7	韋	7	魚	7	禹	16	倉	12	簡	1	卓	6	任	14	判	14	天
8	昔	22	孔	24	朴	10	箕	21	慶	7	嚴	10	舜	19	路	25	片	14	千	10	張	17	龐
14	杜	4	秋	3	申	11	獨孤	9	卜	7	咸	15	姜	20	强	3	史	19	廉	1	安	9	麻
14	司空	4	馬	3	全	1	永	11	董	3	石	20	權	8	鍾	24	皮	5	宣	24	白	7	袁
25	彭	22	琴	17	南	9	苗		鮮于	2	魏	5	孫	22	斤	10	章	6	房	10	丁	23	乃
9	彬	24	牟	8	車	8	采	5	施	25	盟	11	盧	1	漢	7	夏	5	泰	3	田	10	楚

천(千)

번호	성씨	번호	성씨	번호	성씨	번호	성씨	번호	성씨	번호	성씨	번호	성씨	번호	성씨	번호	성씨	번호	성씨	번호	성씨	번호	성씨
20	金	19	段	9	泰	10	池	24	弼	14	眞	18	余	5	朱	7	伊	2	化	17	龍	6	方
23	林	10	昌	16	賈	7	玄	3	崔	17	陶	3	程	2	元	15	曲	2	于	6	夫	24	邊
19	柳	16	弓	3	智	17	都	18	吳	4	平	6	睦	6	卞	8	趙	6	毛	7	刑	10	周
3	曺	12	連	1	扈	18	延	22	高	17	道	7	陰	3	蘇	1	黃	7	葉	21	景	4	潘
10	成	21	邱	8	西門	17	陸	10	沈	1	異	15	葛	9	明	11	梁	24	馮	5	錢	19	南宮
24	閔	24	梅	14	柴	23	鞠	20	具	1	海	10	尙	8	諸	13	河	1	阿	16	公	12	內
2	楊	23	李	21	國	7	興	5	陳	5	占	13	胡	13	殷	19	羅	6	包	25	班	7	皇甫
23	呂	18	韓	2	樑	12	太	21	康	14	鄭	19	唐	14	晉	10	蔡	2	尹	24	邦	8	榮
15	吉	13	洪	12	大	15	甘	8	愼	14	徐	10	昇	22	桂	12	魯	10	宋	6	墨	3	諸葛
2	王	1	許	16	菊	5	左	9	表	6	文	21	堅	2	溫	14	薛	6	襄	16	箕	6	賓
10	蔣	15	郭	4	萬	10	承	7	印	17	劉	11	浪	24	范	20	奇	13	兪	8	莊	15	彊
15	丘	10	辛	20	君	13	韋	13	魚	13	禹	14	倉	20	簡	23	卓	7	任	9	判	8	天
10	昔	16	孔	4	朴	3	箇	15	慶	13	嚴	3	舜	11	路	6	片	8	千	3	張	19	龐
23	杜	14	秋	5	申	17	獨孤	24	卜	13	咸	22	姜	21	强	5	史	12	廉	7	安	24	麻
8	司空	25	馬	5	全	7	永	17	董	5	石	21	權	10	鍾	4	皮	14	宣	4	白	13	袁
6	彭	16	琴	19	南	24	苗	14	鮮于	18	魏	14	孫	16	斤	3	章	9	房	3	丁	11	乃
24	彬	4	牟	10	車	10	采	14	施	6	盟	17	盧	7	漢	13	夏	14	泰	5	田	8	楚

천(天)

번호	성씨	번호	성씨	번호	성씨	번호	성씨	번호	성씨	번호	성씨	번호	성씨	번호	성씨	번호	성씨	번호	성씨	번호	성씨	번호	성씨
20	金	19	段	9	泰	10	池	24	弼	14	眞	18	余	5	朱	7	伊	2	化	17	龍	6	方
23	林	10	昌	16	賈	7	玄	3	崔	17	陶	3	程	2	元	15	曲	2	于	6	夫	24	邊
19	柳	16	弓	3	智	17	都	18	吳	4	平	6	睦	6	卞	8	趙	6	毛	7	刑	10	周
3	曺	12	連	1	扈	18	延	22	高	17	道	7	陰	3	蘇	1	黃	7	葉	21	景	4	潘
10	成	21	邱	8	西門	17	陸	10	沈	1	異	15	葛	9	明	11	梁	24	馮	5	錢	19	南宮
24	閔	24	梅	14	柴	23	鞠	20	具	1	海	10	尙	8	諸	13	河	1	阿	16	公	12	內
2	楊	23	李	21	國	7	興	5	陳	5	占	13	胡	13	殷	19	羅	6	包	25	班	7	皇甫
23	呂	18	韓	2	樑	12	太	21	康	14	鄭	19	唐	14	晉	10	蔡	2	尹	24	邦	8	榮
15	吉	13	洪	12	大	15	甘	8	愼	14	徐	10	昇	22	桂	12	魯	10	宋	6	墨	3	諸葛
2	王	1	許	16	菊	5	左	9	表	6	文	21	堅	2	溫	14	薛	6	襄	16	箕	6	賓
10	蔣	15	郭	4	萬	10	承	7	印	17	劉	11	浪	24	范	20	奇	13	兪	8	莊	15	彊
15	丘	10	辛	20	君	13	韋	13	魚	13	禹	14	倉	20	簡	23	卓	7	任	9	判	8	天
10	昔	16	孔	4	朴	3	箇	15	慶	13	嚴	3	舜	11	路	6	片	8	千	3	張	19	龐
23	杜	14	秋	5	申	17	獨孤	24	卜	13	咸	22	姜	21	强	5	史	12	廉	7	安	24	麻
8	司空	25	馬	5	全	7	永	17	董	5	石	21	權	10	鍾	4	皮	14	宣	4	白	13	袁
6	彭	16	琴	19	南	24	苗	14	鮮于	18	魏	14	孫	16	斤	3	章	9	房	3	丁	11	乃
24	彬	4	牟	10	車	10	采	14	施	6	盟	17	盧	7	漢	13	夏	14	泰	5	田	8	楚

초(楚)

번호	성씨	번호	성씨	번호	성씨	번호	성씨	번호	성씨	번호	성씨	번호	성씨	번호	성씨	번호	성씨	번호	성씨	번호	성씨	번호	성씨
20	金	19	段	9	泰	10	池	24	弼	14	眞	18	余	5	朱	7	伊	2	化	17	龍	6	方
23	林	10	昌	16	賈	7	玄	3	崔	17	陶	3	程	2	元	15	曲	2	于	6	夫	24	邊
19	柳	16	弓	3	智	17	都	18	吳	4	平	6	睦	6	卞	8	趙	6	毛	7	刑	10	周
3	曺	12	連	1	扈	18	延	22	高	17	道	7	陰	3	蘇	1	黃	7	葉	21	景	4	潘
10	成	21	邱	8	西門	17	陸	10	沈	1	異	15	葛	9	明	11	梁	24	馮	5	錢	19	南宮
24	閔	24	梅	14	柴	23	鞠	20	具	1	海	10	尙	8	諸	13	河	1	阿	16	公	12	內
2	楊	23	李	21	國	7	興	5	陳	5	占	13	胡	13	殷	19	羅	6	包	25	班	7	皇甫
23	呂	18	韓	2	樑	12	太	21	康	14	鄭	19	唐	14	晉	10	蔡	2	尹	24	邦	8	榮
15	吉	13	洪	12	大	15	甘	8	愼	14	徐	10	昇	22	桂	12	魯	10	宋	6	墨	3	諸葛
2	王	1	許	16	菊	5	左	9	表	6	文	21	堅	2	溫	14	薛	6	裵	16	箕	6	賓
10	蔣	15	郭	4	萬	10	承	7	印	17	劉	11	浪	24	范	20	奇	13	兪	8	莊	15	彊
15	丘	10	辛	20	君	13	韋	13	魚	13	禹	14	倉	20	簡	23	卓	7	任	9	判	8	天
10	昔	16	孔	4	朴	3	筍	15	慶	13	嚴	3	舜	11	路	6	片	8	千	3	張	19	龐
23	杜	14	秋	5	申	17	獨孤	24	卜	13	咸	22	姜	21	强	5	史	12	廉	7	安	24	麻
8	司空	25	馬	5	全	7	永	17	董	5	石	21	權	10	鍾	4	皮	14	宣	4	白	13	袁
6	彭	16	琴	19	南	24	苗	14	鮮于	18	魏	14	孫	16	斤	3	章	9	房	3	丁	11	乃
24	彬	4	车	10	車	10	采	14	施	6	盟	17	盧	7	漢	13	夏	14	泰	5	田	8	楚

최(崔)

번호	성씨	번호	성씨	번호	성씨	번호	성씨	번호	성씨	번호	성씨	번호	성씨	번호	성씨	번호	성씨	번호	성씨	번호	성씨	번호	성씨
22	金	12	段	25	泰	14	池	6	弼	3	眞	13	余	10	朱	18	伊	7	化	23	龍	4	方
19	林	14	昌	15	賈	18	玄	8	崔	23	陶	8	程	7	元	20	曲	7	于	4	夫	6	邊
11	柳	15	弓	8	智	23	都	13	吳	9	平	4	睦	4	卞	5	趙	14	毛	18	刑	14	周
8	曺	17	連	2	扈	13	延	21	高	23	道	18	陰	8	蘇	2	黃	18	葉	16	景	9	潘
14	成	16	邱	5	西門	23	陸	14	沈	2	異	20	葛	25	明	12	梁	6	馮	10	錢	11	南宮
6	閔	5	梅	3	柴	22	鞠	22	具	2	海	10	尙	10	諸	1	河	15	阿	24	公	17	內
7	楊	19	李	16	國	18	興	10	陳	18	占	1	胡	1	殷	11	羅	4	包	24	班	18	皇甫
19	呂	13	韓	7	樑	17	太	16	康	3	鄭	11	唐	3	晉	14	蔡	7	尹	6	邦	5	榮
20	吉	1	洪	17	大	20	甘	5	愼	3	徐	14	昇	21	桂	17	魯	14	宋	4	墨	8	諸葛
7	王	2	許	15	菊	10	左	25	表	4	文	16	堅	7	溫	3	薛	4	裵	15	箕	4	賓
14	蔣	20	郭	9	萬	14	承	18	印	23	劉	12	浪	6	范	12	奇	7	兪	5	莊	20	彊
20	丘	14	辛	22	君	1	韋	1	魚	1	禹	22	倉	19	簡	18	卓	25	任	5	判	5	天
14	昔	15	孔	9	朴	8	筍	20	慶	1	嚴	8	舜	12	路	4	片	5	千	8	張	11	龐
19	杜	3	秋	10	申	23	獨孤	6	卜	1	咸	21	姜	16	强	10	史	7	廉	19	安	6	麻
5	司空	24	馬	10	全	18	永	23	董	10	石	16	權	14	鍾	9	皮	3	宣	9	白	1	袁
4	彭	15	琴	11	南	6	苗	3	鮮于	13	魏	3	孫	15	斤	8	章	25	房	3	丁	12	乃
6	彬	9	车	14	車	14	采	3	施	14	盟	23	盧	18	漢	1	夏	3	泰	10	田	5	楚

추(秋)

번호	성씨	번호	성씨	번호	성씨	번호	성씨	번호	성씨	번호	성씨	번호	성씨	번호	성씨	번호	성씨	번호	성씨	번호	성씨	번호	성씨
21	金	12	段	24	泰	3	池	4	弼	8	眞	1	余	14	朱	13	伊	18	化	19	龍	9	方
11	林	3	昌	20	賈	13	玄	5	崔	19	陶	5	程	18	元	22	曲	18	于	9	夫	4	邊
12	柳	20	弓	5	智	19	都	1	吳	25	平	9	睦	9	卞	10	趙	9	毛	13	刑	3	周
5	曺	23	連	7	扈	1	延	16	高	19	道	13	陰	5	蘇	7	黃	13	葉	15	景	25	潘
3	成	15	邱	10	西門	19	陸	3	沈	7	異	22	葛	24	明	17	梁	1	馮	14	錢	12	南宮
4	閔	4	梅	8	柴	21	鞠	21	具	7	海	3	尙	14	諸	2	河	18	阿	20	公	23	內
18	楊	11	李	15	國	13	興	14	陳	14	占	2	胡	2	殷	12	羅	9	包	6	班	13	皇甫
11	呂	1	韓	18	樑	23	太	15	康	8	鄭	12	唐	8	晉	3	蔡	18	尹	4	邦	10	榮
22	吉	2	洪	23	大	22	甘	10	愼	8	徐	3	昇	16	桂	23	魯	3	宋	9	墨	5	諸葛
18	王	7	許	20	菊	14	左	24	表		文	15	堅	18	溫	8	薛	9	裵	20	箕	9	賓
3	蔣	22	郭	25	萬	3	承	13	印	19	劉	17	浪	4	范	21	奇	2	兪	10	莊	22	彊
21	丘	3	辛	21	君	2	韋	2	魚	2	禹	8	倉	21	簡	11	卓	13	任	24	判	10	天
3	昔	20	孔	25	朴	5	筍	22	慶	2	嚴	5	舜	17	路	9	片	10	千	5	張	12	龐
11	杜	8	秋	14	申	19	獨孤	4	卜	2	咸	16	姜	15	强	14	史	23	廉	13	安	4	麻
10	司空	6	馬	14	全	13	永	19	董	14	石	15	權	3	鍾	25	皮	8	宣	25	白	2	袁
9	彭	20	琴	12	南	4	苗	8	鮮于	1	魏	8	孫	20	斤	5	章	24	房	5	丁	17	乃
4	彬	25	牟	3	車	3	采	8	施	9	盟	19	盧	13	漢	2	夏	8	泰	14	田	10	楚

탁(卓)

번호	성씨	번호	성씨	번호	성씨	번호	성씨	번호	성씨	번호	성씨	번호	성씨	번호	성씨	번호	성씨	번호	성씨	번호	성씨	번호	성씨
2	金	5	段	12	泰	23	池	23	弼	15	眞	6	余	21	朱	24	伊	25	化	3	龍	19	方
8	林	16	昌	13	賈	20	玄	20	崔	3	陶	20	程	25	元	1	曲	25	于	19	夫	23	邊
5	柳	13	弓	20	智	6	都	6	吳	11	平	19	睦	19	卞	22	趙	19	毛	24	刑	16	周
20	曺	14	連	9	扈	6	延	7	高	3	道	24	陰	20	蘇	9	黃	24	葉	18	景	11	潘
16	成	18	邱	22	西門	3	陸	16	沈	9	異	1	葛	12	明	10	梁	23	馮	21	錢	5	南宮
23	閔	23	梅	15	柴	2	鞠	2	具	9	海	16	尙	21	諸	2	河	13	阿	14	公	14	內
25	楊	8	李	18	國	24	興	21	陳	21	占	4	胡	4	殷	5	羅	19	包	17	班	24	皇甫
8	呂	6	韓	25	樑	14	太	18	康	15	鄭	5	唐	15	晉	16	蔡	25	尹	23	邦	22	榮
1	吉	4	洪	14	大	1	甘	22	愼	15	徐	16	昇	7	桂	14	魯	16	宋	19	墨	20	諸葛
25	王	9	許	13	菊	21	左	12	表	19	文	2	堅	25	溫	15	薛	19	裵	23	箕	19	賓
16	蔣	1	郭	11	萬	16	承	24	印		劉	23	浪	2	范		奇	22	兪		莊	1	彊
1	丘	16	辛	2	君	4	韋	4	魚	15	禹	2	倉	8	簡	24	卓	12	任	22	判	22	天
16	昔	13	孔	11	朴	20	筍	1	慶	4	嚴	20	舜	10	路	19	片	22	千	20	張	5	龐
8	杜	15	秋	21	申	3	獨孤	23	卜	4	咸	7	姜	18	强	21	史	14	廉	24	安	23	麻
22	司空	17	馬	21	全	24	永	3	董	21	石	18	權	16	鍾	11	皮	14	宣	15	白	11	袁
19	彭	13	琴	5	南	23	苗	15	鮮于	6	魏	15	孫	13	斤	20	章	12	房	20	丁	10	乃
23	彬	11	牟	16	車	16	采	15	施	19	盟	3	盧	24	漢	4	夏	15	泰	21	田	22	楚

태(太)

번호	성씨	번호	성씨	번호	성씨	번호	성씨	번호	성씨	번호	성씨	번호	성씨	번호	성씨	번호	성씨	번호	성씨	번호	성씨	번호	성씨
18	金	14	段	23	泰	20	池	11	弼	22	眞	9	余	15	朱	4	伊	6	化	5	龍	12	方
10	林	20	昌	2	賈	4	玄	21	崔	5	陶	21	程	6	元	7	曲	6	于	12	夫	11	邊
14	柳	2	弓	21	智	5	都	9	吳	17	平	12	睦	12	卞	16	趙	12	毛	4	刑	20	周
21	曹	8	連	24	扈	9	延	13	高	5	道	4	陰	21	蘇	24	黃	4	葉	1	景	17	潘
20	成	1	邱	16	西門	5	陸	20	沈	24	異	7	葛	23	明	3	梁	11	馮	16	錢	14	南宮
11	閔	11	梅	22	柴	18	鞠	18	具	24	海	20	尙	25	諸	25	河	6	阿	2	公	8	內
6	楊	10	李	1	國	4	興	15	陳	16	占	25	胡	25	殷	14	羅	12	包	19	班	4	皇甫
10	呂	9	韓	4	樑	8	太	1	康	22	鄭	14	唐	22	晉	20	蔡	6	尹	11	邦	16	榮
7	吉	25	洪	8	大	7	甘	16	愼	22	徐	20	昇	13	桂	8	魯	20	宋	12	墨	21	諸葛
6	王	24	許	12	菊	15	左	23	表	12	文	1	堅	8	溫	22	薛	12	襄	2	箕	12	賓
20	蔣	7	郭	17	萬	20	承	4	印	5	劉	3	浪	11	范	18	奇	25	兪	16	莊	7	彊
7	丘	20	辛	18	君	25	韋	25	魚	25	禹	22	倉	8	簡	10	卓	4	任	23	判	16	天
20	昔	2	孔	17	朴	21	筍	7	慶	25	嚴	21	舜	8	路	12	片	16	千	21	張	14	龐
10	杜	22	秋	15	申	5	獨孤	11	卜	25	咸	13	姜	1	强	16	史	8	廉	4	安	11	麻
16	司空	19	馬	15	全	4	永	5	董	15	石	1	權	20	鍾	17	皮	22	宣	17	白	25	袁
12	彭	2	琴	14	南	11	苗	22	鮮于	9	魏	22	孫	21	斤	21	章	23	房	21	丁	3	乃
11	彬	17	牟	20	車	20	采	22	施	12	盟	5	盧	4	漢	25	夏	22	泰	5	田	21	楚

판(判)

번호	성씨	번호	성씨	번호	성씨	번호	성씨	번호	성씨	번호	성씨	번호	성씨	번호	성씨	번호	성씨	번호	성씨	번호	성씨	번호	성씨
6	金	15	段	8	泰	2	池	10	弼	7	眞	12	余	1	朱	11	伊	19	化	21	龍	14	方
16	林	2	昌	25	賈	11	玄	18	崔	21	陶	18	程	19	元	24	曲	14	于	14	夫	10	邊
15	柳	15	弓	18	智	21	都	12	吳	3	平	14	睦	14	卞	13	趙	14	毛	11	刑	2	周
18	曹	22	連	23	扈	12	延	4	高	21	道	11	陰	18	蘇	23	黃	11	葉	9	景	3	潘
2	成	9	邱	13	西門	21	陸	2	沈	23	異	24	葛	8	明	20	梁	10	馮	1	錢	15	南宮
10	閔	10	梅	7	柴	6	鞠	6	具	23	海	2	尙	1	諸	17	河	2	阿	25	公	22	內
19	楊	16	李	9	國	11	興	1	陳	1	占	17	胡	17	殷	15	羅	14	包	5	班	11	皇甫
16	呂	12	韓	19	樑	22	太	9	康	7	鄭	15	唐	7	晉	2	蔡	19	尹	10	邦	13	榮
24	吉	17	洪	22	大	24	甘	13	愼	7	徐	2	昇	4	桂	22	魯	2	宋	14	墨	18	諸葛
19	王	23	許	25	菊	1	左	8	表	14	文	9	堅	19	溫	7	薛	14	襄	25	箕	14	賓
2	蔣	24	郭	3	萬	3	承	11	印	21	劉	20	浪	10	范	6	奇	17	兪	13	莊	24	彊
24	丘	2	辛	6	君	17	韋	17	魚	17	禹	7	倉	6	簡	16	卓	11	任	8	判	13	天
2	昔	25	孔	3	朴	18	筍	24	慶	17	嚴	18	舜	20	路	14	片	13	千	18	張	15	龐
16	杜	7	秋	1	申	21	獨孤	10	卜	17	咸	4	姜	9	强	1	史	22	廉	11	安	10	麻
13	司空	5	馬	1	全	11	永	21	董	1	石	9	權	2	鍾	3	皮	7	宣	3	白	17	袁
14	彭	25	琴	15	南	10	苗	7	鮮于	12	魏	7	孫	25	斤	18	章	8	房	18	丁	20	乃
10	彬	3	牟	2	車	2	采	7	施	14	盟	21	盧	11	漢	17	夏	7	泰	1	田	13	楚

팽(彭)

번호	성씨	번호	성씨	번호	성씨	번호	성씨	번호	성씨	번호	성씨	번호	성씨	번호	성씨	번호	성씨	번호	성씨	번호	성씨	번호	성씨
25	金	21	段	14	泰	13	池	18	弼	1	眞	19	余	18	朱	23	伊	17	化	20	龍	10	方
22	林	13	昌	4	賈	23	玄	2	崔	20	陶	2	程	17	元	9	曲	17	于	5	夫	8	邊
21	柳	4	弓	2	智	26	都	19	吳	10	平	5	睦	5	卞	7	趙	5	毛	23	刑	13	周
2	曹	15	連	12	扈	19	延	24	高	20	道	23	陰	2	蘇	12	黃	23	葉	6	景	10	潘
13	成	6	邱	7	西門	20	陸	13	沈	12	異	9	葛	14	明	16	梁	8	馮	18	錢	21	南宮
8	閔	8	梅	1	柴	25	鞠	25	具	12	海	13	尙	18	諸	11	河	17	阿	4	公	15	內
17	楊	22	李	6	國	23	興	18	陳	18	占	11	胡	11	殷	21	羅	5	包	3	班	23	皇甫
22	呂	19	韓	17	樫	15	太	6	康	1	鄭	21	唐	1	晉	13	蔡	17	尹	8	邦	7	榮
9	吉	11	洪	15	大	9	甘	7	愼	1	徐	13	昇	24	桂	15	魯	13	宋	5	墨	2	諸葛
17	王	12	許	4	菊	18	左	14	表	5	文	6	堅	17	溫	1	薛	5	裵	4	箕	5	賓
13	蔣	9	郭	10	萬	13	承	23	印	20	劉	16	浪	8	范	25	奇	11	兪	13	莊	9	彊
9	丘	13	辛	25	君	11	韋	11	魚	11	禹	1	倉	25	簡	22	卓	23	任	24	判	7	天
13	昔	4	孔	10	朴	2	箭	9	慶	11	嚴	2	舜	15	路	5	片	7	千	2	張	21	龐
22	杜	1	秋	18	申	20	獨孤	8	卜	11	咸	24	姜	6	强	18	史	15	廉	23	安	8	麻
7	司空	3	馬	18	全	23	永	20	董	18	石	6	權	13	鍾	10	皮	1	宣	10	白	11	袁
5	彭	4	琴	21	南	8	苗	1	鮮于	19	魏	1	孫	4	斤	2	章	14	房	2	丁	16	乃
8	彬	10	牟	13	車	13	采	1	施	5	盟	20	盧	23	漢	1	夏	1	泰	18	田	7	楚

편(片)

번호	성씨	번호	성씨	번호	성씨	번호	성씨	번호	성씨	번호	성씨	번호	성씨	번호	성씨	번호	성씨	번호	성씨	번호	성씨	번호	성씨
9	金	22	段	10	泰	18	池	3	弼	13	眞	17	余	7	朱	17	伊	12	化	15	龍	8	方
20	林	18	昌	6	賈	17	玄	1	崔	15	陶	1	程	12	元	4	曲	12	于	8	夫	3	邊
22	柳	6	弓	1	智	15	都	23	吳	5	平	8	睦	8	卞	2	趙	8	毛	17	刑	18	周
1	曹	16	連	11	扈	23	延	25	高	15	道	17	陰	1	蘇	11	黃	17	葉	24	景	5	潘
18	成	24	邱	2	西門	15	陸	18	沈	11	異	4	葛	10	明	21	梁	3	馮	7	錢	22	南宮
3	閔	3	梅	13	柴	9	鞠	9	具	11	海	18	尙	7	諸	19	河	12	阿	6	公	19	內
12	楊	20	李	24	國	17	興	7	陳	7	占	19	胡	19	殷	22	羅	8	包	14	班	17	皇甫
20	呂	23	韓	12	樫	16	太	24	康	13	鄭	22	唐	13	晉	18	蔡	12	尹	3	邦	2	榮
5	吉	19	洪	16	大	4	甘	2	愼	13	徐	18	昇	25	桂	16	魯	18	宋	8	墨	1	諸葛
12	王	11	許	6	菊	7	左	10	表	8	文	24	堅	12	溫	13	薛	8	裵	6	箕	8	賓
18	蔣	4	郭	5	萬	18	承	17	印	21	劉	3	浪	9	范	19	奇	2	兪	2	莊	4	彊
4	丘	18	辛	9	君	19	韋	19	魚	13	禹	9	倉	9	簡	20	卓	17	任	10	判	2	天
18	昔	6	孔	5	朴	1	箭	4	慶	19	嚴	1	舜	16	路	8	片	2	千	1	張	22	龐
9	杜	13	秋	7	申	15	獨孤	3	卜	19	咸	25	姜	24	强	7	史	16	廉	17	安	3	麻
2	司空	14	馬	7	全	17	永	15	董	7	石	24	權	18	鍾	5	皮	13	宣	13	白	19	袁
8	彭	6	琴	22	南	3	苗	13	鮮于	23	魏	13	孫	6	斤	1	章	10	房	1	丁	21	乃
3	彬	5	牟	18	車	18	采	13	施	8	盟	15	盧	17	漢	19	夏	13	泰	7	田	1	楚

평(平)

번호	성씨	번호	성씨	번호	성씨	번호	성씨	번호	성씨	번호	성씨	번호	성씨	번호	성씨	번호	성씨	번호	성씨	번호	성씨	번호	성씨
4	金	20	段	5	泰	7	池	14	弼	18	眞	17	余	2	朱	12	伊	11	化	16	龍	3	方
15	林	7	昌	24	賈	12	玄	13	崔	16	陶	13	程	11	元	6	曲	11	于	3	夫	14	邊
20	柳	24	弓	13	智	16	都	17	吳	8	平	3	睦	3	卞	1	趙	3	毛	12	刑	7	周
13	曺	21	連	19	扈	17	延	9	高	16	道	12	陰	13	蘇	19	黃	12	葉	25	景	8	潘
7	成	25	邱	1	西門	16	陸	7	沈	19	異	6	葛	5	明	22	梁	14	馮	2	錢	20	南宮
14	閔	14	梅	18	柴	4	鞠	4	具	19	海	7	尙	2	諸	23	河	11	阿	24	公	21	內
11	楊	15	李	25	國	12	興	2	陳	2	占	23	胡	23	殷	20	羅	3	包	10	班	12	皇甫
15	呂	17	韓	11	樑	21	太	25	康	18	鄭	20	唐	18	晉	7	蔡	11	尹	14	邦	1	榮
6	吉	23	洪	21	大	6	甘	1	愼	18	徐	7	昇	9	桂	21	魯	7	宋	3	墨	13	諸葛
77	王	19	許	24	菊	2	左	5	表	3	文	25	堅	11	溫	18	薛	3	襄	24	箕	3	賓
7	蔣	6	郭	8	萬	7	承	12	印	16	劉	22	浪	14	范	4	奇	23	兪	1	莊	6	彊
6	丘	7	辛	4	君	23	韋	23	魚	23	禹	18	倉	4	簡	15	卓	12	任	5	判	1	天
7	昔	24	孔	8	朴	13	箭	6	慶	23	嚴	13	舜	22	路	3	片	1	千	13	張	20	龐
15	杜	18	秋	2	申	16	瓢狐	14	卜	23	咸	9	姜	25	強	2	史	21	廉	12	安	14	麻
1	司空	10	馬	2	全	12	永	16	董	2	石	25	權	7	鍾	8	皮	18	宣	8	白	23	袁
3	彭	24	琴	20	南	14	苗	18	鮮于	17	魏	18	孫	24	斤	13	章	5	房	13	丁	22	乃
14	彬	8	牟	7	車	7	采	18	施	3	盟	16	盧	12	漢	23	夏	18	泰	2	田	1	楚

포(包)

번호	성씨	번호	성씨	번호	성씨	번호	성씨	번호	성씨	번호	성씨	번호	성씨	번호	성씨	번호	성씨	번호	성씨	번호	성씨	번호	성씨
25	金	21	段	14	泰	13	池	18	弼	1	眞	19	余	18	朱	23	伊	17	化	20	龍	10	方
22	林	13	昌	4	賈	23	玄	2	崔	20	陶	2	程	17	元	9	曲	17	于	5	夫	8	邊
21	柳	4	弓	2	智	26	都	19	吳	10	平	5	睦	5	卞	7	趙	5	毛	23	刑	13	周
2	曺	15	連	12	扈	19	延	24	高	20	道	23	陰	2	蘇	12	黃	23	葉	6	景	10	潘
13	成	6	邱	7	西門	20	陸	13	沈	12	異	9	葛	14	明	16	梁	8	馮	18	錢	21	南宮
8	閔	8	梅	1	柴	25	鞠	25	具	12	海	13	尙	18	諸	11	河	17	阿	4	公	15	內
17	楊	22	李	6	國	23	興	18	陳	18	占	11	胡	11	殷	21	羅	5	包	3	班	23	皇甫
22	呂	19	韓	17	樑	15	太	6	康	1	鄭	21	唐	1	晉	13	蔡	17	尹	8	邦	7	榮
9	吉	11	洪	15	大	9	甘	7	愼	1	徐	13	昇	24	桂	15	魯	13	宋	5	墨	2	諸葛
17	王	12	許	4	菊	18	左	14	表	5	文	6	堅	17	溫	1	薛	5	襄	5	箕	5	賓
13	蔣	9	郭	10	萬	13	承	23	印	20	劉	16	浪	8	范	25	奇	11	兪	13	莊	9	彊
9	丘	13	辛	25	君	11	韋	11	魚	11	禹	1	倉	25	簡	22	卓	23	任	24	判	7	天
13	昔	4	孔	10	朴	2	箭	9	慶	11	嚴	2	舜	15	路	5	片	7	千	2	張	21	龐
22	杜	1	秋	18	申	20	瓢狐	8	卜	11	咸	24	姜	6	強	18	史	15	廉	23	安	8	麻
7	司空	3	馬	18	全	23	永	20	董	18	石	6	權	13	鍾	10	皮	1	宣	10	白	11	袁
5	彭	4	琴	21	南	8	苗	18	鮮于	19	魏	1	孫	4	斤	2	章	14	房	2	丁	16	乃
8	彬	10	牟	1	車	13	采	1	施	5	盟	20	盧	23	漢	1	夏	1	泰	18	田	7	楚

표(表)

번호	성씨	번호	성씨	번호	성씨	번호	성씨	번호	성씨	번호	성씨	번호	성씨	번호	성씨	번호	성씨	번호	성씨	번호	성씨	번호	성씨
6	金	15	段	8	泰	2	池	10	弼	7	眞	12	余	1	朱	11	伊	19	化	21	龍	14	方
16	林	2	昌	25	賈	11	玄	18	崔	21	陶	18	程	19	元	24	曲	14	于	14	夫	10	邊
15	柳	15	弓	18	智	21	都	12	吳	3	平	14	睦	14	卞	13	趙	14	毛	11	刑	2	周
18	曹	22	連	23	扈	12	延	4	高	21	道	11	陰	18	蘇	23	黃	11	葉	9	景	3	潘
2	成	9	邱	13	西門	21	陸	2	沈	23	異	24	葛	8	明	20	梁	10	馮	1	錢	15	南宮
10	閔	10	梅	7	柴	6	鞠	6	具	23	海	2	尙	1	諸	17	河	19	阿	25	公	22	內
19	楊	16	李	9	國	11	興	1	陳	1	占	17	胡	17	殷	15	羅	14	包	5	班	11	皇甫
16	呂	12	韓	19	樑	22	太	9	康	7	鄭	15	唐	7	晉	2	蔡	19	尹	10	邦	13	榮
24	吉	17	洪	22	大	24	甘	13	愼	7	徐	2	昇	4	桂	22	魯	2	宋	14	墨	18	諸葛
19	王	23	許	25	菊	1	左	8	表	14	文	9	堅	19	溫	7	薛	14	裵	25	箕	14	賓
2	蔣	24	郭	3	萬	2	承	11	印	21	劉	20	浪	10	范	6	奇	17	俞	13	莊	24	彊
24	丘	2	辛	6	君	17	韋	17	魚	17	禹	7	倉	6	簡	16	卓	11	任	8	判	13	天
2	昔	25	孔	3	朴	18	箇	24	慶	17	嚴	18	舜	20	路	14	片	13	千	18	張	15	龐
16	杜	7	秋	1	申	21	獨孤	10	卜	17	咸	4	姜	9	强	1	史	22	廉	11	安	10	麻
13	司空	5	馬	1	全	11	永	21	董	1	石	9	權	2	鍾	3	皮	7	宣	3	白	17	袁
14	彭	25	琴	15	南	10	苗	7	鮮于	12	魏	7	孫	25	斤	18	章	8	房	18	丁	20	乃
10	彬	3	牟	2	車	2	采	9	施	14	盟	21	盧	11	漢	17	夏	7	泰	1	田	13	楚

풍(馮)

번호	성씨	번호	성씨	번호	성씨	번호	성씨	번호	성씨	번호	성씨	번호	성씨	번호	성씨	번호	성씨	번호	성씨	번호	성씨	번호	성씨
25	金	21	段	14	泰	13	池	18	弼	1	眞	19	余	18	朱	23	伊	17	化	20	龍	10	方
22	林	13	昌	4	賈	23	玄	2	崔	20	陶	2	程	17	元	9	曲	17	于	5	夫	8	邊
21	柳	4	弓	2	智	26	都	19	吳	10	平	5	睦	5	卞	7	趙	5	毛	23	刑	13	周
2	曹	15	連	12	扈	19	延	24	高	20	道	23	陰	2	蘇	12	黃	23	葉	6	景	10	潘
13	成	6	邱	7	西門	20	陸	13	沈	12	異	9	葛	14	明	16	梁	8	馮	18	錢	21	南宮
8	閔	8	梅	1	柴	25	鞠	25	具	12	海	13	尙	18	諸	11	河	17	阿	4	公	15	內
17	楊	22	李	6	國	23	興	18	陳	18	占	11	胡	11	殷	21	羅	5	包	3	班	23	皇甫
22	呂	19	韓	17	樑	15	太	6	康	21	鄭	1	唐	13	晉	17	蔡	8	尹	7	邦	7	榮
9	吉	11	洪	15	大	9	甘	7	愼	2	徐	13	昇	24	桂	15	魯	13	宋	5	墨	2	諸葛
17	王	12	許	4	菊	18	左	14	表	5	文	6	堅	17	溫	1	薛	5	裵	5	箕	5	賓
13	蔣	9	郭	10	萬	13	承	23	印	20	劉	16	浪	8	范	25	奇	11	俞	13	莊	9	彊
9	丘	13	辛	25	君	11	韋	11	魚	1	禹	25	倉	22	簡	23	卓	24	任	7	判	7	天
13	昔	4	孔	10	朴	2	箇	9	慶	11	嚴	2	舜	15	路	5	片	7	千	2	張	21	龐
22	杜	1	秋	18	申	20	獨孤	8	卜	11	咸	24	姜	6	强	18	史	15	廉	23	安	8	麻
7	司空	3	馬	18	全	23	永	20	董	18	石	13	權	10	鍾	1	皮	10	宣	11	白	11	袁
5	彭	4	琴	21	南	8	苗	19	鮮于	1	魏	4	孫	2	斤	14	章	2	房	16	丁	20	乃
8	彬	10	牟	13	車	13	采	1	施	5	盟	20	盧	23	漢	1	夏	1	泰	18	田	7	楚

피(皮)

번호	성씨	번호	성씨	번호	성씨	번호	성씨	번호	성씨	번호	성씨	번호	성씨	번호	성씨	번호	성씨	번호	성씨	번호	성씨	번호	성씨
4	金	20	段	5	泰	7	池	14	弼	18	眞	17	余	2	朱	12	伊	11	化	16	龍	3	方
15	林	7	昌	24	賈	12	玄	13	崔	16	陶	13	程	11	元	6	曲	11	于	3	夫	14	邊
20	柳	24	弓	13	智	16	都	17	吳	8	平	3	睦	3	卞	1	趙	3	毛	12	刑	7	周
13	曹	21	連	19	扈	17	延	9	高	16	道	12	陰	13	蘇	19	黃	12	葉	25	景	8	潘
7	成	25	邱	1	西門	16	陸	7	沈	19	異	6	葛	5	明	22	梁	14	馮	2	錢	20	南宮
14	閔	14	梅	18	柴	4	鞠	4	具	19	海	7	尙	2	諸	23	河	11	阿	24	公	21	內
11	楊	15	李	25	國	12	興	2	陳	2	占	23	胡	23	殷	20	羅	3	包	10	班	12	皇甫
15	呂	17	韓	11	樑	21	太	25	康	18	鄭	20	唐	18	晉	7	蔡	11	尹	14	邦	1	榮
6	吉	23	洪	21	大	6	甘	1	愼	18	徐	7	昇	9	桂	21	魯	7	宋	3	墨	13	諸葛
77	王	19	許	24	菊	2	左	5	表	3	文	25	堅	11	溫	18	薛	3	裵	24	箕	3	賓
7	蔣	6	郭	8	萬	7	承	12	印	16	劉	22	浪	14	范	4	奇	23	兪	1	莊	6	彊
6	丘	7	辛	4	君	23	韋	23	魚	23	禹	18	倉	4	簡	15	卓	12	任	5	判	1	天
7	昔	24	孔	8	朴	13	筍	6	慶	23	嚴	13	舜	22	路	3	片	1	千	13	張	20	龐
15	杜	18	秋	2	申	16	獨孤	14	卜	23	咸	9	姜	25	強	2	史	21	廉	12	安	14	麻
1	司空	10	馬	2	全	12	永	16	董	2	石	25	權	7	鍾	8	皮	18	宣	8	白	23	袁
3	彭	24	琴	20	南	14	苗	18	鮮于	17	魏	18	孫	24	斤	13	章	5	房	13	丁	22	乃
14	彬	8	牟	7	車	7	采	18	施	3	盟	16	盧	12	漢	23	夏	18	泰	2	田	1	楚

필(弼)

번호	성씨	번호	성씨	번호	성씨	번호	성씨	번호	성씨	번호	성씨	번호	성씨	번호	성씨	번호	성씨	번호	성씨	번호	성씨	번호	성씨
25	金	21	段	14	泰	13	池	18	弼	1	眞	19	余	18	朱	23	伊	17	化	20	龍	10	方
22	林	13	昌	4	賈	23	玄	2	崔	20	陶	2	程	17	元	9	曲	17	于	5	夫	8	邊
21	柳	4	弓	2	智	26	都	19	吳	10	平	5	睦	5	卞	7	趙	5	毛	23	刑	13	周
2	曹	15	連	12	扈	19	延	24	高	20	道	23	陰	2	蘇	12	黃	23	葉	6	景	10	潘
13	成	6	邱	7	西門	20	陸	13	沈	12	異	9	葛	14	明	16	梁	8	馮	18	錢	21	南宮
8	閔	8	梅	1	柴	25	鞠	25	具	12	海	13	尙	18	諸	11	河	17	阿	4	公	15	內
17	楊	22	李	6	國	23	興	18	陳	18	占	11	胡	11	殷	21	羅	5	包	3	班	23	皇甫
22	呂	19	韓	17	樑	15	太	6	康	1	鄭	21	唐	1	晉	13	蔡	17	尹	8	邦	7	榮
9	吉	11	洪	15	大	9	甘	7	愼	1	徐	13	昇	24	桂	15	魯	13	宋	5	墨	2	諸葛
17	王	12	許	4	菊	18	左	14	表	5	文	6	堅	17	溫	1	薛	5	裵	4	箕	5	賓
13	蔣	9	郭	10	萬	13	承	23	印	20	劉	16	浪	8	范	25	奇	11	兪	13	莊	9	彊
9	丘	13	辛	25	君	11	韋	11	魚	11	禹	1	倉	25	簡	22	卓	23	任	24	判	7	天
13	昔	4	孔	10	朴	2	筍	9	慶	11	嚴	2	舜	15	路	5	片	7	千	2	張	21	龐
22	杜	1	秋	18	申	20	獨孤	8	卜	11	咸	24	姜	6	強	18	史	15	廉	23	安	8	麻
7	司空	3	馬	18	全	23	永	20	董	1	石	6	權	13	鍾	10	皮	1	宣	10	白	11	袁
5	彭	4	琴	21	南	8	苗		鮮于	19	魏	1	孫	4	斤	2	章	14	房	2	丁	16	乃
8	彬	10	牟	13	車	13	采	1	施	5	盟	20	盧	23	漢	1	夏	1	泰	18	田	7	楚

하(河)

번호	성씨	번호	성씨	번호	성씨	번호	성씨	번호	성씨	번호	성씨	번호	성씨	번호	성씨	번호	성씨	번호	성씨	번호	성씨	번호	성씨
11	金	2	段	21	泰	24	池	15	弼	6	眞	3	余	25	朱	14	伊	10	化	13	龍	20	方
1	林	24	昌	23	賈	14	玄	4	崔	13	陶	4	程	10	元	19	曲	10	于	20	夫	15	邊
2	柳	23	弓	4	智	3	都	3	吳	22	平	20	睦	20	卞	9	趙	20	毛	14	刑	24	周
4	曺	18	連	5	扈	3	延	12	高	13	道	14	陰	4	蘇	5	黃	14	葉	17	景	22	潘
24	成	17	邱	9	西門	13	陸	24	沈	5	異	19	葛	21	明	7	梁	15	馮	25	錢	2	南宮
15	閔	5	梅	6	柴	11	鞠	11	具	5	海	24	尙	25	諸	8	河	10	阿	23	公	18	內
10	楊	1	李	17	國	14	興	25	陳	25	占	8	胡	8	殷	2	羅	20	包	16	班	13	皇甫
1	呂	3	韓	10	樑	18	太	17	康	6	鄭	2	唐	6	晉	24	蔡	10	尹	15	邦	9	榮
19	吉	8	洪	18	大	19	甘	9	愼	6	徐	24	昇	12	桂	18	魯	24	宋	20	墨	4	諸葛
10	王	5	許	23	菊	25	左	21	表	20	文	17	堅	10	溫	16	薛	10	裵	23	箕	20	賓
24	蔣	19	郭	22	萬	24	承	14	印	13	劉	7	浪	15	范	11	奇	8	兪	9	莊	19	彊
19	丘	24	辛	11	君	8	韋	8	魚	8	禹	6	倉	11	簡	8	卓	14	任	21	判	9	天
24	昔	23	孔	22	朴	4	筍	19	慶	8	嚴	4	舜	18	路	20	片	9	千	4	張	2	龐
1	杜	6	秋	25	申	13	獨孤	15	卜	8	咸	12	姜	17	强	25	史	18	廉	14	安	15	麻
9	司空	16	馬	25	全	14	永	13	董	25	石	17	權	24	鍾	22	皮	6	宣	22	白	8	袁
20	彭	23	琴	2	南	15	苗	6	鮮于	3	魏	6	孫	23	斤	4	章	1	房	4	丁	7	乃
15	彬	22	牟	24	車	24	采	6	施	20	盟	13	盧	14	漢	8	夏	6	泰	5	田	9	楚

하(夏)

번호	성씨	번호	성씨	번호	성씨	번호	성씨	번호	성씨	번호	성씨	번호	성씨	번호	성씨	번호	성씨	번호	성씨	번호	성씨	번호	성씨
11	金	2	段	21	泰	24	池	15	弼	6	眞	3	余	25	朱	14	伊	10	化	13	龍	20	方
1	林	24	昌	23	賈	14	玄	4	崔	13	陶	4	程	10	元	19	曲	10	于	20	夫	15	邊
2	柳	23	弓	4	智	3	都	3	吳	22	平	20	睦	20	卞	9	趙	20	毛	14	刑	24	周
4	曺	18	連	5	扈	3	延	12	高	13	道	14	陰	4	蘇	5	黃	14	葉	17	景	22	潘
24	成	17	邱	9	西門	13	陸	24	沈	5	異	19	葛	21	明	7	梁	15	馮	25	錢	2	南宮
15	閔	5	梅	6	柴	11	鞠	11	具	5	海	24	尙	25	諸	8	河	10	阿	23	公	18	內
10	楊	1	李	17	國	14	興	25	陳	25	占	8	胡	8	殷	2	羅	20	包	16	班	13	皇甫
1	呂	3	韓	10	樑	18	太	17	康	6	鄭	2	唐	6	晉	24	蔡	10	尹	15	邦	9	榮
19	吉	8	洪	18	大	19	甘	9	愼	6	徐	24	昇	12	桂	18	魯	24	宋	20	墨	4	諸葛
10	王	5	許	23	菊	25	左	21	表	20	文	17	堅	10	溫	16	薛	10	裵	23	箕	20	賓
24	蔣	19	郭	22	萬	24	承	14	印	13	劉	7	浪	15	范	11	奇	8	兪	9	莊	19	彊
19	丘	24	辛	11	君	8	韋	8	魚	8	禹	6	倉	11	簡	1	卓	14	任	21	判	9	天
24	昔	23	孔	22	朴	4	筍	19	慶	8	嚴	4	舜	18	路	20	片	9	千	4	張	2	龐
1	杜	6	秋	25	申	13	獨孤	15	卜	8	咸	12	姜	17	强	25	史	18	廉	14	安	15	麻
9	司空	16	馬	25	全	14	永	13	董	25	石	17	權	24	鍾	22	皮	6	宣	22	白	8	袁
20	彭	23	琴	2	南	15	苗	6	鮮于	3	魏	6	孫	23	斤	4	章	1	房	4	丁	7	乃
15	彬	22	牟	24	車	24	采	6	施	20	盟	13	盧	14	漢	8	夏	6	泰	5	田	9	楚

한(韓)

번호	성씨	번호	성씨	번호	성씨	번호	성씨	번호	성씨	번호	성씨	번호	성씨	번호	성씨	번호	성씨	번호	성씨	번호	성씨	번호	성씨
12	金	7	段	16	泰	6	池	20	弼	4	眞	8	余	24	朱	3	伊	14	化	1	龍	22	方
2	林	6	昌	19	賈	3	玄	9	崔	1	陶	9	程	14	元	11	曲	14	于	22	夫	20	邊
7	柳	19	弓	9	智	1	都	8	吳	21	平	22	睦	22	卞	25	趙	22	毛	3	刑	6	周
9	曺	13	連	10	扈	8	延	17	高	1	道	3	陰	9	蘇	10	黃	3	葉	23	景	21	潘
6	成	11	邱	25	西門	1	陸	6	沈	10	異	11	葛	16	明	18	梁	20	馮	24	錢	7	南宮
20	閔	20	梅	4	柴	12	鞠	12	具	10	海	6	尙	25	諸	5	河	4	阿	19	公	13	內
14	楊	2	李	23	國	3	興	24	陳	24	占	5	胡	5	殷	7	羅	22	包	20	班	3	皇甫
2	呂	8	韓	13	樑	13	太	23	康	4	鄭	7	唐	4	晉	6	蔡	14	尹	20	邦	25	榮
11	吉	5	洪	13	大	11	甘	25	愼	4	徐	6	昇	17	桂	13	魯	6	宋	22	墨	9	諸葛
14	王	10	許	19	菊	24	左	16	表	22	文	23	堅	14	溫	4	薛	22	裵	19	箕	22	賓
6	蔣	11	郭	21	萬	6	承	3	印	1	劉	18	浪	20	范	12	奇	5	兪	25	莊	11	彊
11	丘	6	辛	12	君	5	韋	5	魚	5	禹	4	倉	12	簡	2	卓	3	任	16	判	25	天
6	昔	19	孔	21	朴	9	箇	11	慶	5	嚴	9	舜	13	路	22	片	25	千	9	張	7	龐
2	杜	4	秋	24	申	1	獨孤	20	卜	5	咸	17	姜	23	强	24	史	13	廉	3	安	20	麻
25	司空	15	馬	24	全	3	永	1	董	24	石	23	權	6	鍾	21	皮	4	宣	21	白	5	袁
22	彭	19	琴	7	南	20	苗	4	鮮于	8	魏	5	孫	19	斤	9	章	16	房	9	丁	18	乃
20	彬	21	車	6	車	6	采	4	施	22	盟	1	盧	3	漢	5	夏	4	泰	24	田	25	楚

한(漢)

번호	성씨	번호	성씨	번호	성씨	번호	성씨	번호	성씨	번호	성씨	번호	성씨	번호	성씨	번호	성씨	번호	성씨	번호	성씨	번호	성씨
17	金	18	段	15	泰	4	池	22	弼	9	眞	5	余	6	朱	8	伊	3	化	2	龍	21	方
7	林	4	昌	11	賈	5	玄	25	崔	2	陶	25	程	3	元	12	曲	3	于	21	夫	22	邊
18	柳	11	弓	25	智	2	都	2	吳	16	平	21	睦	21	卞	24	趙	21	毛	8	刑	4	周
25	曺	1	連	14	扈	5	延	23	高	2	道	8	陰	25	蘇	14	黃	8	葉	19	景	16	潘
4	成	19	邱	24	西門	2	陸	4	沈	14	異	12	葛	15	明	13	梁	22	馮	6	錢	18	南宮
22	閔	22	梅	9	柴	17	鞠	17	具	14	海	4	尙	24	諸	10	河	3	阿	11	公	1	內
3	楊	7	李	19	國	8	興	6	陳	6	占	10	胡	10	殷	18	羅	15	包	22	班	8	皇甫
7	呂	5	韓	1	樑	1	太	9	康	9	鄭	18	唐	9	晉	4	蔡	3	尹	22	邦	24	榮
12	吉	10	洪	1	大	12	甘	24	愼	9	徐	4	昇	23	桂	1	魯	4	宋	21	墨	25	諸葛
3	王	14	許	11	菊	6	左	15	表	21	文	19	堅	3	溫	9	薛	21	裵	11	箕	21	賓
4	蔣	12	郭	16	萬	4	承	8	印	2	劉	13	浪	22	范	17	奇	10	兪	24	莊	12	彊
12	丘	4	辛	17	君	10	韋	10	魚	10	禹	9	倉	17	簡	7	卓	8	任	9	判	24	天
4	昔	11	孔	16	朴	24	箇	12	慶	10	嚴	25	舜	1	路	21	片	21	千	25	張	18	龐
7	杜	9	秋	6	申	2	獨孤	22	卜	10	咸	23	姜	19	强	6	史	1	廉	8	安	22	麻
24	司空	20	馬	6	全	8	永	2	董	6	石	19	權	4	鍾	16	皮	9	宣	16	白	10	袁
21	彭	11	琴	18	南	22	苗	9	鮮于	5	魏	9	孫	11	斤	25	章	15	房	25	丁	13	乃
22	彬	16	車	4	車	4	采	9	施	21	盟	2	盧	8	漢	10	夏	9	泰	6	田	24	楚

함(咸)

번호	성씨	번호	성씨	번호	성씨	번호	성씨	번호	성씨	번호	성씨	번호	성씨	번호	성씨	번호	성씨	번호	성씨	번호	성씨	번호	성씨
11	金	2	段	21	泰	24	池	15	弼	6	眞	3	余	25	朱	14	伊	10	化	13	龍	20	方
1	林	24	昌	23	賈	14	玄	4	崔	13	陶	4	程	10	元	19	曲	10	于	20	夫	15	邊
2	柳	23	弓	4	智	3	都	3	吳	22	平	20	睦	20	卞	9	趙	20	毛	14	刑	24	周
4	曹	18	連	5	扈	3	延	12	高	13	道	14	陰	4	蘇	5	黃	14	葉	17	景	22	潘
24	成	17	邱	9	西門	13	陸	24	沈	5	異	19	葛	21	明	7	梁	15	馮	25	錢	2	南宮
15	閔	5	梅	6	柴	11	鞠	11	具	5	海	24	尙	25	諸	8	河	10	阿	23	公	18	內
10	楊	1	李	17	國	14	興	25	陳	25	占	8	胡	8	殷	2	羅	20	包	16	班	13	皇甫
1	呂	3	韓	10	樑	18	太	17	康	6	鄭	2	唐	6	晉	24	蔡	10	尹	15	邦	9	榮
19	吉	8	洪	18	大	19	甘	9	愼	6	徐	24	昇	12	桂	18	魯	24	宋	20	墨	4	諸葛
10	王	5	許	23	菊	25	左	21	表	20	文	17	堅	10	溫	16	薛	10	裵	23	箕	20	賓
24	蔣	19	郭	22	萬	24	承	14	印	13	劉	7	浪	15	范	11	奇	8	兪	9	莊	19	彊
19	丘	24	辛	11	君	8	韋	8	魚	8	禹	6	倉	11	簡	1	卓	14	任	21	判	9	天
24	昔	23	孔	22	朴	4	筍	19	慶	8	嚴	4	舜	18	路	20	片	9	千	4	張	2	龐
1	杜	6	秋	25	申	13	瓠狐	15	卜	8	咸	12	姜	17	強	25	史	18	廉	14	安	15	麻
9	司空	16	馬	25	全	14	永	13	董	25	石	17	權	24	鍾	22	皮	6	宣	22	白		袁
20	彭	23	琴	2	南	15	苗	3	鮮于		魏	6	孫	23	斤	4	章	1	房	4	丁	7	乃
15	彬	22	牟	24	車	24	采	6	施	20	盟	13	盧	14	漢	8	夏	6	泰	5	田	9	楚

해(海)

번호	성씨	번호	성씨	번호	성씨	번호	성씨	번호	성씨	번호	성씨	번호	성씨	번호	성씨	번호	성씨	번호	성씨	번호	성씨	번호	성씨
19	金	1	段	22	泰	25	池	16	弼	25	眞	14	余	9	朱	10	伊	5	化	18	龍	15	方
13	林	25	昌	17	賈	10	玄	6	崔	18	陶	6	程	5	元	23	曲	5	于	15	夫	16	邊
1	柳	17	弓	6	智	18	都	14	吳	20	平	15	睦	15	卞	4	趙	15	毛	10	刑	25	周
6	曹	17	連	8	扈	14	延	11	高	18	道	10	陰	6	蘇	8	黃	10	葉	12	景	20	潘
25	成	12	邱	4	西門	18	陸	25	沈	8	異	23	葛	22	明	2	梁	16	馮	9	錢	1	南宮
16	閔	16	梅	25	柴	19	鞠	19	具	8	海	25	尙	9	諸	3	河	5	阿	17	公	7	內
5	楊	13	李	12	國	10	興	9	陳	14	占	3	胡	1	殷	15	羅	21	包	1	班	1	皇甫
13	呂	14	韓	7	樑	7	太	12	康	24	鄭	1	唐	24	晉	25	蔡	5	尹	16	邦	7	榮
23	吉	3	洪	7	大	23	甘	4	愼	24	徐	25	昇	11	桂	7	魯	25	宋	15	墨	10	諸葛
5	王	8	許	17	菊	9	左	22	表	15	文	12	堅	5	溫	24	薛	15	裵	17	箕	15	賓
23	蔣	23	郭	20	萬	25	承	10	印	8	劉	2	浪	16	范	19	奇	3	兪	4	莊	23	彊
13	丘	25	辛	19	君	14	韋	3	魚	3	禹	24	倉	19	簡	13	卓	10	任	24	判	4	天
25	昔	17	孔	20	朴	6	筍	23	慶	3	嚴	6	舜	7	路	15	片	4	千	6	張	1	龐
13	杜	24	秋	9	申	18	瓠狐	16	卜	3	咸	11	姜	12	強	9	史	7	廉	10	安		麻
4	司空	21	馬	9	全	10	永	18	董	9	石	12	權	25	鍾	20	皮	24	宣	20	白	3	袁
15	彭	17	琴	1	南	16	苗	24	鮮于	14	魏	24	孫	17	斤	6	章	22	房	6	丁	7	乃
16	彬	20	牟	25	車	25	采	24	施	15	盟	18	盧	10	漢	3	夏	24	泰	9	田	4	楚

허(許)

번호	성씨	번호	성씨	번호	성씨	번호	성씨	번호	성씨	번호	성씨	번호	성씨	번호	성씨	번호	성씨	번호	성씨	번호	성씨	번호	성씨
19	金	1	段	22	泰	25	池	16	弼	25	眞	14	余	9	朱	10	伊	5	化	18	龍	15	方
13	林	25	昌	17	賈	10	玄	6	崔	18	陶	6	程	5	元	23	曲	5	于	15	夫	16	邊
1	柳	17	弓	6	智	18	都	14	吳	20	平	15	睦	15	卞	4	趙	15	毛	10	刑	25	周
6	曺	17	連	8	扈	14	延	11	高	18	道	10	陰	6	蘇	8	黃	10	葉	12	景	20	潘
25	成	12	邱	4	西門	18	陸	25	沈	8	異	23	葛	22	明	2	梁	16	馮	9	錢	1	南宮
16	閔	16	梅	25	柴	19	鞠	19	具	8	海	25	尙	9	諸	3	河	5	阿	大	公	7	內
5	楊	13	李	12	國	10	興	9	陳	9	占	14	胡	3	殷	1	羅	15	包	21	班	1	皇甫
13	呂	14	韓	7	樑	7	太	12	康	24	鄭	1	唐	24	晉	25	蔡	5	尹	16	邦	7	榮
23	吉	3	洪	7	大	23	甘	4	愼	24	徐	25	昇	11	桂	7	魯	25	宋	15	墨	10	諸葛
5	王	8	許	17	菊	9	左	22	表	15	文	12	堅	5	溫	24	薛	15	裵	17	箕	15	賓
23	蔣	23	郭	20	萬	25	承	10	印	8	劉	2	浪	16	范	19	奇	3	俞	4	莊	23	彊
13	丘	25	辛	19	君	14	韋	3	魚	1	禹	24	倉	19	簡	13	卓	10	任	24	判	4	天
25	昔	17	孔	20	朴	6	箇	23	慶	3	嚴	6	舜	7	路	15	片	4	千	6	張	1	龐
13	杜	24	秋	9	申	18	獺狐	16	卜	3	咸	11	姜	12	强	9	史	7	廉	10	安	6	麻
4	司空	21	馬	9	全	10	永	18	董	9	石	12	權	25	鍾	20	皮	24	宣	20	白	3	袁
15	彭	17	琴	1	南	16	苗	24	鮮于	14	魏	24	孫	17	斤	6	章	22	房	6	丁	7	乃
16	彬	20	牟	25	車	25	采	24	施	15	盟	18	盧	10	漢	3	夏	24	泰	9	田	4	楚

현(玄)

번호	성씨	번호	성씨	번호	성씨	번호	성씨	번호	성씨	번호	성씨	번호	성씨	번호	성씨	번호	성씨	번호	성씨	번호	성씨	번호	성씨
17	金	18	段	15	泰	4	池	22	弼	9	眞	5	余	6	朱	8	伊	3	化	2	龍	21	方
7	林	4	昌	11	賈	5	玄	25	崔	2	陶	25	程	3	元	12	曲	3	于	21	夫	22	邊
18	柳	11	弓	25	智	2	都	2	吳	16	平	21	睦	21	卞	24	趙	21	毛	8	刑	4	周
25	曺	1	連	14	扈	5	延	23	高	2	道	8	陰	25	蘇	14	黃	8	葉	19	景	16	潘
4	成	19	邱	24	西門	2	陸	4	沈	14	異	12	葛	15	明	13	梁	22	馮	6	錢	18	南宮
22	閔	22	梅	9	柴	17	鞠	17	具	14	海	4	尙	24	諸	10	河	3	阿	11	公	1	內
3	楊	7	李	19	國	8	興	6	陳	6	占	10	胡	10	殷	18	羅	15	包	22	班	8	皇甫
7	呂	5	韓	1	樑	1	太	9	康	9	鄭	18	唐	9	晉	4	蔡	3	尹	22	邦	24	榮
12	吉	10	洪	1	大	12	甘	24	愼	9	徐	4	昇	23	桂	1	魯	4	宋	21	墨	25	諸葛
3	王	14	許	11	菊	6	左	15	表	21	文	19	堅	3	溫	9	薛	21	裵	11	箕	21	賓
4	蔣	12	郭	16	萬	4	承	8	印	5	劉	22	浪	17	范	17	奇	10	俞	24	莊	12	彊
12	丘	4	辛	17	君	10	韋	10	魚	10	禹	9	倉	17	簡	7	卓	8	任	9	判	24	天
4	昔	11	孔	16	朴	24	箇	12	慶	10	嚴	25	舜	1	路	21	片	21	千	25	張	18	龐
7	杜	9	秋	6	申	2	獺狐	22	卜	10	咸	23	姜	19	强	6	史	1	廉	8	安	22	麻
24	司空	20	馬	6	全	8	永	2	董	6	石	19	權	4	鍾	16	皮	9	宣	16	白	10	袁
21	彭	11	琴	18	南	22	苗	9	鮮于	5	魏	9	孫	11	斤	25	章	15	房	25	丁	13	乃
22	彬	16	牟	4	車	4	采	9	施	21	盟	2	盧	8	漢	10	夏	9	泰	6	田	24	楚

형(刑)

번호	성씨	번호	성씨	번호	성씨	번호	성씨	번호	성씨	번호	성씨	번호	성씨	번호	성씨	번호	성씨	번호	성씨	번호	성씨	번호	성씨
17	金	18	段	15	泰	4	池	22	弼	9	眞	5	余	6	朱	8	伊	3	化	2	龍	21	方
7	林	4	昌	11	賈	5	玄	25	崔	2	陶	25	程	3	元	12	曲	3	于	21	夫	22	邊
18	柳	11	弓	25	智	2	都	2	吳	16	平	21	睦	21	卞	24	趙	21	毛	8	刑	4	周
25	曹	1	連	14	扈	5	延	23	高	2	道	8	陰	25	蘇	14	黃	8	葉	19	景	16	潘
4	成	19	邱	24	西門	2	陸	4	沈	14	異	12	葛	15	明	13	梁	22	馮	6	錢	18	南宮
22	閔	22	梅	9	柴	17	鞠	17	具	14	海	4	尙	24	諸	10	河	3	阿	11	公	1	內
3	楊	7	李	19	國	8	興	6	陳	6	占	10	胡	10	殷	18	羅	15	包	22	班	8	皇甫
7	呂	5	韓	1	樊	1	太	9	康	9	鄭	18	唐	9	晉	4	蔡	3	尹	22	邦	24	榮
12	吉	10	洪	1	大	12	甘	24	愼	9	徐	4	昇	23	桂	1	魯	4	宋	21	墨	25	諸葛
3	王	14	許	11	菊	6	左	15	表	21	文	19	堅	3	溫	9	薛	21	裵	1	箕	21	賓
4	蔣	12	郭	16	萬	4	承	8	印	4	劉	13	浪	22	范	17	奇	10	兪	24	莊	12	彊
12	丘	4	辛	17	君	10	韋	10	魚	10	禹	9	倉	17	簡	7	卓	8	任	9	判	24	天
4	昔	11	孔	16	朴	24	筍	12	慶	10	嚴	25	舜	1	路	21	片	21	千	25	張	18	龐
7	杜	9	秋	6	申	2	獨孤	22	卜	10	咸	23	姜	19	强	6	史	1	廉	8	安	22	麻
24	司空	20	馬	6	全	8	永	2	董	6	石	19	權	4	鍾	16	皮	9	宣	16	白	10	袁
21	彭	11	琴	18	南	22	苗	9	鮮于	5	魏	9	孫	11	斤	25	章	15	房	25	丁	13	乃
22	彬	16	牟	4	車	4	采	9	施	21	盟	2	盧	8	漢	10	夏	9	泰	6	田	24	楚

호(扈)

번호	성씨	번호	성씨	번호	성씨	번호	성씨	번호	성씨	번호	성씨	번호	성씨	번호	성씨	번호	성씨	번호	성씨	번호	성씨	번호	성씨
19	金	1	段	22	泰	25	池	16	弼	25	眞	14	余	9	朱	10	伊	5	化	18	龍	15	方
13	林	25	昌	17	賈	10	玄	6	崔	18	陶	6	程	5	元	23	曲	5	于	15	夫	16	邊
1	柳	17	弓	6	智	18	都	14	吳	20	平	15	睦	15	卞	4	趙	15	毛	10	刑	25	周
6	曹	17	連	8	扈	14	延	11	高	18	道	10	陰	6	蘇	8	黃	10	葉	12	景	20	潘
25	成	12	邱	4	西門	18	陸	25	沈	8	異	23	葛	22	明	2	梁	16	馮	9	錢	1	南宮
16	閔	16	梅	25	柴	19	鞠	19	具	8	海	25	尙	9	諸	3	河	5	阿	17	公	7	內
5	楊	13	李	12	國	10	興	9	陳	6	占	14	胡	3	殷	1	羅	15	包	21	班	1	皇甫
13	呂	14	韓	7	樊	7	太	12	康	24	鄭	1	唐	24	晉	25	蔡	5	尹	16	邦	7	榮
23	吉	3	洪	7	大	23	甘	4	愼	24	徐	25	昇	11	桂	7	魯	25	宋	15	墨	25	諸葛
5	王	8	許	17	菊	9	左	22	表	15	文	12	堅	5	溫	24	薛	15	裵	17	箕	15	賓
23	蔣	23	郭	20	萬	25	承	10	印	8	劉	2	浪	16	范	19	奇	3	兪	4	莊	23	彊
13	丘	25	辛	19	君	14	韋	2	魚	24	禹	19	倉	13	簡	10	卓	24	任	4	判	4	天
25	昔	17	孔	20	朴	6	筍	23	慶	6	嚴	7	舜	15	路	4	片	6	千	1	張	6	龐
13	杜	24	秋	9	申	18	獨孤	16	卜	3	咸	11	姜	12	强	9	史	7	廉	10	安	6	麻
4	司空	21	馬	9	全	10	永	18	董	9	石	12	權	25	鍾	20	皮	24	宣	20	白	3	袁
15	彭	17	琴	1	南	16	苗	24	鮮于	14	魏	24	孫	17	斤	6	章	22	房	7	丁	7	乃
16	彬	20	牟	25	車	25	采	24	施	15	盟	18	盧	10	漢	3	夏	24	泰	9	田	4	楚

호(胡)

번호	성씨	번호	성씨	번호	성씨	번호	성씨	번호	성씨	번호	성씨	번호	성씨	번호	성씨	번호	성씨	번호	성씨	번호	성씨	번호	성씨
11	金	2	段	21	泰	24	池	15	弼	6	眞	3	余	25	朱	14	伊	10	化	13	龍	20	方
1	林	24	昌	23	賈	14	玄	4	崔	13	陶	4	程	10	元	19	曲	10	于	20	夫	15	邊
2	柳	23	弓	4	智	3	都	3	吳	22	平	20	睦	20	卞	9	趙	20	毛	14	刑	24	周
4	曹	18	連	5	扈	3	延	12	高	13	道	14	陰	4	蘇	5	黃	14	葉	17	景	22	潘
24	成	17	邱	9	西門	13	陸	24	沈	5	異	19	葛	21	明	7	梁	15	馮	25	錢	2	南宮
15	閔	5	梅	6	柴	11	鞠	11	具	5	海	24	尙	25	諸	8	河	10	阿	23	公	18	內
10	楊	1	李	17	國	14	興	25	陳	25	占	8	胡	8	殷	2	羅	20	包	16	班	13	皇甫
1	呂	3	韓	10	樑	18	太	17	康	6	鄭	2	唐	6	晉	24	蔡	10	尹	15	邦	9	榮
19	吉	8	洪	18	大	19	甘	9	愼	6	徐	24	昇	12	桂	18	魯	24	宋	20	墨	4	諸葛
10	王	5	許	23	菊	25	左	21	表	20	文	17	堅	10	溫	16	薛	10	裵	23	箕	20	賓
24	蔣	19	郭	22	萬	24	承	14	印	13	劉	7	浪	15	范	11	奇	8	兪	9	莊	19	彊
19	丘	24	辛	11	君	8	章	8	魚	8	禹	6	倉	11	簡	1	卓	14	任	21	判	9	天
24	昔	23	孔	22	朴	4	箝	19	慶	8	嚴	4	舜	18	路	20	片	9	千	4	張	2	龐
1	杜	6	秋	25	申	13	獨孤	15	卜	8	咸	12	姜	17	强	25	史	18	廉	14	安	15	麻
9	司空	16	馬	25	全	14	永	13	董	25	石	17	權	24	鍾	22	皮	6	宣	22	白	8	袁
20	彭	23	琴	2	南	15	苗	6	鮮于	3	魏	6	孫	23	斤	4	章	1	房	4	丁	7	乃
15	彬	22	车	24	車	24	采	6	施	20	盟	13	盧	14	漢	8	夏	6	泰	5	田	9	楚

황(黃)

번호	성씨	번호	성씨	번호	성씨	번호	성씨	번호	성씨	번호	성씨	번호	성씨	번호	성씨	번호	성씨	번호	성씨	번호	성씨	번호	성씨
19	金	1	段	22	泰	25	池	16	弼	25	眞	14	余	9	朱	10	伊	5	化	18	龍	15	方
13	林	25	昌	17	賈	10	玄	6	崔	18	陶	6	程	5	元	23	曲	5	于	15	夫	16	邊
1	柳	17	弓	6	智	18	都	14	吳	20	平	15	睦	15	卞	4	趙	15	毛	10	刑	25	周
6	曹	17	連	8	扈	11	延	18	高	10	道	6	陰	8	蘇	10	黃	12	葉	9	景	20	潘
25	成	12	邱	4	西門	18	陸	25	沈	8	異	23	葛	22	明	2	梁	16	馮	9	錢	1	南宮
16	閔	16	梅	25	柴	19	鞠	19	具	9	海	25	尙	9	諸	3	河	5	阿	17	公	7	內
5	楊	13	李	12	國	10	興	9	陳	9	占	14	胡	3	殷	1	羅	15	包	21	班	1	皇甫
13	呂	14	韓	7	樑	7	太	12	康	24	鄭	1	唐	24	晉	25	蔡	5	尹	16	邦	7	榮
23	吉	3	洪	7	大	23	甘	4	愼	24	徐	25	昇	11	桂	7	魯	25	宋	15	墨	10	諸葛
5	王	8	許	17	菊	9	左	22	表	15	文	12	堅	5	溫	24	薛	15	裵	17	箕	15	賓
23	蔣	23	郭	20	萬	25	承	10	印	8	劉	8	浪	16	范	19	奇	3	兪	4	莊	23	彊
13	丘	25	辛	19	君	14	章	3	魚	3	禹	24	倉	19	簡	13	卓	10	任	24	判	4	天
25	昔	17	孔	20	朴	6	箝	23	慶	3	嚴	6	舜	7	路	15	片	4	千	6	張	1	龐
13	杜	24	秋	9	申	18	獨孤	16	卜	3	咸	11	姜	12	强	9	史	7	廉	10	安	6	麻
4	司空	21	馬	9	全	10	永	18	董	9	石	12	權	25	鍾	20	皮	24	宣	20	白	3	袁
15	彭	17	琴	1	南	16	苗	24	鮮于	14	魏	24	孫	17	斤	6	章	22	房	6	丁	7	乃
16	彬	20	车	25	車	25	采	24	施	15	盟	18	盧	10	漢	3	夏	24	泰	9	田	4	楚

홍(洪)

번호	성씨	번호	성씨	번호	성씨	번호	성씨	번호	성씨	번호	성씨	번호	성씨	번호	성씨	번호	성씨	번호	성씨	번호	성씨	번호	성씨
11	金	2	段	21	泰	24	池	15	弼	6	眞	3	余	25	朱	14	伊	10	化	13	龍	20	方
1	林	24	昌	23	賈	14	玄	4	崔	13	陶	4	程	10	元	19	曲	10	于	20	夫	15	邊
2	柳	23	弓	4	智	3	都	3	吳	22	平	20	睦	20	卞	9	趙	20	毛	14	刑	24	周
4	曹	18	連	5	扈	3	延	12	高	13	道	14	陰	4	蘇	5	黃	14	葉	17	景	22	潘
24	成	17	邱	9	西門	13	陸	24	沈	5	異	19	葛	21	明	7	梁	15	馮	25	錢	2	南宮
15	閔	5	梅	6	柴	11	鞠	11	具	5	海	24	尙	25	諸	8	河	10	阿	23	公	18	內
10	楊	1	李	17	國	14	興	25	陳	25	占	8	胡	8	殷	2	羅	20	包	16	班	13	皇甫
1	呂	3	韓	10	樑	18	太	17	康	6	鄭	2	唐	6	晉	24	蔡	10	尹	15	邦	9	榮
19	吉	8	洪	18	大	19	甘	9	愼	6	徐	24	昇	12	桂	18	魯	24	宋	20	墨	4	諸葛
10	王	5	許	23	菊	25	左	21	表	20	文	17	堅	10	溫	16	薛	10	裵	23	箕	20	賓
24	蔣	19	郭	22	萬	24	承	14	印	13	劉	7	浪	15	范	11	奇	8	兪	9	莊	19	彊
19	丘	24	辛	11	君	8	韋	8	魚	8	禹	6	倉	11	簡	1	卓	14	任	21	判	9	天
24	昔	23	孔	22	朴	4	箔	19	慶	8	嚴	4	舜	18	路	20	片	9	千	4	張	2	麗
1	杜	6	秋	25	申	13	獨孤	15	卜	8	咸	12	姜	17	强	25	史	18	廉	14	安	15	麻
9	司空	16	馬	25	全	14	永	13	董	25	石	17	權	24	鍾	22	皮	6	宣	22	白	8	袁
20	彭	23	琴	2	南	15	苗	6	鮮于	3	魏	6	孫	23	斤	4	章	1	房	4	丁	7	乃
15	彬	22	牟	24	車	24	采	6	施	20	盟	13	盧	14	漢	8	夏	6	泰	5	田	9	楚

화(化)

번호	성씨	번호	성씨	번호	성씨	번호	성씨	번호	성씨	번호	성씨	번호	성씨	번호	성씨	번호	성씨	번호	성씨	번호	성씨	번호	성씨
23	金	13	段	20	泰	9	池	21	弼	25	眞	10	余	4	朱	5	伊	8	化	7	龍	16	方
18	林	9	昌	11	賈	5	玄	24	崔	7	陶	24	程	8	元	17	曲	8	于	16	夫	21	邊
13	柳	12	弓	24	智	7	都	10	吳	15	平	6	睦	16	卞	6	趙	16	毛	5	刑	9	周
24	曹	2	連	3	扈	10	延	19	高	7	道	5	陰	24	蘇	3	黃	5	葉	11	景	15	潘
9	成	11	邱	6	西門	7	陸	9	沈	14	異	17	葛	20	明	1	梁	21	馮	4	錢	13	南宮
21	閔	21	梅	25	柴	18	鞠	23	具	3	海	14	尙	4	諸	14	河	3	阿	12	公	2	內
8	楊	18	李	11	國	5	興	4	陳	14	占	14	胡	13	殷	16	羅	21	包	21	班		皇甫
18	呂	10	韓	2	樑	2	太	11	康	25	鄭	13	唐	25	晉	9	蔡	8	尹	21	邦	6	榮
17	吉	14	洪	2	大	17	甘	6	愼	25	徐	9	昇	19	桂	2	魯	9	宋	16	墨	24	諸葛
8	王	3	許	12	菊	4	左	20	表	16	文	11	堅	8	溫	25	薛	16	裵	12	箕	16	賓
9	蔣	17	郭	5	萬	9	承	5	印	7	劉	21	浪	21	范	23	奇	14	兪	6	莊	17	彊
17	丘	9	辛	23	君	14	韋	14	魚	14	禹	25	倉	23	簡	18	卓	5	任	20	判	6	天
9	昔	12	孔	5	朴	24	箔	17	慶	14	嚴	24	舜	1	路	16	片	6	千	24	張	13	麗
18	杜	25	秋	4	申	7	獨孤	21	卜	14	咸	19	姜	11	强	4	史	2	廉	5	安	21	麻
6	司空	22	馬	4	全	15	永	7	董	4	石	11	權	15	鍾	25	皮	25	宣	15	白	14	袁
16	彭	12	琴	13	南	21	苗	25	鮮于	10	魏	25	孫	12	斤	24	章	20	房	24	丁	1	乃
21	彬	15	牟	9	車	9	采	25	施	16	盟	7	盧	14	漢	25	夏	4	泰	4	田	6	楚

황보(皇甫)

번호	성씨	번호	성씨	번호	성씨	번호	성씨	번호	성씨	번호	성씨	번호	성씨	번호	성씨	번호	성씨	번호	성씨	번호	성씨	번호	성씨
17	金	18	段	15	泰	4	池	22	弼	9	眞	5	余	6	朱	8	伊	3	化	2	龍	21	方
7	林	4	昌	11	賈	5	玄	25	崔	2	陶	25	程	3	元	12	曲	3	于	21	夫	22	邊
18	柳	11	弓	25	智	2	都	2	吳	16	平	21	睦	21	卞	24	趙	21	毛	8	刑	4	周
25	曹	1	連	14	扈	5	延	23	高	2	道	8	陰	25	蘇	14	黃	8	葉	19	景	16	潘
4	成	19	邱	24	西門	2	陸	4	沈	14	異	12	葛	15	明	13	梁	22	馮	6	錢	18	南宮
22	閔	22	梅	9	柴	17	鞠	17	具	14	海	4	尙	24	諸	10	河	3	阿	11	公	1	內
3	楊	7	李	19	國	8	興	6	陳	6	占	10	胡	10	殷	18	羅	15	包	22	班	8	皇甫
7	呂	5	韓	1	樑	1	太	9	康	9	鄭	18	唐	9	晉	4	蔡	3	尹	22	邦	24	榮
12	吉	10	洪	1	大	12	甘	24	愼	9	徐	4	昇	23	桂	1	魯	4	宋	21	墨	25	諸葛
3	王	14	許	11	菊	6	左	15	表	21	文	19	堅	3	溫	9	薛	21	襄	11	箕	21	賓
4	蔣	12	郭	16	萬	4	承	8	印	4	劉	13	浪	22	范	17	奇	10	兪	24	莊	12	彊
12	丘	4	辛	17	君	10	韋	10	魚	10	禹	9	倉	17	簡	7	卓	8	任	9	判	24	天
4	昔	11	孔	16	朴	24	筍	12	慶	10	嚴	25	舜	1	路	21	片	21	千	25	張	18	龐
7	杜	9	秋	6	申	2	獨孤	22	卜	10	咸	23	姜	19	强	6	史	1	廉	8	安	22	麻
24	司空	20	馬	6	全	8	永	2	董	2	石	19	權	4	鍾	16	皮	9	宣	16	白	10	袁
21	彭	11	琴	18	南	22	苗	9	鮮于	5	魏	9	孫	11	斤	25	章	15	房	25	丁	13	乃
22	彬	16	牟	4	車	4	采	9	施	21	盟	2	盧	8	漢	10	夏	9	泰	6	田	24	楚

흥(興)

번호	성씨	번호	성씨	번호	성씨	번호	성씨	번호	성씨	번호	성씨	번호	성씨	번호	성씨	번호	성씨	번호	성씨	번호	성씨	번호	성씨
17	金	18	段	15	泰	4	池	22	弼	9	眞	5	余	6	朱	8	伊	3	化	2	龍	21	方
7	林	4	昌	11	賈	5	玄	25	崔	2	陶	25	程	3	元	12	曲	3	于	21	夫	22	邊
18	柳	11	弓	25	智	2	都	2	吳	16	平	21	睦	21	卞	24	趙	21	毛	8	刑	4	周
25	曹	1	連	14	扈	5	延	23	高	2	道	8	陰	25	蘇	14	黃	8	葉	19	景	16	潘
4	成	19	邱	24	西門	2	陸	4	沈	14	異	12	葛	15	明	13	梁	22	馮	6	錢	18	南宮
22	閔	22	梅	9	柴	17	鞠	17	具	14	海	4	尙	24	諸	10	河	3	阿	11	公	1	內
3	楊	7	李	19	國	8	興	6	陳	6	占	10	胡	10	殷	18	羅	15	包	22	班	8	皇甫
7	呂	5	韓	1	樑	1	太	9	康	9	鄭	18	唐	9	晉	4	蔡	3	尹	22	邦	24	榮
12	吉	10	洪	1	大	12	甘	24	愼	9	徐	4	昇	23	桂	1	魯	4	宋	21	墨	25	諸葛
3	王	14	許	11	菊	6	左	15	表	21	文	19	堅	3	溫	9	薛	21	襄	11	箕	21	賓
4	蔣	12	郭	16	萬	4	承	8	印	4	劉	13	浪	22	范	17	奇	10	兪	24	莊	12	彊
12	丘	4	辛	17	君	10	韋	10	魚	10	禹	9	倉	17	簡	7	卓	8	任	9	判	24	天
4	昔	11	孔	16	朴	24	筍	12	慶	10	嚴	25	舜	1	路	21	片	21	千	25	張	18	龐
7	杜	9	秋	6	申	2	獨孤	22	卜	10	咸	23	姜	19	强	6	史	1	廉	8	安	22	麻
24	司空	20	馬	6	全	8	永	2	董	2	石	19	權	4	鍾	16	皮	9	宣	16	白	10	袁
21	彭	11	琴	18	南	22	苗	9	鮮于	5	魏	9	孫	11	斤	25	章	15	房	25	丁	13	乃
22	彬	16	牟	4	車	4	采	9	施	21	盟	2	盧	8	漢	10	夏	9	泰	6	田	24	楚

강(姜)씨와 외국 성씨

번호	성씨	번호	성씨	번호	성씨	번호	성씨	번호	성씨
4	木村	5	神野	2	岸	1	木下	9	菊宮
	기무라		가미야		기시		기노시다		기쿠노미야
25	高橋	4	田代	5	田中	6	竹下	4	豊川
	다카하시		다시로		다나카		다케시다		도요가와
21	新井	22	稲川	21	八島	15	大村	21	林
	아라이		이나가와		핫도리		오무라		하야시
11	鈴本	12	白山	11	白本	15	白川	17	櫻井
	스스키		시로야마		시로기		시로가와		시쿠라이
1	森本	7	森	18	宮崎	13	宮本	3	元田
	모리모도		모리		미야자키		미야모도		모도다
4	KATER	24	REYGEN	5	NIXEN	22	CHECHIL	16	FUZE
15	HOMS	22	AMSTLONG	21	HOPEMAN	19	JOYS	20	WEKER
11	ZOGE	20	HENLEY	15	ALEG	4	TOMAS	18	PETTER
20	WEKER	17	JOSEFE	13	BUSY	5	NASSYN	11	JAKY

김(金)씨와 외국 성씨

번호	성씨	번호	성씨	번호	성씨	번호	성씨	번호	성씨
10	木村	10	神野	8	岸	8	木下	14	菊宮
	기무라		가미야		기시		기노시다		기쿠노미야
24	高橋	4	田代	4	田中	4	竹下	9	豊川
	다카하시		다시로		다나카		다케시다		도요가와
16	新井	21	稲川	16	八島	15	大村	16	林
	아라이		이나가와		핫도리		오무라		하야시
12	鈴本	12	白山	17	白本	12	白川	23	櫻井
	스스키		시로야마		시로기		시로가와		시쿠라이
2	森本	18	森	13	宮崎	1	宮本	7	元田
	모리모도		모리		미야자키		미야모도		모도다
14	KATER	25	REYGEN	9	NIXEN	19	CHECHIL	7	FUZE
16	HOMS	16	AMSTLONG	16	HOPEMAN	11	JOYS	21	WEKER
12	ZOGE	21	HENLEY	15	ALEG	9	TOMAS	13	PETTER
22	WEKER	17	JOSEFE	1	BUSY	4	NASSYN	17	JAKY

박(朴)씨와 외국 성씨

번호	성씨	번호	성씨	번호	성씨	번호	성씨	번호	성씨
25	木村	25	神野	4	岸	5	木下	24	菊宮
	기무라		가미야		기시		기노시다		기쿠노미야
15	高橋	20	田代	20	田中	20	竹下	22	豊川
	다카하시		다시로		다나카		다케시다		도요가와
17	新井	15	稲川	17	八島	20	大村	17	林
	아라이		이나가와		핫도리		오무라		하야시
24	鈴本	24	白山	18	白本	24	白川	13	櫻井
	스스키		시로야마		시로기		시로가와		시쿠라이
6	森本	13	森	2	宮崎	8	宮本	9	元田
	모리모도		모리		미야자키		미야모도		모도다
10	KATER	21	REYGEN	22	NIXEN	11	CHECHIL	18	FUZE
23	HOMS	12	AMSTLONG	17	HOPEMAN	3	JOYS	12	WEKER
18	ZOGE	11	HENLEY	19	ALEG	20	TOMAS	3	PETTER
12	WEKER	19	JOSEFE	2	BUSY	20	NASSYN	3	JAKY

윤(尹)씨와 외국 성씨

번호	성씨	번호	성씨	번호	성씨	번호	성씨	번호	성씨
11	木村	12	神野	23	岸	23	木下	12	菊宮
	기무라		가미야		기시		기노시다		기쿠노미야
7	高橋	13	田代	14	田中	13	竹下	2	豊川
	다카하시		다시로		다나카		다케시다		도요가와
9	新井	7	稲川	10	八島	13	大村	9	林
	아라이		이나가와		핫도리		오무라		하야시
25	鈴本	25	白山	25	白本	25	白川	24	櫻井
	스스키		시로야마		시로기		시로가와		시쿠라이
20	森本	21	森	5	宮崎	4	宮本	25	元田
	모리모도		모리		미야자키		미야모도		모도다
11	KATER	18	REYGEN	3	NIXEN	15	CHECHIL	22	FUZE
14	HOMS	5	AMSTLONG	10	HOPEMAN	6	JOYS	8	WEKER
25	ZOGE	8	HENLEY	3	ALEG	25	TOMAS	15	PETTER
3	WEKER	24	JOSEFE	15	BUSY	13	NASSYN	9	JAKY

이(李)씨와 외국 성씨

번호	성씨	번호	성씨	번호	성씨	번호	성씨	번호	성씨
18	木村	18	神野	1	岸	1	木下	14	菊宮
	기무라		가미야		기시		기노시다		기쿠노미야
1	高橋	4	田代	4	田中	4	竹下	9	豊川
	다카하시		다시로		다나카		다케시다		도요가와
15	新井	24	稲川	4	八島	24	大村	5	林
	아라이		이나가와		핫도리		오무라		하야시
11	鈴本	12	白山	17	白本	11	白川	22	櫻井
	스스키		시로야마		시로기		시로가와		시쿠라이
12	森本	23	森	23	宮崎	12	宮本	17	元田
	모리모도		모리		미야자키		미야모도		모도다
13	KATER	8	REYGEN	9	NIXEN	22	CHECHIL	17	FUZE
4	HOMS	4	AMSTLONG	4	HOPEMAN	21	JOYS	25	WEKER
15	ZOGE	4	HENLEY	9	ALEG	4	TOMAS	19	PETTER
25	WEKER	20	JOSEFE	11	BUSY	4	NASSYN	16	JAKY

임(林)씨와 외국 성씨

번호	성씨	번호	성씨	번호	성씨	번호	성씨	번호	성씨
18	木村	18	神野	3	岸	2	木下	14	菊宮
	기무라		가미야		기시		기노시다		기쿠노미야
3	高橋	5	田代	4	田中	6	竹下	9	豊川
	다카하시		다시로		다나카		다케시다		도요가와
15	新井	24	稲川	4	八島	24	大村	4	林
	아라이		이나가와		핫도리		오무라		하야시
11	鈴本	12	白山	17	白本	11	白川	22	櫻井
	스스키		시로야마		시로기		시로가와		시쿠라이
12	森本	22	森	22	宮崎	12	宮本	17	元田
	모리모도		모리		미야자키		미야모도		모도다
13	KATER	8	REYGEN	9	NIXEN	13	CHECHIL	17	FUZE
4	HOMS	5	AMSTLONG	5	HOPEMAN	21	JOYS	25	WEKER
15	ZOGE	4	HENLEY	9	ALEG	4	TOMAS	19	PETTER
25	WEKER	20	JOSEFE	12	BUSY	5	NASSYN	15	JAKY

장(張)씨와 외국 성씨

번호	성씨	번호	성씨	번호	성씨	번호	성씨	번호	성씨
15	木村	16	神野	22	岸	22	木下	15	菊宮
	기무라		가미야		기시		기노시다		기쿠노미야
12	高橋	12	田代	11	田中	12	竹下	12	豊川
	다카하시		다시로		다나카		다케시다		도요가와
13	新井	18	稲川	11	八島	3	大村	13	林
	아라이		이나가와		핫도리		오무라		하야시
24	鈴本	24	白山	13	白本	24	白川	8	櫻井
	스스키		시로야마		시로기		시로가와		시쿠라이
4	森本	5	森	7	宮崎	18	宮本	1	元田
	모리모도		모리		미야자키		미야모도		모도다
15	KATER	19	REYGEN	11	NIXEN	4	CHECHIL	6	FUZE
2	HOMS	18	AMSTLONG	14	HOPEMAN	9	JOYS	7	WEKER
1	ZOGE	7	HENLEY	3	ALEG	12	TOMAS	4	PETTER
21	WEKER	8	JOSEFE	9	BUSY	11	NASSYN	14	JAKY

정(鄭)씨와 외국 성씨

번호	성씨	번호	성씨	번호	성씨	번호	성씨	번호	성씨
15	木村	16	神野	21	岸	21	木下	20	菊宮
	기무라		가미야		기시		기노시다		기쿠노미야
19	高橋	11	田代	12	田中	11	竹下	17	豊川
	다카하시		다시로		다나카		다케시다		도요가와
2	新井	13	稲川	1	八島	3	大村	2	林
	아라이		이나가와		핫도리		오무라		하야시
1	鈴本	2	白山	8	白本	3	白川	4	櫻井
	스스키		시로야마		시로기		시로가와		시쿠라이
24	森本	4	森	9	宮崎	25	宮本	5	元田
	모리모도		모리		미야자키		미야모도		모도다
20	KATER	19	REYGEN	17	NIXEN	10	CHECHIL	3	FUZE
2	HOMS	14	AMSTLONG	1	HOPEMAN	13	JOYS	18	WEKER
8	ZOGE	13	HENLEY	7	ALEG	11	TOMAS	9	PETTER
18	WEKER	5	JOSEFE	25	BUSY	12	NASSYN	3	JAKY

조(趙)씨와 외국 성씨

번호	성씨	번호	성씨	번호	성씨	번호	성씨	번호	성씨
21	木村 기무라	21	神野 가미야	20	岸 기시	20	木下 기노시다	15	菊宮 기쿠노미야
17	高橋 다카하시	22	田代 다시로	22	田中 다나카	22	竹下 다케시다	11	豊川 도요가와
18	新井 아라이	7	稲川 이나가와	18	八島 핫도리	13	大村 오무라	18	林 하야시
9	鈴本 스스키	10	白山 시로야마	9	白本 시로기	10	白川 시로가와	13	櫻井 시쿠라이
10	森本 모리모도	3	森 모리	2	宮崎 미야자키	5	宮本 미야모도	25	元田 모도다
15	KATER	23	REYGEN	11	NIXEN	8	CHECHIL	25	FUZE
13	HOMS	7	AMSTLONG	18	HOPEMAN	4	JOYS	3	WEKER
14	ZOGE	1	HENLEY	2	ALEG	19	TOMAS	5	PETTER
3	WEKER	2	JOSEFE	2	BUSY	19	NASSYN	9	JAKY

최(崔)씨와 외국 성씨

번호	성씨	번호	성씨	번호	성씨	번호	성씨	번호	성씨
15	木村 기무라	16	神野 가미야	22	岸 기시	22	木下 기노시다	15	菊宮 기쿠노미야
23	高橋 다카하시	11	田代 다시로	12	田中 다나카	11	竹下 다케시다	12	豊川 도요가와
13	新井 아라이	18	稲川 이나가와	13	八島 핫도리	2	大村 오무라	13	林 하야시
24	鈴本 스스키	24	白山 시로야마	3	白本 시로기	24	白川 시로가와	8	櫻井 시쿠라이
4	森本 모리모도	5	森 모리	7	宮崎 미야자키	18	宮本 미야모도	2	元田 모도다
15	KATER	19	REYGEN	11	NIXEN	4	CHECHIL	5	FUZE
3	HOMS	18	AMSTLONG	13	HOPEMAN	10	JOYS	7	WEKER
2	ZOGE	7	HENLEY	1	ALEG	12	TOMAS	4	PETTER
21	WEKER	8	JOSEFE	10	BUSY	11	NASSYN	14	JAKY

해 설

1. 내객주생(內客主生) 외객주생(外客主生) 주리객손지의(主利客損之意) — 250

2. 내객주생(內客主生) 외주객비(外主客比) 주리객손지의(主利客損之意) — 251

3. 내주객비(內主客比) 외객주생(外客主生) 주리객손지의(主利客損之意) — 252

4. 내주객생(內主客生) 외주객생(外主客生) 주손객리지의(主損客利之意) — 253

5. 내주객비(內主客比) 외주객생(外主客生) 주손객리지의(主損客利之意) — 254

6. 내주객생(內主客生) 외주객비(外主客比) 주손객리지의(主損客利之意) — 255

7. 내주객생(內主客生) 외주객생(外主客生) 주객협력지의(主客協力之意) — 256

8. 내주객비(內主客比) 외주객비(外主客比) 주객공화지의(主客共和之意) — 257

9. 내주객생(內主客生) 외주객극(外主客剋) 주실객손지의(主失客損之意) — 258

10. 내주객비(內主客比) 외주객극(外主客剋) 객피주노지의(客被主勞之意) — 259

11. 내객주극(內客主剋) 외객주생(外客主生) 주피객노지의(主被客勞之意) — 260

12. 내객주극(內客主剋) 외객주생(外客主生) 주피객노지의(主被客勞之意) — 261

13. 내객주생(內客主生) 외객주극(外客主剋) 객노주피지의(客勞主被之意) — 262

14. 내주객비(內主客比) 외객주극(外客主剋) 객노주피지의(客勞主被之意) — 263

15. 내객주극(內客主剋) 외객주생(外客主生) 주노객피지의(主勞客被之意) — 264

16. 내객주극(內客主剋) 외주객비(外主客比) 주노객피지의(主勞客被之意) — 265

17. 내객주극(內客主剋) 외주객생(外主客生) 주손객피지의(主損客被之意) — 266

18. 내객주생(內客主生) 외주객극(外主客剋) 주리객피지의(主利客被之意) — 267

19. 내객주극(內客主剋) 외객주극(外客主剋) 주손주피지의(主損主被之意) — 268

20. 내객주극(內客主剋) 외주객극(外主客剋) 객피주손지의(客被主損之意) — 269

21. 내주객극(內主客剋) 외객주생(外客主生) 주리객피지의(主利客被之意) — 270

22. 내주객극(內主客剋) 외객주극(外客主剋) 객피주손지의(主被客被之意) — 271

23. 내객주극(內客主剋) 외주객극(外主客剋) 객피주피지의(客被主被之意) — 272

24. 내주객생(內主客生) 외객주생(外客主生) 주객협력지의(主客協力之意) — 273

25. 내주객생(內主客生) 외객주극(外客主剋) 객리주피지의(客利主被之意) — 274

1. 내객주생(內客主生) 외객주생(外客主生) 주리객손지의(主利客損之意)

1) 사업관계

이 번호에 해당하는 사람를 만나면 사업상 밑지는 일은 거의 없다. 나에게 상당한 호의를 갖고 모든 면에 협조적이기 때문에 좋은 상대를 만난 셈이다. 그러나 상대에게 지나친 독선을 행하기 쉽고 처세에 소홀할 염려가 있으니 상부상조하는 마음과 예의를 잃지 않도록 노력해야 한다.

2) 상사관계

이 번호에 해당하는 상사를 만나면 능력과 실력을 충분히 인정받음은 물론 승승장구할 기회를 얻은 셈이다. 그러나 상대의 호의에 만족할 줄 몰라 불만을 갖게 할 수도 있다. 겸손하며 덕을 베풀 줄 아는 자세가 필요하다.

3) 부하관계

이 번호에 해당하는 부하를 만나면 헌신과 충성을 다 바치는 사람을 만난 셈이니 그야말로 부하복이 많은 사람이다. 그러나 그에 상응하는 예우를 해주어야 한다. 기업인이나 직장인 중에는 부하를 잘못 만나 애로를 겪는 사람이 많다.

4) 사교관계

이 번호에 해당하는 사람을 만나면 친구든 지기든 절대로 손해보

는 일이 없다. 그러나 상대에게 소홀하기 쉬우니 존중하며 아량을
베풀 줄 아는 미덕을 갖추어야 한다.

2. 내객주생(內客主生) 외주객비(外主客比) 주리객손지의(主利客損之意)

1) 사업관계

이 번호에 해당하는 사람을 만나면 아주 절친한 관계를 이룰 수
있고, 상대가 진지한 마음으로 도우려고 할 것이다. 그러나 상대의
호의를 과소평가하기 쉬운 결점이 있으니 존경하는 마음가짐으로
유대관계를 지속해 나가도록 노력해야 한다.

2) 상사관계

이 번호에 해당하는 상사를 만나면 상사 이상의 친근한 관계가
이루어져 사랑을 독차지하고 도움을 많이 받을 수 있다. 그러나 너
무 친해져 상사에게 불손할 수도 있으니 항상 조심해야 한다.

3) 부하관계

이 번호에 해당하는 부하를 만나면 충직하고 건실한 사람을 만난
셈이다. 그러나 부하가 자만과 자기과신으로 맞먹으려고 할 수도
있으니 잘 다스리거나 너그럽게 봐주는 미덕이 필요하다.

4) 사교관계

이 번호에 해당하는 사람을 만나면 누워서 떡먹기요 도랑치고 가

재 잡는다는 말처럼 일석이조의 유덕한 상대를 만난 셈이다. 그러나 상대에게 오만해지기 쉬우니 존중할 줄 아는 겸양지덕이 필요하다.

3. 내주객비(內主客比) 외객주생(外客主生) 주리객손지의(主利客損之意)

1) 사업관계

이 번호에 해당하는 사람을 만나면 속으로는 동업의식이 철저하고 겉으로는 예의를 지킬 줄 아는 상대이니 아주 이상적인 만남이라 하겠다. 그러나 상대의 호의를 가볍게 여기는 경향이 있어 오해를 살 수도 있으니 적극적으로 상부상조하는 마음을 가져야 한다.

2) 상사관계

이 번호에 해당하는 상사를 만나면 물심양면으로 도움을 받지만 화끈할 정도는 아니다. 그래서 하인 두면 말을 타고 싶어진다는 말처럼 더 좋은 대우를 요구하는 마음이 생겨 불손하게 처신할 수도 있으니 조심해야 한다.

3) 부하관계

이 번호에 해당하는 부하를 만나면 보이는 곳에서는 충실한 것 같으나 자리를 비우면 그렇지 않은 사람을 만난 셈이다. 그러나 나쁜 인연은 아니니 잘 다스릴 줄 아는 지혜가 필요하다.

4) 사교관계

이 번호에 해당하는 사람을 만나면 예의바른 사람을 만난 셈이니 상대 때문에 얼굴을 찌푸릴 일은 없다. 그러나 상대의 지나친 예의에 환멸을 느껴 예의를 갖추지 못할 수도 있으니 조심해야 한다.

4. 내주객생(內主客生) 외주객생(外主客生) 주손객리지의(主損客利之意)

1) 사업관계

이 번호에 해당하는 사람을 만나면 상대에게 지나친 호의를 베풀기 쉬워 아차 하는 순간에 빠져나올 수 없는 상황이 되는 경우가 많다. 그리고 외상거래 관계에서는 환금성이 약한 결점이 있어 내 것을 주고도 인심까지 잃기 쉬우니 냉철한 자세가 필요하다.

2) 상사관계

이 번호에 해당하는 상사를 만나면 잘 해주고도 칭찬 한 번 듣지 못하는 경우가 많다. 그러나 그렇게 하는 것이 부하의 임무라고 생각하는 사람이니 맡은 소임에 충실할 수밖에 없을 듯하다.

3) 부하관계

이 번호에 해당하는 부하를 만나면 아무리 잘 해주어도 부하가 불만을 많이 품어 배신하기 쉽다. 지혜로운 처세가 필요하다.

4) 사교관계

이 번호에 해당하는 사람을 만나면 아무리 잘 해주어도 고맙다는 말을 듣기 어려우니 안타까운 일이나 지혜로운 처세가 필요하다.

 ## 5. 내주객비(內主客比) 외주객생(外主客生) 주손객리지의(主損客利之意)

1) 사업관계

이 번호에 해당하는 사람을 만나면 이상할 정도로 상대에게 호의를 베풀게 된다. 따라서 금전거래에 문제가 있을 때도 모질게 대하지 못하여 골탕먹는 경우가 많다. 적극적인 처세가 필요하다.

2) 상사관계

이 번호에 해당하는 사람을 만나면 내가 해준 만큼 돌아오는 것이 없다. 상사가 나의 성실성과 진실성을 믿어주지 않기 때문이다.

3) 부하관계

이 번호에 해당하는 부하를 만나면 어쩐지 잘 봐주고 싶지만 진심으로 잘 봐주는 경우는 별로 없다. 그리고 본인은 잘 대해준다고 생각했는데도 어느 시점에 이르면 부하가 불만을 품어 훌쩍 떠나버린다. 좋은 부하를 잃을 수도 있으니 조심해야 한다.

4) 사교관계

이 번호에 해당하는 사람을 만나면 실속만 차리면 절대로 손해보지 않으나 허세를 부리다 실수하는 경우가 있다. 그러나 주는데 싫어할 리가 없으니 유대관계만은 잘 이루어진다.

 ## 6. 내주객생(內主客生) 외주객비(外主客比) 주손객리지의(主損客利之意)

1) 사업관계
이 번호에 해당하는 사람을 만나면 마음을 아껴야 한다. 이런 상대에게는 필요 이상으로 잘 해주고 싶은 호기가 발동하기 쉬운데 항상 견제해야 원만한 관계가 유지되며 손해보지 않는다. 마음의 조화란 무궁한 것이어서 아낀다는 것이 쉽지는 않지만 약간 경계하는 마음으로 처신하면 그것이 마음을 아끼는 방법이 될 것이다.

2) 상사관계
이 번호의 상사를 만나면 인간적으로는 상하를 초월하여 동등한 관계를 유지하면서 업무적으로는 대가는 없이 지나친 봉사와 헌신을 요구한다. 그러나 인간적인 관계를 유지한다는 것만으로도 충분히 좋으니 어려운 문제가 있더라도 참아보는 것이 어떨까.

3) 부하관계
이 번호에 해당하는 부하를 만나면 내것을 주고도 뺨 맞는 현상이 나타날 수 있다. 여러 부하직원 중에서도 특별히 잘 해주었으나 불만을 품고 골탕을 먹일 수 있는 상대다.

4) 사교관계

이 번호에 해당하는 사람을 만나면 진실과 성의를 다해도 상대가 몰라준다. 만일 금전거래가 있으면 상대가 부자인데도 모질게 독촉하지 못하여 골탕을 먹는 경우가 왕왕 있다. 좀더 철저한 인간관계를 이루어 나가도록 노력해야 한다.

7. 내주객생(內主客生) 외주객생(外主客生) 주객협력지의(主客協力之意)

1) 사업관계

이 번호에 해당하는 사람을 만나면 작전과 처세술을 부리며 겉치레로 대하지만 상대는 아주 적극적으로 협조한다. 따라서 이런 사람을 만나면 손해보는 일이 없고 상대방도 불만이 없다.

2) 상사관계

이 번호에 해당하는 상사를 만나면 아주 헌신적으로 보필해도 상사는 그저 인사치레나 할 정도다. 그래도 협력관계만은 잘 유지되니 좋은 만남이다.

3) 부하관계

이 번호에 해당하는 부하를 만나면 실력이나 학력의 고하를 떠나 충실하게 협조해 준다. 설사 소홀하게 대하더라도 별로 불만을 갖지 않고 잘 협력한다. 그러나 이런 관계일수록 더 세심하게 챙겨주는 것이 좋다.

4) 사교관계

이 번호에 해당하는 사람을 만나면 상대에게 존경과 신뢰를 받는다. 그러나 시간이 지나면 상대를 소홀하게 대하다 빈축을 살 수 있으니 조심하면서 적극적으로 관계를 유지하도록 노력해야 한다.

8. 내주객비(內主客比) 외주객비(外主客比)
주객공화지의(主客共和之意)

1) 사업관계

이 번호에 해당하는 사람을 만나면 주는 것보다 배로 돌아오기 때문에 동업자나 주식회사 같은 공동운영에서는 가장 좋은 만남이다. 상대의 불운을 함께 극복해 주면서 공동생활을 영위해 나갈 수 있는 가장 이상적인 관계다.

2) 상사관계

이 번호에 해당하는 상사를 만나면 호형호제하는 사이가 된다. 그러나 어느 시점에 이르면 경쟁자가 되는 경우도 있다.

3) 부하관계

이 번호에 해당하는 부하를 만나면 유화는 잘되나 어느 시점에 이르면 부하가 불경을 저지르는 경우가 생기며 지나친 대우를 요구하기도 한다. 그러나 예우를 잘 해준다면 아주 무난한 관계가 될 수 있다.

4) 사교관계

이 번호에 해당하는 사람을 만나면 철저히 협력하는 관계가 된다. 만일 이권이 개입되면 문제가 있을 수도 있으나 그렇지 않다면 아주 무난한 관계다.

 ## 9. 내주객생(內主客生) 외주객극(外主客剋) 주실객손지의(主失客損之意)

1) 사업관계

이 번호에 해당하는 사람을 만나면 거래관계를 오래 유지하기 어렵다. 상대의 생각을 고려하지 않고 일방적으로 밀어붙이기 쉽기 때문이다.

2) 상사관계

이 번호에 해당하는 상사를 만나면 불손해지기 쉽다. 상사도 어느 정도 존경심을 갖고 잘 대해주면서도 불만을 갖기 쉽기 때문에 사이가 나빠져 괴로움을 겪는다.

3) 부하관계

이 번호에 해당하는 부하를 만나면 팻쇼적인 상사가 되기 쉽다. 부하가 이유없이 무시당하는 불편한 관계가 되기 쉬운 인연이다.

4) 사교관계

이 번호에 해당하는 사람을 만나면 인덕이 없는 경우가 된다. 본인은 잘 해준다고 생각하기 때문에 적극적으로 대하지만 상대는 경계하며 피하려는 경우가 많다.

 ## 10. 내주객비(内主客比) 외주객극(外主客剋) 객피주노지의(客被主勞之意)

1) 사업관계
이 번호에 해당하는 사람을 만나면 상대에게 매우 호의적이며 적극적으로 대해주나 상대는 멀리하려는 경향이 있다. 그러나 금전이 오고가는 관계에서는 무난하다. 만일 돈을 빌려준다면 도산한 경우가 아니면 100% 돌려받는다.

2) 상사관계
이 번호에 해당하는 상사를 만나면 상사를 무시하는 경향이 있다. 유대관계가 오래 가지 못하고 불화를 자초할 수 있으니 겸양지덕이 필요한 인연이다.

3) 부하관계
이 번호에 해당하는 부하를 만나면 하극상이 되기 쉽다. 부하가 상사를 우습게 보는 경향이 있어 불편한 관계가 되거나 오해가 생겨 퇴직을 강요당할 수도 있다. 겸손한 자세가 필요하다.

4) 사교관계
이 번호에 해당하는 사람을 만나면 지나치게 독선적이거나 공략

적일 수 있어 사람들이 경계하거나 피하려는 현상이 나타난다. 좀 더 유화적인 자세가 필요하다.

 ## 11. 내객주극(內客主尅) 외객주생(外客主生) 주피객노지의(主被客勞之意)

1) 사업관계

이 번호에 해당하는 사람을 만나면 자꾸 피하게 된다. 그러나 상대가 적극적으로 접근하기 때문에 울며 겨자먹기식의 관계가 성립된다. 한두 번 정도는 성공하지만 거래관계가 계속 유지되면 결국은 피해를 보는 인연이다.

2) 상사관계

이 번호에 해당하는 상사를 만나면 아무리 열심히 해도 심하게 채근이나 간섭을 당한다. 마치 고양이 앞에 쥐 같은 관계가 되다가 막상 이별을 고하면 상사는 또 선심공세를 펴므로 인정에 얽매여 희생만을 강요당하는 관계가 된다. 한마디로 피곤한 인연이다.

3) 부하관계

이 번호에 해당하는 부하를 만나면 일을 잘 하면서도 상사를 괴롭히는 관계가 된다. 능력을 최대한 보장해 주는데도 상사를 골탕먹이는 부하이므로 머지않아 이별할 인연이다.

4) 사교관계

이 번호에 해당하는 사람을 만나면 귀찮을 정도로 접근해 온다. 남의 사정을 봐주다가 피해를 보기 쉬우니 어느 정도의 견제가 필요한 인연이다.

12. 내객주극(內客主剋) 외객주비(外客主比) 주피객노지의(主被客勞之意)

1) 사업관계

이 번호에 해당하는 사람을 만나면 무조건 좋다며 접근해 온다. 한 번은 성공할지 몰라도 거듭되면 손해보는 일이 더 많아지니 거래를 할 경우에는 조심하는 것이 좋다.

2) 상사관계

이 번호에 해당하는 사람을 만나면 성실과 충성을 바쳐도 바보짓에 지나지 않는다. 따라서 오래 견디기 힘든 만남이니 빠른 시일 안에 철저한 계약으로 봉직하는 것이 좋다.

3) 부하관계

이 번호에 해당화는 사람을 만나면 겉으로는 좋아보이나 까다롭고 불만이 많으며 모난 처세를 하는 사람이다. 이런 만남은 피하는 것이 상책이다.

4) 사교관계

이 번호에 해당하는 사람을 만나면 상대가 무조건 좋다면서 이용하려고 쫓아다닌다. 따라서 매우 경계해야 한다.

13. 내객주생(內客主生) 외객주극(外客主剋) 객노주피지의(客勞主被之意)

1) 사업관계

이 번호에 해당하는 사람을 만나면 서로 일방적이기 쉬운 관계가 된다. 자칫 잘못하다가는 손해를 보는 인연이다.

2) 상사관계

이 번호에 해당하는 상사를 만나면 피곤한 인연을 만난 셈이다. 상사가 인정이 많은 것 같으면서도 어떤 때는 전혀 그렇지 않은 사람처럼 행동하므로 비위를 맞추기가 참으로 어려운 사람이다.

3) 부하관계

이 번호에 해당하는 부하를 만나면 깡패를 만난 것 같은 위압감에 사로잡히기 쉬운 관계다. 그러나 헌신적인 면도 있으므로 어느 정도의 유대관계는 유지되는 인연이다.

4) 사교관계

이 번호에 해당하는 사람을 만나면 나는 싫은데 상대가 자꾸 접근해 오면서 면전에서 창피를 주거나 협박을 한다. 경계하면서 친

해놓고 보니 어딘지 자기에게 협조적인 태도가 있다는 것을 느끼지만 그렇다고 마음의 문이 활짝 열려지지는 않는다.

14. 내주객비(內主客比) 외객주극(外客主剋) 객노주피지의(客勞主被之意)

1) 사업관계

이 번호에 해당하는 사람을 만나면 공동의 목표를 향하여 함께 뛰는 관계가 되나 정상을 초월한 이권을 강요당하므로 희생이 따르게 된다. 상당한 인내와 끈기가 필요한 인연이다.

2) 상사관계

이 번호에 해당하는 상사를 만나면 명령일관의 관계가 이루어지기 쉽다. 성실함과 충직함을 보여줘야 하지만 그 공로가 인정되기는 어려운 인연이다.

3) 부하관계

이 번호에 해당하는 부하를 만나면 매우 피곤한 관계가 된다. 부하는 열심히 일한다고 하지만 결과적으로는 피해를 주며 속을 태우게 할 소지가 많다. 그러나 원수처럼 싸우는 인연은 아니다.

4) 사교관계

이 번호에 해당하는 사람을 만나면 끈질기게 쫓아다니는 인연을 만난 셈이다. 그러나 일정하게 견제하면서 손해볼 일만 생기지 않도록 조심하면 한 번 정도는 관계할 수 있는 인연이다.

15. 내객주극(內客主剋) 외객주생(外客主生) 주노객피지의(主勞客被之意)

1) 사업관계

이 번호에 해당하는 사람을 만나면 연고판매와 같은 경우가 된다. 어떻게든 상대방을 설득하여 목적을 관철시키려고 하니 거래관계가 오래 가지 못한다.

2) 상사관계

이 번호에 해당하는 상사를 만나면 처음에는 일을 잘 해주지만 어느 정도 시간이 지나면 필요 이상의 요구를 한다. 그렇지 않으면 상사에게 명예나 재산상의 피해를 주는 경우도 있다.

3) 부하관계

이 번호에 해당하는 부하를 만나면 무조건 충성을 요구하거나 인격적으로 무시하는 경향이 있다. 그래도 가식으로라도 잘 해주는 척은 하게 된다.

4) 사교관계

이 번호에 해당하는 사람을 만나면 교활한 관계가 되기 쉽다. 겉으로는 친절하며 협조하는 것 같으나 속으로는 시기심을 품거나 골탕을 먹이려고 한다. 사소한 적대감으로 적이 되는 인연이다.

16. 내객주극(內客主剋) 외주객비(外主客比) 주노객피지의(主勞客被之意)

1) 사업관계

이 번호에 해당하는 사람을 만나면 상대방의 의사는 고려하지 않고 무조건 자기식으로 밀어붙이려는 경향이 있다. 따라서 오래 가지 못하는 인연이다.

2) 상사관계

이 번호에 해당하는 상사를 만나면 처음에는 열성을 다하지만 어느 정도 시간이 지나면 상사를 우습게 여기는 경향이 있다. 해고나 정직의 고배를 마실 수 있으니 조심해야 하는 인연이다.

3) 부하관계

이 번호에 해당하는 부하를 만나면 무조건 복종하라는 식으로 대하기 때문에 부하에게 심리적인 부담을 많이 주는 경향이 있다. 그래도 겉으로는 호의를 베푸는 척하는 것이 다행이나 적극적인 변화가 필요한 인연이다.

4) 사교관계

이 번호에 해당하는 사람을 만나면 너 죽고 나 살자는 식으로 대하기 쉽다. 결국 사람 잃고 돈 잃은 뒤 고립을 면하지 못할 수도 있으니 조심해야 한다.

17. 내객주극(內客主剋) 외주객생(外主客生)
주손객피지의(主損客被之意)

1) 사업관계

이 번호에 해당하는 사람을 만나면 상대가 한 수 위인 것도 모르고 이용가치가 있을 것 같아 잘 해주려는 경향이 있다. 사소한 욕심을 부리다 법정시비를 일으킬 수 있는 인연이니 조심해야 한다.

2) 상사관계

이 번호에 해당하는 상사를 만나면 서로 가식으로 대하기 때문에 모두 손해를 보는 인연이다.

3) 부하관계

이 번호에 해당하는 부하를 만나면 호의를 베푸는 데도 부하가 따라주지 않는다. 한마디로 부리기 힘든 부하이니 하루라도 빨리 이별가를 부르는 것이 낫다.

4) 사교관계

이 번호에 해당하는 사람을 만나면 상대방이 살상이형의 처세를 하며 환심을 사려고 한다. 상대가 물질적으로든 인간적으로든 무시하기 쉬운 관계다.

18. 내객주생(內客主生) 외주객극(外主客剋) 주리객피지의(主利客被之意)

1) 사업관계

이 번호에 해당하는 사람을 만나면 상대가 상당한 호의를 갖고 있으니 무리하게 접근하려고 시도할 필요가 없다. 오히려 상대에게 경계심만 살 수 있으니 조용히 기다리는 것이 좋다.

2) 상사관계

이 번호에 해당하는 상사를 만나면 아낌없는 사랑과 대우를 받는다. 그러나 필요 이상의 충성과 열성을 바치다 오히려 상사를 난처하게 하거나 망신시키는 일이 있으니 조심해야 한다.

3) 부하관계

이 번호에 해당하는 부하를 만나면 부하가 잘 따르나 필요 이상의 과중한 업무를 지시하거나 간섭하거나 과소평가하다가 좋은 부하를 잃을 수도 있으니 조심해야 한다.

4) 사교관계

이 번호에 해당하는 사람을 만나면 상대는 호의를 갖고 도우려고 하는데 지나친 자만과 월권을 부리다 일도 망치고 사람도 잃는 경우가 되기 쉽다.

19. 내객주극(內客主剋) 외객주극(外客主剋) 주손주피지의(主損主被之意)

1) 사업관계

이 번호에 해당하는 사람을 만나면 상대가 매우 적극적으로 접근하기 때문에 어쩔 수 없이 관계가 성립된다. 이익이 10%라면 손해는 90%이니 좋은 인연이 아니다.

2) 상사관계

이 번호에 해당하는 상사를 만나면 무조건 명령에 따르라고 하는 관계가 된다. 혹사 당하기 쉬운 인연이다.

3) 부하관계

이 번호에 해당하는 부하를 만나면 아무리 잘 봐주려고 해도 부하의 횡포가 날로 심해지고 업무상의 과오를 범한다. 명예나 재산 등 여러 모로 손해만 입는 인연이다.

4) 사교관계

이 번호에 해당하는 사람을 만나면 백해무익한 관계이니 말려들지 않도록 조심해야 한다.

20. 내객주극(內客主剋) 외주객극(外主客剋)
객피주손지의(客被主損主之意)

1) 사업관계

이 번호에 해당하는 사람을 만나면 심한 손해를 입기 쉽다. 만일 불가피하다면 한두 번의 거래로 끝내는 것이 좋다.

2) 상사관계

이 번호에 해당하는 상사를 만나면 상사를 능멸하게 되기 때문에 직장을 바꾸는 것이 좋다. 그렇지 않고 계속 상사를 무시하다가는 쥐한테 물리는 고양이 신세가 될 것이다.

3) 부하관계

이 번호에 해당하는 부하를 만나면 잘 해주고 싶으면서도 혹사시키거나 무시하게 된다. 좋은 사람을 잃을 수 있으니 조심해야 한다.

4) 사교관계

이 번호에 해당하는 사람을 만나면 통수체제가 잘 확립된 군인이나 경찰이 아니라면 일반적인 사회에서는 참으로 어려운 관계가 된다. 설사 평범하게 유대관계가 이루어져도 결과가 나쁘니 좋지 않은 인연이다.

21. 내주객극(內主客剋) 외객주생(外客主生)
주리객피지의(主利客被之意)

1) 사교관계

이 번호에 해당하는 사람을 만나면 상대방이 상당한 호의를 갖는
다. 그렇다고 지나친 요구를 하거나 배짱을 부리면 경계심으로 바
뀔 소지가 있으니 조심해야 한다.

2) 상사관계

이 번호에 해당하는 상사를 만나면 상사는 잘 해주는데 본인이
별로라는 생각을 갖기 쉽다. 좋은 상사를 모함하거나 인격적으로
모독하다가 복을 차버리고 고생을 부를 수 있으니 조심해야 한다.

3) 부하관계

이 번호에 해당하는 부하를 만나면 부하는 잘 하려고 노력한다.
그러나 자가당착에 빠져 혹사시키거나 무시하다가 좋은 사람을 잃
을 수 있으니 조심해야 한다.

4) 사교관계

이 번호에 해당하는 사람을 만나면 상대가 협조적인데도 무리하
게 접근하다 인심을 잃을 수 있으니 신경써야 한다.

**22. 내주객극(內主客剋) 외객주극(外客主剋)
객피주손지의(主被客被之意)**

1) 사업관계

이 번호의 사람을 만나면 단 한 번의 성공으로 끝내는 것이 좋다. 만일 계속 관계를 유지하려고 하면 양쪽 모두에게 손해가 따를 뿐다. 동업자로서는 절대 만나면 안될 인연이다.

2) 상사관계

이 번호의 상사를 만나면 나는 나대로 상사는 상사대로 불응하려고 하는 관계다. 처음에는 좋은 인연인 것 같지만 시간이 갈수록 나쁜 관계가 된다. 설사 그렇지 않더라도 예기치 않은 사고로 인하여 재산상의 피해를 보기 쉽다.

3) 부하관계

이 번호의 부하를 만나면 조금도 도움이 되지 않는 관계가 된다. 본 학술에서 가장 나쁜 인연으로 흉중유길(凶中有吉)이라는 천리의 20% 예외가 이 인연에서 가장 많이 나온다. 그러나 간혹 대성하는 경우도 있다.

4) 사교관계

이 번호에 해당하는 사람을 만나면 금전문제만 없으면 매우 좋은 관계가 된다. 그러나 이권이 개입되면 심하게 대립하다가 법정으로까지 확대되는 인연이다.

23. 내객주극(內客主剋) 외주객극(外主客剋) 객피주피지의(客被主被之意)

1) 사업관계

이 번호의 사람을 만나면 어느날 갑자기 좋은 관계가 되지만 시간이 지나면 두 사람 중 하나는 반드시 피해를 보므로 문제가 많은 만남이다.

2) 상사관계

이 번호에 해당하는 상사를 만나면 겉으로는 더없이 좋은 인연으로 보이지만 속으로는 서로 무서운 계략을 숨기고 있어 시간이 지나면 큰 문제가 생긴다. 한마디로 오월동주격 같은 관계다.

3) 부하관계

이 번호에 해당하는 부하를 만나면 겉으로는 복종하는 것 같지만 속으로는 언제라도 상사를 꺾고 그 자리에 오르려는 마음을 품을 수 있는 관계다. 항상 경계심을 갖고 대하는 것이 좋다.

4) 사교관계

이 번호에 해당하는 사람을 만나면 먹히느냐 먹느냐의 관계가 된다. 이권이 개입되면 서로 피해를 입기 쉬우니 명령체제로 움직이는 세계가 아니면 문제가 많은 인연이다.

24. 내주객생(內主客生) 외객주생(外客主生)
주객협력지의(主客協力之意)

1) 사업관계

이 번호에 해당하는 사람을 만나면 멋진 상대를 만난 셈이다. 서로 받은 것 만큼 보답하려는 이상적인 관계다.

2) 상사관계

이 번호에 해당하는 상사를 만나면 서로 존경과 애정으로 협조하는 관계이므로 아주 좋은 인연이다.

3) 부하관계

이 번호에 해당하는 부하를 만나면 서로 존경하고 사랑하고 인정하는 아주 좋은 인연이다.

4) 사교관계

이 번호에 해당하는 사람을 만나면 친구나 형제와 같은 관계가 이루어진다. 단지 가끔 서운한 경우가 있으나 문제가 될 정도는 아니니 가장 원만한 인연에 속한다.

25. 내주객생(內主客生) 외객주극(外客主剋)
객리주피지의(客利主被之意)

1) 사업관계

이 번호에 해당하는 사람을 만나면 상대에게 상당한 호의를 갖고
대하지만 상대가 호의를 이용하기 쉬운 관계다. 자칫하면 상대방의
독선에 휘말려 손해보기 쉬우니 조심해야 한다.

2) 상사관계

이 번호에 해당하는 상사를 만나면 억울한 경우가 많이 생긴다.
상사에게 아무리 잘 해주어도 상사가 인정하지 않으니 불만과 혐
오감을 갖게 된다.

3) 부하관계

이 번호에 해당하는 부하를 만나면 잘 해주고도 배신을 당하는
관계이니 나쁜 인연이다.

4) 사교관계

이 번호에 해당하는 사람을 만나면 이권이 개입되는 일은 만들지
않는 것이 좋다. 그러나 사회단체나 모임에서는 이 만남이 50% 이
상을 차지한다고 한다.

음파메세지(氣) 성명학

신비한 동양철학 51

새로운 시대에 맞는 새로운 성명학

지금까지의 모든 성명학은 모순의 극치를 이루고 있다. 이제 새로운 시대에 맞는 음파메세지(氣) 성명학이 탄생했으니 차근차근 읽어보고 복을 계속 부르는 이름을 지어 사랑하는 자녀가 행복하고 아름다운 삶을 살아갈 수 있도록 하는데 도움이 되었으면 한다.

· 청암 박재현 저

정법사주

신비한 동양철학 49

독학과 강의용 겸용의 책

이 책은 사주추명학을 연구하고자 하는 분들에게 심오한 주역의 이해를 돕고자 하는 의도에서 시작되었다. 음양오행의 상생상극에서부터 육친법과 신살법을 기초로 하여 격국과 용신 그리고 유년판단법을 활용하여 운명판단에 첩경이 될 수 있도록 했고, 추리응용과 운명감정의 실례를 하나 하나 들어가면서 독학과 강의용 겸용으로 엮었다.

· 원각 김구현 저

동양철학전문출판 삼한

기문둔갑옥경

신비한 동양철학 32

가장 권위있고 우수한 학문!

우리나라의 기문역사는 장구하지만 상세한 문헌은 전무한 상태라 이 책을 발간하기로 했다. 기문둔갑은 천문지리는 물론 인사명리 등 제반사에 관한 길흉을 판단함에 있어서 가장 우수한 학문이며 병법과 법술방면으로도 특징과 장점이 있다. 초학자는 포국편을 열심히 익혀 설국을 자유자재로 할 수 있도록 하고 개인의 이익보다는 보국안민에 일조하기 바란다.

· 도관 박흥식 저

정본·관상과 손금

신비한 동양철학 42

바로 알고 사람을 사귑시다

이 책은 관상과 손금은 인생을 행복으로 이끌기 위해 있다는 관점에서 다루었다. 그야말로 관상과 손금의 혁명이라고 할 수 있을 것이다. 여러분도 관상과 손금을 통한 예지력으로 인생의 참주인이 되기 바란다. 용기를 불어넣어 주고 행복을 찾게 하는 것이 참다운 관상과 손금술이다. 이 책으로 미래의 좋은 예지력을 한번쯤 발휘해 보기 바란다. 이 책이 일상사에 고민하는 분들에게 해결방법을 제시해 줄 것이다.

· 지창룡 감수

조화원약 평주

신비한 동양철학 35

명리학의 정통교본!

이 책은 자평진전, 난강망, 명리정종, 적천수 등과 함께 명리학의 교본에 해당하는 것으로 중국 청나라 때 나온 난강망이라는 책을 서낙오 선생께서 설명을 붙인 것이다. 기존의 많은 책들이 격국과 용신으로 감정하는 것과는 달리 십간십이지와 음양오행을 각각 자연의 이치와 춘하추동의 사계절의 흐름에 대입하여 인간의 길흉화복을 알 수 있게 했다.

· 동하 정지호 편역

용의 혈 · 풍수지리 실기 100선

신비한 동양철학 30

실전에서 실감나게 적용하는 풍수지리의 길잡이!

이 책은 풍수지리 문헌인 조선조 고무엽(古務葉) 태구승(泰九升) 부집필(父輯筆)로 된 만두산법(巒頭山法), 채성우의 명산론(明山論), 금랑경(錦囊經) 등을 알기 쉬운 주제로 간추려 풍수지리의 길잡이가 되고자 했다. 그리고 인간의 뿌리와 한 사람의 고유한 이름의 중요성을 풍수지리와 연관하여 살펴보아야 하기 때문에 씨족의 시조와 본관, 작명론(作名論)을 같이 편집했다.

· 호산 윤재우 저

천직·사주팔자로 찾은 나의 직업

신비한 동양철학 34

역경없이 탄탄하게 성공할 수 있는 방법!

잘 되겠지 하는 막연한 생각으로 의욕만 갖고 도전하는 것과 나에게 맞는 직종은 무엇이고 때는 언제인가를 알고 도전하는 것은 근본적으로 다르고, 결과 또한 다르다. 더구나 요즈음은 I.M.F.시대라 하여 모든 사람들이 정신까지 위축되어 생기를 잃어가고 있다. 이런 때 의욕만으로 팔자에도 없는 사업을 시작했다고 하자, 결과는 불을 보듯 뻔하다. 그러므로 이런 때일수록 침착과 냉정을 찾아 내 그릇부터 알고, 생활에 대처하는 지혜로움을 발휘해야 한다.

· 백우 김봉준 저

통변술해법

신비한 동양철학 ㉑

가닥가닥 풀어내는 역학의 비법!

이 책은 역학에 대해 다 알면서도 밖으로 표출되지 않아 어려움을 겪는 사람들을 위한 실습서다. 특히 틀에 박힌 교과서적인 역술의 고정관념에서 벗어나, 한차원 높게 공부할 수 있도록 원리통달을 설명하는데 중점을 두었다. 실명감정과 이론강의라는 두 단락으로 나누어 역학의 진리를 설명했기 때문에 누구나 쉽게 이해할 수 있다. 역학계의 대가 김봉준 선생의 역서 「알기쉬운 해설·말하는 역학」의 후편이다.

· 백우 김봉준 저

주역육효 해설방법 上·下

신비한 동양철학 38

한 번만 읽으면 주역을 활용할 수 있는 책!

이 책은 주역을 해설한 것으로, 될 수 있는 한 여러 가지 사설을 덧붙이지 않고 주역을 공부하고 활용하는데 필요한 요건만을 기록했다. 따라서 주역의 근원이나 하도낙서, 음양오행에 대해서도 많은 설명을 자제했다. 다만 누구나 이 책을 한 번 읽어서 주역을 이해하고 활용할 수 있도록 하는데 중점을 두었다.

· 원공선사 저

사주명리학 핵심

신비한 동양철학 ⑲

맥을 잡아야 모든 것이 보인다!

이 책은 잡다한 설명을 배제하고 명리학자들에게 도움이 될 비법만을 모아 엮었기 때문에 초심자가 이해하기에는 다소 어려운 부분도 있겠지만 기초를 튼튼히 한 다음 정독한다면 충분히 이해할 것이다. 신살만 늘어놓으며 감정하는 사이비가 되지말기를 바란다.

· 도관 박흥식 저

동양철학전문출판 삼한

이렇게 하면 좋은 운이 온다

신비한 동양철학 ㉗

한 가정에 한 권씩 놓아두고 볼만한 책!

좋은 운을 부르는 방법은 방위 · 색상 · 수리 · 년운 · 월운 · 날짜 · 시간 · 궁합 · 이름 · 직업 · 물건 · 보석 · 맛 · 과일 · 기운 · 마을 · 가축 · 성격 등을 정확하게 파악하여 자신에게 길한 것은 취하고 흉한 것은 피하면 된다. 간혹 예외인 경우가 있지만 극소수에 불과하고 대부분은 적중하기 때문에 좋은 효과를 본다. 이 책의 저자는 신학대학을 졸업하고 역학계에 입문했다는 특별한 이력을 갖고 있기 때문에 더 많은 화제가 되고 있다.

· 역산 김찬동 저

말하는 역학

신비한 동양철학 ⑪

신수를 묻는 사람 앞에서 말문이 술술 열린다!

이 책은 그토록 어렵다는 사주통변술을 이해하기 쉽고 흥미롭게 고담과 덕담을 곁들여 사실적인 인물을 궁금해 하는 사람에게 생동감있게 통변하고 있다. 길흉작용을 어떻게 표현하느냐에 따라 상담자의 정곡을 찔러 핵심을 끄집어내고 여기에 대한 정답을 내려주는 것이 통변술이다. 역학계의 대가 김봉준 선생의 역작이다.

· 백우 김봉준 저

술술 읽다보면 통달하는 사주학

신비한 동양철학 ㉗

술술 읽다보면 나도 어느새 도사 !

당신은 당신 마음대로 모든 일이 이루어지던가. 지금까지 누구의 명령을 받지 않고 내 맘대로 살아왔다고, 운명 따위는 믿지도 않고 매달리지 않는다고, 이렇게 말하는 사람들이 많다. 그러나 그것은 우주법칙을 모르기 때문에 하는 소리다.

· 조철현 저

참역학은 이렇게 쉬운 것이다

신비한 동양철학 ㉔

음양오행의 이론으로 이루어진 참역학서 !

수학공식이 아무리 어렵다고 해도 1, 2, 3, 4, 5, 6, 7, 8, 9, 0의 10개의 숫자로 이루어졌듯이, 사주도 음양과 목, 화, 토, 금, 수의 오행으로 이루어졌을 뿐이다. 그러니 용신과 격국이라는 무거운 짐을 벗어버리고 음양오행의 법칙과 진리만 정확하게 파악하면 된다. 사주는 단지 음양오행의 변화일 뿐이고, 용신과 격국은 사주를 감정하는 한가지 방법에 지나지 않는다.

· 청암 박재현 저

나의 천운 운세찾기

신비한 동양철학 ⑫

놀랍다는 몽골정통 토정비결 !

이 책은 역학계의 대가 김봉준 선생이 놀랍다는 몽공토
정비결을 연구 ·분석하여 우리의 인습 및 체질에 맞게
엮은 것이다. 운의 흐름을 알리고자 호운과 쇠운을 강
조했으며, 현재의 나를 조명해보고 판단할 수 있도록
했다. 모쪼록 생활서나 안내서로 활용하기 바란다.

· 백우 김봉준 저

쉽게푼 역학

신비한 동양철학 ❷

쉽게 배워서 적용할 수 있는 생활역학서 !

이 책에서는 좀더 많은 사람들이 역학의 근본인 우주
의 오묘한 진리와 법칙을 깨달아 보다 나은 삶을 영위
하는데 도움이 될 수 있도록 가장 쉬운 언어와 가장 쉬
운 방법으로 풀이했다. 역학계의 대가 김봉준 선생의
역작이다.

· 백우 김봉준 저

이름이 운명을 바꾼다

신비한 동양철학 ㉕

이름은 제2의 자신이다 !

이름에는 각각 고유의 뜻과 기운이 있어서 그 기운이 성격을 만들고 그 성격이 운명을 만든다. 나쁜 이름은 부르면 부를수록 불행을 부르고 좋은 이름은 부르면 부를수록 행복을 부른다. 만일 이름이 거지 같다면 아무리 운세를 잘 만나도 밥을 좀더 많이 얻어 먹을 수 있을 뿐이다. 이 책의 저자는 신학대학을 졸업하고 역학계에 입문했다는 특별한 이력을 갖고 있기 때문에 더 많은 화제가 되고 있다.

· 역산 김찬동 저

작명해명

신비한 동양철학 ㉖

누구나 쉽게 배워서 활용할 수 있는 체계적인 작명법 !

일반적인 성명학으로는 알 수 없는 한자이름, 한글이름, 영문이름, 예명, 회사명, 상호, 상품명 등의 작명방법을 여러 사례를 들어 체계적으로 분석하여 누구나 쉽게 배워서 활용할 수 있도록 서술했다.

· 도관 박흥식 저

동양철학전문출판 삼한

관상오행

신비한 동양철학 ⑳

한국인의 특성에 맞는 관상법!

좋은 관상인 것 같으나 실제로는 나쁘거나 좋은 관상
이 아닌데도 잘 사는 사람이 왕왕있어 관상법 연구에
흥미를 잃는 경우가 있다. 이것은 중국의 관상법만을
익히고, 우리의 독특한 환경적인 특징을 소홀히 다루었
기 때문이다. 이에 우리 한국인에게 알맞는 관상법을
연구하여 누구나 관상을 쉽게 알아보고 해석할 수 있
도록 자세하게 풀어놓았다.

· 송파 정상기 저

물상활용비법

신비한 동양철학 31

물상을 활용하여 오행의 흐름을 파악한다!

이 책은 물상을 통하여 오행의 흐름을 파악하고, 운명
을 감정하는 방법을 연구한 책이다. 추명학의 해법을
연구하고 운명을 추리하여 오행에서 분류되는 물질의
운명 줄거리를 물상의 기물로 나들이 하는 활용법을
주제로 했다. 팔자풀이 및 운명해설에 관한 명리감정법
의 체계를 세우는데 목적을 두고 초점을 맞추었다.

· 해주 이학성 저

운세십진법 · 本大路

신비한 동양철학 ❶

운명을 알고 대처하는 것은 현대인의 지혜다 !

타고난 운명은 분명히 있다. 그러니 자신의 운명을 알고 대처한다면 비록 운명을 바꿀 수는 없지만 충분히 향상시킬 수 있다. 이것이 사주학을 알아야 하는 이유다. 이 책에서는 자신이 타고난 숙명과 앞으로 펼쳐질 운명행로를 찾을 수 있도록 운명의 기초를 초연하게 설명하고 있다.

・백우 김봉준 저

국운 · 나라의 운세

신비한 동양철학 ㉒

역으로 풀어본 우리나라의 운명과 방향 !

아무리 서구사상의 파고가 높다하기로 오천년을 한결같이 가꾸며 살아온 백두의 혼이 와르르 무너지는 지경에 왔어도 누구하나 입을 열어 말하는 사람이 없으니 답답하다. IMF라는 특수한 상황에서 불확실한 내일에 대한 해답을 이 책은 명쾌하게 제시하고 있다.

・백우 김봉준

동양철학전문출판 삼한

명인재

신비한 동양철학 43

신기한 사주판단 비법 !

살(殺)의 활용방법을 완벽하게 제시하는 책!

이 책은 오행보다는 주로 살을 이용하는 비법이다. 시중에 나온 책들을 보면 살에 대해 설명은 많이 하면서도 실제 응용에서는 무시하고 있다. 이것은 살을 알면서도 응용할 줄 모르기 때문이다. 그러나 이 책에서는 살의 활용방법을 완전히 터득해, 어떤 살과 어떤 살이 합하면 어떻게 작용하는지를 자세하게 설명하고 있다.

· 원공선사 지음

사주학의 방정식

신비한 동양철학 18

가장 간편하고 실질적인 역서 !

이 책은 종전의 어려웠던 사주풀이의 응용과 한문을 쉬운 방법으로 터득할 수 있게 하는데 목적을 두었고, 역학의 내용이 어떤 것이며 무엇이 어디에 속하는지를 알고자 하는데 있다.

· 김용오 저

원토정비결

신비한 동양철학 53

반쪽으로만 전해오는 토정비결의 완전한 해설판

지금 시중에 나와 있는 토정비결에 대한 책들을 보면 옛날부터 내려오는 완전한 비결이 아니라 반쪽의 책이다. 그러나 반쪽이라고 말하는 사람이 없다. 그것은 주역의 원리를 모르기 때문이다. 따라서 늦은 감이 없지 않으나 앞으로의 수많은 세월을 생각하면서 완전한 해설본을 내놓기로 한 것이다.

· 원공선사 저

내가 보고 내가 바꾸는 DIY사주

신비한 동양철학 40

내가 보고 내가 바꾸는 사주비결 !

이 책은 기존의 책들과는 달리 한 사람의 사주를 체계적으로 도표화시켜 한 눈에 파악할 수 있고, DIY라는 책 제목에서 말하듯이 개운하는 방법을 제시하고 있다. 초심자는 물론 전문가도 자신의 이론을 새롭게 재조명해 볼 수 있는 케이스 스터디 북이다.

· 석오 전 광 지음

남사고의 마지막 예언

신비한 동양철학 29

이 책으로 격암유록에 대한 논란이 끝나기 바란다

감히 이 책을 21세기의 성경이라고 말한다. 〈격암유록〉은 섭리가 우리민족에게 준 위대한 복음이며, 선물이며, 꿈이며, 인류의 희망이다. 이 책에서는 〈격암유록〉이 전하고자 하는 바를 주제별로 정리하여 문답식으로 풀어갔다. 이 책으로 〈격암유록〉에 대한 논란은 끝나기 바란다.

· 석정 박순용 저

진짜부적 가짜부적

신비한 동양철학 7

부적의 실체와 정확한 제작방법

인쇄부적에서 가짜부적에 이르기까지 많게는 몇백만원에 팔리고 있다는 보도를 종종 듣는다. 그러나 부적은 정확한 제작방법에 따라 자신의 용도에 맞게 스스로 만들어 사용하면 훨씬 더 좋은 효과를 얻을 수 있다. 이 책은 중국에서 정통부적을 연구한 국내유일의 동양오술학자가 밝힌 부적의 실체와 정확한 제작방법을 소개하고 있다.

· 오상익 저

한눈에 보는 손금

신비한 동양철학 52

논리정연하며 바로미터적인 지침서

이 책은 수상학의 연원을 초월해서 동서합일의 이론으로 집필했다. 그야말로 완벽하리만치 논리정연한 수상학을 정리한 것이다. 그래서 운명적, 철학적, 동양적, 심리학적인 면을 예증과 방편에 이르기까지 아주 상세하게 기술했다. 이 책은 수상학이라기 보다 한 인간의 바로미터적인 지침서 역할을 해줄 것이다. 독자 여러분의 꾸준한 연구와 더불어 인생성공의 지침서가 될 수 있을 것이다.

・정도명 저

만세력 | 사륙배판・신국판
사륙판・포켓판

신비한 동양철학 45

찾기 쉬운 만세력

이 책은 완벽한 만세력으로 만세력 보는 방법을 자세하게 설명했다. 그리고 역학에 대한 기본적인 내용과 결혼하기 좋은 나이・좋은 날・좋은 시간, 아들・딸 태아감별법, 이사하기 좋은 날・좋은 방향 등을 부록으로 실었다.

・백우 김봉준 저

동양철학전문출판 삼한

수명비결

신비한 동양철학 14

주민등록번호 13자로 숙명의 정체를 밝힌다

우리는 지금 무수히 많은 숫자의 거미줄에 매달려 허우적거리며 살아가고 있다. 1분·1초가 생사를 가름하고, 1등·2등이 인생을 좌우하며, 1급·2급이 신분을 구분하는 세상이다. 이 책은 수명리학으로 13자의 주민등록번호로 명예, 재산, 건강, 수명, 애정, 자녀운 등을 미리 읽어본다.

·장충한 저

운명으로 본 나의 질병과 건강상태

신비한 동양철학 9

타고난 건강상태와 질병에 대한 대비책

이 책은 국내 유일의 동양오술학자가 사주학과 더불어 정통명리학의 양대산맥을 이루는 자미두수 이론으로 임상실험을 거쳐 작성한 표준자료다. 따라서 명리학을 응용한 최초의 완벽한 의학서로 질병을 예방하고 치료하는데 활용한다면 최고의 의사가 될 것이다. 또한 예방의학적인 차원에서 건강을 유지하는데 훌륭한 지침서로 현대의학의 새로운 장을 여는 계기가 될 것이다.

·오상익 저

오행상극설과 진화론

신비한 동양철학 5

인간과 인생을 떠난 천리란 있을 수 없다

과학이 현대를 설정하여 설명하고 있으나 원리는 동양철학에도 있기에 그 양면을 밝히고자 노력했다. 우주에서 일어나는 모든 일을 과학으로 설명될 수는 없다. 비과학적이라고 하기보다는 과학이 따라오지 못한다고 설명하는 것이 더 솔직하고 옳은 표현일 것이다. 특히 과학분야에 종사하는 신의사가 저술했다는데 더 큰 화제가 되고 있다.

· 김태진 저

사주학의 활용법

신비한 동양철학 17

가장 실질적인 역학서

우리가 생소한 지방을 여행할 때 제대로 된 지도가 있다면 편리하고 큰 도움이 되듯이 역학이란 이와같은 인생의 길잡이다. 예측불허의 인생을 살아가는데 올바른 안내자나 그 무엇이 있다면 그 이상 마음 든든하고 큰 재산은 없을 것이다.

· 학선 류래웅 저

291

동양철학전문출판 삼한

쉽게 푼 주역

신비한 동양철학 10

귀신도 탄복한다는 주역을 쉽고 재미있게 풀어놓은 책

주역이라는 말 한마디면 귀신도 기겁을 하고 놀라 자빠진다는데, 운수와 일진이 문제가 될까. 8×8=64괘라는 주역을 한 괘에 23개씩의 회답으로 해설하여 1472괘의 신비한 해답을 수록했다. 당신이 당면한 문제라면 무엇이든 해결할 수 있는 열쇠가 이 한 권의 책 속에 있다.

· 정도명 저

핵심 관상과 손금

신비한 동양철학 54

사람을 볼 줄 아는 안목과 지혜를 알려주는 책

오늘과 내일을 예측할 수 없을만큼 복잡하게 펼쳐지는 현실에서 살아남기 위해서는 사람을 볼줄 아는 안목과 지혜가 필요하다. 시중에 관상학에 대한 책들이 많이 나와있지만 너무 형이상학적이라 전문가도 이해하기 어렵다. 이 책에서는 누구라도 쉽게 보고 이해할 수 있도록 핵심만을 파악해서 설명했다.

· 백우 김봉준 저

진짜궁합 가짜궁합

신비한 동양철학 8

남녀궁합의 새로운 충격

중국에서 연구한 국내유일의 동양오술학자가 우리나라 역술가들의 궁합법이 잘못되었다는 것을 학술적으로 분석·비평하고, 전적과 사례연구를 통하여 궁합의 실체와 타당성을 분석했다. 합리적인「자미두수궁합법」과「남녀궁합」및 출생시간을 몰라 궁합을 못보는 사람들을 위하여「지문으로 보는 궁합법」등을 공개한다.

・오상익 저

좋은꿈 나쁜꿈

신비한 동양철학 15

그날과 앞날의 모든 답이 여기 있다

개꿈이란 없다. 꿈은 반드시 미래를 예언한다. 이 책은 프로이드의 정신분석학적인 입장이 아닌 미래판단의 근거에 입각한 예언적인 해몽학이다. 여러 형태의 꿈을 체계적으로 정리했으니 올바른 해몽법으로 앞날을 지혜롭게 대처해 보자. 모쪼록 각 가정에서 한 권씩 두고 이용하면 생활하는데 많은 도움이 될 것이다.

・학선 류래웅 저

완벽 만세력

신비한 동양철학 58

착각하기 쉬운 썸머타임 2도 인쇄

시중에 많은 종류의 만세력이 나와있지만 이 책은 단순한 만세력이 아니라 완벽한 만세경전으로 만세력 보는 법 등을 실었기 때문에 처음 대하는 사람이라도 쉽게 볼 수 있도록 편집되었다. 또한 부록편에는 사주명리학, 신살종합해설, 결혼과 이사택일 및 이사방향, 길흉보는 법, 우주천기와 한국의 역사 등을 수록했다.

• 백우 김봉준 저

주역·토정비결

신비한 동양철학 40

토정비결의 놀라운 비결

지금 시중에 나와 있는 토정비결에 대한 책들을 보면 옛날부터 내려오는 완전한 비결이 아니라 반쪽의 책이다. 그러나 반쪽이라고 말하는 사람이 없다. 그것은 주역의 원리를 모르기 때문이다. 따라서 늦은 감이 없지 않으나 앞으로의 수많은 세월을 생각하면서 완전한 해설본을 내놓기로 했다.

• 원공선사 저

현장 지리풍수

신비한 동양철학 48

현장감을 살린 지리풍수법

풍수를 업으로 삼는 사람들이 진(眞)과 가(假)를 분별할 줄 모르면서 24산의 포태사묘의 법을 익히고는 많은 법을 알았다고 자부하며 뽐내고 있다. 그리고는 재물에 눈이 어두워 불길한 산을 길하다 하고, 선하지 못한 물(水)을 선하다 하면서 죄를 범하고 있다. 이는 분수 밖의 것을 망녕되게 바라기 때문이다. 마음 가짐을 바로 하고 고대 원전에 공력을 바치면서 산간을 실사하며 적공을 쏟으면 정교롭고 세밀한 경지를 얻을 수 있을 것이다.

· 전항수 · 주관장 편저

완벽 사주와 관상

신비한 동양철학 55

사주와 관상의 핵심을 한 권에

자연과 인간, 음양(陰陽)오행과 인간, 사계와 절후, 인상(人相)과 자연, 신(神)들의 이야기 등등 우리들의 삶과 관계되는 사실적 관계로만 역(易)을 설명해 누구나 쉽게 이해할 수 있도록 썼으며 특히 역(易)에 대한 관심과 흥미를 갖게 하고자 인상학(人相學)을 추록했다. 여기에 추록된 인상학(人相學)은 시중에서 흔하게 볼 수 있는 상법(相法)이 아니라 생활상법(生活相法) 즉 삶의 지식과 상식을 드리고자 했으니 생활에 유익함이 있기를 바란다.

· 김봉준 · 유오준 공저

해몽·해몽법

신비한 동양철학 50
해몽법을 알기 쉽게 설명한 책

인생은 꿈이 예지한 시간적 한계에서 점점 소멸되어 가는 현존물이기 때문에 반드시 꿈의 뜻을 따라야 한다. 이것은 꿈을 먹고 살아가는 인간 즉 태몽의 끝장면인 죽음을 향해 달려가고 있는 인간이기 때문이다. 꿈은 우리의 삶을 이끌어가는 이정표와도 같기에 똑바로 가도록 노력해야 한다.

· 김종일 저

역점

신비한 동양철학 57
우리나라 전통 행운찾기

주역을 무조건 미신으로 치부해버리는 생각은 버려야 한다. 주역이 점치는 책에만 불과했다면 벌써 그 존재가 없어졌을 것이다. 그러나 오랫동안 많은 학자가 연구를 계속해왔고, 그 속에서 자연과학과 형이상학적인 우주론과 인생론을 밝혀, 정치·경제·사회 등 여러 방면에서 인간의 생활에 응용해왔고, 삶의 지침서로써 그 역할을 했다. 이 책은 한 번만 읽으면 누구나 역점가가 될 수 있으니 생활에 도움이 되길 바란다.

· 문명상 편저

명리학연구

신비한 동양철학 59

체계적인 명확한 이론

이 책은 명리학 연구에 핵심적인 내용만을 모아 하나의 독립된 장을 만들었다. 명리학은 분야가 넓어 공부를 하다보면 주변에 머무르는 경우가 많아, 주요 내용을 잃고 헤매는 경우가 많다. 그러므로 뼈대를 잡는 것이 중요한데, 여기서는 「17장. 명리대요」에 핵심 내용만을 모아 학문의 체계를 잡는데 용이하게 하였다.

· 권중주 저

쉽게 푼 풍수

신비한 동양철학 60

현장에서 활용하는 풍수지리법

산도는 매우 광범위하고, 현장에서 알아보기 힘들다. 더구나 지금은 수목이 울창해 소조산 정상에 올라가도 나무에 가려 국세를 파악하는데 애를 먹는다. 그러므로 사진을 첨부하니 많은 도움이 되길 바란다. 물론 결록에 있고 산도가 눈에 익은 것은 혈 사진과 함께 소개하니 참고하기 바란다. 이 책을 열심히 정독하면서 답산하면 혈을 알아보고 용산도 할 수 있을 것이다.

· 전항수 · 주장관 편저

올바른 작명법

신비한 동양철학 61

세상의 부모들에게 가장 소중한 것이 무엇이냐고 물으면 누구든 자녀라고 할 것이다. 그런데 왜 평생을 좌우할 이름을 함부로 짓는가. 이름이 얼마나 소중한지를. 이름의 오행작용이 사람의 일생을 어떻게 좌우하는지를 모르기 때문이다. 세상만물은 음양오행의 영향을 받지 않는 것이 없다. 봄이 가면 여름이 오고, 여름이 가면 가을이 오고, 가을이 가면 겨울이 오고, 겨울이 가면 봄이 오는 것 또한 음양오행의 원리다.

・이정재 저

신수대전

신비한 동양철학 62

흉함을 피하고 길함을 부르는 방법

신수를 보는 방법은 여러 가지가 있는데 대부분이 주역과 사주추명학에 근거를 둔다. 수많은 학설 중에서 몇 가지를 보면 사주명리, 자미두수, 관상, 점성학, 구성학, 육효, 토정비결, 매화역수, 대정수, 초씨역림, 황극책수, 하락리수, 범위수, 월영도, 현무발서, 철판신수, 육임신과, 기문둔갑, 태을신수 등이다. 역학에 정통한 고사가 아니면 제대로 추단하기 어려운데 엉터리 술사들이 넘쳐난다. 그래서 누구나 자신의 신수를 볼 수 있도록 몇 가지를 정리했다.

・도관 박흥식

음택양택

신비한 동양철학 63

현세의 운·내세의 운

이 책에서는 음양택명당의 조건이나 기타 여러 가지를 설명하여 산 자와 죽은 자의 행복한 집을 만들 수 있도록 했다. 특히 죽은 자의 집인 음택명당은 자리를 옳게 잡으면 꾸준히 생기를 발하여 흥하나, 그렇지 않으면 큰 피해를 당하니 돈보다도 행·불행의 근원인 음양택 명당에 관심을 기울여야 한다.

· 전항수·주장관 지음

이런 집에 살아야 잘 풀린다

신비한 동양철학 64

운이 트이는 좋은 집 알아보는 비결

힘든 상황에서 내 가족이 지혜롭게 대처하고 건강을 지켜주는, 한마디로 운이 트이는 집은 모두의 꿈일 것이다. 가족이 평온하게 생활할 수 있는 집, 나가서는 발전을 가져다 줄 수 있는 그런 집이 있다면 얼마나 좋을까? 그런 소망에 한 걸음이라도 가까워지려면 막연하게 운만 기대해서는 안 된다. '호랑이를 잡으려면 호랑이 굴로 들어가라' 는 속담이 있듯이 좋은 집을 가지려면 그만한 노력이 있어야 한다.

· 강현술·박흥식 감수

동양철학전문출판 삼한

사주에 모든 길이 있다

신비한 동양철학 65

사주를 간명하는데 조금이라도 도움이 되었으면 하는 바람에서 이 책을 쓰게 되었다. 간명의 근간인 오행의 왕쇠강약을 세분해서 설명했다. 그리고 대운과 세운, 세운과 월운의 연관성과, 십신과 여러 살이 운명에 미치는 암시와, 십이운성으로 세운을 판단하는 방법을 설명했다.

· 정담 선사 편저

사주학

신비한 동양철학 66

5대 원서의 핵심과 실용

이 책은 사주학을 체계적으로 공부하려는 학도들을 위해 꼭 알아야 할 내용과 용어를 수록하는데 중점을 두었다. 이 학문을 공부하려고 찾아온 사람들에게 여러 가지 질문을 던져보면 거의 기초지식이 시원치 않다. 그런 상태로 사주를 읽으려니 제대로 될 리가 없다. 이 책으로 용어와 제반지식을 터득하면 빠른 시일에 소기의 목적을 이룰 수 있을 것이다.

· 글갈 정대엽 저

주역 기본원리

신비한 동양철학 67

주역의 기본원리를 통달할 수 있는 책

이 책에서는 기본괘와 변화와 기본괘가 어떤 괘로 변했을 경우 일어날 수 있는 내용들을 설명하여 주역의 변화에 대한 이해를 돕는데 주력하였다. 그러나 그런 내용을 구분할 수 있는 방법을 전부 다 설명할 수는 없기에 뒷장에 간단하게설명하였고, 다른 책들과 설명의 차이점도 기록하였으니 참작하여 본다면 조금이나마 도움이 될 것이다.

· 원공선사 편저

사주특강

신비한 동양철학 68

자평진전과 적천수의 재해석

이 책은 『자평진전(子平眞詮)』과 『적천수(滴天髓)』를 근간으로 명리학(命理學)의 폭넓은 가치를 인식하고, 실전에서 유용한 기반을 다지는데 중점을 두고 썼다. 일찍이 『자평진전(子平眞詮)』을 교과서로 삼고, 『적천수(滴天髓)』로 보완하라는 서낙오(徐樂吾)의 말에 깊이 공감한다.

청월 박상의 편저

동양철학전문출판 삼한

복을 부르는방법

신비한 동양철학 69

나쁜 운을 좋은 운으로 바꾸는 비결

개운하는 방법은 여러 가지가 있으나, 이 책의 비법은 축원문을 독송하는 것이다. 독송이란 소리내 읽는다는 뜻이다. 사람의 말에는 기운이 있는데, 이 기운은 자신에게 돌아온다. 좋은 말을 하면 좋은 기운이 돌아오고, 나쁜 말을 하면 나쁜 기운이 돌아온다. 이 책은 누구나 어디서나 쉽게 비용을 들이지 않고 좋은 운을 부를 수 있는 방법을 실었다.

· 역산 김찬동 편저

인터뷰 사주학

신비한 동양철학 70

쉽고 재미있는 인터뷰 사주학

얼마전까지만 해도 사주학을 취급하는 사람들은 미신을 다루는 부류로 취급되었다. 그러나 지금은 하루가 다르게 이 학문을 공부하는 사람들이 폭증하고 있는 것으로 보인다. 젊은 층에서 사주카페니 사주방이니 사주동아리니 하는 것들이 만들어지고 그 모임이 활발하게 움직이고 있다는 점이 그것을 증명해준다. 그뿐 아니라 대학원에는 역학교수들이 점차로 증가하고 있다.

· 글갑 정대엽 편저

육효대전

신비한 동양철학 37

정확한 해설과 다양한 활용법

동양의 고전 중에서도 가장 대표적인 것이 주역이다. 주역은 옛사람들이 자연의 법칙을 거울삼아 인간이 생활을 영위해 나가는 처세에 관한 지혜를 무한히 내포하고, 피흉추길하는 얼과 슬기가 함축된 점서)인 동시에 수양·과학서요 철학·종교서라고 할 수 있다.

· 도관 박흥식 편저

사람을 보는 지혜

신비한 동양철학 73

관상학의 초보에서 완성까지

현자는 하늘이 준 명을 알고 있기에 부귀에 연연하지 않는다. 사람은 마음을 다스리는 심명이 있다. 마음의 명은 자신만이 소통하는 유일한 우주의 무형의 에너지이기 때문에 잠시도 잊으면 안된다. 관상학은 사람의 상으로 이런 마음을 살피는 학문이니 잘 이해하여 보다 나은 삶을 삶을 영위할 수 있도록 노력해야 한다.

· 이부길 편저

303

동양철학전문출판 삼한

명리학 | 재미있는 우리사주

신비한 동양철학 74

사주 세우는 방법부터 용어해설 까지!!

몇 년 전 『사주에 모든 길이 있다』가 나온 후 선배 제현들께서 알찬 내용의 책다운 책을 접했다면서 매월 한 번만이라도 참 역학의 발전을 위하여 학술세미나를 열자는 제의를 받았다. 그러나 사주의 작성법을 설명하지 않아 독자들에게 많은 질타를 받고 뒤늦게 이 책을 출판하기로 결심했다. 이 책은 한글만 알면 누구나 역학과 가까워질 수 있도록 사주 세우는 방법부터 실제 간명, 용어해설에 이르기까지 분야별로 엮었다.

· 정담 선사 편저

성명학 | 바로 이 이름

신비한 동양철학 75

사주의 운기와 조화를 고려한 이름짓기

사람은 누구나 타고난 운명, 즉 숙명이라는 것이 있다. 숙명인 사주팔자는 선천운이고, 성명은 후천운이 되는 것으로 이름을 지을 때는 타고난 운기와의 조화를 고려함이 중요하다. 따라서 역학에 대한 깊은 이해가 선행되어야 함은 지극히 당연한 일이다. 부연하면 작명의 근본은 타고난 사주에 운기를 종합적으로 분석하여 부족한 점을 보강하고 결점을 개선한다는 큰 뜻이 있다고 할 수 있다.

· 정담 선사 편저

운을 잡으세요 | 개운비법

신비한 동양철학 76

염력강화로 삶의 문제를 해결한다!

염력(念力)이 강한 사람은 운명을 개척하며 행복하게 살고, 염력이 약한 사람은 운명의 노예가 되어 불행하게 살아간다. 때문에 행복과 불행은 누가 주는 것이 아니라 자기 자신이 만든다고 할 수 있다. 한 마디로 말해 의지의 힘, 즉 염력이 운명을 바꾸는 것이다. 이 책에서는 이러한 염력을 강화시켜 삶에서 일어나는 문제를 해결하는 방법을 알려준다. 누구나 가벼운 마음으로 읽고 실천한다면 반드시 목적을 이룰 수 있을 것이다.

· 역산 김찬동 편저

작명정론

신비한 동양철학 77

이름으로 보는 역대 대통령이 나오는 이치

사주팔자가 네 기둥으로 세워진 집이라면 이름은 그 집을 대표하는 문패라고 할 수 있다. 사람은 태어나면서 사주를 통해 운을 타고나고 이름이 주어진 순간부터 명(命)이 작용한다. 사주와 이름이 곧 운명을 결정한다는 것이다. 따라서 이름을 지을 때는 사주의 격에 맞추어야 한다. 사주 그릇이 작은 사람이 원대한 뜻의 이름을 쓰면 감당하지 못할 시련을 자초하게 되고 오히려 이름값을 못할 수 있다. 즉 분수에 맞는 이름으로 작명해야 하기 때문에 사주의 올바른 분석이 필요하다.

· 청월 박상의 편저

원심수기 통증예방 관리비법

● ●
신비한 동양철학 78

쉽게 배워 적용할 수 있는 통증관리법

이 책을 세상에 내놓는 것은 우리 전통 민중의술도 세상의 그 어떤 의술에 못지 않게 아주 훌륭한 치료술이 있고 그 전통이 수백 년, 또는 수천 년을 내려오면서 전해지고 있는데 현재 사회를 보면 무조건 외국에서 들어온 것만이 최고라고 하는 식으로 하여 우리의 전통 민중의술을 뿌리째 버리려고 하는데 문제가 있는 것 같기에 우리것을 지키고자 하는데 그 첫째의 목적이 있다 할 수 있을 것이다.

· 원공 선사 저

사주비기

● ●
신비한 동양철학 79

역학으로 보는 대통령이 나오는 이치!!

이 책에서는 고서의 이론을 근간으로 하여 근대의 사주들을 임상하여, 적중도에 의구심이 가는 이론들은 과감하게 탈피하고 통용될 수 있는 이론만을 수용했다. 따라서 기존 역학서의 아쉬운 부분들을 충족시키며 일반인도 열정만 있으면 누구나 자신의 운명을 감정하고 피흉취길할 수 있는 생활지침서로 활용할 수 있을 것이다.

청월 박상의 편저

찾기 쉬운 명당

신비한 동양철학 44

풍수지리의 모든 것 !

이 책은 가능하면 쉽게 풀려고 노력했고, 실전에 도움이 되도록 했다. 특히 풍수지리에서 방향측정에 필수인 패철(佩鐵)사용과 나경(羅經) 9층을 각 층별로 간추려 설명했다. 그리고 이 책에 수록된 도설, 즉 오성도, 명산도, 명당 형세도 내거수 명당도, 지각(枝脚)형세도, 용의 과협출맥도, 사대혈형(穴形) 와겸유돌(窩鉗乳突) 형세도 등은 국립중앙도서관에 소장된 문헌자료인 만산도단, 만산영도, 이석당 은민산도의 원본을 참조했다.

· 호산 윤재우 저

명리입문

신비한 동양철학 41

명리학의 필독서 !

이 책은 자연의 기후변화에 의한 운명법 외에 명리학도들이 궁금해 했던 인생의 제반사들에 대해서도 상세하게 기술했다. 따라서 초보자부터 심도있게 공부한 사람들까지 세심히 읽고 숙독해야 하는 책이다. 특히 격국이나 용신뿐 아니라 십신에 대한 자세한 설명, 조후용신에 대한 보충설명, 인간의 제반사에 대해서는 독보적인 해설이 들어 있다. 초보자들에게는 더할 수 없이 훌륭한 길잡이가 될 것이다.

· 동하 정지호 편역

육효점 정론

신비한 동양철학 80

육효학의 정수!

이 책은 주역의 원전소개와 상수역법의 꽃으로 발전한 경방학을 같이 실어 독자들의 호기심을 충족시키는데 중점을 두었습니다. 주역의 원전으로 인화의 처세술을 터득하고, 어떤 사안의 답은 육효법을 탐독하여 찾으시기 바랍니다.

· 효명 최인영 편역

작명 백과사전

신비한 동양철학 81

36가지 이름짓는 방법과 선후천 역상법 수록

이름은 나를 대표하는 생명체이므로 몸은 세상을 떠날지라도 영원히 남는다. 성명운의 유도력은 후천적으로 가공 인수되는 후존적 수기로써 조성 운화되는 작용력이 있다. 선천수기의 운기력이 50%이면 후천수기도의 운기력도50%이다. 이와 같이 성명운의 작용은 운로에 불가결한조건일 뿐 아니라, 선천명운의 범위에서 기능을 충분히 할 수 있다.

· 임삼업 편저 │ 송충석 감수

사주대성

신비한 동양철학 33

초보에서 완성까지

이 책은 과거 현재 미래를 모두 알 수 있는 비결을 실었다. 그러나 모두 터득한다는 것은 어려울 것이다. 역학은 수천 년간 동방의 석학들에 의해 갈고 닦은 철학이요 학문이며, 정신문화로서 영과학적인 상수문화로서 자랑할만한 위대한 학문이다.

· 도관 박흥식 저

해몽정본

신비한 동양철학 36

꿈의 모든 것!

막상 꿈해몽을 하려고 하면 내가 꾼 꿈을 어디다 대입시켜야 할지 모를 경우가 많았을 것이다. 그러나 이 책은 찾기 쉽고, 명료하며, 최대한으로 많은 갖가지 예를 들었으니 꿈해몽을 하는데 어려움이 없을 것이다.

· 청암 박재현 저

적천수 정설

신비한 동양철학 82

적천수 원문을 쉽고 자세하게 해설

적천수(滴天髓)는 명나라 개국공신인 유백온(劉伯溫) 선생이 처음으로 저술한 후 여러 사람이 각각 자신의 주장을 내세워 해설하여 오늘날에는 많은 분량이 되었다. 그러나 원래 유백온(劉伯溫) 선생이 저술한 적천수 (滴天髓)의 원문은 내용이 그렇게 많지가 않다. 저자는 적천수(滴天髓) 원문을 보고 30년 역학(易學)의 경험을 총동원하여 감히 해설해 보았다.

· 역산 김찬동 편역

궁통보감 정설

신비한 동양철학 83

궁통보감 원문을 쉽고 자세하게 해설

『궁통보감(窮通寶鑑)』은 5대원서 중에서 가장 이론적이며 사리에 맞는 책이라고 생각한다. 이 책은 조후(調候)를 중심으로 설명하며 간명한 것이 특징이다. 역학을 공부하는 학도들에게 도움을 주려고 먼저 원문에 음독을 단 다음 해설하였다. 그리고 예문은 서낙오(徐樂吾) 선생이 해설한 것을 그대로 번역하였고, 저자가 상담한 사람들의 사주와 점서에 있는 사주들을 실었다.

· 역산 김찬동 편역

왕초보 내 사주

신비한 동양철학 84

초보 입문용 역학서

이 책은 역학을 너무 어렵게 생각하는 초보자들에게 조금이나마 도움을 주고자 쉽게 엮으려고 노력했다. 이 책을 숙지한 후 역학(易學)의 5대 원서인 『적천수(滴天髓)』, 『궁통보감(窮通寶鑑)』, 『명리정종(命理正宗)』, 『연해자평(淵海子平)』, 『삼명통회(三命通會)』에 접근한다면 훨씬 쉽게 터득할 수 있을 것이다. 이 책들은 저자가 이미 편역하여 삼한출판사에서 출간한 것도 있고, 앞으로 모두 갖출 것이니 많이 활용하기 바란다.

· 역산 김찬동 편저

스스로 공부하게 하는 방법과 천부적 적성

신비한 동양철학 85

내 아이를 성공시키고 싶은 부모들에게

자녀를 성공시키고 싶은 마음은 부자나 가난한 사람이나 모두 같을 것이다. 그러나 가난한 부모를 둔 아이들은 공부할 수 있는 환경이 열악하다. 빈익빈 부익부 현상이 배우는 아이들 때부터 시작되기 때문이다. 그러니 가난한 집 아이가 좋은 성적을 내기는 매우 어렵고, 원하는 학교에 들어가기도 어렵다. 그러나 실망하기에는 아직 이르다. 내 아이가 훌륭한 인재로 성장해 아름답고 멋진 삶을 살아가는 방법이 이 책에 있다.

· 청암 박재현 지음

기문둔갑 비급대성

신비한 동양철학 86

기문의 정수

기문둔갑은 천문지리·인사명리·법술병법 등에 영험한 술수로 예로부터 은밀하게 특권층에만 전승되었다. 그러나 아쉽게도 기문을 공부하려는 이들에게 도움이 될만한 책이 거의 없다. 필자는 이 점이 안타까워 천견박식함을 돌아보지 않고 감히 책을 내게 되었다. 한 권에 기문학을 다 표현할 수는 없지만 이 책을 사다리 삼아 저 높은 경지로 올라간다면 제갈공명과 같은 지혜를 발휘할 수 있을 것이다.

· 도관 박흥식 편저

아호연구

신비한 동양철학 87

여러 가지 작호법과 실예 모음

필자는 오래 전부터 작명을 연구했다. 그러나 시중에 나와 있는 책에는 대부분 아호에 관해서는 전혀 언급하지 않았다. 그래서 아호에 관심이 있어도 자료를 구하지 못하는 분들을 위해 이 책을 내게 되었다. 아호를 짓는 것은 그리 대단하거나 복잡하지 않으니 이 책을 처음부터 끝까지 착실히 공부한다면 누구나 좋은 아호를 지어 쓸 수 있을 것이라고 생각한다.

· 임삼업 편저